F. PAUL WILSON
MATTHEW J. COSTELLO

Die Manipulation

D1917658

Julie Gordon, 28, ist als Neurophysiologin an einem bahnbrechenden Forschungsprojekt beteiligt: Eine neue Computerapparatur ermöglicht es, sich in das Gedächtnis eines anderen Menschen einzuloggen. *Memoskopie*, eine 3-D-*virtual-reality*-Reise, läßt die Vergangenheit lebendig werden. Die *Memoskopie* ist noch in der Testphase, als Julie einen alarmierenden Anruf eines Onkels aus Frankreich erhält: Samantha, Julies Zwillingsschwester, zu der sie kein besonders enges Verhältnis hat, ist in ein mysteriöses Koma gefallen; ihr Gehirn stirbt langsam ab, und die besten Ärzte haben keine Idee, was diesen Prozeß ausgelöst haben könnte. Julie hat keine andere Wahl, als mit Hilfe der *Memoskopie* in das bruchstückhafte Gedächtnis ihrer Schwester einzutauchen. Tief berührt spürt sie, daß sie ihre Schwester, dem Tode nah, besser versteht als je zuvor. Doch dann macht Julie eine schreckliche Entdeckung in der Gedächtnislandschaft ihrer Schwester: Jemand hat versucht, Samantha umzubringen. Julie setzt alles daran, herauszufinden, was passiert ist, bevor sich Samanthas Gehirn selbst zerstört. Doch es ist ein Wettlauf gegen die Zeit, denn in Samanthas Erinnerung ist sie selbst bereits in größter Gefahr...

Autoren

F. Paul Wilson, geboren und aufgewachsen in New Jersey, ist Arzt und preisgekrönter Autor mehrerer Romane sowie einer Sammlung von Kurzgeschichten. Wilson lebt mit seiner Frau und zwei Töchtern an der Küste von New Jersey.

Matthew J. Costello gehört seit Jahren zur ersten Garde amerikanischer Spannungsautoren. Er arbeitet auch als freier Journalist – von der *Los Angeles Times* bis zur *Sports Illustrated*, Costello ist außerdem der Verfasser des sehr erfolgreichen CD-ROM interaktiven Drehbuchs *Der siebte Gast.*

Außerdem bei Goldmann erschienen:

F. Paul Wilson. Die Prüfung. Roman (43583)
F. Paul Wilson. Leiser Verdacht. Roman (41606)
Matthew J. Costello. Fremde, wenn wir uns begegnen. Roman (43419)

F. PAUL WILSON
MATTHEW J. COSTELLO

Die Manipulation

Roman

Aus dem Amerikanischen
von Gerhard Beckmann

GOLDMANN

Die amerikanische Originalausgabe erschien 1996 unter dem Titel
»Mirage« bei Warner Books, Inc., New York

Umwelthinweis:
Alle bedruckten Materialien dieses Taschenbuches
sind chlorfrei und umweltschonend.
Das Papier enthält Recycling-Anteile.

Der Goldmann Verlag
ist ein Unternehmen der Verlagsgruppe Bertelsmann

Deutsche Erstausgabe 7/98
Copyright © der Originalausgabe 1996 by F. Paul Wilson
und Matthew J. Costello
Copyright © der deutschsprachigen Ausgabe 1998
by Wilhelm Goldmann Verlag, München
Umschlaggestaltung: Design Team München
Umschlagfoto: Ernst Wrba
Druck: Elsnerdruck, Berlin
Verlagsnummer: 43896
Redaktion: Ralph Thoms
FB · Herstellung: Heidrun Nawrot
Made in Germany
ISBN 3-442-43896-9

1 3 5 7 9 10 8 6 4 2

Für Liza Landsmann
(weil sie den Glauben nicht aufgegeben hat)

1. Kapitel

Erinnerungen sind nicht in Stein gemeißelt; sie sind höchst empfänglich für Umbildungen. So ist vieles, dessen wir uns aus der Vergangenheit erinnern, häufig nichts weiter als eine … Illusion.

Aus den Notaten Julie Gordons

1

Julie stürmte in ihr Büro. »Überprüft doch mal, ob's für mich Nachrichten auf dem Anrufbeantworter gibt, ja!?«

Sie kam schon wieder zu spät. Kein Wunder. In dieser Abteilung machten sechs Personen die Arbeit, die eigentlich zwölf erfordert hätte.

»Bereits erledigt«, sagte Cindy und reichte ihr ein handbeschriebenes Blatt.

Julie überflog das Papier. Nichts Besonderes. Hauptsächlich Mitteilungen von anderen Abteilungen. Rückrufe, die sie später erledigen konnte. Morgen. Egal wann …

Aber dann die letzte Nachricht: *Ihren Onkel Ethan anrufen. Dringend.* Cindy hatte Eathans Namen falsch geschrieben. Das taten jedoch alle. Die Vorwahl der Telefonnummer, die hinter dem Namen stand, war Julie fremd. Es war jedenfalls nicht die übliche 0044 für Großbritannien. War Eathan etwa in Urlaub gefahren?

»Hat mein Onkel – hat er gesagt, von wo aus er anruft?«

»Nein«, antwortete Cindy. »Aber es ist die Vorwahl von Paris.«

Julie musterte ihre Sekretärin. »Paris? Woher wissen Sie das?«

»War doch klar, daß Sie danach fragen würden. Also habe ich nachgesehen.« Cindy riß freudestrahlend die großen blauen Augen auf. »Bin ich nicht prima?«

»Sie sind die Beste«, sagte Julie. Und meinte es auch.

So eine tüchtige Sekretärin wie Cindy hatte sie noch nie gehabt. Sie besaß eine bei Sekretärinnen seltene Gabe – sie ahnte alles voraus. Außerdem war bei ihr immer alles sauber und ordentlich, und Julie konnte Unordnung nicht ausstehen.

Cindys einziges Handicap war ihre äußere Erscheinung. Sie war eine freche kleine Blondine mit Pilzkopf und einer umwerfenden Figur. Sie war mit einem Computertechniker verlobt, der bei Exxon arbeitete; in drei Monaten sollte Hochzeit sein. Julie grauste es bei dem Gedanken, daß Cindy eines schönen Tages hereinmarschieren und verkünden würde, sie sei schwanger und daheim bleiben würde, um ganz Mama zu sein. So war es Julie mit der letzten Sekretärin ergangen – es war Julie unbegreiflich. Hier gab es die aufregendste Arbeit der Welt. Wie konnte jemand so etwas aufgeben und zu Hause bleiben wollen?

»Hat er gesagt, warum es *dringend* ist?«

Cindy schüttelte den Kopf. »Nein. Hat nur gesagt: ›Ruf mich sofort zurück. Es ist dringend.‹ Dann hat er seine Telefonnummer genannt. Aber seine Stimme klang ein bißchen angespannt. Oder müde vielleicht. Soll ich Sie mit ihm verbinden?«

Warum schien Cindy bloß so erpicht darauf, sie mit ihm zu verbinden? Dann ging Julie aber ein Licht auf: Es war vermutlich der erste persönliche Anruf für sie, den Cindy mitbekommen hatte. Und Cindy wirkte immer ausgesprochen besorgt, weil Julie gar kein »Leben« hatte – keine Freundinnen, keine Liebhaber. Immer nur das Projekt.

Na schön, vielleicht hatte sie wirklich nicht viel vom »Leben«, wie es Cindy und andere in der Abteilung nannten.

Aber was geht die das an, wenn's mir so paßt?

Julie stopfte den Zettel in die Tasche. »Ich habe jetzt keine Zeit.« Sie blickte auf ihre Armbanduhr. »Wie spät ist es jetzt in Paris – vier Uhr nachmittags? Ich rufe ihn nach der Vorführung an.«

»Aber er hat doch gesagt...«

»Sie kennen eben meinen Onkel Eathan nicht. Bei Onkel Eathan ist alles *dringend*. Doch die jetzt anberaumte Vorführung *ist* dringend. Wie sehe ich aus?«

Cindy stand auf und streckte die Arme über den Schreibtisch, um Julies Laborkittel glattzustreichen. Dann trat sie einen Schritt zurück und musterte ihre Chefin.

»Wie wär's mit ein bißchen Lippenstift?«

»Kommt nicht in Frage.«

»Vielleicht könnten Sie ja Ihr Haar noch einmal rasch bürsten.«

Julie nahm eine Bürste aus ihrer Tasche und ging zum kleinen Spiegel hinüber, den Cindy an die Innenseite der Tür gehängt hatte. Sie strich ein paar Strähnen glatt, die sich durch den Windkanaleffekt in der U-Bahn gelöst hatten und musterte sich kritisch.

Sie wirkte blaß. Und warum sollte das unnormal sein – sie war nun mal blond, nicht ganz so blond wie Cindy, aber dafür war ihre Haarfarbe echt, und sie war schließlich schon lange nicht mehr im Freien gewesen. Die kurzgeschnittene Frisur war jetzt völlig in Ordnung. Und so blaß ihr Teint auch sein mochte – er war makellos. Und die blauen Augen strahlten, obwohl Julie in der vergangenen Nacht nur wenige Stunden geschlafen hatte. Die Lippen waren zwar blaß, aber voll. Vielleicht sollte sie doch ein bißchen Lippenstift auftragen. Sie hatte nur keinen bei sich. An so was dachte sie nie.

Ich bin eben genau so, wie sie mich sehen. Mehr Sein als Schein.

Sie versuchte ein Lächeln. Grandios war es nicht. Trotzdem, nicht schlecht. So ein Lächeln müßte sie an diesem Morgen bei dem Typen von Bruchmeyer anbringen.

Sie drehte sich nach Cindy um. »Drücken Sie mir beide Daumen.«

Cindy hob grinsend die Hände. »Sie haben ja keine Ahnung, welche Probleme das beim Tippen macht.«

Julie lachte. »Schon gut. Da wird sich Ihr Tempo wohl auf 500 Anschläge pro Minute reduzieren.«

»Ehrlich«, sagte Cindy, und das Grinsen verschwand von ihrem Gesicht. »Viel Glück, Dr. Gordon.«

»Danke«, sagte Julie winkend, als sie auf den Flur zusteuerte. »Ich kann's brauchen.«

Wirklich, dachte sie, und fing auf dem Weg zum Labor fast zu laufen an. Und je mehr, desto besser.

Die Maria-Bruchmeyer-Stiftung hatte jede Menge Geld. Als Heinrich Bruchmeyers Frau an der Alzheimerkrankheit gestorben war, richtete er zur Finanzierung der Erforschung der Krankheitsursachen und möglichen Heilverfahren eine üppig ausgestattete Stiftung ein. Monatelang hatte Julie die Stiftung mit Anrufen, Briefen, Separatdrucken und Zusammenfassungen ihrer Beiträge aus Fachzeitschriften bombardiert, bis es ihr endlich gelungen war, ein Mitglied des Kuratoriums zu überzeugen, für eine Vorführung herüberzukommen.

Heute. Ein wichtiger Tag. Die Vorführung war auf 10 Uhr angesetzt – sie kam zwanzig Minuten zu spät! O mein Gott! Warum muß ich mich ausgerechnet heute verspäten?

Sie rannte um die Ecke und sah Dr. Mordecai Siegal vor dem Labor auf und ab schreiten. Er watschelte ihr entgegen. Wie zwei fleischige Schmetterlinge flatterten seine Hände in der Luft.

Da haben wir uns aber in Schale geworfen! dachte sie, als sie ihren Vorgesetzten von oben bis unten musterte. Ein sauberer Laborkittel – offen, wie immer, weil er ihn über der Wampe nicht zuknöpfen konnte. Das schüttere graue Haar ordentlich gekämmt und gescheitelt, die Hosen gebügelt, die Schuhe blitzblank poliert und – war denn das die Möglichkeit? War das, was sie da roch, wirklich der Duft von Old Spice? Heute gab Dr. Dr. Mordecai Siegal, die weltberühmte Kapazität auf dem Gebiet der Gedächtnisforschung, sich ja richtig Mühe, seinem Ruf auch äußerlich gerecht zu werden.

Kann nicht leicht für ihn gewesen sein, sich ohne die Hilfe von Bernice so zurechtzumachen. Nicht leicht? Sie hätte es nie für möglich gehalten. Vor zwei Monaten erst hatte er seine Lebenspartnerin verloren. Aber irgendwie kam er doch zurecht.

»Er ist längst da, Julie! Er wartet schon. Sie haben sich verspätet – und er kam zu früh. Wo sind Sie nur geblieben?«

»Ich hatte gestern abend ein anstrengendes Rendezvous und war bis zum Morgengrauen auf einer Party. Bin eben erst zurückgekommen.«

Er betrachtete sie über die Brillenränder. »Das nehme ich Ihnen nicht ab. Ehrlich.«

»Schon gut. Ich war unten, bei der Großrechenanlage, um den neuen Quellcode ein letztes Mal auszutesten, den wir in der vergangenen Woche hinzugefügt haben. Wäre wirklich nicht gut gewesen, wenn unsere Software ausgerechnet heute morgen Mucken gezeigt hätte.«

»Mein Gott, nur das nicht«, sagte er und schaute mit gefalteten Händen an die Decke. Beiden war klar, daß ein Systemabsturz einer Katastrophe gleichkäme. »Aber er hat auf Sie *gewartet*. Für eine Weile habe ich ihn ja mit Plaudereien und den Geheimhaltungsverpflichtungen hinhalten können. Dann ist mir aber der Stoff ausgegangen.«

»Kommen Sie, wir wollen doch keinen *allzu* bangen Eindruck machen. Stimmt's? Und wir haben doch niemand, den ich zur Überprüfung des Großrechners hätte delegieren können.«

»Touché«, sagte er. »Wenn wir diesen Bruchmeyermenschen beeindrucken, werden wir uns vielleicht jemand leisten können, der sich ums Programmieren kümmert. Es würde Sie entlasten.«

»Das wäre wirklich sehr nett.«

»Wenn wir schon davon sprechen, nett zu sein«, sagte er und berührte ihren Arm. »Seien Sie diesem Herrn gegenüber bitte nicht zu ungeduldig, Julie.«

Sie tat schockiert. »Wollen Sie mir damit etwa unterstellen, daß *ich* ungeduldig sein könnte?«

»Na ja, gegenüber Menschen, die Sie nicht auf Anhieb verstehen, neigen Sie zur Schroffheit. Bedenken Sie, daß es in der ganzen Welt niemand gibt, der das erforscht, was wir hier erforschen. Selbst kenntnisreiche Menschen brauchen also etwas Zeit, um mitzukommen. Und dieser Herr ist möglicherweise nicht... na schön, eben *nicht* sehr kenntnisreich.«

»Er hat jedoch volle Taschen.«

»Genau. *Sehr* volle Taschen.« Er schenkte ihr ein scheues Lächeln. »Da wird doch ein bisserl Charme nicht weh tun.«

»Verstanden. Ich werde Cindy zur Filiale von Victoria's Secret schicken, damit sie mir einen durchsichtigen Morgenrock besorgt...«

»Sie verstehen schon, was ich meine, Julie.«

»Ja, ich weiß.«

Sie zog seine Krawatte zurecht. Sie mochte Dr. Siegal. Sogar sehr. Er war nicht nur ein glänzender Theoretiker und großartiger Chef, sondern auch ein grundanständiger Kerl. Zu schade, daß er dreißig Jahre älter war als sie. Die richtig guten Männer waren entweder zu alt oder zu verheiratet.

Er hatte sie sozusagen adoptiert, als er erfuhr, daß sie in den Vereinigten Staaten ganz allein war. Manchmal verhielt er sich ihr gegenüber eher wie ein Vater denn als Chef; es kam gelegentlich vor, daß sie sich in Erinnerung rufen mußte, daß er der Direktor des Instituts war.

»Sind Sie soweit?« fragte sie.

Er holte einmal tief Luft. »Wenn Sie es sind.«

»Also, dann auf in die Arena.«

Julie glitt an ihm vorbei zur Tür. GEDÄCHTNIS-KARTIERUNG war in das Milchglas eingraviert. Sie zog am Türknauf und trat ein.

2

Julie klappte bei Mr. Henderson das Sichtvisier herunter und rückte die schwarzen Gummiränder um die Augenhöhlen zurecht.

»Ist es so angenehm?«

Er nickte. »Soweit es eben angenehm sein kann.«

Eine ehrliche Antwort, dachte sie. Henderson machte auf sie den Eindruck eines in die Höhe geschossenen Jungen, der im Einkaufszentrum steht und gerade mit dem Spiel Virtual-Reality-Troopers anfangen will. Der Datenhelm war schwer, unförmig. Nach zwanzig bis dreißig Minuten würde ihm der Hals weh tun. Es war ein Forschungsutensil, ohne jeden Versuch, es für kommerzielle Zwecke aufzupeppen. Der Metallhelm voller Drähte war stereoskopisch und stereophon; das Sichtvisier war mit 3-D-Bildschirmen ausgerüstet, und dann waren da noch die Kopfhörer.

Aber das Zeug paßte nicht eben gut auf Mr. Hendersons Kopf. Er war groß, hager; sein schmaler Schädel war absolut ungeeignet für jedwede Kopfbedeckung – und erst recht für diese Art von Kopfbedeckung. Irgendwie war es ihr dann doch gelungen, ihm alles anzupassen.

Fantastisch, dachte sie. Ich schreibe, schicken Sie jemand, damit ich das Gerät vorführen kann, und dann schicken sie mir den Lurch aus der Adams Family.

Mit ihrer Forschungsarbeit schien er sich jedoch auszukennen – er hatte offenbar sämtliche Berichte gelesen, die sie geschickt hatte –, und er schien echt interessiert; dafür war sie dankbar. Und er war intelligent. Das machte die Sache leichter. Sie spürte, daß sie gute Chancen hatten, großzügig unterstützt zu werden, wenn sie diese Vorführung durchstanden.

Falls das System nicht zusammenbrach.

Sobald der erste Scheck eingereicht sein würde, wollte sie für das Labor einen größeren Raum suchen. Dieser Raum hier hatte bequem für drei Leute Platz; zur Zeit mußte er fünf Menschen sowie eine zusätzliche Steuereinheit aufnehmen. Sie brauchte mehr Platz, mehr Personal, einen brandneuen Silicon-Graphics-Computer, nur für die Bildbearbeitung … Sie begann zu träumen.

Sie befanden sich unentwegt auf der Jagd nach finanzieller Unterstützung. Weil das Budget für die National Science Foundation erneut gekürzt wurde, schien die Primärquelle von Bundesmitteln für das Projekt im nächsten Jahr wieder gefährdet. Das ganze Projekt war gefährdet. In ihrer Verzweiflung hatte sie sich an private Institutionen gewandt. Doch es war verdammt schwer, sich von Erbsenzählern, die immer nur ihre Kosten-Nutzen-Rechnung im Kopf hatten, Forschungsgelder zu beschaffen. Alle waren fasziniert von der Memoskopie; aber wie sahen die Kapitalertragserwartungen aus?

Waren die Kerle denn blind? Dieses Projekt würde den Sitz des Bewußtseins, das Zentrum der menschlichen Persönlichkeit offenlegen. Es würde zu einer völlig neuen Sicht des menschlichen Verstandes führen.

Allerdings: nicht ohne weitere Tests und viele weitere Bemühungen, um die Software zu verbessern. Und das kostete *Geld*.

Sie schaute sich im Raum um. Nur gut, daß sie nicht unter

Platzangst litt. Dr. S. stand mit vor der Brust gekreuzten Armen an der Tür; er wirkte besorgt. Lorraine Deering – sie gehörte zu den regulären freiwilligen Testpersonen – lag auf dem Bett; ihr Kopf steckte in einem kleineren, engsitzenden Datenhelm, dessen Innenseite mit Elektroden und Pickups bespickt war. Lorraine schnarchte leise; sie war mit Diazepam in einen Tiefschlaf versetzt worden. Die Anästhesieschwester Teresa Gomez saß zwischen dem Bett und Julies Sessel.

In dem zweiten Sessel, den sie für diese Vorführung in den Raum gepfercht hatten, saß Mr. Henderson. Und das alles in einem Kabuff von drei mal vier Metern. »Wange an Wange« – hier gewann der Ausdruck eine ganz neue Bedeutung.

Die Hardware – der Großrechner der Universität – befand sich gottlob im Keller. Zu dieser Vorführung benötigte Julie bloß ihr Terminal auf dem fahrbaren Untersatz. Mr. Hendersons Miene hatte klar und deutlich zu verstehen gegeben, daß es keineswegs leicht werden würde, ihn zu beeindrucken. Er hatte offenbar einen Haufen Science-fiction-Klimbim erwartet, den er jetzt vermißte. Als sie die Datenhelme hervorholte, hatten seine Augen jedoch aufgeleuchtet.

»Zu den Kopfhörern«, sagte sie. »Sie sind extra dafür konstruiert, externe Geräusche auszublenden. Von nun an werden Sie mich nur noch durchs Mikrofon hören. Sollten Sie Fragen haben, müssen Sie mich über Mikrofon fragen. Okay?«

Er nickte wieder. »Nur nebenbei – sind Sie Engländerin?«

»Nein, ich bin Amerikanerin.«

»Aber Ihr Akzent…«

Es war eine Frage, die ihr immer wieder gestellt wurde. Komisch – sie fand, daß sie völlig akzentfrei sprach.

»Geboren im Staate New York. Aufgewachsen in York, England.«

»Aha. Das erklärt alles.«

Sie schob sich das Funkmikrophon vor den Mund.

»Können Sie mich hören?«

Heftiges Kopfnicken. Mr. Henderson wirkte sichtlich ungeduldig. Julie hätte ihm am liebsten eine geknallt. Sie atmete einmal tief durch.

»Gut. Dann werden wir Ihre Rückenlehne jetzt mal nach hinten kippen, bis Sie sich fast in der Horizontalen befinden – damit es mit den Kopfhörern angenehmer ist.«

Dr. Siegal half Julie beim Absenken des Stuhls. Die meisten Menschen hätten wohl gemeint, in einer Zahnarztpraxis zu sein. Als sie ihn endlich mit seinen übereinandergeschlagenen Füßen und den über seinem Bauch gefalteten Händen in der richtigen Position hatten, warf Julie Dr. Siegal einen Blick zu. Sie schaltete das Mikrofon ab und sprach in einem lauten Flüsterton.

»Bin ich so nett genug?«

Er warf ihr einen entsetzten Blick zu und preßte den Zeigefinger an seine Lippen.

Ein Klopfen an der Tür. Dr. Siegal quetschte sich zur Tür und zog sie einen Spaltbreit auf. Cindy steckte den Kopf durch die Öffnung.

»Dr. Gordon?«

»Ja?«

»Tut mir leid. Schon wieder Ihr Onkel. Er ist in der Leitung. Er muß Sie *unbedingt* sprechen, sagt er.«

In Julie stieg Ärger hoch. Das hätte sie wirklich nicht von Cindy erwartet.

»Haben Sie ihm nicht gesagt, daß ich beschäftigt bin?«

»Selbstverständlich. Ich habe ihm erklärt, daß Sie gerade einen wichtigen Vorführungstermin haben und nicht gestört werden dürfen – er legt aber nicht auf. Es sei furchtbar dringend, sagt er.«

Julie biß sich auf die Lippe. Sie wußte genau, wie starrsinnig Onkel Eathan sein konnte. Vielleicht war es ja auch wirklich dringend. Trotzdem, er mußte warten. Bis diese Vorführung beendet war. Den Kerl von der Bruchmeyer-Stiftung konnte sie mit seinem unangenehm klemmenden Helm unmöglich allein lassen, um mit ihrem Onkel zu sprechen…

… und die Stiftungsgelder dahinschwinden sehen.

»Sagen Sie ihm, daß Sie mit mir gesprochen haben und ich baldmöglichst zurückrufen werde. Daß ich in diesem Moment einfach nicht sprechen kann. Lassen Sie sich seine Telefonnummer geben. Und danach legen *Sie* auf.«

Cindy machte große Augen. »Wirklich?«

»Ja, wirklich. Sonst werden Sie ihn nämlich für den Rest des Tages in der Leitung haben.«

»In Ordnung«, sagte Cindy, die sich jedoch spürbar unwohl fühlte.

Dr. Siegal warf Julie einen fragenden Blick zu, als er die Tür zumachte. »Meinen Sie nicht, daß Sie...«

Julie schüttelte den Kopf. Sie stand in Onkel Eathans Schuld – sie war ihm sehr zu Dank verpflichtet –, er konnte manchmal aber eine echte Nervensäge sein. Andererseits war es selbst für ihn ungewöhnlich, sie mitten in einer Besprechung zu stören. Was könnte er wollen?

Sie verdrängte die Frage. Es gab Prioritäten. Und die *erste* Priorität bestand darin, diese Forschungsmittel zu bekommen.

Sie schaltete das Mikrofon wieder ein und stülpte sich den Datenhelm über.

»Alles in Ordnung, Mr. Henderson. Verzeihen Sie bitte die Verzögerung. Wir sind nun soweit, uns in Lorraines Gedächtnis einzuschalten. Wie bereits erwähnt, es kann einen im ersten Moment verstören. Es wäre möglich, daß Sie ein leichtes Schwindelgefühl empfinden, bis ich das Bild scharf gestellt habe. Halten Sie sich also bitte an den Armlehnen fest, bis Sie sich wieder wohl fühlen.«

Sie beobachtete, wie er sich an die Lehnen klammerte. Dann legte sie ihre Kopfhörer an. Julies Helm war, anders als seiner, mit Elektroden ausgestattet, die den Elektroden vom Helm Lorraines ähnlich waren. Julie streifte den Datenhandschuh über die rechte Hand und klappte mit der Linken ihr Sichtvisier herunter.

Am oberen Rand der Zwillingsbildschirme war eine schmale Menüleiste mit vier Feldern: ENTER – EXIT – WARNING – WINDOW; außerdem im unteren Bereich eine Anzeige, die Lorraines EKG und EEG und darunter ihren Puls und die Atemfrequenz zeigte. Der Raum dazwischen war ein leeres, helles Blau wie ein wolkenloser Winterhimmel.

Julie überprüfte Lorraines EKG – normale Kammerregung und eine Herzfrequenz von 72. Die Atemfrequenz lag bei acht. Das EKG betrug 10 Hertz. Gut. Alles die üblichen Werte.

Julie lehnte sich zurück.

»Sind Sie bereit, Mr. Henderson?«

»Absolut.«

»Das ist die richtige Einstellung. Los geht's.«

Sie bewegte ihren Handschuh, und die Bewegung übertrug sich auf den Computer, der auf dem Bildschirm eine Hand mit ausgestrecktem Zeigefinger erzeugte. Sie führte die Fingerspitze zur Menüleiste und drückte auf das ENTER-Feld.

2. Kapitel

Wir gehen alle so leichtfertig mit der Erinnerung um. Niemand achtet auf die Informationsflut, die mit jeder Sekunde unseres Lebens über die fünf Sinne auf unser Gehirn einstürmt, und wie unser Gehirn diesen endlosen Wahrnehmungsstrom aufteilt und verschiedenen Informationsspeichern zuteilt, die wir dann in Nanosekunden anzapfen können.

Aus den Notaten Julie Gordons

Auf dem Bildschirm des Sichtvisiers erscheinen einige vertikale Wellen, dann kehrt Ruhe ein. Auf dem Blau tauchen Wölkchen auf. Die Brise seufzt, von unten ertönt Vogelgezwitscher.

In Lorraineville herrscht schönes Wetter. Wie üblich.

Du bewegst deine Hand nach unten. Die Wolken gleiten aus dem Gesichtskreis. Ein Gefühl wie beim Fallen – vielleicht bin ich zu schnell. Dann kommt der grüne Horizont in den Blick.

In deinen Kopfhörern dröhnt Hendersons Stimme. *»Wow! Genau wie bei einem Flugsimulator!«*

Prima. Die Sache macht ihm also bereits Spaß.

»Ein wenig ähnlich, ja, nur daß wir keinen Joystick verwenden. Und daß Sie hier keine feindlichen Flugzeuge sehen werden. Ich mache mit Ihnen eine kleine Besichtigung durch Lorraines Gedächtnislandschaft.«

Du deutest nach vorn. Du beginnst mit einer Vorwärtsbewegung, gleitest über grüne Hügel und perfekt geformte Bäume dahin. In der Landschaft verstreut liegen malerische Dörfer. Die Grasflächen sind allerdings nicht flach und eben. Sie scheinen von linienförmigen Erhebungen durchzogen, erwecken den Eindruck eines wirren Netzwerks von Leitungen, die mit Erde überdeckt worden sind.

»Sieht beinahe so aus, als ob ihr Rasen unter einer Maulwurfsplage leidet«, sagte Henderson.

Du lächelst. Ein guter Vergleich. »Es sind aber keine Maulwurfshügel«, bemerkst du, »sondern gewissermaßen *unterirdische Gänge*. Das Netzwerk der Erinnerungen. Es bildet die Infrastruktur der Gedächtnislandschaft.«

»Ist das die Vergangenheit des Mädchens? Sieht ganz so aus wie Computerbilder.«

Du verkneifst dir eine bissige Bemerkung. Hatte er vielleicht etwas anderes erwartet?

Du erwiderst jetzt ganz ruhig, ganz friedlich: »Genau das sind sie ja auch. Lorraine ist eine intelligente, strebsame Studentin, die sich uns als Testperson für Forschungszwecke zur Verfügung gestellt hat und dafür bezahlt wird. Durch die Memoskopie werden eine Vielzahl von Impulsen der Großhirnrinde erfaßt, zu Bildern geformt und mit Impulsen gemixt, die von mir ausgehen; dies wird wieder an Lorraine zurückgeleitet, und so geht das in einem fort, erlaubt uns so eine Interaktion mit ihrer Gedächtnislandschaft.«

»Interaktion? Soll das heißen, daß Sie ihre Erinnerungen verändern?«

»Nein. Durch unsere Anwesenheit können wir aber offenbar Erinnerungen auslösen. Wir können uns jedoch nur unter ihnen bewegen, sie aus verschiedenen Blickwinkeln betrachten. Verändern können wir die Gedächtnislandschaft nicht. Ich habe Lorraines Gedächtnislandschaft viele, viele Male erforscht, und es ist stets die gleiche.«

»Immer?«

»Jawohl. Das ist ihre Person. Lorraine. Dort vor uns ausgebreitet liegt die Gesamtheit von Lorraines verfügbaren Lebenserfahrungen. Durch unsere Erinnerungen sind wir, wer wir sind. Ohne unsere Erinnerungen haben wir keine Vergangenheit, keine Familie, keine Freunde, keine Erfahrungen, sind wir nirgends gewesen, haben wir nichts gesehen, sind wir niemand begegnet. Wir sind geprägt, sind definiert durch die Anhäufung unserer tagtäglichen Erfahrungen. Was wären wir ohne Erinnerung an diese Erfahrungen? Eine bloße Chiffre.«

»Weshalb unsere Stiftung Ihre Forschungen ja auch so faszinierend findet. Es werden aber doch nicht alle Gedächtnislandschaften so aussehen wie diese?«

»Ganz und gar nicht. Lorraine hatte eine ziemlich ruhige Kindheit und Jugend. Ich habe Gedächtnislandschaften kennengelernt, wo es keineswegs so sonnig zugeht und es keine so schönen weißen Lattenzäune gibt...«

»Wie in einem Ghetto?«

»Korrekt. Solche hügeligen, wohlgeformten, weiten Landschaften zeigen sich allerdings auch bei Personen mit einem Ghettohintergrund. Es ist dann nur so, daß die leeren Flächen wie verlassene Grundstücke und die Gebäude wie Mietskasernen aussehen.«

»Wäre womöglich interessanter gewesen, so eine Gedächtnislandschaft zu besichtigen.«

Du spürst, wie sich deine Kinnmuskeln verkrampfen. Da nimmst du diesen Menschen auf eine Reise mit, die in der ganzen Welt bislang nur eine Handvoll Menschen erlebt haben, und sie hat kaum angefangen, da beginnt er schon herumzunörgeln.

»Leider stand uns aber so eine Gedächtnislandschaft, so eine Person nicht zur Verfügung – jedenfalls keine, die es einem fremden Menschen erlaubt hätte, das Buch ihres Lebens aufzuschlagen.«

»Aber Sie haben es doch auch gedurft...«

»Erst nachdem die Menschen uns kennengelernt haben und mir persönlich vertrauen lernten. Lorraine vertraut mir völlig. Sie hat allerdings auch nicht das Gefühl, daß sie etwas vor mir zu verbergen hätte.«

»Jeder Mensch hat etwas zu verbergen.«

Dagegen kannst du einfach nichts einwenden. Also erklärst du ablenkend: »Wollen wir sie uns nicht ein wenig genauer anschauen? Wählen Sie irgendein Gebilde. Was Sie wollen.«

Du bewegst das Gesichtsfeld, bietest einen Panoramablick der Gedächtnislandschaft. Die untere Ebene ist mit einem architektonischen Mischmasch übersät: da sind Wohngebäude im Ranchstil, die Ziegelsteinbauten von öffentlichen Grundschulen und High-schools, Kirchen, Fast-food-Kioske, Collegeschlafräume, Kneipen, Kinos, Fußballplätze, der Eiffelturm, Big Ben und, alles andere überragend, ein riesiges weißes zweigeschossiges Wohnhaus im Kolonialstil.

»Warum gerade solche Orientierungspunkte?«

»Lorraine hat ihr drittes Collegejahr in Europa verbracht. Und vergessen Sie bitte eins nicht: Diese Gedächtnislandschaft existiert nicht in ihrem Kopf. Das ist lediglich eine symbolische, virtuelle Umwelt – sie wird vom Computer erzeugt. Lorraines Bewußtsein entscheidet, was wichtig ist. Der Computer macht diese Bedeutungshierarchie nur zugänglich und formt daraus eine Umwelt – ihre individuelle Gedächtnislandschaft. Dort unten zeigt sich jede bedeutsame Person, Lokalität und Begebenheit ihres Lebens.«

»Und was ist mit den weniger bedeutsamen Dingen?«

»Sind ebenfalls da. Meistens mitten in den großen Dingen versteckt, oder in ihrer Nähe. Man muß bloß wissen, wohin man schaut. Durch das Adrenalin oder Noradrenalin, das sich im Augenblick des Ereignisses im Körpersystem bildete, werden die wichtigen Momente im Gedächtnis fester eingeprägt.«

»Also – wenn groß hier wichtig bedeutet, dann lassen Sie uns mal einen Blick auf das riesige, weiße Haus dort werfen.«

»Eine gute Wahl. Dort ist sie aufgewachsen. Da gibt es haufenweise Erinnerungen. Warten Sie.«

Du arbeitest, zeigst mit dem Handschuh, kurvst nach rechts und fährst auf Bodenniveau hinunter. Nach so vielen Besuchen in Lorraineville bist du beim Steuern einfach Spitze. Es macht Spaß, dein Können zu zeigen. Manchmal fühlst du dich eher hier zu Hause als in der richtigen Welt.

Das weiße Kolonialhaus liegt vor uns, ragt über uns in die Höhe. Beim Näherkommen scheint es jedoch zu schrumpfen, es wird kleiner und kleiner, bis du die Eingangstreppe erreichst und das Haus auf Normalgröße reduziert hast. Du bist dieses Phänomen gewöhnt. Dein Begleiter nicht.

»Was ist los?« Hendersons Stimme verrät Beunruhigung.

»In der Gedächtnislandschaft können die Größendimensionen seltsam wechseln. Wie es so schön heißt: ›Sei auf alles gefaßt.‹«

Als du die Haustür erreichst, gibst du ihr einen Ruck, und sie öffnet sich. Du trittst ein und schaust dich um. Das Foyer ist immens; die Decke ist sieben bis zehn Meter über dir. Sie erinnert dich jedesmal von neuem an den Herrensitz in Yorkshire, wo du als Kind zu Hause warst.

Und für die Dauer einer Sekunde geht dir Onkel Eathans »dringender« Anruf durch den Kopf. Er ist hoffentlich nicht *wirklich* dringend.

»Meine Güte! Die Dimension, die Perspektive ist ja völlig falsch!«

»Nicht für ein Kind, und wir bewegen uns hier offenbar in einer kindlichen Perspektive. Falls wir uns jetzt umdrehen und noch einmal eintreten würden, dann – hier, ich werde es Ihnen zeigen.«

Du gehst wieder zurück, auf die Eingangsveranda, ziehst die Tür zu und drückst sie anschließend von neuem auf. Du bewegst dich vorwärts. Diesmal erscheint das Foyer fast in Normalgröße.

»Jetzt sehen wir dieses Umfeld aus späterer Perspektive. Möglicherweise in der Perspektive eines Teenagers. So etwas gehört zu den unvorhersehbaren Aspekten der Memoskopie. Hier ist die Zeit elastisch. Wenn die Person viele Jahre – oder, wie im Fall dieses Hauses, Jahrzehnte – an einem Ort verbrachte, kann man nie vorher wissen, in welchem Zeitbereich man sie sehen wird. Die Faktoren, die die Hierarchie der Erinnerungen bestimmen, sind uns nicht bekannt. Wir vermuten allerdings, daß sie mit den aktuellsten Erfahrungen der Person zusammenhängen... und damit, in welcher Weise sie sich auf Vergangenes beziehen.«

»Hat sie in diesem Haus je als Erwachsene gelebt?«

»Nicht wirklich. In ihrer Collegezeit kam sie immer nur für ein paar Wochen zu Besuch. Aber gewohnt hat sie hier nach ihrer Jugend nicht mehr.«

Du gleitest ins Wohnzimmer hinein. Es ist dunkel, nur der Fernseher ist eingeschaltet. In dessen Licht erkennt man auf der Couch ein eng umschlungenes Pärchen. Der Junge schiebt seine Hand wie unabsichtlich unter den Sweater des Mädchens. Das Mädchen schiebt die Hand weg.

»Sehr interessant«, sagt Henderson.

Typisch Mann und Voyeur, denkst du und verbeißt dir die Bemerkung.

»Ihr erster fester Freund. Die Freundschaft hat rund vier Monate gedauert. Sie hat ihn nie viel weiter an sich herangelassen, als Sie hier sehen können.«

Du begibst dich ins Eßzimmer. Steif und schweigend sitzen dort die siebzehnjährige Lorraine und ihr Bruder mit den Eltern am Tisch. Du kannst die gespannte Atmosphäre fast fühlen. Dir sind ein Haufen ähnlicher Szenen aus der eigenen Teenagerzeit in Erinnerung – obwohl du nie die Ursache warst.

»Herrje. Das sieht nicht gerade nach einer glücklichen Familienszene aus.«

»Wollen Sie den Grund erfahren? Ich zeig's Ihnen.«

Du kehrst ins Wohnzimmer zurück, es ist Nacht und der Raum hell beleuchtet. Er ist jetzt gedrängt voll mit Teenagern, von denen viele betrunken oder *stoned* sind, während Bruce Springsteen sein *Born in the USA* herausschreit. Eine Sommernacht, an einem Samstag. Lorraines Eltern sind übers Wochenende verreist, ein Anlaß zum Feiern – bei einem früheren Besuch hast du die Verabredung und die Ermahnungen der Eltern an Lorraine eingefangen.

Während du dich durch die Menge schiebst, beginnt ein Streit. Eine Lampe wird umgeworfen; sie zerschellt am Boden. Lorraine kreischt, die Streithähne sollen aufhören, das Handgemenge wird aber nur noch schlimmer.

»Faszinierend«, flüstert Henderson. *»Das ist absolut faszinierend.«*

Du gehst hinüber zur Küche, wo du an der Spüle eine trotzig dreinblickende Lorraine entdeckst; die Mutter sitzt weinend am Küchentisch. Lorraines vorher so langes, glänzendes, kastanienbraunes Haar ist auf sechs Zentimeter Länge heruntergeschnitten, knallorange gefärbt und in einem Dutzend Spikes aufgesprayt.

»Die rebellischen Jahre. Haben wir alle durchgemacht«, sagst du, obwohl du dich persönlich an solches Rebellieren keineswegs erinnern kannst.

Auf so was war deine Schwester spezialisiert.

»Wo ist das Alltagsleben? Bisher scheint es nur Gefühlsausbrüche zu geben.«

»Das Adrenalin – Sie erinnern sich? Starke Gefühle überschwemmen den Blutkreislauf mit Adrenalin und Noradrenalin. Sie aktivieren die Kleinhirnmandel, die wiederum die Großhirnrinde aufnahmebereiter fürs Erinnern macht. Infolgedessen sind emotional geladene Vorkommnisse – ganz gleich, ob glücklicher, trauriger oder angsteinflößender Natur – tiefer und fester als die routinemäßigen Ereignisse im Gedächtnis eingeprägt. Falls wir lang genug dableiben, wird auch davon einiges, allerdings nur schwach, zu erkennen sein. Unser Gedächtnis besorgt das Filtern für uns. Wozu braucht man schon alle Einzelheiten über das zehntausendste Mal, wenn man auf dem Weg zur Küche durchs Wohnzimmer gelaufen ist?«

»Und wo führt die hin?« will Henderson wissen, als du an einer verschlossenen Tür vorbeisteuerst.

»In den Keller. In den können wir aber nicht hinein.«

»Warum nicht?«

»Weil er abgeschlossen ist und uns der Schlüssel fehlt. Lorraine geht selbst nicht hinein und will deshalb auch nicht, daß wir hineingehen.«

»Aha! Verdrängte Erinnerungen.«

»Nicht so sehr verdrängt als verschüttet. Sie sind unangenehm, weshalb Lorraine sie aus dem Blickfeld nimmt. Echt verdrängte Erinnerungen – falls es die überhaupt gibt – würden noch viel tiefer vergraben sein; da würde sogar die Person selbst nicht wissen, wo sie sich befinden. Und wenn man sie lokalisiert hätte, müßte man schon sehr angestrengt graben, um sie zu erreichen.«

»Sie sind also auch noch nie in dem Keller gewesen?«

»Ich habe den Schlüssel noch nicht gefunden.«

Eine Lüge. Du hast den Schlüssel gefunden. Im Finden bist du schon immer gut gewesen. Er befand sich in den Seiten des Tagebuchs in Lorraines Schlafzimmer, im durchgestochenen Foto von Johnny Kozik. Weil sich in dem Keller nämlich unter anderem die verblaßte Erinnerung an den Verlust der Jungfräulichkeit befindet, den Lorraine durch den guten alten Johnny erlitten hat. Heute würde man so etwas als Vergewaltigung bezeichnen.

Der zwei Jahre ältere, doch um Lichtjahre erfahrenere Johnny war eines Abends, als Lorraines Eltern fort waren, mit einer Flasche Southern Comfort angekommen, hatte sie betrunken gemacht und auszuziehen begonnen. Lorraine, der eher übel als nach Lieben zumute war, hatte versucht, ihn wegzustoßen, daraufhin war er jedoch böse und handgreiflich geworden. Sie bekam Angst und war viel zu groggy, um großen Widerstand leisten zu können. Du hast es nicht mit ansehen können. Du hast dich abwenden müssen, als sie zuließ, daß er mit ihr machte, was er wollte.

Es läuft dir kalt über den Rücken, weil du weißt, daß die gleiche Art von Vergewaltigung sich unter deinen Füßen in einer endlosen Schleife ereignet. Sogar in diesem Augenblick ...

Du bist nie wieder in den Keller zurückgekehrt und wirst ganz bestimmt nie einen Fremden hinführen.

»Was ist oben im Haus?«

»Das Übliche – die Schlafzimmer und Badezimmer. Wir können ...«

Du wirst unterbrochen vom rot aufleuchtenden Warnlicht. Du beobachtest die Anzeigen. Das EKG zeigt unverändert das normale Zackenmuster. Aber der Pulsschlag ist erhöht auf 120, und die Atemfrequenz auf 14.

»Was ist los?«

»Gar nichts. Aus bisher ungeklärten Gründen können wir uns nur für eine begrenzte Zeit in der Gedächtnislandschaft aufhalten, ohne psychologische Reaktionen auszulösen. Der Zeitraum ist bei jeder Testperson ein anderer, erste Anzeichen sind jedoch stets eine erhöhte Puls- und Atemfrequenz. Zum Teil hat es mit der abnehmenden Wirkung des Diazepam zu tun; das heißt, wenn sie nachläßt, setzen die Reaktionen ein. Wenn sie einmal eingesetzt haben, verlaufen sie aber immer progressiv. Auch bei zusätzlicher, erneuter Dosierung.«

»Was würde geschehen, wenn wir die Warnung ignorieren und bleiben?«

»Können wir gar nicht. Es gibt eine Sicherheitsvorkehrung: Wenn wir nicht selbst auf EXIT gehen, wird es das Programm für uns tun. Ich habe übrigens auch kein Verlangen herauszufinden, was passieren würde, falls wir dableiben. Es könnte der Person Schaden zufügen, oder auch nicht. Warum sollten wir's riskieren? Wir können doch ein andermal wiederkommen.«

»Dann sollten wir jetzt unverzüglich aussteigen. Ich bin schließlich nicht hergekommen, um dieser jungen Frau Schaden zuzufügen.«

Als du die Fingerspitze der Hand zum EXIT-Feld bewegst und drückst, versetzt der Ausdruck echten Mitgefühls in Hendersons Stimme dir Gewissensbisse. Du hattest Gomez ausdrücklich beauftragt, Lorraine eine schwache Dosis zu geben, damit die Sitzung garantiert kurz bleibt.

Macht nichts. Schließlich hast du ihm eine Besichtigung ermöglicht. Es würde auch gar nichts bringen, sie in die Länge zu ziehen. Weil du nicht die Absicht hast, auch nur ein einziges von Lorraines persönlichen Geheimnissen zu enthüllen. Du hast es ihr versprochen.

Der Bildschirm wird leer. Du greifst nach dem Sichtvisier.

3. Kapitel

Ich werde oft gefragt, ob Memoskopie bei der Aufklärung von Verbrechen nützlich sein könnte. Natürlich, du könntest ins Gedächtnis eines Kerls eindringen, der behauptet, er habe sich zum Zeitpunkt der Ermordung seiner Frau gar nicht in der Stadt aufgehalten. In der Gedächtnislandschaft könntest du beobachten, wie er seiner Frau die Kehle durchschneidet, da könntest du jede Einzelheit der verbrecherischen Tat für alle sichtbar machen. Aber welche Angeklagten würden dir das gestatten?

Aus den Notaten Julie Gordons

1

Julie nahm den Datenhelm ab. Sie sah, daß Dr. Siegal Henderson half, den seinen abzusetzen. Henderson richtete sich auf. Er fixierte Julie, danach Dr. Siegal. Sein Blick verriet maßlose Bewunderung. Er suchte nach angemessenen Worten.

»Das war… unglaublich. Ist Ihnen eigentlich bewußt, was Sie da entdeckt haben? Warum sind Sie damit nicht an die Öffentlichkeit gegangen?«

»Weil es hier nicht um ein Gesellschaftsspiel geht«, fuhr Julie ihn an, worauf sie gleich Dr. Siegals warnenden Blick auffing.

Gib Ruhe, Mädchen, dachte sie. Soweit ist alles gutgegangen. Mach jetzt bloß nichts kaputt.

»Dr. Gordon will damit nur ausdrücken«, warf Dr. S. rasch ein, »daß wir diese Technologie nicht auf unschickliche Weise ausgebeutet sehen möchten. Das ist kein High-Tech-Spielzeug für Sensationsjournalisten oder Talk-Shows. Sie macht die intimsten Augenblicke im Leben eines Menschen faßbar. Stellen Sie sich vor – da würde jemand entführt, mit Sedative traktiert und anschließend plünderten die Täter in seiner Gedächtnislandschaft. Welche Möglichkeiten zur Erpressung. Oder für Industriespionage.«

»Oder für die Justiz«, meinte Henderson. »Der ultimative Lügendetektor.«

»Ja und nein. Eine Erinnerung stellt nicht unbedingt eine korrekte Spiegelung der Wirklichkeit dar. Sie ist die Aufnahme einer Wahrnehmung, die durch Gefühle gefärbt und häufig durch spätere Ereignisse beeinflußt wird. Vielleicht ist die Memoskopie nach endlosen gerichtlichen Abklärungen ja eines schönes Tages wirklich ein brauchbares Werkzeug der Rechtsprechung. Aber rein als Technik zur Erforschung des Gedächtnisses, zur Behandlung von Gedächtnisverlust…«

»In diesem Sinne könnte sie meines Erachtens für die Alzheimersche Krankheit von Interesse sein.« Henderson wandte sich an Julie. »Haben Sie schon einmal die Gedächtnislandschaft eines Alzheimerpatienten studiert?«

»Nein. Das würde ich sehr gern einmal tun. Ich gehe allerdings jede Wette ein, daß sie sich an der Oberfläche nicht besonders aufregend von der Lorraines unterscheiden würde – jedenfalls nicht bis zum Auftreten einer organischen Degeneration der Großhirnrinde.«

»Wie können Sie so etwas behaupten? Das Gedächtnis von Alzheimerpatienten ist schließlich voller Löcher. Da würde *ich* eine Wüste erwarten. Ein unfruchtbares, wüstes Land.«

»Weil Sie das Vorhandensein von Erinnerungen und die Möglichkeit eines Zugangs zu ihnen durcheinanderbringen«, widersprach Julie. »Erinnerungen sind immer fragmentarisch; über das ganze Gehirn sind Bruchstücke und Steinchen verstreut. Nehmen Sie die Erinnerung an ein Schokoladenbiskuit. Sein Geruch ist im Geschmacksbereich der Großhirnrinde kodiert und gespeichert, sein Erscheinungsbild im visuellen Bereich, das weiche, warme Gefühl des Gebäcks in der Hand im Taktilsektor und der Geschmack im Geschmacksteil. Wenn Ihr Geruchsnerv also den Geruch eines frisch gebackenen Toll-House-Gebäcks aufnimmt, setzen die Konvergenzsysteme Ihres Gehirns alle Bruchstücke zusammen… und Ihnen beginnt der Mund wäßrig zu werden. Wenn Ihr Gehirn nun aber die Verbindungen nicht finden und diese Erinnerungen erreichen kann – obwohl alle Komponenten der Erinnerung an das Gebäck vorhanden sind –, dann bedeutet der Geruch Ihnen gar nichts. Er signalisiert kein Gebäck – er ist eben nur ein Geruch.«

»Und welchen Nutzen hätte Ihre Technologie für Alzheimerpatienten?«

Julie zögerte.

»Nun sagen Sie's schon«, bat Henderson. »Sie haben einen großartigen wissenschaftlichen Durchbruch erzielt. Ich möchte, daß die Bruchmeyer-Stiftung daran teilhat. Der Vorstand wird jedoch keinen noch so kleinen Betrag genehmigen, sofern er nicht erkennt, daß dieser Durchbruch letztendlich Alzheimerpatienten zugute kommt.«

Julie sprach langsam, vorsichtig; sie gab sich große Mühe, gelassen zu bleiben. Geködert hatten sie ihn; jetzt mußten sie ihn an Land ziehen.

Sie schaute zu Dr. Siegal hinüber. Für sie mochte diese Sache sehr wichtig sein; für ihn bedeutete sie alles. Seine Frau hatte er schon verloren; Julie wollte alles tun, damit er nicht auch noch sein Forschungsprojekt verlieren würde.

»Ich möchte ja nichts versprechen, was wir nicht halten können. Aber unterbrochene Erinnerungsverbindungen lassen sich über die Memoskopie wiederherstellen.«

Henderson erhob sich. »Ist das nur eine Theorie? Oder ist das bereits praktisch durchgeführt worden?«

»Es ist durchgeführt worden«, erwiderte Julie, die Mühe hatte, ihre Erregung unter Kontrolle zu halten. Jawohl, es war durchgeführt worden. Aber nur von einer einzigen Person, und auch nur in einem isolierten Fall. »Es ist verdammt schwer, aber es ist mir gelungen.« Sie hob eine Hand. »Allerdings nicht bei einem Alzheimerpatienten.«

»Aber ich hatte gedacht, die Memoskopie arbeite auf einer symbolischen Ebene.«

Julie nickte. »Sie *ist* symbolisch, allerdings nicht so rein symbolisch, wie wir zunächst angenommen hatten. Wir können Erinnerungen nicht verändern. Es hat jedoch den Anschein, daß Wiederherstellungen von Verbindungen während der Memoskopie sich auf die reale Erinnerungstätigkeit im Leben überträgt. Die Sache ist nur die, daß wir nicht wissen, *warum* es funktioniert. Aus dem Grund hatte ich auch gezögert, es zu erwähnen.«

Es machte ganz den Eindruck, als ob Henderson versucht wäre, im Raum auf und ab zu schreiten; nur war dafür kein Platz. »Einen Moment – falls wir Ihnen die nötigen Mittel zur Verfügung stellen würden und Ihnen als Testpersonen Menschen brächten, die unter Alzheimer leiden – dann würden Sie es aber bald genug wissen, nicht wahr?«

Julie nickte. »Ich denke ja.«

»Ausgezeichnet!« Er stürzte zu seinem Mantel, der an der Wand hing, schnappte sich den Burberry und drehte sich zu den beiden um. »Das ist wunderbar! Ich werde mich unverzüglich zu Mr. Bruchmeyer begeben, zu ihm persönlich – heute noch. Er wird sofort in Kenntnis gesetzt werden wollen. Die Sache wird ihn *sehr* interessieren.«

»Wie sehr?«

»Sie meinen, in Heller und Pfennig? Also, die Bruchmeyer-Stiftung fördert nie etwas halbherzig. Wenn wir dabei sind, werden wir voll und ganz hinter Ihnen stehen. Selbstverständlich benötigen wir ein detailliertes Protokoll über die Experimente, das wir dem Kuratorium vorlegen können. Wie rasch könnten Sie das bereitstellen?«

»In zwei Wochen?« fragte Dr. Siegal mit einem fragenden Blick zu Julie.

Julie nickte. Sie brauchte ihre ganze Willenskraft, um sich zurückzuhalten und nicht laut herauszuschreien: *Ja!* und mit den Fäusten in die Luft zu boxen. »Das scheint mir machbar.«

»Wir warten auf Nachricht von Ihnen«, sagte Henderson und öffnete die Tür. »Bis spätestens zum Monatsende.«

Henderson war kaum auf den Flur hinausgetreten, als Dr. Siegal Julie hell auflachend in die Arme nahm und herumwirbelte.

»Wir haben es geschafft!« rief er. »Wir werden die nötigen Mittel erhalten!«

»Mit dem Zählen des Geldes sollten wir noch warten.« Sie gestattete sich nie allzu großen Optimismus. Bei einem Gefühl von Selbstzufriedenheit gab es meistens Rückschläge. Das Kuratorium der Bruchmeyer-Stiftung würde die Unterlagen sehr genau unter die Lupe nehmen. Da mußte alles genau stimmen.

»Julie – Sie sind fantastisch!«

»Das war nicht schwer«, sagte sie. Sie freute sich über seine Hochstimmung. Wie schön, ihn endlich wieder glücklich zu sehen.

»Soso«, meinte er und hielt sie auf Armeslänge von sich. »Als ob es da vorhin nicht ein paar Augenblicke gegeben hätte und Sie...«

»Ich hatte mich unter Kontrolle – total unter Kontrolle. Außer in dem kurzen Moment, als ich...«

»Was ist denn los?« sagte eine Stimme in ihrem Rücken.

Julie drehte sich um. Lorraine hatte sich aufgerichtet. Sie saß auf dem Bett. Sie wirkte groggy und leicht konfus.

»Wie bin ich gewesen?« wollte sie wissen.

Dr. Siegal rannte zu ihr und legte ihr einen Arm um die Schulter. »Meine Liebe, es ist alles gutgegangen! Und Sie sind großartig gewesen – die Memoskopie bei Ihnen war jedenfalls großartig!«

Julie beobachtete die beiden. Sie wünschte, daß auch sie Lorraine ihre Dankbarkeit so offen zeigen könnte wie Dr. Siegal. Sie hätte Lorraine auch gern umarmt und ihre Hand gehalten. Doch das war nicht ihre Art. Da war etwas in ihr, das sie zurückhielt. Sie war wie festgeleimt.

»Sie haben's gut gemacht, Mädchen«, sagte sie.

2

»Haben Sie zum Mittagessen etwas vor?« fragte Dr. Siegal, als er ihr ins Büro folgte.

Julie warf einen Blick auf den leeren Schreibtisch von Cindy und schaute anschließend auf die Armbanduhr. 12:05 Uhr. Damit war völlig klar, wo Cindy sich befand.

»Mittagessen? Wer hat denn Zeit für Mittagessen? Ich bin inzwischen um *Tage* im Rückstand.«

»Ich weiß zumindest, was Sie jetzt als erstes machen.«

»Nein. Ich werde nicht essen gehen. Ich werde …«

»Ich rede doch nicht vom Essen. Ich spreche von Ihrem Onkel. Wollten Sie ihn denn nicht anrufen?«

Onkel Eathan! Verdammt! Den hatte sie total vergessen.

»Die Telefonnummer … wo ist sie?« Sie wühlte in den Taschen ihres Laborkittels. »Ich habe sie doch vorhin gehabt – ah, da ist sie ja.«

»Gut«, meinte Dr. Siegal und deutete auf den hinteren Raum, der durch eine graue Trennwand abgeteilt war. »Rufen Sie ihn an. Ich warte hier. Anschließend gehen wir Mittag essen.«

Sie warf ihm einen Blick zu. »Dr. Siegal …« Dafür hatte sie nun wirklich keine Zeit. Andererseits, er würde nie lockerlassen. »Also gut. Der Anruf wird nicht lange dauern.«

Sie wählte die Nummer. Wartete. Nach mehrmaligem Läuten meldete sich eine Stimme. *»Bonjour.«*

Julie erkannte die Stimme sofort. »Eathan. Julie hier.«

»Julie! Gott sei Dank! Ich bin fast verrückt geworden, weil ich dich nicht erreichen konnte. Hat man dich denn nicht benachrichtigt?«

Der Ton – Eathan klang fix und fertig – verriet ihr, daß dort tatsächlich etwas nicht in Ordnung war. Das klang ganz und gar nicht nach dem überfürsorglichen Onkel, der ihr so vertraut war. Er schien besorgt, verängstigt. Nun wurde sie doch von einem Gefühl dunkler Vorahnung ergriffen. Verdammt! Sie hätte früher zurückrufen müssen. Sie konnte nur hoffen, daß ihm persönlich nichts fehlte.

»Entschuldige. Ich konnte mich nicht eher freimachen. Es war absolut unmöglich. Was ist los?«

»Es geht um Samantha.«

»Oh.« Julie fühlte die plötzlich aufkommende innere Kälte. Sie konnte sich gerade noch bremsen, um nicht zu fragen: *Ist das alles?* Sie atmete tief aus. Sie hatte gar nicht gemerkt, daß sie vorher den Atem angehalten hatte. *Sonst noch was?*

»Und was ist es diesmal?«

»Ich weiß nicht. Keiner weiß es. Noch nicht jedenfalls. Deshalb habe ich angerufen.«

»Hör mal – es ist doch nicht das erste Mal, daß sie verschwunden ist und wiederauftauchte, nachdem alle wie wahnsinnig nach ihr gesucht haben …«

»Sie ist aber nicht verschwunden. Man hat sie in ihrem Atelier gefunden. Ohne Bewußtsein.«

»Großartig«, murmelte Julie. »Wieder mal eine Überdosis. Und wie heißt die tolle Droge, die in Paris momentan in ist?«

»Julie, ich bitte dich. Die Sache ist ernst. Sam liegt seit zwei Wochen im Koma.«

»Im Koma? Seit zwei *Wochen*?«

»Ich habe es gestern erst erfahren. Ich bin sofort nach Paris geeilt. Sie ist sehr krank. Und diesmal *nicht* auf Grund von Drogen – alle toxikologischen Tests sind negativ.«

»Und was ist dann?«

»Ich habe mit dem Chefarzt gesprochen. Keiner versteht, was ihr zugestoßen ist. Was sie auch unternehmen – jeder Test ist negativ.«

»Ist sie auf Gehirnhautentzündung untersucht worden? Auf Rückenmarkshautentzündung? Hat man nach Anzeichen von einem Schlag auf den Kopf gesucht? Oder von einem Sturz?«

»Ja … ja. Ebenso wie nach allen nur möglichen stoffwechselbedingten Ursachen. Sie liegt zwar in einem öffentlichen Krankenhaus, die Ärzte dort sind aber äußerst gründlich vorgegangen. Und mehr können sie nicht für sie tun, sagen sie.«

»Ihr Koma muß aber eine Ursache haben. Jedes Koma hat eine Ursache – ein Koma ist doch kein Zustand, in den der menschliche Körper einfach so, nur von sich aus eintritt.«

»Ich lasse Dr. Elliot als Facharzt einfliegen.«

»Den Neurologen? Aus Oxford?«

»Genau. Er gilt als *die* Kapazität für Komafälle.«

»Er *ist* die Kapazität.« Dr. Elliots Ansehen war Julie bekannt. »Es gibt keinen anderen, der auch nur im entferntesten an ihn herankommt. Er wird bestimmt herausfinden, was vorgefallen ist.«

Für Sam setzte Onkel Eathan Himmel und Hölle in Bewegung. Wie üblich. Julie wußte natürlich, daß er es auch für sie tun würde; nur war es anscheinend eben immer Sam, die der Rettung bedurfte.

»Falls Dr. Elliots Diagnose sich mit der Meinung der übrigen

Ärzte decken sollte – daß wir einfach abwarten müssen –, werde ich Samantha in ein Pflegeheim überstellen lassen, wo wir… einfach… abwarten.«

»Also, ich hoffe doch, daß Dr. Elliot ihr helfen kann.«

»Mein Gott, das hoffe ich doch auch. Samantha hat ja schon so viel durchgemacht.«

Die Bemerkung überhörte Julie. Sie wäre zutreffender gewesen, wenn Eathan gesagt hätte, daß Sam sich selbst schon genug Schwierigkeiten gemacht hatte.

Eine Pause. Dann sagte Eathan. »Wann kommst du?«

»Nach Europa?« O nein, er erwartete doch wohl von ihr nicht, daß sie… »Ich – das ist leider unmöglich. Ich stecke mitten in einer enorm wichtigen Arbeit. Das Memoskopie-Projekt. Ich habe dir davon erzählt.«

»Ach so.« Er klang wie am Boden zerstört. »Ich hatte nur gedacht, daß du Sam vielleicht helfen könntest.«

»*Ich?* Du bist der Arzt.«

»Ich habe aber seit über zwei Jahrzehnten nicht mehr praktiziert – das weißt du doch.«

»Und ich bin nicht für die Praxis qualifiziert. Ich arbeite in der Forschung.«

»Aber auf dem Gebiet der Neurophysiologie. Und was immer du von daher beitragen könntest…«

»Ich habe nichts beizutragen, was Dr. Elliot nicht weiß. Er ist Weltklasse. Hör zu, wenn ich der Meinung wäre, daß es da irgend etwas gibt, womit ich helfen könnte, dann säße ich doch längst im Taxi zum Flughafen. Das weißt du doch. Ich kann aber wirklich nichts beitragen. Und ich habe hier zu tun. Die Arbeit befindet sich in einem kritischen Stadium.« Sie wartete einen Herzschlag lang. »Ihr kommt dort ohne mich aus. Hier werde ich aber gebraucht.«

»Julie… Ich weiß, daß ihr beiden, Sam und du, daß ihr nicht gut miteinander ausgekommen seid…«

Nicht gut miteinander ausgekommen? dachte sie. Wir haben seit Jahren kein Wort miteinander gesprochen.

»Darum geht es gar nicht. Und ich verspreche dir: Ich komme, sobald ich mich hier freimachen kann. Ehrlich.«

»Bitte, komm. *Sofort*, wenn du frei bist. Die Lage ist sehr ernst.«

»Halt mich über alle Veränderungen auf dem laufenden, ja? Ich werde morgen wieder anrufen. Ich halte Kontakt. Versprochen.«

»Na schön.« Die Enttäuschung war ihm anzuhören. »Du erreichst mich unter der gleichen Nummer.«

Julie verabschiedete sich und legte auf.

Verdammt. Achtundzwanzig Jahre war sie jetzt alt und ließ sich von ihrem Onkel immer noch Schuldgefühle einjagen. Oder hatte sie jetzt Sams wegen ein Schuldgefühl?

»Alles in Ordnung?«

Julie blickte auf. Sie sah Dr. Siegal im Türrahmen stehen.

»Familienprobleme«, sagte sie. Es machte sie fast verlegen, es zuzugeben.

»Kann ich irgend etwas tun?«

»Nein. Es betrifft meine Schwester. Mit meiner Schwester hat noch keiner viel anfangen können.«

»Die Schwester, von der Sie nie sprechen?«

Julie nickte. »Meine böse Zwillingsschwester.«

»Sie haben eine *Zwillings*schwester? Wie aufregend. Das heißt, es gibt Sie noch ein zweites Mal?«

»Kaum. Sie ist der ungleichste eineiige Zwilling, den Sie sich vorstellen können.«

»Sie hat Probleme?«

Julie faßte zusammen, was Onkel Eathan ihr mitgeteilt hatte, und Dr. Siegal stellte ihr fast die gleichen Fragen, die sie Eathan gestellt hatte.

»Machen Sie sich keine Sorgen«, sagte Dr. Siegal. »Ich halte die Dinge hier schon in Gang. Nehmen Sie den ersten verfügbaren Flug. Ganz einfach. Gehn Sie zu Ihrer Familie. Und bleiben Sie, solange Sie ...«

»Auf keinen Fall. Ich reise nirgendwohin.«

Dr. Siegal machte große, ungläubige Augen. »Ihre Schwester – Ihre *Zwillings*schwester – liegt im Koma, und Sie wollen nicht zu ihr?«

»Es gibt für mich hier viel zu tun, insbesondere die Zusammenstellung des Forschungsprotokolls für die Bruchmeyer-Stiftung. Außerdem ist sie in guten Händen.«

Er musterte sie einen Augenblick lang mit einem seltsamen Ausdruck, dann trat er einen Schritt vor und faßte sie am Arm.

»Kommen Sie. Keine Einwände. Wenn Sie heute mittag nichts essen wollen, machen wir etwas anderes.«

»Was denn?«

»Wir müssen unbedingt miteinander sprechen. Über Prioritäten.«

Es war ein warmer, sonniger Oktobertag. Die Blätter der Bäume am Washington Square begannen sich zu färben. Der Park war voller Menschen, die dort zu Mittag aßen, tranken, rauchten, schnarchten oder von andern Geld zu schnorren versuchten, damit sie sich etwas zu essen kaufen konnten.

Julie ließ sich von Dr. Siegal über die mit Unrat übersäten Parkwege zerren, bis die beiden eine leere Bankhälfte entdeckten, wo sie neben einem eng umschlungenen Pärchen Platz nahmen, das sich offenbar selbst verzehrte.

Julie und Dr. S. verhielten sich wie typische New Yorker, als sie das Liebespaar einfach ignorierten. Die überall im Park herumliegenden Papierstücke, leeren Flaschen und Fast-food-Behälter zu übersehen, fiel ihnen wesentlich schwerer. Eine ungewöhnlich große Menge Abfälle, überlegte Julie. Jetzt hatten sogar schon die öffentlichen Parks darunter zu leiden, daß die Leute den Gürtel enger schnallen mußten und mittags auf den Besuch von Restaurants verzichteten.

»Ist dieses Gespräch wirklich notwendig?« fragte Julie. So gern sie ihn auch hatte – diesmal vermochte sie ihren Ärger kaum zu bändigen. Das »Gespräch« war pure Zeitverschwendung.

»Das meine ich mit Priorität«, erklärte er. »Nichts ist wichtiger als die Familie. Arbeit ist eben bloß Arbeit. Wir retten hier doch nicht die Menschheit, Julie.«

»Ich bin davon überzeugt, daß unsere Arbeit ein wenig in diese Richtung geht – und ich weiß genau, daß Sie auch so empfinden. Im übrigen bin ich ohne eigene Familie. Wie Ihnen sehr wohl bekannt ist.«

»Außer daß Sie einen Onkel und ein schwarzes Schaf von einer Schwester haben, die, wie Sie mir gestanden haben, sogar Ihre Zwillingsschwester ist. Daß Sie keine Eltern mehr haben, hatten Sie mir schon erzählt. Haben Sie sie früh verloren?«

Für einen Moment spürte sie Widerwillen, dann mußte sie jedoch dran denken, wie sie in dem muffigen kleinen Zimmer im Krankenhaus Saint Vincent neben ihm gesessen und beobachtet hatte, wie er die Hand seiner sterbenden Frau festhielt – auf eine Art, als ob er ihren Verlust verhindern könnte.

Vielleicht war die Sache für ihn persönlich wichtig.

»Ja. Als wir fünf Jahre alt waren.«

»Das tut mir leid. Ein Unfall?«

»Durch Feuer. Unser Haus ist abgebrannt.«

»Oh, mein Gott. Und Sie – Sie haben es miterlebt?«

Julie nickte. »Wir waren beide im Haus.«

»Warum haben Sie mir nie etwas davon gesagt? Das muß schrecklich gewesen sein.«

»War es auch.« Sie sagte es tonlos, blickte zu den Bäumen hinüber und gab sich Mühe, an den goldenen Farben der Blätter vor dem Hintergrund des blauen Himmels Freude zu finden. Ein vollkommener Tag in New York – doch ihr war zumute, als ob sie in der Falle säße.

Sie starrte auf die leuchtenden Blätter …

Und dann schossen ihr grelle, deutliche Erinnerungen an den Brand durch den Sinn: der erstickende Rauch, die sengende Hitze, die Flammen, die lähmende Angst. Dann erinnerte sie sich an die kräftigen Arme des Vaters, die sie umfingen; daran, wie er Sam und sie hochriß und aus dem Haus ins Freie hinaustrug, wie er sie auf dem Rasen fallen ließ und wieder in die Flammen zurückstürzte, um nach ihrer Mutter zu suchen. Und sie spürte wieder, wie ihre eigenen Arme Sam umschlungen, als sie beide im taunassen Gras kauerten und sich aneinanderklammerten, die Nachtluft war kühl, doch sie spürten die Hitze des Feuers noch aus so großer Entfernung. Sie hörte wieder die eigenen Schreie, erinnerte sich, wie sie wartete, daß Daddy mit Mommy auf den Armen aus dem Feuer kam … wie sie wartete … wartete.

Von den Eltern sah sie nur mehr die versiegelten Särge auf dem Begräbnis wieder.

Vom nahe gelegenen Washington Square flogen drei Tauben herüber und pickten kaum einen Meter entfernt den Boden ab.

»Eathan Gordon – Onkel Eathan – war der Bruder meines Vaters. Er hat uns nach dem Brand zu sich genommen und aufgezogen, als ob wir seine Kinder gewesen wären.«

»Er muß Ihnen sehr viel bedeuten.«

Julie lächelte. »Hat er ja auch. Ich meine, tut er auch. Nur, daß ich ihn nicht mehr als Teil meines jetzigen Lebens empfinde. Damals war er ein Internist und Junggeselle, der in der gleichen Stadt lebte wie meine Eltern. Nach dem Brand hat er seine Praxis geschlossen, er hat alles aufgegeben und hat uns alle nach England gebracht. Er hat es sich zur Lebensaufgabe gemacht, uns aufzuziehen.«

Hatte es während unserer Kindheit in seinem Leben noch etwas anderes gegeben? Er hätte doch Kinderschwestern für uns einstellen können; statt dessen übernahm er die aufreibende Aufgabe, Vater und Mutter für uns zwei kleine Mädchen zu spielen, jedoch persönlich. Eine Vollzeitbeschäftigung. Natürlich hatte er während der Saison die Opernaufführungen in Glyndebourne besucht und seine Gärten geliebt – er war zum *perfekten* Briten geworden – aber »intime« Beziehungen? Falls es da Verhältnisse gegeben hatte, so hatte er es verstanden, sie bestens zu verheimlichen.

»England... Sie hatten erwähnt, daß Sie dort aufgewachsen sind. Aber wieso ausgerechnet England? Was meinen Sie?«

»Danach habe ich ihn später einmal gefragt. Darauf hat er geantwortet, Sam und ich seien vom Miterleben des Brandes, in dem unsere Eltern ums Leben gekommen waren, so traumatisiert gewesen, daß wir nach seinem Empfinden nie wieder zurechtgekommen wären, falls wir in einer Gegend geblieben wären, die uns ständig daran erinnert hätte. Um ehrlich zu sein, ich glaube, daß er auch selbst fortwollte. Er hatte meinem Vater sehr nahegestanden.« Julie lächelte. »Und darum ist er eben mit uns zusammen möglichst weit weg.«

Hinter ihrem Rücken setzte heftiges Autohupen ein. Als Julie einen Blick über die Schulter warf, sah sie eine lange Reihe von Taxis hinter einem Lieferwagen feststecken.

Wie eine friedliche Insel wirkte der Park mit den vielen Menschen, die den Tag genossen und nicht einmal durch den vielen Unrat verderben ließen. Mütter schubsten ihre Kinder auf den Schaukeln an. Hundebesitzer hockten im Gespräch beieinander, während ihre vierbeinigen Lieblinge im eingezäunten Hunderevier herumtollten.

»Wo hat sich dieser Brand denn ereignet?«

»In Putnam County. In einem verschlafenen Städtchen namens Millburn.«

»Da hätte für einen kompletten Szenenwechsel aber doch ein Umzug nach Kalifornien gereicht. Ich verstehe nicht…«

»Eathan hält nicht viel von amerikanischer Kultur. Tut er immer noch nicht. Wenn er nicht anders kann und über *amerikanische Kultur* sprechen muß, trennt er die beiden Wörter immer mit einem nicht gesprochenen *soi-disant*.«

Dr. Siegal kräuselte die Lippen. »Mit anderen Worten, er ist ein Snob.«

»Ja, aber ein anständiger. Er war eben anglophil. Fürsorglicher hätte er Sam und mich gar nicht erziehen können. Ich denke, manchmal ist er sogar *zu* fürsorglich gewesen.«

»Aha«, meinte Dr. Siegal und beugte sich vor. »Ich habe da so ein Gefühl, daß wir jetzt das Problem mit Ihrer Zwillingsschwester berührt haben. Gehe ich recht in der Annahme, daß Ihr Onkel dazu tendierte, sie zu bevorzugen?«

»Ganz und gar nicht. Er verhielt sich uns beiden gegenüber bemerkenswert fair. Nur hatte er eben keinen blassen Schimmer vom Vatersein. Dafür war er einfach nicht gebaut. Und das hat er, wie ich glaube, auch selber gewußt. Deswegen sein Junggesellendasein. Doch wir waren nun einmal da, und er hat für uns getan, was er konnte. Er war uns ein hervorragender Vormund, aber ein gräßlicher Vater. Er hätte Sam zurückhalten müssen, als sie klein war. Nur hat er nicht gewußt, wie. Er hat es mit Beratern, mit Psychiatern, mit Sonderschulen probiert. Alles umsonst. Sie war ein total verrücktes Huhn. Bis sie dann schließlich selbstzerstörerische Züge entwickelte.«

»Und wie verhielt sie sich zu anderen Menschen?«

Julie ließ ein verbittertes Lachen hören. »Ich bin mir ganz sicher, daß sie vielen Menschen weh getan hat.«

Dr. Siegal betrachtete sie mit besorgter Miene. Julie erkannte, daß sie viel mehr von sich preisgab, als sie beabsichtigt hatte. Sie sah einen Hot-dog-Stand an der Ecke von University Place und Waverly.

»Hungrig? Dort hinten ist der Würstchenstand.«

Dr. S. schüttelte den Kopf. Er merkte, daß sie das Gespräch bloß in eine andere Richtung lenken wollte.

»Nein. Nun erklären Sie mir bitte eins: Wie ist es möglich, daß eine so kluge, zielstrebige Person wie Sie eine Zwillingsschwester hat, die ein total verrücktes Huhn ist? Wie konnte Samantha sich so ganz anders entwickeln als Sie?«

»Wenn ich das nur wüßte. Sie kennen doch auch das Reden von der rechten und der linken Gehirnhälfte. Sam hat mit Sicherheit eine besonders ausgeprägte rechte Hälfte. Sie ist sogar Linkshänderin. Enorm begabt. Kann sich aber auf nichts lang genug konzentrieren, um es zu meistern. Zuerst wollte sie Tänzerin werden, dann Sängerin, dann Schriftstellerin, dann Schauspielerin, dann Malerin, und dann wieder Sängerin. Mein Gott, ein richtiges Karussell ist das gewesen. Und sie hat früh mit den Jungs angefangen – hat sich im Dorf ziemlich rasch herumgesprochen, daß«, Julie merkte, wie ihre Stimme in den starken, breiten Yorkshire-Akzent verfiel, »diese amerikan'sche Biene Sammi Gordon genau das richtige war fürs alte Spielchen vom Rein- und Rausstecken.«

»Sie war bestimmt nicht das erste Teenagermädchen, das ihre Gunst großzügig verschenkte.«

»Sie hatte verdammtes Glück, daß sie dabei nicht schwanger wurde. Obwohl, es kann natürlich sein, daß sie ein Dutzend Abtreibungen hatte. Was weiß denn ich. Nach einer Weile behielt Onkel Eathan ihre Geheimnisse für sich. Und irgendwie hat er's immer geschafft, sie vor dem Schlimmsten zu bewahren. Dann war's Anorexie, dann Bulimie. Und immer Alkohol und Rauschgift. Sie hat Überdosen eingenommen, sie hatte gräßliche Männergeschichten …«

Julie lehnte sich zurück und holte tief Luft. Es regte sie schon auf, wenn sie nur drüber redete. Allein der Gedanke an Sam machte sie nervös. Warum eigentlich? Das war doch lange her, aus, vorbei, Ende. Wieso dann jetzt dieser Adrenalinstoß?

»Sie haben sich nie nahegestanden?« fragte Dr. Siegal.

»Nie.«

»Hassen Sie Ihre Schwester?«

Julie zögerte. Es war eine Frage, die sie sich oft selbst gestellt hatte. Sie antwortete wahrheitsgemäß. »Nein. Natürlich nicht.«

»Lieben Sie sie?«

Julie öffnete die Lippen und schloß sie wieder. Sam war ihre Schwester. Du solltest deine Schwester lieben. Du mußt sie ja nicht *mögen*, doch wird allgemein vorausgesetzt, daß du sie irgendwie liebst.

Hatte sie Sam lieb? Doch wie konnte sie eine Person lieben, die sie nie verstanden, mit der sie außer dem DNS und einer Kindheitskatastrophe nichts gemeinsam hatte?

»Ich spüre Unentschiedenheit«, sagte Dr. Siegal. »Sagen Sie, Julie: Lieben Sie überhaupt einen anderen Menschen?«

»Ja. Selbstverständlich. Ich... ich liebe Onkel Eathan.«

»Das will ich nicht bestreiten, und er scheint wirklich ein wunderbarer Mensch zu sein, andererseits wird Liebe jedoch oft mit Dankbarkeit verwechselt.«

»Ich liebe meine Arbeit.«

»Ja! Ich bin froh, daß Sie es ausgesprochen haben. Da gibt es keine Zweifel. Ihre Arbeit lieben Sie wirklich. Und genau da liegt das Problem, wie ich fürchte. Schauen Sie, Ihre Arbeit ist doch nicht imstande, Sie wiederzulieben. Und mir scheint, daß Sie Ihre Arbeit so sehr lieben, daß in Ihrem Leben für nichts anderes Platz ist.«

Das war ungerecht. »Stimmt nicht. Ich schwimme oder jogge täglich, im Sommer gehe ich segeln...«

»Alles einsame Beschäftigungen. Gute, pragmatische Leibesübungen. Haben Sie Freundinnen?«

»Natürlich.«

»*Enge* Freundinnen?«

»Na ja...«

»Und wie steht's mit einem Freund? Gibt es einen jungen Mann in Ihrem Leben? Unterhalten Sie mit jemand eine ernsthafte Verbindung?«

Die Sache wurde Julie zunehmend unangenehm. Diese Fragen behagten ihr ganz und gar nicht. Worauf wollte er nur hinaus? Was führte er im Schilde? Julie hatte die intimsten Ecken im Bewußtsein anderer Leute durchforscht; doch wenn es um die eigenen Erinnerungen und Gefühle ging, wäre sie am liebsten schon aus der Haut gesprungen, wenn sie überhaupt nur davon sprechen mußte.

Wie auf ein Stichwort kam als komische Einlage ein alter Mann – oder war es eine alte Frau?, schwer zu sagen – mit dem Einkaufswagen eines Supermarktes voller Mineralwasserflaschen und Bierdosen vorbei und sang im Vorübergehen eine ziemlich verstümmelte Fassung des Songs »I'm too Sexy«.

Sie liebte dieses New York.

»Nein«, sagte sie »Es gibt keinen ›jungen Mann‹, zur Zeit nicht. Mit denen habe ich nichts am Hut. Es hat da aber einmal einen ...«

Dr. Siegal winkte ab. »Namen will ich nicht wissen. Aber was ist geschehen zwischen Ihnen und den jungen Männern, mit denen Sie nicht mehr zusammen sind, hm? Sind Sie es, die der Beziehung ein Ende setzt? Oder sind es die Männer? Und wieso geht es immer schief?«

Nun wurde es geradezu peinlich. Sie schielte nach dem eng umschlungenen Paar, das sich auf der anderen Hälfte der Bank gegenseitig das Gesicht ablutschte. Sie mußte an Todd denken; daran, wie sie ihm, wider besseren Wissens, zugestanden hatte, in ihre Einzimmerbude am anderen Ende der East Seventy zu ziehen; wie sie drei Monate lang zusammengelebt hatten ... und eines Tages war sie – sehr spät, wie immer – vom Labor heimgekommen und hatte feststellen müssen, daß er ausgezogen war; er hatte eine Nachricht hinterlassen, in der er ihr unter anderem vorwarf, ein kalter Fisch zu sein.

Um die Wahrheit zu sagen: Sie war froh gewesen, daß er ausgezogen war. Ich habe meine Wohnung wieder für mich allein, hatte sie damals gedacht.

Und vor Todd hatte es noch andere Männer gegeben. Sehr lang hatten diese Beziehungen nie gedauert.

»Meist ist es einfach eine … Kombination von mehreren Dingen. Ich glaube nicht, daß ich darauf näher eingehen möchte.« Sie grinste. »Wir leben in den 90er Jahren. Beziehungen sind schwierig.«

»Schön, schön. Ich will ja keine Einzelheiten wissen. Ich suche nur nach einem wiederkehrenden Verhaltensmuster.«

»Nach einem Verhaltensmuster? Inwiefern?«

»Von …« Er nahm ihre rechte Hand und hielt sie zwischen seinen beiden Händen fest. »Julie, meine Liebe, ich habe Sie beobachtet, seit Sie für mich arbeiten. So brillant wie Sie ist noch kein Theoretiker gewesen, der für mich gearbeitet hat. Ihr Verstand hat die Schärfe einer Stahlfalle. Sie werden berühmt werden, möglicherweise gewinnen Sie sogar mal den Nobelpreis. Ihre Arbeit wird schließlich dazu führen, daß es Menschen im Leben bessergeht. Eines Tages werden Menschen beim Einschlafen Ihren Namen preisen.«

Sie wurde nie rot. Sonst wäre sie jetzt bestimmt rot geworden.

»Das sagen Sie doch bestimmt allen jungen Frauen.«

»Ich meine es ernst«, sagte er. »Bei allem Jubel und Beifall werden Sie, so fürchte ich, aber *nie* glücklich sein. Weil Sie sich nicht auf Menschen einlassen, Julie. Sie werden niemand haben, mit dem Sie Ihre Ehrungen teilen, niemand, dem Sie von Ihrem neuesten Triumph berichten, mit dem Sie das wunderbare Gefühl wohlverdienten Erfolgs teilen können. Nein, nach der Feier werden Sie dann ganz allein auf dem Hotelzimmer hocken und sich fragen: Habe ich das so gewollt? Ist das etwa alles? Wo bleibt der Rest?«

Es war für sie bisher nie ein Problem gewesen, allein zu sein. War Alleinsein etwas, weswegen sie sich Sorgen machen müßte?

»Sie sind eine hervorragende Wissenschaftlerin, Julie, aber Sie leben nur ein halbes Leben. Und Sie erzielen Ihre Resultate nicht nur, weil Sie so hervorragend, sondern auch, weil Sie ein Workaholic sind. Da gibt es eine Lücke, meine Liebe. Sie müssen das berufliche Leben mit einem Privatleben ausgleichen. Das ist eine Lektion, die ich über die Jahre gelernt habe, eine Lektion, die mir sehr geholfen hat. Und das Familienleben macht einen großen Teil des Privaten aus.«

»Ich habe Ihnen doch schon gesagt...«

Er drückte ihre Hand. »Ja, ich weiß. Sie behaupten, keine Familie zu haben. Sie *haben* aber eine Familie. Sie haben eine Schwester, die Sie in diesem Moment braucht, und Sie haben einen liebenden Onkel, dem es wahrscheinlich guttäte, wenn er sich ein wenig an Ihre Schulter anlehnen könnte. Er ist für Sie dagewesen. Jetzt wäre die Gelegenheit, daß Sie für ihn da sind. Das gehört zum Leben eines Menschen dazu, Julie – fahren Sie zu den beiden.«

»Das ist unmöglich. Ich kann das Projekt nicht im Stich lassen. Sie wissen genausogut wie ich, daß wir an einem kritischen Wendepunkt stehen.«

»Wir werden schon überleben – zumindest für eine Weile. So lange werden Sie schließlich auch wieder nicht fort sein. Wir werden mit dem schriftlichen Kram ohne Sie anfangen, und Sie werden früh genug zurückkommen, um ihn abzuschließen. Im übrigen lasse ich Ihnen gar keine Wahl: Ich bestehe darauf, daß Sie fahren. Besuchen Sie Ihre Schwester. Und selbst wenn Sie ihr nicht wirklich helfen können – seien Sie einfach für sie da. Damit sie Ihre Stimme hört. Finden Sie eine Möglichkeit, alte Bande zu erneuern, oder knüpfen Sie ein neues Band. Sie brauchen menschlichen Kontakt, Julie.«

Die Hand ausstrecken und einen andern berühren? dachte sie. Es tat ihr sofort leid... weil dieser Sarkasmus Dr. Siegals Ausführungen nur noch unterstrich. Sie lebte tatsächlich in einem emotionalen Vakuum. Persönliche Beziehungen kamen für sie... ganz zuletzt.

Aber verdammt, es ist ja nicht so, als ob ich nur eine Stempeluhr drücke oder mein Gehalt kassiere. Ich habe doch keinen bloßen Job. Ich habe eine wissenschaftliche Karriere. Und bei der geht es um mehr als um die Karriere, es geht um eine Vision, um ein großes Ziel.

Für Beziehungen würde sie noch genug Zeit haben, später, wenn diese Dinge ein wenig ruhiger laufen würden. Sehr viel Zeit.

Das glaubte sie selber nicht.

»Sie fliegen nach Paris, meine Liebe«, sagte Dr. Siegal. »Sie haben nie Urlaub genomen, da ist so viel angelaufen, nehmen Sie ein paar Tage. Entspannen Sie sich, versuchen Sie einmal, Mensch zu sein – zu leben, ohne an einem Forschungsprojekt zu arbeiten. Suchen Sie nach der anderen Hälfte Ihrer Persönlichkeit. Wenigstens für eine Zeitlang.«

Paris, dachte sie. Dort war sie seit ihrem Studienjahr an der Physikalischen Fakultät am Institut de Science nicht mehr gewesen. Paris im Herbst – eine wundervolle Jahreszeit. Vielleicht sollte sie doch fahren. Onkel Eathan hatte sie auch schon lang nicht mehr gesehen. Er hatte verloren geklungen, verängstigt, so hatte sie ihn noch nie gehört. Und Sam ... also gut. Sie hatten sich schon nicht viel zu sagen gehabt, als sie beide bei Bewußtsein waren.

Was war eigentlich mit Sam los? Wenn es nichts mit Drogen zu tun hatte – womit dann?

Je länger sie nachdachte, desto mehr nahm die Frage sie gefangen.

Der Vorschlag Dr. Siegals stieß ihr im tiefsten Inneren allerdings doch sauer auf: *...entspannen Sie sich, versuchen Sie einmal, Mensch zu sein – zu leben, ohne an einem Forschungsprojekt zu sein. Suchen Sie nach der anderen Hälfte Ihrer Persönlichkeit.*

Und wenn es keine andere Hälfte gab? dachte sie. Was, wenn ich plötzlich nicht mehr Dr. Julie Gordon bin, wenn ich aufhöre, die Spitzenforscherin zu sein, wäre dann nichts mehr von mir da?

Wenn ich mich plötzlich in Luft auflöste?

4. Kapitel

Heutzutage stellt man sich das Gehirn als Computer und das Gedächtnis als dessen Festplatte vor. Die Analogie taugt aber nichts. Eine Festplatte kopiert bloß die eingespeisten Datenmengen. Dagegen trennt der Erinnerungsmechanismus des Gehirns den Input in seine Bestandteile auf und speichert diese getrennt.

Aus den Notaten Julie Gordons

1

Julie schaute den Taxis zu, die vor dem internationalen Terminal am Flughafen Orly in dem morgendlichen Regen ausschwärmten. Sie stand im Schutz eines Überhangs vor dem Eingang. Sie hätte ein Taxi zum Pflegeheim nehmen können; Onkel Eathan hatte jedoch drauf bestanden, sie am Flughafen abzuholen.

Ihre Augen taten weh, bleischwer waren die Glieder. Hier, in Paris, war es früh am Morgen; die Menschen ringsum schienen hellwach und gespannt auf den neuen Tag. Ganz anders sie. In der Annahme, daß Wein schlaffördernd wirkt, hatte sie im Flugzeug extra ein bißchen mehr getrunken, doch hatte sie dann überhaupt nicht einschlafen können. Nach ihrer biologischen Uhr war es jetzt gegen 03.00 Uhr. Sie war noch benommen vom Wein und wünschte nur, daß all die munteren, französisch schnatternden Menschen von der Bildfläche verschwinden mögen.

Dem Flug waren zwei anstrengende Tage pausenlosen Arbeitens am Protokoll für die Bruchmeyer-Stiftung vorausgegangen, und es gab noch immer zu viele lose Enden, als daß sie die Arbeit ruhigen Gewissens hätte aufgeben können. Wenn es nach Dr. Siegal gegangen wäre, hätte sie sich von der Parkbank aus unverzüglich auf die Reise begeben, dazu war sie jedoch keinesfalls bereit gewesen.

Schließlich lag hier kein Notfall vor. Sam war bereits zwei Wochen ohne Bewußtsein. Warum da solche Eile?

Ein großer schwarzer Saab fuhr heran, ein hochgewachsener, schlanker, schwarzhaariger Mann Mitte Fünfzig stieg aus, kam auf den Bürgersteig, zwei vorübergehende Frauen drehten sich nach ihm um und steckten flüsternd die Köpfe zusammen.

Aber nein, meine Damen, hätte Julie ihnen am liebsten zugerufen. Das ist doch nicht Gregory Peck, der sich hinter einem Bart versteckt, sondern bloß mein Onkel Eathan.

Das Haar, und vor allem der Bart, war seit der letzten Begegnung ein wenig grauer geworden. Alles in allem war Eathan mit seinen 1,86 m und einem fast militärischen Auftreten aber noch immer eine imposante Erscheinung. Eathan war mehr als nur ein schöner Mann; er strahlte eine Kraft, eine innere Festigkeit aus, die auf Julie sofort beruhigend wirkte. Es fiel schwer, sich in Krisenmomenten nicht an so einen großen, starken Baum anzulehnen, auch wenn dieser Baum zur Zeit vielleicht selbst einen Halt brauchte.

Sie lief ihm entgegen, winkend, den Koffer auf Rädern hinter sich herziehend. Eathan eilte freudestrahlend auf sie zu, nahm sie in die Arme, ganz kurz, einmal nur, und gab ihr einen flüchtigen Kuß auf die Backe. Er hatte schon immer Mühe gehabt, Gefühle zu zeigen.

Wie ich selbst …

»Julie.« Er hatte eine volle, dunkle Stimme. Wie Kaffee. Er hielt sie auf Armeslänge von sich, lächelnd – aus der Nähe machte er einen müden, angespannten Eindruck. »Mein Gott, wie schön, dich wiederzusehen.«

»Umgekehrt auch, Eathan. Es ist lange her.«

Ein neues Lächeln. »Viel zu lang.« Eathan nahm ihren Arm. »Schade, daß wir aus einem so traurigen Anlaß zusammenkommen.«

Wenige Minuten später, Julies Gepäck war im Kofferraum verstaut, befanden sie sich auf dem Weg aus dem Flughafen.

»Gibt's Neuigkeiten über Sam?« wollte Julie wissen.

Eathan schüttelte den Kopf. »Gar keine. Dr. Elliot hat sie gründlich untersucht, alle Laboranalysen und Testresultate überprüft und erklärt, daß er keinerlei Hinweise auf eine organische Krankheit feststellen kann. Nicht ein einziger Befund – keine äußeren Schäden, keine Anzeichen einer metabolischen Störung, keine toxischen Indizien. Er vermutet psychische Ursachen.«

»*Seelische* Ursachen? Aber welcher Art? Einen posttraumatischen Schockzustand? Eine katatone Schizophrenie? Was bitte?«

Eathan zuckte die Achseln. »Das wollte – oder konnte – er mir nicht sagen. Er ist schließlich kein Psychiater, sondern Neurologe. Für ein Trauma fehlen äußerliche Indizien. Es gibt keinerlei Anzeichen dafür, daß sie angegriffen, mißhandelt«, Eathan holte Luft, »oder vergewaltigt wurde. Es ist alles so unbegreiflich, Julie. Sie bewußtlos auf dem Boden ihrer Atelierwohnung zu finden!«

Psychische Ursachen? Julie lehnte sich nachdenklich zurück. Vielleicht hatte da schon immer das Problem gelegen. Vielleicht hatte es einen *Grund* für das unstete Verhalten, das seit langem an Sam zu beobachten war. Vielleicht hatte Sam für die größte Zeit ihres Lebens am Rande einer Schizophrenie gelebt. Und schließlich war der Damm gebrochen.

Es würde ja so vieles erklären.

»Die arme Sam.« Eathan musterte sie mit einem auffällig seltsamen Ausdruck. »Was ist?«

»Wenn du wüßtest, was es mir bedeutet, dich so etwas aussprechen zu hören. Ich hoffe seit Jahren auf eine Annäherung zwischen euch beiden.«

»Bitte, ich bin ihr immer nur böse gewesen, weil sie sich wie ein Idiot aufgeführt hat... Wenn das alles aber auf eine Frühform von Schizophrenie zurückzuführen wäre – könnte man einem Menschen böse sein, dessen Neurochemie durcheinander ist?«

»An die Möglichkeit hatte auch Dr. Elliot gedacht. Sam reagiert aber nicht auf die Antipsychotika. Sie haben alles versucht – Thorazine, Thiothixene, Loxapine, sogar Clozapine. Alles vergeblich.«

»Aber eine seelisch bedingte Katatonie...«

»Eine Katatonie ist ausgeschlossen«, wandte Eathan ein. »Sam ist ja nicht bei Bewußtsein und reagiert auf gar nichts außer auf schmerzhafte Stimuli, und selbst dann ist ihre Abwehrreaktion träge.« Er schaute durchs Fenster in den nassen, grauen Morgen. Julie spürte seine Betroffenheit. Vielleicht war Sam also doch sein Liebling gewesen, hatte er sie wie eine eigene Tochter betrachtet. »Manchmal... ich habe Angst, daß sie das Bewußtsein nie wiedergewinnt.«

»Da wird einfach kein Schuh draus«, sagte Julie.

Eathan drehte sich zu ihr um. »Das hat auch Dr. Elliot gesagt. Mit den gleichen Worten.«

Sie berührte ihn am Arm. »Und wie geht's dir? Wie kommst du voran?«

»Ganz anständig. Die Universität Edinburgh hat mich inzwischen zum außerordentlichen Professor ernannt.«

»Glückwunsch. Du machst ja Karriere.«

»Ich habe mich allerdings beurlauben lassen. Bis es Sam bessergeht.«

Sie war froh, daß er, nachdem Sam und sie bei ihm ausgezogen waren, eine Beschäftigung gefunden hatte. Der Gedanke, daß er wie ein Geist durch die leeren Räume des Herrenhauses in Yorkshire wandern würde, hatte ihr gar nicht behagt. Als Arzt hatte er nicht wieder tätig werden wollen – sein ärztliches Wissen und Können sei nach den vielen Jahren ohne Praxistätigkeit zu rostig, meinte er, als daß er die Zulassungsprüfung in England bestehen würde, und außerdem hätte er wenig Lust, ein weiteres Rädchen im Räderwerk des britischen National Health Service zu sein. Durch einen glücklichen Zufall war zu der Zeit an der Universität Edinburgh eine neue Dozentenstelle eingerichtet worden; und dort war man ausgesprochen froh darüber, daß ein gestandener Praktiker den medizinischen Erstsemestern wissenschaftlichen Grundlagenunterricht erteilen würde.

»Ich arbeite gern mit jungen Menschen zusammen. Es hält mich jung.«

Julie sah die französische Landschaft vorübergleiten, die braunen Felder, das goldene Blattwerk der Bäume, die grünen Zypressen. Der Himmel hatte sich aufgeklart, der Regen aufgehört. Als sie dann in östliche Richtung abbogen, brach die Morgensonne durch. Im gleichen Moment verspürte Julie ein seltsam drängendes Verlangen.

»Ich möchte sie sehen.«

»Natürlich. Deshalb bist du ja hergereist.«

»Ich meine, sofort.«

Julie war der plötzliche, fast überwältigende Wunsch, die Schwester zu sehen, selbst unerklärlich. Schließlich hatte sie den Flug tagelang hinausgeschoben. Wieso konnte sie da jetzt nicht noch ein paar Stunden warten?

»Ich habe für dich ein Zimmer in dem Gasthof reserviert, wo ich auch abgestiegen bin. Ich dachte, du...«

»Ich habe das Bedürfnis, sie unverzüglich zu sehen. Ist es bis zum Pflegeheim weit?«

»Nein. Aus dem Grund gab ich dir ja den Rat, nach Orly zu fliegen. Der Flughafen Charles de Gaulle ist auf der anderen Seite von Paris. Das Pflegeheim liegt am Stadtrand von Palaiseau.«

»Gut. Dann fahr mich hin.«

2

Das Heim Saint Gabrielle war eine angenehme Überraschung: eine moderne, kompakte, eingeschossige, absolut professionelle Pflegestätte, nur eine halbe Stunde außerhalb von Paris und doch umgeben von jahrhundertealten Eichen. Mit den einfallenden Sonnenstrahlen sah es aus wie das *Les Invalides* für längere Pflegefälle.

Das Innere war hell, sauber, und es roch frisch. Die Dame am Empfang winkte sie durch, mit einem warmen Lächeln für Eathan. Es war offensichtlich, daß er das Personal mit seinem Charme betört hatte.

Sie hatten den Flur im Ostflügel zur Hälfte hinter sich gelassen, als...

»Mon Dieu!«

Frühstücksteller, -tassen und Untertassen begannen auf dem Tablett der Helferin zu rutschen, die wie angewurzelt stehenblieb. Beim Anblick Julies wären ihr beinah die Augen aus dem Kopf gefallen.

»Nein, nein«, sagte Eathan, der rasch vortrat und mit seiner Linken das Tablett vorm Fallen bewahrte. »Es ist nicht Mamselle Samantha. Das ist ihre Schwester. *Sa sœur, vous comprenez?*«

Der Blick der jungen Frau schoß zwischen Eathan und Julie hin und her, bis endlich ein Lächeln über ihr Gesicht huschte. Sie nickte. *»Ah. Sa sœur. Oui.«*

»Was war denn ihr Problem?« erkundigte sich Julie beim Weitergehen.

»Überleg mal. Vor wenigen Minuten hat sie Samantha gesehen, die auf ihrem Zimmer total apathisch auf dem Rücken lag. Jetzt kommt sie aus einem anderen Zimmer, und wen sieht sie da über den Flur gehn?«

»Mich?«

»Aber nein!« Er lachte. »Samantha!«

»Mach keine Witze. *So* ähnlich sehen wir uns wirklich nicht.«

»Euch selber nicht. Sogar mir nicht. Doch für Menschen, die nicht jahrelang mit euch zusammengewesen sind, seid ihr zwei Spiegelbilder – trotz deiner kürzeren Frisur.«

Julie hatte Mühe, ihm das abzukaufen. Sie sah Sam überhaupt nicht ähnlich. Sie fand die Vorstellung ärgerlich, widersprach aber nicht.

Eathan führte sie zur letzten Tür an der linken Seite.

»Da wären wir«, sagte er und ließ sie vorangehen.

Auf der Türschwelle blieb Julie stehen. Sie hatte plötzlich Angst, sie zu überschreiten. Sowenig sie auch miteinander gemeinsam hatten, sosehr beide unter den Momenten eisigen Schweigens und den schrillen Ausbrüchen gegenseitiger Wut gelitten hatten, trotz aller Ressentiments, die sich in ihr aufgestaut hatten gegen die Schwester, die dem wohlmeinenden Onkel das Leben zur Hölle gemacht hatte – in diesem Zustand wollte Julie Samantha nicht sehen. Es war ja beinahe so, als ob Samantha tot wäre.

»Julie!« erklang Eathans Stimme fordernd hinter ihrem Rükken.

Sie nickte und trat ein, näherte sich dem Bett allerdings mit abgewandtem Blick, schaute überallhin, nur nicht auf die Gestalt in den Laken. Sie bemerkte die Schläuche für die künstliche Ernährung, den stumpfen, toten TV-Bildschirm an der Wand, die herrlichen Bäume, die durch die offenen Vorhänge die Aufmerksamkeit auf sich zogen.

Hübsch, der Raum. Privatzimmer. Durch die Gardinen, die bis auf den Boden herabreichten, strömte die Morgensonne herein. Gepolsterte Stühle. Ein Sessel mit verstellbarer Rückenlehne...

...ein Krankenhausbett.

Und in dem Bett: Sam.

Bei ihrem Anblick stockte Julie der Atem.

Sam war blaß. So bleich, daß sie ohne die rosaroten Bettbezüge unsichtbar gewesen wäre. Sie lag auf dem Rücken. Das lange Blondhaar war geflochten, mit einem Zopf über jeder Schulter, wie bei einem jungen Mädchen, so daß sie noch verwundbarer wirkte.

Die Arme lagen am Körper auf dem Laken, das in Brusthöhe zurückgeschlagen und an den Seiten eingesteckt war. So hätte Dornröschen aussehen können – wären da nicht die intravenösen Schläuche, der Katheterbeutel und die künstliche Ernährung gewesen.

Auf einmal bekam Julie Angst. Wovor, das wußte sie selber nicht. Es war einfach...

Ach, Sam – was hat man dir angetan?

Julie fuhr zusammen. Woher *der* Gedanke? Er stand plötzlich im Raum, wie ein hereingeflogener Fremdkörper. Wie kam sie nur darauf, daß Sam etwas angetan worden war? Obwohl es doch keinerlei Anzeichen eines Traumas, eines Vergewaltigungsversuchs, eines Überfalls oder sonstwas gab..., noch nicht.

Sie schüttelte das merkwürdige Gefühl ab. Falls da überhaupt etwas war, so hatte es Sam sich wahrscheinlich selbst angetan.

Trotzdem. Julie war ein wenig schwach in den Knien. Der ungewohnte Weinkonsum und der fehlende Schlaf machten es auch nicht leichter. Am liebsten hätte sie sich in einen Sessel fallen lassen, fühlte jedoch den Drang, Sam anzufassen, sich zu überzeugen, daß die Gestalt im Bett dort Sam war, daß sie lebte, daß sie wirklich ihre Schwester war.

Sie streckte die Hand aus und legte die Finger auf Sams Arm. Die Haut war kühl, weich, mit einem dünnen Film von Feuchtigkeitscreme. Natürlich, das Pflegepersonal würde Sam baden, sie immer wieder auf die Seite legen, achtgeben, daß sie keine wundgelegenen Stellen bekam.

Und falls Sam nicht aus dem Koma aufwachte, könnte solche Pflege endlos weitergehen, bis das schlafende Dornröschen zum häßlichen, alten Weib wurde.

Sie trat näher.

»Sam?« Es war unsinnig. Doch sie konnte dem Impuls nicht widerstehen, Sams Arm zu schütteln, der Hoffnung, daß es nur dieser Regung bedürfte, damit Sam die Augen öffnete. »Sam, ich bin's, Julie. Wach auf.«

Null Reaktion. Klar. Julie beugte sich über Sam und hob ein Augenlid. Als Antwort auf das Morgenlicht zog die hellblaue Iris sich um die Pupille zusammen. Als Julie das zweite Lid hob, war die Pupille dort bereits verengt.

»Ihr...« Einen Moment lang blieb Julie die Stimme im Hals stecken. »Ihr Okulomotius ist anscheinend in Ordnung.«

»Alle Hirnnerven sind unversehrt«, bestätigte Eathan. »Ebenso alle Reflexe – Lidreflex, Sehnenreflex, Bauchdeckenreflex, Zehenreflex. Unbeschädigt. Das gibt mir ein wenig... Hoffnung.«

»Ist die Krankenakte hier?«

»Ja. Ich habe sie nachschicken lassen, als Sam aus dem Pariser Krankenhaus hierher verlegt wurde.«

»Darf ich sie einsehen?«

»Selbstverständlich. Aber Julie – das hat noch Zeit.« Sie spürte Eathans leichte Hand auf ihrer Schulter. »Du wirkst erschöpft. Ich fahre dich zum Gasthof. Wenn du ausgeruht bist, kannst du dich mit der Akte befassen, solange du willst. Und glaub mir, du wirst eine Menge Zeit brauchen. Sie ist ziemlich umfangreich.«

Julie wußte aber, daß sie jetzt einfach keinen Schlaf finden würde, jedenfalls nicht ohne intravenöses Diazepam, und vielleicht nicht einmal dann.

»Bloß ein erster Blick, ja? Damit ich wenigstens einen Eindruck gewinne, wo man anfangen könnte.«

»In Ordnung. Verstehe. Ich werde veranlassen, daß Sams Pflegerin sie uns bringt.« Er drückte Julies Schulter. »Ich bin ja so froh, daß du da bist.«

3

Sie schauten sich die Krankenblätter gemeinsam an. Zuerst die Aufzeichnungen des EEG, der elektrischen Signatur des Hirns, ein halbes Dutzend dicker, fächerartig gefalteter Datenprotokolle, lange, rosa und weiß karierte Blätter, die Julie unter dem dicken Haufen der Unterlagen fand und auf dem Boden des Zimmers ausbreitete, um sich dann über sie zu beugen und Impuls für Impuls durchzugehen.

Sie war sich voll bewußt, daß sie keine Ärztin war, wollte sich auch gar nicht als solche aufführen. Andererseits besaß sie jedoch eine umfassendere und genauere Kenntnis des menschlichen Nervensystems als die meisten praktizierenden Ärzte und konzentrierte sich daher auf diesen Aspekt.

»Verdammt!« stieß sie etwa eine Stunde später hervor, als sie sich wieder aufrichtete und den verkrampften Rücken streckte. »Sie sind alle völlig normal.«

»Das hätte ich dir gleich sagen können«, bemerkte Eathan. »Dr. Elliot hat sie sich ja ebenfalls angeschaut.«

»Ich weiß. Aber niemand ist vollkommen. Er hätte doch etwas übersehen haben können.«

Hatte er aber nicht. Das Gesamtbild war bei allen EEGs normal – Hirntätigkeit von acht bis dreizehn Hertz. Es war vom andern Ende des Raums aus zu erkennen. Sie hatte nach symmetrisch gleichlaufenden, anfallsartigen Ausbrüchen von langsamen Wellen im Bereich von ein bis drei Hertz gesucht – ein sicheres Zeichen für Stoffwechselerkrankung, Gift oder Drogeneinwirkung. Außerdem hatte sie nach einseitiger langsamer Tätigkeit Ausschau gehalten, die eine strukturelle Schädigung indizieren könnte.

Nichts.

Immer nur die normalen acht bis dreizehn Hertz.

Julie musterte Eathan, der mit einem Stapel Gutachten auf dem Schoß ihr gegenüber saß und sie beobachtete.

»Absolut unbegreiflich«, erklärte sie.

»Wie schon Dr. Elliot meinte. Er war fasziniert. So sehr, daß er übrigens zurückkommen und Sam noch einmal untersuchen will.«

»Das kann ich verstehen. Alpha-Koma und das Locked-In-Syndrom hat er wohl auch ausgeschlossen?«

Eathan nickte. »Er vermutet, daß der Zustand seelisch bedingt ist.«

»Das will mir nicht in den Sinn. Katatone Patienten sind doch bei Bewußtsein. Sie haben die Augen geöffnet. Sie können sich aufsetzen. Sie kauen, schlucken…«

»Schau her«, warf Eathan ein, »eine Notiz von Dr. Elliot, in der er Sams Zustand als ›katatones Trauma‹ bezeichnet. Koma wird definiert als ein Zustand von Reaktionslosigkeit, aus dem ein Patient nicht aufgerüttelt werden kann – ein Kriterium, das Sam zweifellos erfüllt. Andererseits ist sie neurologisch jedoch intakt – was eigentlich nicht der Fall sein dürfte. So einen Fall hat Dr. Elliot angeblich noch nie erlebt. Weshalb er ja auch willens ist, noch mal von London herüberzufliegen und Sam ein zweites Mal zu untersuchen, falls sich an ihr bis nächste Woche keine Veränderung feststellen läßt.«

Ach, Sam, Sam, dachte Julie. Du bist und bleibst ein Rätsel – sogar wenn du ohne Bewußtsein bist.

Sie war verwirrt und hilflos. Sie fand beides unangenehm.

»Und wenn wir…«

»Verzeihung?«

Sie drehte sich um und sah eine weißgekleidete Frau mittleren Alters. ELAINE MONCEAU, sagte das Namensschild.

»Oui?« sagte Eathan.

»Monsieur, il me faut manipuler la demoiselle.«

»Ce n'est pas possible d'attendre quelques minutes?« fragte Eathan.

Es war offensichtlich Zeit fürs nächste Durchchecken. Julie

hatte seit langem kein Französisch mehr gesprochen, so daß es fast nahezu verschüttet war; sie verstand jedoch genug, um zu begreifen, daß Elaine Physiotherapeutin war und mit Sam die täglichen Massagen und Bewegungsübungen machen mußte.

»Komm, wir sollten sie arbeiten lassen«, meinte Julie und bückte sich, um die EEG-Blätter wieder zu falten. Als alle Unterlagen sich wieder in ihren Mappen befanden, nahm sie einen Packen an sich.

»Könnten wir die hier zum Gasthof mitnehmen?«

Eathan zögerte. »Man wird sie wahrscheinlich hierbehalten wollen. Mal sehen, ob sich da etwas machen läßt.«

Nach Ausfüllen etlicher Formulare fuhren sie zehn Minuten später mit Sams Unterlagen im Kofferraum zum Gasthof.

4

Der Gasthof, Le Bois Farrand, ein zweigeschossiges, verputztes Gebäude mit Schieferdachziegeln und weinberankten Mauern, verband modernen Luxus mit altmodisch ländlichem Charme.

Wie ein Gasthof aus dem Bilderbuch, schoß es Julie in den Sinn.

Eathan hatte ihr ein helles, luftiges Zimmer mit einem Himmelbett und einer immensen Daunendecke besorgt. Und natürlich mit typisch französischen Fenstertüren, die auf einen kleinen Balkon führten, mit Ausblick auf die Pappelallee, auf der sie den Gasthof erreicht hatten.

Das Bett wirkte höchst einladend; so müde Julie aber auch war, fühlte sie sich doch zu aufgeregt, um schlafen zu können. Falls sie bis nach dem Abendessen durchhielte, dürfte sie außerdem mit einem anständigen Nachtschlaf rechnen und ihr Zeitbewußtsein rascher auf mitteleuropäische Zeit umstellen.

Sie fragte sich, wie die Arbeiten in New York wohl vorankämen, merkte aber dann, daß dort noch nicht einmal die Morgendämmerung angebrochen war. Sie gab sich Mühe, nicht an die Förderungsgelder der Bruchmeyer-Stiftung zu denken. Für sie war jetzt nur Sams Koma von Bedeutung. Julie empfand es als Herausforderung. Sams Zustand war wie ein Puzzle; sie würde mehr Teilchen benötigen, um es zusammensetzen zu können. Sie glaubte auch zu wissen, wo sie zu suchen hätte.

Sie ging über den Flur und klopfte an Eathans Tür. Er tauchte in Hemdsärmeln auf. Mit einem Badetuch in der Hand und nassem Bart, mit den ans Gesicht geklatschten Barthaaren wirkte er plötzlich ganz anders – beinahe wie ihr Vater auf den alten Fotos.

Er tupfte sich Wassertropfen aus dem Gesicht. »Probleme?«

»Ich möchte gern nach Paris fahren.«

»Aber Julie! Bist du denn nicht müde?«

»Nein. Es ist besser, daß ich mein Zeitgefühl binnen eines Tages umstelle. Fürs Studieren weiterer Krankenblätter sind meine Augen aber zu trüb.«

Er zeigte ein mitfühlendes Lächeln. »Verstehe. Hast du irgendeinen besonderen Wunsch – ich meine, was möchtest du denn in Paris sehen?«

Sie dachte nach.

»Sams Wohnung. Hast du die Adresse?«

5. Kapitel

Marcel Proust: »Das Band, das einen anderen Menschen mit uns verbindet, existiert nur in unserem Bewußtsein. Wenn die Erinnerung schwächer wird, löst sich das Band …«

Aus den Notaten Julie Gordons

Onkel Eathan bestand darauf, sie hinzufahren. Das Quartier Latin sei nicht gerade die sicherste Gegend, hatte er gesagt. Im übrigen habe er schon mehrfach mit der Hauswirtin zu tun gehabt, so daß es Julie in seiner Begleitung weniger schwerfallen würde, in die Wohnung zu gelangen.

Julie hatte nicht widersprochen. Im Grunde war sie nur froh, jemanden bei sich zu haben, der sich auskannte.

Und so kämpften sie sich durch den Mittagsverkehr auf dem geschäftigen Boulevard, der dem Serpentinenlauf der Seine folgte, und Julie konnte nicht umhin, trotz allem die Schönheit dieser Stadt zu bewundern. Die *bateaux mouches* trugen bereits Touristen flußauf, flußab, und auf den Dutzenden Brücken, die sich über das trübe Gewässer spannten, liefen Pariser in Scharen hin und her, um vom rechten ans linke Seine-Ufer zu hasten.

»Da hat sich seit deiner Zeit hier einiges verändert, oder?«

»Und ob! Wann ist denn diese gläserne Pyramide vor dem Louvre errichtet worden?«

»Gefällt sie dir nicht? Sie wird von vielen Parisern als Schandfleck gesehen. Deine Schwester war davon begeistert.«

»Typisch.«

Die Straße machte eine Biegung. Vor ihnen lag Notre Dame und die Ile de la Cité. Bei ihrem ersten Parisbesuch hatte Julie den Turm der Kathedrale bestiegen und direkt neben den Wasserspeiern gestanden, die auf die Stadt hinunterglotzten, als ein junges Pärchen Julie darum bat, von ihnen, mit einem gehörnten Ungeheuer in der Mitte, ein Foto zu machen, und anschließend anbot, Julie zu fotografieren.

Eine Vorstellung, die Julie komisch gefunden hatte. Von mir allein mit so einem Ungeheuer?

Sie schüttelte den Kopf.

»Du hast Paris nie gemocht?« fragte Eathan.

»Ach, schön ist es ja. Mir kam die Atmosphäre, die ganze Stimmung hier aber wohl zu frivol vor. Vielleicht hat's auch damit zu tun, daß ich Paris immer mit Sam assoziierte.«

Sie sah zu Eathan, ob sie ihn mit dieser Bemerkung verletzt hatte. Ihm war jedoch nichts anzumerken.

Er bog rechts ab. Julie erkannte den Boulevard Saint-Germain wieder. Wenige Minuten später fuhren sie am Eingang zum riesigen Jardin du Luxembourg vorbei.

»Schon mal drinnen gewesen?«

»Nein. Damals während der Konferenz hatte ich keine Zeit.«

»Dafür solltest du dir wirklich einmal Zeit nehmen...«

»Um den Duft der Rosen zu riechen?«

Eathan lachte. »Die Atelierwohnung deiner Schwester liegt in unmittelbarer Nähe vom Boulevard Saint-Michel, vom ›Boul Mich‹, der eurem New Yorker SoHo eigentlich sehr ähnlich sein müßte.«

Eathan bog in eine schmale Gasse ein, glitt an einem grün uniformierten Straßenkehrer vorbei, der mit einem Mop das Pflaster wischte. Julie atmete den starken Geruch der feuchten Kopfsteine ein.

Die Gerüche und Ansichten von Paris...

Jetzt war es wieder ganz so, wie sie Paris von ihrem Jahr am Institut de Science in Erinnerung hatte. Das war überhaupt das Schöne an europäischen Städten – du konntest nach jahrelanger Abwesenheit zurückkehren und außer irgendeiner neuerlichen Monstrosität, die irgendein Minister für Kultur oder Kultus errichtet hatte, war alles übrige ziemlich unverändert.

Je näher sie Sams Atelierwohnung kamen, desto schweigsamer wurde Eathan. Dann, aus heiterem Himmel...

»Wann hat es eigentlich angefangen, daß es mit Samantha schiefging? Was meinst du?«

»Wann es *angefangen* hat? Ich kann mich nicht erinnern, daß sie jemals *okay* war.«

»Du bist ihr gegenüber zu hart. Warst du immer schon.«

Nun geht das wieder los, dachte sie. Immer das alte Lied: *Warum könnt ihr zwei denn nicht nett zueinander sein.* Wieso gab er dafür eigentlich nie Sam die Schuld?

Du hast es ihr immer verdammt *leicht*gemacht, wollte sie ihm sagen, schluckte die Worte dann jedoch herunter. Sie bemerkte die neue Kummerfalte in Eathans Gesicht. Vielleicht machte er sich ja deswegen längst selbst Vorwürfe.

»Vielleicht hast du recht«, sagte sie, ohne es allerdings selbst zu glauben. »Aber sie hat immer so schrecklich emotional reagiert. Hat immer vor irgendwas Angst gehabt. Später hat sie sich verändert, da hat sie sich auf alles *gestürzt*, was Gefahr signalisierte. Aber da war sie älter. Doch als wir klein waren, hat sie *immer* Angst gehabt, daß etwas unterm Bett lauerte. Sogar die Bugs-Bunny-Cartoons haben ihr angst gemacht. Du erinnerst dich an das Theater bei den Weihnachtseinkäufen im Harrods? Wie alt waren wir damals? Zehn?«

»Ja, ich erinnere mich. Du weißt aber auch noch, was ihre Angst ausgelöst hat?«

»Nein.«

»Es war vor dem Modelldorf, das Harrods zu Weihnachten auf der Etage für Kindersachen gebaut hatte. Du hast direkt neben Sam gestanden. Du kannst dich wirklich nicht erinnern?«

Julie dachte nach. Sie hatten über dem Geländer gelehnt und die Miniatureisenbahn beobachtet, die durch das verschneite englische Dorf zog, das mit einer unglaublichen Fülle an Details nachgebildet worden war, bis hin zum Rauch, der aus den winzigen Schornsteinen aufstieg. Und plötzlich war Sam erstarrt und schrie sich die Lunge aus dem Leib, als ob es um ihr Leben ginge.

»Mir ist für ihre Ausbrüche nie ein besonderer Anlaß aufgefallen. In meinen Augen wurde sie bloß hysterisch. Ich hatte mich dran gewöhnt.«

»Ich fand den Anlaß heraus«, sagte Eathan. »Hinterher. Sie hat ihn ihrer damaligen Therapeutin erzählt. Sie hat beobachtet, wie in dem Dorf ein Haus brannte. Das hat sie in Angst und Schrecken versetzt.«

»Da hat aber kein Haus gebrannt«, sagte Julie. »Ich stand doch neben ihr. Ich hätte es bestimmt bemerkt.«

»Du hast völlig recht. Ich bin noch einmal zu Harrods gefahren, um mich zu vergewissern. Da hat tatsächlich nichts gebrannt. Mir ist dann aber aufgefallen, daß bei einem der Modellhäuschen der Schornstein verstopft war, so daß der Rauch, der aus dem Schornstein hätte aufsteigen sollen, statt dessen aus den Fenstern entwich und so den Eindruck erweckte, als ob in dem Haus ein Feuer ausgebrochen wäre.«

»Richtig. Jetzt erinnere ich mich. Und ich weiß auch noch, daß mir die Sache irgendwie komisch vorkam.«

Sie bogen erneut ab, in eine noch engere Gasse, und kamen an einem Laden mit einem riesigen Keramikpferdekopf an der Fassade vorbei. Für die Liebhaber von »la viande du cheval«. Julie aß nur selten rotes Fleisch, und bei dem Gedanken, Trigger zu verkonsumieren…

»Und es hat dich nicht beunruhigt? Nicht die Erinnerung wachgerufen an einen anderen Brand?«

»Nein, überhaupt nicht. Man sah doch, daß es sich bloß um einen verstopften Schornstein handelte.«

Etwa auf halber Höhe der Gasse befand sich ein *Café Tabac*. Ein paar Arbeiter mit lederner Haut und Krauskopf – Algerier möglicherweise – saßen rauchend im Freien, als ob sie auf das Vorbeiziehen einer Parade warteten.

»Du denkst also nicht mehr an den Brand von damals?« Er schaute sie prüfend an. »Nie?«

»Nur wenn jemand darauf zu sprechen kommt. Das Miterleben dieses Brandes war furchtbar, aber er liegt 23 Jahre zurück. Ich *wünschte*, es hätte diesen Brand nie gegeben. Aber ich kann's nicht ändern. Punkt. Das war damals. Heute ist heute. Das Leben geht weiter.«

An der Kreuzung hielt Eathan den Wagen an. Eine Frau führte ihr junges Kind über die Straße. In der freien Hand trug sie eine lange Baguette mit einem weißen Papierwickel in der Mitte. Französisches Brot – Julie hatte vergessen, daß es dieses herrliche Brot gab, das täglich drei- oder viermal frisch gebacken wurde. Ihr lief das Wasser im Mund zusammen.

»Du hast Glück, daß du es so sehen kannst. Sam hat es nie vergessen. *Das* war ihr Problem. Die Therapeuten, die Sonderschulen – nichts hat die schrecklichen Wunden jener Brandnacht zu heilen vermocht. Ich habe immer wieder versucht, euch zu einem offenen Gespräch darüber zu bewegen. Wunden brauchen Luft, um zu heilen. Sie eitern, wenn man sie zudeckt.«

Julie erinnerte sich an Eathans Bemühungen. Er hatte die beiden in regelmäßigen Abständen zusammengebracht und sie gedrängt, über die Nacht der Feuersbrunst miteinander zu reden, in allen Einzelheiten, die ihnen im Gedächtnis geblieben waren. »Bringt es zur Sprache«, hatte er gesagt. »Heraus damit. Ihr müßt loslassen.« Bei ihr selbst hatte es allem Anschein nach etwas genutzt, bei Sam dagegen offenbar nicht.

»Wenn Sam nur eine Freundin gehabt hätte, der sie sich hätte anvertrauen können«, klagte er – sehr anzüglich, wie Julie fand.

Die Tour würde sie ihm nicht durchgehen lassen.

»Aber die ›Freundin‹ hätte genauso leichtsinnig sein müssen wie Sam. Vergiß bitte Sams Alkoholkonsum und das Rauschgift nicht. Bei wie vielen Schulen ist sie wegen gewalttätigen Verhaltens rausgeflogen? Es waren doch drei, stimmt's? Ich begreife wirklich nicht, wie du dafür den Brand oder die fehlende ›Freundin‹ verantwortlich machen kannst. Mir ist dergleichen nicht passiert, und wir sind Zwillinge. Wir haben die gleiche furchtbare Tragödie miterlebt. Könnte sie uns denn so unterschiedlich betroffen haben?«

Sie hatten die Fahrt durch die enge Gasse fortgesetzt. Eathan nickte. »Ihr seid zwei völlig andersgeartete Menschen. Euer Vater war Chemiker, ein Naturwissenschaftler; eure Mutter hatte eine künstlerische Ader. Ihr beiden habt das gleiche Erbbild, bringt diese Gene jedoch auf andere Weise zum Ausdruck. Du bist von Anfang an die Vernünftige, die Ausgeglichene gewesen, während Samantha sich immer alles zu Herzen genommen hat und eine beängstigende Neigung zur Selbstzerstörung zeigte. Ich wünschte, du hättest …«

»Was?«

»Ach, nichts.«

»Ich hätte sie im Auge behalten? Mich um sie gekümmert? Du

vergißt, daß ich damals auch jung war. Und es selber auch nicht eben leicht hatte.«

An die Pubertätszeit dachte Julie ungern zurück. Sie war wegen ihrer guten Noten als Streberin verschrien, hatte nie mehr als eine Freundin, hatte immer nur das Gefühl gehabt, »anders« zu sein, war von der maßgeblichen Clique nie akzeptiert worden. Sie hoffte, all diese schmerzlichen Erfahrungen überwunden zu haben.

»Ich weiß, Eathan«, sagte sie. »Tut mir leid. Das hätte ich jetzt nicht sagen dürfen. Ich weiß ja, daß auch du deine Probleme gehabt hast. Aber irgendwie war mir immer klar, daß du es durchstehen würdest. Sam dagegen... Ich glaube nicht, daß sie überhaupt so lang am Leben geblieben wäre. Nach meiner Überzeugung war es die Kunst, die Sam davor bewahrt hat, sich schon vor dem zwanzigsten Lebensjahr total zu zerstören.«

Sams Kunst. Für die Kunst hatte Sam, wie Julie zugeben mußte, von klein auf eine echte Begabung gezeigt. Sie hatte während der Mittelstufe ernsthaft mit Malen angefangen und bei jeder Klassenausstellung die größte Beachtung gefunden. Wobei sich natürlich niemand zu persönlich auf ihre Bilder einließ. Es war eher so wie bei Unfällen, wo sich Zuschauertrauben immer in einem gewissen Abstand bildeten. Die rabiaten, verstörenden Motive ihrer Bilder faszinierten in gleichem Maße wie sie abstießen.

Sie dilettierte in allen Kunstgattungen, ihre wahre Liebe gehörte jedoch der Malerei – so sehr, daß sie sich in London statt an der Universität für ein Studium an der Kunstakademie immatrikulierte. Doch kaum gewann sie erste Anerkennung – ein Kunstkritiker hatte sie lobend in der *Times* hervorgehoben –, als sie auch schon alles liegen- und stehenließ und nach Frankreich flüchtete.

Selbstsabotage – das war auch so eine von Sams Spezialitäten.

»Vielleicht erinnerst du dich daran«, sagte Julie, »daß die Kunst sie einmal fast das Leben gekostet hätte. Wenn die Frau von diesem Theaterintendanten nicht so betrunken gewesen wäre, hätte sie eventuell besser gezielt und Sam ins Jenseits befördert.«

Eathan lächelte wehmütig. »In diesem besonderen Fall hatte sie meine Hilfe nicht nötig, um mit der aufgebrachten Ehefrau fertig zu werden. Leider gab es auch andere Fälle.«

Da mußte selbst Julie lächeln. Die unverbesserliche, unersättliche Sam, die sich die Männer einverleibte, so wie ein Betrunkener ein Glas Bier nach dem andern schluckte.

»Da wird's mit den Jahren bestimmt viele aufgebrachte Ehefrauen gegeben haben.«

Er nickte. »Einmal sogar einen äußerst erregten Ehemann.«

Als der Groschen fiel, wäre Julie fast das Kinn heruntergefallen. »Du willst doch nicht...«

Er zuckte die Achseln. »Wahrscheinlich habe ich sowieso schon zuviel gesagt. Verständigen wir uns darauf, daß deine Schwester einen... einen recht eklektischen Geschmack hat.«

Werde ich es je soweit bringen, mich von Sam nicht mehr schockieren zu lassen? dachte sie.

»Klingt ja so, als ob du durch ganz Europa gejagt wärst, um Sams Feuer zu löschen. Wieso eigentlich? Hast du damit nicht nur noch alles schlimmer gemacht?«

»Du meinst, ich hätte – wie heißt es heute doch – diese Dinge überhaupt nur möglich gemacht? Das mag ich nicht glauben. Und habe es damals mit Sicherheit so nicht gesehen. Es ging mir wesentlich darum zu verhindern, daß sie in Schwierigkeiten geriet. Dafür zu sorgen, daß sie genug Geld für Essen und Miete hatte, um weiterzuarbeiten.«

»Sie hat Geld gebraucht? Und was ist mit ihrem Treuhänderfond?«

»Du weißt doch, daß ihr von euren Fonds regulär einen Anteil ausgeschüttet bekommt, Jahr für Jahr einen bestimmten Prozentsatz, bis...«

»Bis zum 35. Lebensjahr. Ich weiß.«

Das sicherte Julie jährlich etwas mehr als $ 100 000. Dieser Betrag wurde jeweils am zweiten Januar überwiesen. Die Restsumme ihres Fonds würde sie auf einen Schlag zu ihrem 35. Geburtstag erhalten; nach dem letzten Stand würden es drei Millionen sein. Dann könnte sie ihr Memoskopie-Projekt aus eigener Tasche finanzieren. Nur waren es bis dahin eben noch sieben

Jahre, und die Entscheidung über das Projekt stand im laufenden Jahr an – so oder so.

»Die letzte Rate hatte Sam Mitte Sommer ausgegeben. Wie üblich.«

»Wie *schafft* sie das bloß?«

»Da kann ich nur raten. Ich wollte auf jeden Fall verhindern, daß sie wegen Geldmangel mit Malen aufhört. Wir wissen doch beide, wie begabt sie ist. Mir liegt daran, daß sie anerkannt wird. Daß sie berühmt wird.«

Berühmt. Wie oft hatte Julie sich das in der Jugend anhören müssen!? Das war eine von Onkel Eathans Marotten, ein richtiger Komplex. Er hatte sie beide in allem unterstützt; aber es schien ihm nicht genug, daß sie im Leben Erfolg hatten. Er träumte davon, daß sie mit ihrer Arbeit Anerkennung fanden, daß sie bewundert, *berühmt* würden. Im Grunde stand das im Widerspruch zu seinem eigenen bescheidenen, fast zurückgezogenen Lebensstil. Während es ihm persönlich jedoch nichts bedeutete, im Rampenlicht zu stehen, war der Ruhm der Nichten ihm eine Herzenssache.

War es eine Projizierung? Daß er über sie selber berühmt zu werden hoffte? Sehr merkwürdig.

»Da hast du ja immer auf Abruf gestanden.«

Er zuckte die Schultern. »Das war ich doch seit meiner Zeit als Internist gewohnt. Es ist allerdings schwieriger geworden, seit ich die Stellung an der Universität angenommen habe. Der Dekan ist stets sehr großzügig gewesen, aber ich durfte natürlich nicht übertreiben. Also hatte ich eine Kontrollstrategie entwickelt, indem ich regelmäßig bei ihr auftauchte, ihr bei Bedarf aus der Patsche half und sie ermutigte, wenn sie eine ihrer Depressionen bekam. Doch bei dir…« Er tätschelte ihre Hand. »Deinetwegen habe ich mir nie Sorgen machen müssen. Du schaffst es allein. Ich hoffe nur, daß du dich von mir nicht vernachlässigt fühlst.«

»Ganz und gar nicht«, sagte sie wahrheitsgemäß. Sie hatte kein Bedürfnis, sich andauernd von irgendwem, und sei es der liebe gute Onkel Eathan, über die Schulter gucken zu lassen.

Eathan nahm die Geschwindigkeit zurück.

»Wir sind da?«

»Fast ... Ich bin mir nur nicht sicher, daß wir einen Parkplatz finden.«

Julie blickte nach rechts. Sie wurde von einem Mann mit rabenschwarzen Augen und einem unheimlich wirkenden Schnurrbart beobachtet. Sie drückte instinktiv auf die Türsicherung.

Über dem schmalen Bürgersteig duckten sich, dicht aneinandergelehnt, kleine Grausteinhäuser.

»*Hier* hat sie gewohnt?«

»Sie wollte in der Nähe der Kunstgalerien auf dem Montparnasse sein. Mir hat es gar nicht gepaßt, daß sie in dieser Gegend wohnte.«

In dem Moment fand Eathan auf der linken Seite hinter einigen Autos eine Parklücke.

»Scheint ganz in Ordnung so ...«

Er stellte den Motor ab und stieg aus. Julie saß allein, zögerte, den Wagen zu verlassen. Wieso? Aus Furcht vor der Umgebung? Aus Angst davor, was sie drinnen in der Wohnung entdecken könnte? Oder war sie einfach bloß erschöpft?

Warum hatte sie unbedingt herkommen wollen? Was glaubte sie denn, hier zu entdecken? Vermutlich wollte sie einfach nur Sams letzten Akt der Selbstdarstellung sehen. Sam änderte sich andauernd; möglicherweise würde die Wohnung einen Hinweis auf ihre jüngste Lebensphase liefern ... und einen Hinweis auf die Ursache des Komas. Vielleicht enthielten ihre Bilder ja eine Erklärung dafür, was mit Sam nicht in Ordnung war.

Sie folgte Eathan über die drei Stufen zur Eingangstür. Er drückte die Klingel mit dem Schild DuPont und wartete. Es öffnete eine Frau in mittleren Jahren, mit Schürze, das Haar mit einem Kopftuch bedeckt. Hinter ihr ein kleines Mädchen mit dunklem Haar und dunklen Augen, die entschlossen Kaugummi kaute.

Die Frau grüßte Eathan mit einem Kopfnicken, sprach ihn mit »Dr. Gordon« an, dann sah sie Julie, stieß einen Schrei aus, fiel Julie schluchzend um den Hals und rief weinend: »Samantha! Samantha!«

Es dauerte eine Weile, bis es Eathan gelang, sie von Julie zu lösen und sie zu überzeugen, daß sie Samanthas *Schwester* vor sich hatte. Worauf Madame DuPont wie am Boden zerstört schien. Und Julie hatte Mühe, sie zu verstehen, als sie sich in rasendem Französisch nach dem Befinden seiner anderen Tochter erkundigte. Eathan war sehr viel leichter zu verstehen, als er die Frau auf französisch über seine verwandtschaftliche Beziehung zu Samantha und Julie aufklärte und danach über Sam berichtete – da gebe, *tant pis, pas de change*.

Er fragte, ob Sams Schwester die Wohnung besichtigen dürfe.

»Mais oui«, lautete die Antwort. Sie nahm einen Schlüsselring von der Schürze und begleitete sie in den zweiten Stock.

Oben angekommen war die schwergewichtige Madame DuPont schwer am Keuchen. Sie blieb einen Moment stehen, um Luft zu holen, bevor sie zur linken Tür ging. Julie bemerkte, daß der Türpfosten nicht gestrichen war; das glänzende Schloß schien brandneu.

»Mon Dieu!« schrie die Frau, als die Tür aufschwang.

Sie stürmte mit in die Hüften gestützten Händen in die Wohnung hinein und fluchte in einem maschinengewehrartigen Französisch, dem Julie nicht zu folgen vermochte, bis sie am Eingang der Wohnung vor Schrecken stehenblieb und ihr der Grund der Reaktion Madame DuPonts klar wurde.

Sams Wohnung war durchsucht worden, verwüstet. Obgleich der Anblick nach Julies Erinnerungen dem gewohnten Zustand von Sams Kinderzimmer entsprach. Sam hatte sich immer nur inmitten von Unordnung wohl gefühlt.

Aber die Hauswirtin lief völlig aufgelöst in der Wohnung herum, schlug die Hände vors Gesicht, deutete auf die herausgezogenen Schubladen, auf die Papiere, die auf dem Boden verstreut lagen…

Eathan gab sich Mühe, Madame DuPont zu beruhigen. Julie wandelte durch Sams offen daliegende Welt.

Und genau das war es auch – eine offenliegende Welt. Eine Studiowohnung, mit einem Fenster gegenüber und einem enormen, verdreckten Dachfenster in der Schräge. Mitten im Zimmer eine leere Staffelei. An allen Wänden und auf dem Fußboden stapelweise ungerahmte Bilder. In der Ecke ein ungemachtes Bett. Ein Schrank nur, ein einziger, *leerer* Schrank. Sämtliche Schubladen herausgezogen und auf den Boden entleert. BHs und Strumpfhosen. Ein paar Blusen. Papierknäuel, Streichholzschachteln.

Keine Injektionsnadeln, dachte Julie. Immerhin.

Sie stocherte mit der Schuhspitze in einem der Haufen und nahm ein Aufblitzen von Metall wahr. Sie bückte sich, schob ein Kuddelmuddel von BHs beiseite: Auf den Holzbrettern lag eine goldene Kette. Julie hob sie auf, betrachtete sie: kein Anhänger. Nur eine schöne Kette. Fischgrätenmuster. Sehr gute Goldqualität. Möglicherweise 24 Karat. Sie stocherte ein bißchen weiter und entdeckte einen goldenen Ring. Mit einem Rubin. Sie steckte beides ein, als sie sich aufrichtete. Die Juwelen gaben ihr zu denken.

Wer immer der Einbrecher gewesen war – er hatte sich jedenfalls nicht bereichern wollen.

Ob es da einen Zusammenhang zwischen diesem Vorfall und Sams gegenwärtigem Zustand gab?

Sie wollte sich gerade nach Eathan umdrehen, ihm etwas sagen, als sie unmittelbar neben sich eins von Sams Gemälden bemerkte. Wirr. Schreiende Orange- und Rottöne. Julie trat einen Schritt zurück, zur genaueren Betrachtung.

So etwas Abstraktes hätte Julie von Sam nie erwartet. Es hatte keinerlei Gegenständlichkeit. Nicht einmal andeutungsweise. Julie war über die ungestümen Farben und Pinselstriche – als ob Sam auf die Leinwand losgeschlagen hätte – erschrocken. Das Gemälde strahlte förmlich Gefahr und Bedrängnis aus. Wenn Sam statt eines Pinsels ein Messer in der Hand gehalten hätte, wäre die Leinwand jetzt total zerfetzt.

Julie kam sich vor, als ob sie ins Innerste der Sonne hineinblickte. Unmittelbar vor einer Eruption.

Kein Bild, das ich mir daheim an die Wand hängen möchte.

Julie wandte sich der nächsten Leinwand zu. Nur Blau- und Schwarztöne. Das Herz der Finsternis. Offenbar mehr gespeist aus Furcht und Verzweiflung als aus Zorn und Wut.

Und weiter. Zum nächsten und übernächsten. Überwältigend – diese Vehemenz der Gefühle. Es waren Bilder, die Julie ansprachen, mehr noch: Sie griffen nach ihr, zerrten sie in sich hinein. Julie war total ausgepowert, als sie alle gesehen hatte.

»Ah – Mademoiselle Samanthas Freund«, hörte Julie Madame DuPont sagen, die sich anscheinend etwas beruhigt hatte. Jedenfalls sprach sie langsam genug, um für Julie verständlich zu sein.

»Sams Freund?« fragte Julie. »Was für ein Freund?«

»Ach, der war meistens da. Er hat sozusagen hier gewohnt. Jedenfalls bis zur Woche ihrer Erkrankung. Da hat sie ihn nicht mehr hereinlassen wollen. Er hat sie angeschrien, vom Flur aus. Ich hab's gehört.«

»Die beiden hatten Streit?« wollte Julie wissen.

Madame DuPont zuckte auf eine typisch französische Art mit den Schultern. »Kann sein. Weiß ich nicht. In der letzten Woche hat sie niemand zu sich hereingelassen. Sie hielt die Tür verschlossen. Hat nur aufgemacht, wenn ich ihr etwas zu essen brachte und drauf beharrte, daß sie es aufaß. Ich habe mir ihretwegen Sorgen gemacht. Aber sie hat gegessen. Mindestens das.«

Julie fing einen Blick von Eathan auf. »Klingt ganz nach einem Nervenzusammenbruch«, sagte Julie auf englisch, und dann, stockend, auf französisch, an Madame DuPont gewandt: »Wissen Sie, was Samantha denn die ganze Zeit hier gemacht hat?«

»Natürlich! Gemalt hat sie. Jawohl, ihre Hände waren immer voller Farbe. Sie tropften nur so von Farbe. Und – auf ihrer Staffelei bemerkte ich eine große Leinwand. Nur ist mir Mademoiselle Samantha krank vorgekommen. Sehr blaß. Die Augen hatten so einen komischen Ausdruck. Sie war nicht gekämmt. Und ich muß es Ihnen sagen: Sie hat sich nicht mehr gewaschen. Ich habe mir gedacht: Die dreht durch.«

Sollte Sam tatsächlich wahnsinnig geworden sein? überlegte Julie. Warum hatte Madama DuPont dann aber niemand verständigt? Vielleicht hat sie ja nicht gewußt, wen sie benachrichtigen hätte können.

»Und dieser Freund – war hier?«

»Er kam täglich – viele Male am Tag. Hat furchtbar laut an ihre Tür geklopft. Sie hatte aber den Riegel innen vorgeschoben und wollte ihn nicht hereinlassen. Dann war er immer sehr wütend. Ich habe oft zum Telefon gegriffen und gedroht, die Polizei zu rufen – dann ist er gegangen.«

»Wie heißt er?«

»Jimmy ... Jimmy Walsh hat sie ihn genannt.«

»Wo wohnt er?«

Erneutes Achselzucken. »Weiß ich nicht.« Sie deutete mit einer Armbewegung auf den entleerten Schrank und seinen über den Raum verstreuten Inhalt. »Ich bin fest überzeugt, daß er dafür verantwortlich ist – obwohl ich das Schloß ausgewechselt hatte.«

»Könnte er denn gekommen und wieder gegangen sein, ohne daß Sie es bemerkt hätten?«

»Selbstverständlich. Ich habe sechs Mieter im Haus. Ich kann doch ihr Kommen und Gehen nicht dauernd verfolgen. Als er in der letzten Nacht gekommen war, war's mir jedoch klar. Er muß das Schloß aufgebrochen haben.«

Julie lief ein Schauer über den Rücken. »Er hat ihr aber nichts angetan?«

»Ich weiß nicht. Ich glaube nicht. Ich hörte es krachen und war schon auf dem Weg nach oben, als er die Treppe herunterstürzte und schrie, Samantha sei krank, ohnmächtig. Ich war ihretwegen sowieso schon in Sorge. Weil sie nämlich bei meinem letzten Klopfen nicht antwortete. Ich ging also hoch und sah sie auf dem Boden liegen, vor ihrer Staffelei ... Daraufhin habe ich die Ambulanz gerufen. Als sie eintraf, ist der junge Mann geflüchtet.«

»Haben Sie ihn seither wieder gesehen?«

Sie schüttelte den Kopf. »Nein. Aber ich gehe jede Wette ein, daß er dies hier getan hat. Ich wette, daß er noch einmal zurückgekommen ist. Ich weiß es. Ich werde die Polizei rufen.«

»Halten Sie das wirklich für notwendig?« fragte Eathan. Er berührte die Frau an der Schulter. »Ich wäre froh, wenn Sie es nicht täten.«

Julie war überrascht. Warum sollte ihm daran liegen, daß die Polizei nicht in die Sache hineingezogen würde? Sie fing einen Blick Eathans auf. *Ich erkläre dir's später.*

»Nein, bedaure«, sagte Madame DuPont und stampfte durch

die Tür auf den Flur. »Ich kann es nicht dulden, daß Fremde in mein Haus eindringen.«

Sie rannte die Treppe hinunter.

Julie wandte sich Eathan zu.

»Warum eigentlich nicht die Polizei rufen?«

Eathan vergewisserte sich mit einem Blick in den Flur, daß die Luft rein war, und zog dann leise die Tür zu.

»Weil … weil ich weiß, wer dieser Jimmy Walsh ist«, erwiderte er mit leiser Stimme. »Das ist nämlich nicht sein wahrer Name. In Wirklichkeit heißt er Liam O'Donnell. Scotland Yard fahndet nach ihm.«

»Fantastisch. Genau das Richtige für Sam. Und warum wird nach ihm gefahndet? Drogen?«

»Wenn's das nur wäre.«

Julie erstarrte. »Also, was dann?«

»Wegen terroristischer Aktivitäten. Er wird im Zusammenhang mit einer Serie von IRA-Bombenanschlägen in London und Belfast gesucht. Er wird selbst jetzt, unmittelbar vor dem Waffenstillstand, als Brandstifter bezeichnet.«

»O mein Gott! Und hat Sam das gewußt?«

Eathan senkte langsam den Kopf. »Ja.«

Julie war einen Augenblick lang sprachlos vor Entsetzen. Auf was hatte Sam sich da bloß wieder eingelassen.

»Aus eben dem Grund wollte ich vermeiden, daß die Polizei geholt wurde. Falls die Polizei herauskriegt, wer dieser Kerl wirklich ist, werden sie auch über Samantha Erkundigungen anstellen, und das könnte für sie gefährlich werden. Sie ist hier ohne Schutz. Und mir scheint, daß sie schon genug Schwierigkeiten hat.«

»Wie hast du ihn entlarven können?«

»Ich bin ihm bei einem meiner Überraschungsbesuche bei Samantha begegnet und habe rasch gespürt, daß er etwas zu verheimlichen hatte. Ich habe ein Detekteibüro mit seiner Überprüfung beauftragt. Ich habe dann versucht, Sam zu warnen …«

»Der ewige Schutzengel.«

Er seufzte. »Samantha braucht einen Schutzengel. Da mußte einer von uns eben die Rolle übernehmen.«

»Glaubst, daß dieser O'Donnell etwas mit ihrem Koma zu tun hat?«

»Das weiß ich nicht. Laut Madame DuPont wird er kaum Zeit gehabt haben, überhaupt was zu tun, und Spuren einer Gewalttätigkeit sind an Sams Körper ja keine festzustellen. Aber wer weiß.«

Julie blickte sich um. Sams Studiowohnung hatte plötzlich ein Stigma des Bösen... Sie meinte, die Präsenz des Menschen zu fühlen, der dazu fähig war. Sie versuchte, das Gefühl abzuschütteln. Ihr suchender Blick wanderte durch den Raum.

Was mochte hier vorgefallen sein? Was war in Sams Leben, in ihrem Kopf vorgegangen in der Woche ihrer Abgeschiedenheit vor dem Koma? Was hatte sie in ihren Bildern ausdrücken wollen, als sie sich einschloß?

»Und was wird mit diesen Sachen?« fragte sie.

»Die Bilder bleiben hier. Ich habe die Miete bis Jahresende im voraus bezahlt. Hier wird gar nichts verändert. Wenn Sam wieder zu Bewußtsein kommt, soll sie hier alles genauso vorfinden, wie sie es verlassen hat. Ich möchte, daß sie ihr Leben einfach wiederaufnehmen kann... ihre Kunst.«

Julie drehte sich um und schaute Eathan an. »Womit haben wir dich nur verdient?«

»Red keinen Unsinn«, sagte er. Er wirkte verlegen. »Ich tue nur, was euer Vater auch getan hätte.«

Auf dem Weg nach unten blieb Julie an Madame DuPonts Wohnung stehen und klopfte an.

»Madame?« sagte sie, als die Frau öffnete. »Welches Bild hat meine Schwester zuletzt gemalt? Sie hatten erwähnt, daß sie an einer großen Leinwand arbeitete.«

»O ja. Aber das kann ich nicht sagen«, sagte sie. »Als ich Mademoiselle Samantha fand, war die Staffelei leer.«

6. Kapitel

Was also ist Bewußtsein letztendlich? Wie kommt dieser dreieinhalb Pfund schwere Klops von grauem Käse in unserem Schädel zum Verstand? Die philosophische Diskussion geht zunehmend ins Politische; wissenschaftlich aber kommen wir dem zugrundeliegenden Prozeß näher. Es ist allem Anschein nach eher ein Prozeß denn ein Zustand. Die jüngsten Forschungsarbeiten von Llinás und anderen deuten darauf hin, daß eine Bindungswelle von 40 cps sich von vorn nach hinten über die Großhirnrinde bewegt – alle 0,025 Sekunden eine Welle – und daß diese Welle sämtliche Zonen der Großhirnrinde verbindet und ihre Informationen an den Thalamus übermittelt.

Aus den Notaten Julie Gordons

1

Nach ihrer Rückkehr zum Gasthof rief Julie sofort in New York an. Dort war es kurz nach acht Uhr morgens, also müßten bereits alle im Büro sein; aber sie war doch froh, als sie dann Dr. Siegals Stimme vernahm.

»Jaja. Mit Antrag und Protokoll geht's gut voran, genauso wie Sie es vorgegeben haben. Aber nun berichten Sie mal von Ihrer Schwester.«

Er war anteilnehmend. Die medizinischen Details von Sams Zustand machten auch ihn ratlos.

»Das verstehe ich nicht. Sie sind sicher, daß da keine Gifteinwirkung vorliegt?« fragte er.

»Die Untersuchungen haben das ganze toxikologische Spektrum abgedeckt – alles negativ.«

»Eine völlige Abdeckung des toxikologischen Spektrums ist unmöglich. Nach allem kann man gar nicht suchen. Man sucht immer nur nach dem Üblichen.«

»Aber selbst wenn es sich um irgendein unbekanntes Gift

handelte, das aktiv und stark genug gewesen wäre, um ein Koma auszulösen – würde es denn das EEG nicht verändern?«

»Nicht unbedingt. Das EEG registriert die Aktivität der Großhirnrinde. Aber wenn Ihre Schwester nun einem Gift ausgesetzt war, das die Hirntätigkeit unter der Rinde angreift?«

»Daran hab ich nicht gedacht. Gibt es überhaupt so ein Gift?«

»Was weiß ich von Giften? Nichts. Doch über das Unbewußte weiß ich Bescheid. Und in einem so ungewöhnlichen Fall wie bei Ihrer Schwester sollten wir zum Elementaren zurückkehren und fragen: Was ist Bewußtsein? Nun sind wir momentan allerdings nicht erkenntnistheoretisch interessiert, also sollte ich die Frage vielleicht anders formulieren: Was benötigt das Gehirn, um bewußt zu sein?«

»Eine funktionierende Großhirnrinde natürlich«, antwortete Julie. »Und die Auslösemechanismen des aktivitätsregulierenden Systems ...«

»Sowie die Kommunikation zwischen Großhirnrinde und ARAS.«

Julie dachte nach. Das aktivitätsregulierende System ist kein anatomisch für sich bestehendes Organ; es ist vielmehr eine funktionale, über den Großhirnstamm verteilte Einheit. Demzufolge gäbe es auch nicht *eine*, isolierbare Beziehung.

»Was wäre also«, dachte sie laut, »wenn Sams Großhirnrinde und ARAS miteinander kommunizierten – und zwar nicht aufgrund einer anatomischen Beschädigung, sondern einfach nur wegen einer Funktionssperre zwischen beiden? Was würde das als klinisches Bild ergeben?«

»Dann hätte man es mit einer nicht ansprechbaren und nicht aufzuweckenden Person zu tun, die aber einen völlig normalen neurologischen Befund zeigt.«

»Damit ist Sams Zustand perfekt umschrieben«, sagte Julie. Sie hatten eine richtige Spur. Julie spürte plötzlich eine innere Erregung. »Wie könnten wir dafür eine Bestätigung finden?«

»Keine Ahnung«, erklärte Dr. Siegal. »Das ist nur eine Hypothese. Falls Sie da einen Hintergrund benennen könnten; zum Beispiel, ob jemand bei ihr war, bevor sie das Bewußtsein verlor ...«

»Das hilft nicht weiter. Sie hatte sich in ihrem Zimmer eingesperrt.«

»Bedaure, aber dann müssen Sie abwarten, bis Sam aus der Bewußtlosigkeit erwacht und Sie sie persönlich befragen können.«

»Hier in Paris ist niemand überzeugt, daß sie wieder aufwachen wird. Sie...«

Julies Stimme brach ab, weil ihr plötzlich eine Bombenidee kam.

»Julie?« sagte Dr. Siegel. »Sind Sie noch da?«

»Sie persönlich befragen!« rief Julie. »Ja, mein Gott, ich werde *Samantha* fragen!«

»Das ist die richtige Einstellung. Sie müßte doch bald zu sich kommen und...«

»Aber nein. In ihrer Gedächtnislandschaft – ich kann sie doch mit Hilfe der Memoskopie befragen, was in der vergangenen Woche vorgefallen ist.«

So erregt war sie seit Jahren nicht mehr gewesen. Ihr war auf einmal alles klar. Und es war ja so einfach. Sie mußte nur...

»Nein!« Dr. Siegal klang sehr bestimmt. Fast verärgert. »Ausgeschlossen. Bedaure. *Das* werde ich nicht zulassen.«

Julie war zumute, als ob ihr jemand eiskaltes Wasser ins Gesicht geschüttet hätte.

»Aber warum denn nicht? Wir wenden es doch nur auf Personen im unbewußten Zustand an. Und Sam ist, weiß Gott, ohne Bewußtsein. Es würde sich also um eine streng klinische Anwendung der Technologie handeln. Und es könnte einen echten Durchbruch bringen.«

»Nein. Soweit sind wir noch nicht. Da hätte ich Bedenken, selbst wenn es nicht Ihre Schwester betreffen würde.«

»Was hat es denn damit zu tun, daß sie meine Schwester ist?«

»Sie kennen den Grundsatz, daß ein Arzt nie ein Mitglied der eigenen Familie behandeln sollte? In diesem Fall scheint er mir auf doppelte Weise zu gelten.«

»Ich bin aber keine Ärztin. Außerdem würde ich Sam ja nicht *behandeln*.«

»Das Band ist zu eng. Sam ist Ihre Schwester. Sie werden bei einer solchen Memoskopie in eine Gedächtnislandschaft eintreten, an deren Entstehen Sie selbst teilhatten. Sie stecken persönlich mit drin, Julie. Haben Sie sich das überlegt?«

»Also, nein ...«

Das hatte Julie wirklich nicht bedacht. Es war ein äußerst beunruhigender Gedanke.

»Sie werden sich selbst begegnen. Nicht unbedingt so, wie Sie gewesen sind, sondern so, wie Ihre Schwester Sie wahrgenommen hat. Und da Sie nach eigener Aussage mit ihr in einer recht stürmischen Beziehung standen, könnte es unangenehm werden.«

»Damit komme ich schon zurecht.«

»So, wie ich Sie kenne, trifft das sogar wahrscheinlich zu. Es gibt da jedoch ein anderes Moment, das mir noch viel größere Sorgen macht.«

»Und das wäre?«

»Der genetische Faktor. Sie haben mir doch erzählt, daß sie beide eineiige Zwillinge sind?«

»Richtig.«

»Sie haben also nicht nur eine gemeinsame Vergangenheit, sondern auch ein identisches genetisches Programm. Das ergibt eine unvorhersehbare, möglicherweise gefährliche Kombination.«

»Das verstehe ich nicht.«

»Denken Sie nach, Julie. Die Memoskopie-Software funktioniert dadurch, daß Ihre Gehirnwellen sich mit denen der Testperson überschneiden. Bisher hat der Computer keine Mühe gehabt, zwischen Forscher und Testperson zu unterscheiden. Eineiige Zwillinge würden jedoch eine völlig neue Herausforderung für ihn bedeuten. Wenn nun die Muster Ihrer Hirnwellen einander so ähnlich wären, daß der Computer sie nicht unterscheiden könnte? Wenn Sie eigene Gehirnwellen bei Sam hinterlassen und umgekehrt Gehirnwellen von ihr übernehmen würden?«

»Sie wollen mir doch wohl nicht erzählen, daß Sie das für möglich halten. Das scheint mir weit hergeholt.«

»Wie die Memoskopie auch, und trotzdem funktioniert es, oder? Ich kann mir nicht vorstellen, daß es unter normalen Umständen die Gehirnwellen verwechseln würde, doch bei eineiigen Zwillingen… Ich bin mir nicht sicher. Es könnte sein, daß die Folgen bloß unangenehm sind, sie könnten sich allerdings auch verheerend auswirken – für Sie beide.«

Julie unterdrückte ein Schaudern. Die Möglichkeit war beunruhigend, aber eben auch nur eine Möglichkeit, mehr nicht. Und eine sehr unwahrscheinliche obendrein. Jedenfalls kein Grund, sich von dem Versuch abhalten zu lassen.

»Unsere Diskussion ist sowieso rein akademisch«, meinte Dr. Siegal. »Drüben steht Ihnen ja die notwendige Computeranlage gar nicht zur Verfügung. Außerdem fehlt Ihnen dort die Software.«

»Und das Internet? Mit dem könnte ich Zugang zum Großrechner bekommen.«

»Hm. Dafür gäbe es keine ausreichende Bandbreite.«

»Okay, dann gehen wir eben über Satellit – so wie damals, als wir die Memoskopie der NSF in Washington, D. C. vorführten.«

»Vergessen Sie's, Julie. Damit kommen Sie nicht durch. Ich werde es nicht dulden.«

In Julie stieg Zorn auf. »Einen Moment mal. An diesem Projekt bin ich schließlich beteiligt. Habe ich etwa kein Mitspracherecht?« Sie hatte Mühe, sich zurückzuhalten.

Dr. Siegal überlegte. »Natürlich haben Sie das. Aber der Leiter bin immer noch ich, und ich werde meine beste Forscherin – meinen besten *Kopf*, einen Menschen, an dem mir im übrigen auch menschlich sehr viel liegt – doch nicht wegen solch eines unüberlegten, tollkühnen Experiments aufs Spiel setzen.«

»Es ist nicht unüberlegt. Die Sache bedeutet mir sehr viel, Mordecai.«

Schweigen am andern Ende der Leitung. Sie hatte ihn noch nie mit dem Vornamen angeredet – nicht einmal in Gedanken.

»Sehr viel«, betonte sie. »Mehr, als Sie sich überhaupt vorstellen können.«

Es mußte sein. Sie würde keine Ruhe finden, bis sie Sams Gedächtnislandschaft gesehen hatte.

»Vielleicht könnten wir jemand finden, der Sams Memoskopie an Ihrer Stelle übernähme…«

»Es gibt niemand, der so gut memoskopiert wie ich. Das wissen Sie ganz genau.«

»Deswegen will ich Sie ja auch nicht der Gefahr aussetzen.«

In Julie begann es zu kochen. Sie gab sich einen Ruck.

»Dann kündige ich.«

Ihm stockte der Atem. »Das kann nicht Ihr Ernst sein!«

Vielleicht ja, vielleicht nein, dachte sie. Auf jeden Fall war dies nicht der richtige Moment für ein Ultimatium. Sie war müde, hungrig, wütend und so verzweifelt, daß sie das Telefon am liebsten aus dem Fenster geworfen hätte.

Weil sie es nun aber ausgesprochen hatte, wollte sie es auch nicht wieder zurücknehmen. Sie konnte nur hoffen, daß er sie nicht darauf festnageln würde.

»Es ist aber mein Ernst«, sagte sie. »Wenn meine persönlichen Wünsche so irrelevant sind, dann hat es auch keinen Sinn, daß ich weiterhin an dem Projekt mitarbeite. *Sie* waren es, der mich gedrängt hat, nach Paris zu fliegen, damit ich wieder Kontakt mit meinen Angehörigen aufnehme, mich *persönlich* engagiere. Genau das tue ich jetzt. Ich *engagiere* mich. Und da bin ich nun, und ich besitze die Kenntnisse und die Erfahrung, um eventuell das Leben meiner Schwester zu retten oder ihr wenigstens das Bewußtsein zurückzugeben, und jetzt lassen ausgerechnet *Sie* mich im Stich.«

»Ich lasse Sie *nicht* im Stich.«

»Ich empfinde es aber so. Hören Sie – ich werde Sie nicht anbetteln. Ich habe Ihnen mein Anliegen vorgetragen. Sie haben meine Telefonnummer. Falls Sie Ihre Meinung ändern, lassen Sie es mich bitte wissen. Andernfalls – leben Sie wohl, Dr. Siegal.«

»Julie!«

Sie legte auf.

Ihr zitterten die Knie.

Ich muß durchgeknallt sein!

Es gab für sie nichts Wichtigeres im Leben als das Memoskopie-Projekt, da hatte sie alles gegeben: Intelligenz und persönliche Anteilnahme, ja, verdammt, ihre *Seele*. Und das setzte sie aus einer momentanen Regung heraus aufs Spiel.

Außerdem bedeutete Dr. Siegel ihr menschlich sehr viel. Sie konnte auch ihn verlieren.

Sie trat ans Fenster und schaute in die Landschaft, ohne sie wahrzunehmen. Sie drehte sich wieder um. Schritt im Zimmer auf und ab. Gab sich Mühe, den Telefonapparat zu übersehen.

Er wird bestimmt zurückrufen. Sie rieb die Finger gegeneinander. Die Finger waren kalt und feucht. *In fünf Minuten ist er sicher wieder in der Leitung. Oder in zehn Minuten. Er muß doch zurückrufen.*

Oder etwa nicht?

Sie war das Herzstück seines Teams. Ohne sie würde er noch einmal ganz von vorn anfangen müssen – *fast* von vorn.

Wenn Sie nun aber Dr. S. zu sehr in die Enge getrieben hatte? Sein Widerwillen gegen ihren Vorschlag schien unerbittlich.

»Nun komm schon«, sagte sie, als sie das stille Telefon schließlich doch ansah. Mit finsterem Blick. Um es durch pure Willensanstrengung zum Läuten zu bringen. »Komm schon.«

Das plötzliche Läuten schreckte sie auf. Sie fixierte erstaunt den Apparat. Widersetzte sich dem Impuls, den Hörer abzunehmen. Biß sich auf die Lippe. Ließ es nochmals läuten … und noch ein weiteres Mal.

Bis sie schließlich die Hand ausstreckte. Und dachte: Wenn jetzt Eathan am Apparat ist, drehe ich durch.

»Hallo?«

»Wollen Sie wirklich kündigen?«

Die Stimme Dr. Siegals! Sie war so erleichtert, daß ihre Knie nachgaben. Sie sank aufs Bett.

»Ich habe nicht die Angewohnheit, etwas zu sagen, das ich nicht meine«, erklärte sie unter Umgehung einer direkten Antwort.

»Das weiß ich. Deswegen ja der Rückruf. Kann man denn nicht vernünftig mit Ihnen reden?«

»Nein.«

»Ich mag es nicht, wenn mir ein Ultimatum gestellt wird. Ich mag keine Erpressungen. Sie lassen mir nicht eben eine große Wahl.«

»Mir gefällt das genausowenig«, erwiderte sie wahrheitsgemäß. Sie haßte sich selbst, weil sie ihn in diese Situation brachte; doch sie konnte nicht anders. »Aber ich bin in der Lage, meiner Schwester zu helfen und gleichzeitig neuen Boden zu betreten. Da kann ich kein Nein akzeptieren.«

»Geht es Ihnen wirklich darum, Ihrer Schwester zu helfen? Oder kommt es Ihnen nur darauf an, etwas Neues auszutesten?«

Eine gute Frage. Tat sie das alles nur um Sams willen oder für sich selbst? Eine unangenehme Frage. Weshalb sie nicht darauf einging.

»Können Sie mir denn nicht ein wenig Vertrauen schenken?«

Langes Schweigen am andern Ende. Schließlich ein tiefer Seufzer.

»Also gut. Aber es gefällt mir nicht. Ich möchte offiziell festhalten, daß ich gegen die ganze Sache bin. Und ich werde sie nur unter der Bedingung zulassen, daß ich über Satellitenverbindung verfolgen kann, wenn Sie sich in die Gedächtnislandschaft Ihrer Schwester hineinbegeben.«

»Damit kann ich leben«, sagte Julie.

»Da bin ich mir nicht so sicher. Ich kann es nur hoffen.«

Nachdem sie ihn zum Einlenken gezwungen hatte, litt sie unter Schuldgefühlen.

»Nun tun Sie doch nicht so unheilvoll, Dr. Siegal. Ich werd's schon überstehen. Wann können Sie die Geräte rüberschicken?«

»Ich weiß nicht. Ich muß ja zuerst einmal alles beieinander haben. Verfügen Sie über eine Satellitenschüssel?«

»Die kann ich mir bestimmt besorgen. Darf ich mit der Sendung für morgen rechnen?«

»Bis morgen? Ausgeschlossen.«

»Dann übermorgen. Ich möchte anfangen. Die Ursache von Sams Koma ist unbekannt, und wir wissen nicht, was in Ihrem Gehirn vor sich geht. Möglicherweise handelt es sich um eine fortschreitende Schädigung. Es könnte sogar sein, daß sie *stirbt*, Dr. S. Jede Verzögerung …«

»Ist ja gut. Ich will sehen, ob ich Ihnen per Luftfracht die Dinge übermorgen zustellen kann.«

»Hervorragend.«

Sie unterhielten sich über Einzelheiten des Transports. Das

Gespräch endete recht freundlich. Dr. Siegal wirkte bereits ein wenig aufgeschlossener. Julie war überzeugt, daß er seinen anfänglichen Widerstand überwinden und am Ende begeistert mitmachen würde.

Nun die nächste Hürde. Onkel Eathan. Bei ihm rechnete sie mit enormen Schwierigkeiten.

2

Sie konnte Eathan nicht so rasch ansprechen, wie es ihr lieb gewesen wäre, weil am Nachmittag der Jetlag bei ihr voll durchschlug; sie schaffte es gerade noch, abends eine Mahlzeit einzunehmen, und ging dann sofort zu Bett. Sie wollte sich ihren Onkel am Morgen vornehmen, wenn sie wieder frisch wäre.

Eigentlich hätte sie den Schlaf der Gerechten schlafen müssen, wachte statt dessen aber mitten in der Nacht ein halbes dutzendmal auf.

Das Pärchen nebenan machte es nicht gerade leichter. Die Zimmer des Gasthofs hatten ja dicke Wände, aber die beiden tobten sich förmlich aus; vielleicht war doch etwas dran am Mythos von *l'amour* bei den Franzosen. Nur wenige Zentimeter von Julies Kopf entfernt krachte das Kopfende des Bettes von nebenan gegen die Wand – *zack, zack, zack*. Die Frau lieferte eine absolut opernreife Vorstellung.

Die Worte konnte Julie nicht verstehen, aber ihr Stöhnen, ihre Lustschreie waren unmißverständlich, und dann erreichte sie ihren Höhepunkt – so deutete Julie zumindest den langgezogenen, hohen, ekstatischen Schrei, dem eine tiefe Stille folgte.

Endlich.

Doch selbst nachdem diese nichtjugendfreien Geräusche verklungen waren, konnte Julie keinen Schlaf finden. Sie lag wach im Dunkeln, nachdenklich. Wie mochte das wohl sein – den Höhepunkt zu erreichen, einen Orgasmus zu erleben, eine Ekstase, daß du in die Nacht hinausheulst? So etwas hatte sie nicht mal annähernd erlebt. Ob es daran lag, daß sie Angst davor hatte, sich hinzugeben? Wahrscheinlich schon. Jedenfalls zum Teil. Es hatte ja durchaus Gelegenheiten gegeben, wenn sie Geschlechtsverkehr hatte. Todd zum Beispiel wäre nach den Maßstäben der meisten Frauen wohl ein hervorragender, hingebungsvoller Liebhaber gewesen; aber solche Eruptionen hatte sie selbst mit ihm nie erlebt. Und oft genug war der Sex ärgerlich gewesen. Lästig. Letztendlich unangenehm.

Was war daran eigentlich so großartig? Wieso war die menschliche Rasse so sexbesessen? Warum ließen sich bloß so viele Menschen in ihrem Denken von den Geschlechtsdrüsen statt vom Verstand leiten?

Auf den Verstand kam es an, der brachte wirklich Spannung ins Leben.

Als Julie wieder in der Nacht aufwachte, wanderten ihre Gedanken zu Sam. Die furchtbare letzte Woche, das letzte Gemälde, die aufgebrochene Tür...

Sam. Es war eine Sache, falls ihre Zwillingsschwester ein Opfer von Schizophrenie oder ähnlichem wäre, oder falls sie sich das selbst angetan hätte. Das könnte Julie akzeptieren – sie fände es schrecklich, aber es würde sie nicht daran hindern, ihr Leben so weiterzuführen wie bisher.

Falls da aber ein anderer Mensch die Hand im Spiel haben sollte...

Das würde die Sache von Grund auf verändern.

Der Gedanke an diese Möglichkeit machte sie unruhig. Und, zu ihrer eigenen Überraschung, zornig.

3

Sie wachte spät auf. Eathan frühstückte bereits – Croissants und *café au lait* – im sonnigen Speiseraum des Bois Farrand. Rassig sah er aus, wie er da saß – im heidelbeerroten Sweater mit grauen Hosen und Tweedjackett –, ein Bild, das er fast ruiniert hätte, weil ihm die große Kaffeetasse aus den Fingern rutschte, als Julie ihm von ihrem Vorhaben berichtete.

Eathan war über ihre Forschungsarbeiten informiert und hatte ihr mehr als einmal erklärt, wie stolz er auf sie sei.

Trotzdem, sie hatte damit gerechnet, daß er so reagieren würde. Sie war vorbereitet.

»Du willst deine eigene Schwester als Versuchskaninchen benutzen?« fragte er mit verhaltener Stimme, während er mit einer Serviette den verschütteten Milchkaffee von der Tischdecke aufsaugte.

»Habe ich eine andere Wahl? Soll ich etwa untätig zusehen, wie sie zugrunde geht?«

»Wir dürfen die Hoffnung nicht aufgeben, daß sie aus dem Koma aufwacht.«

»Gibt es dafür Anzeichen?«

»Nein. Bislang nicht. Aber…«

»Aber was? Hör mal, ich habe das Verfahren daheim in New York schon Hunderte von Malen angewandt, ohne daß jemand zu Schaden gekommen wäre.«

»Bei Kranken?«

»Nein, aber…«

»Da hast du's. Genau, was ich meine! Es wäre immerhin möglich, daß du es noch schlimmer machst. Oder?«

»Ich wüßte nicht, wie.«

Er beugte sich vor und sprach die Worte langsam und mit Nachdruck aus. »Die *Möglichkeit*, daß ihr Zustand sich verschlimmert, läßt sich doch nicht ausschließen – ja oder nein?«

Julie dachte nach. Sie hatte keine Ahnung, was sie in Sams Gedächtnislandschaft entdecken würde. Sie konnte nicht wissen, ob die Bewußtseinsstörungen eventuell nicht schon durch ihre bloße Präsenz in Sams Gedächtniswelt verstärkt würden.

»Die Frage läßt sich nicht einfach mit Ja oder Nein beantworten. Es ist keine Sache von Schwarz und Weiß. Bisher ist es aber in keinem einzigen Fall zu einem Schaden für Testperson *oder* Forscher gekommen.«

Eathan erstarrte. »Für den *Forscher*? Soll das etwa heißen… daß *du* gefährdet sein könntest? Mein Gott, dann kannst du die Sache vergessen. Mir reicht eine Nichte im Koma. Ich bin nicht bereit, ein Komarisiko für die zweite einzugehen.«

»Das wird es nie geben.«

»Über eins sollte zwischen uns Klarheit bestehen. Das wird es nie geben, weil ich Samanthas Vormund bin und sie ohne meine Zustimmung niemand anfassen darf.« Er wischte sich die Lippen und warf die Serviette auf seinen Teller. »Und in dieser Sache wird meine Zustimmung hiermit ausdrücklich verweigert, Julie.«

»Aber ich kann ihr *helfen*, Eathan!« rief sie und hielt ihn am Ärmel zurück, als er aufstehen wollte. Er machte sich frei. »Ich kann ihr vielleicht das Bewußtsein wiedergeben!« Da hatte sie zwar selbst starke Zweifel, aber sie mußte einen Weg finden, Eathan für ihren Plan zu gewinnen. »Und wenn mir das gelänge, so wäre ich der erste Mensch, der so etwas überhaupt schafft.« Es war ihre Trumpfkarte. »Dann hätte ich's geschafft. Ich werde berühmt sein. Wir werden *beide* berühmt – Sam und ich. Und wenn die Kunstwelt danach erfährt, was Sam durchgestanden hat, werden ihre Bilder große Beachtung finden.«

»Mich interessiert nur eins – daß es Sam bessergeht. Was bedeutet schon Ruhm?«

»Du hast doch immer von uns erwartet, daß wir etwas Außergewöhnliches, Wunderbares leisten…«

Eathan nahm wieder Platz und musterte sie, bis er endlich mit heiserer Stimme erklärte: »Sag mir eins… Glaubst du wirklich, daß du Sam zurückholen kannst?«

»Ehrlich gesagt: Ich weiß es nicht. Es könnte sein, daß in ihrem Innern ein undurchdringliches Chaos herrscht. Möglicherweise werde ich am Anfang gleich feststellen, daß die Sache aussichtslos ist. Falls ich jedoch in ihre Gedächtnislandschaft eintreten kann, falls ich ihre Erinnerungen erkennen, das Puzzle zusammensetzen könnte, würde ich eventuell herausfinden, was ihr während der letzten bewußten Woche zugestoßen ist. Falls jemand versucht hätte, sie zu vergiften, könnte ich dahinterkommen, wer es gewesen ist. Und wenn wir den Täter kennen, haben wir einen Fingerzeig auf die Art des verwendeten Gifts… und damit zu ihrer Heilung.«

»Sei dir mal nicht zu sicher, daß es ein *Mann* gewesen ist. Du weißt doch, daß deine Schwester Ehefrauen in ganz Europa zur Weißglut getrieben hat.«

»Ob er, sie oder es – spielt das eine Rolle? Wir hätten jedenfalls eine Spur. Zur Zeit tappen wir total im dunkeln.«

Erneutes, diesmal längeres Schweigen. Eathan machte einen gequälten Eindruck, fast wie auf der Folter, und eine finstere Miene. Er nahm die Serviette vom Teller und begann sie zwischen den Händen zu drehen.

»Die Sache gefällt mir nicht, Julie«, sagte er endlich. »Ich habe euch beide lieb. Ich könnte es nicht ertragen, auch noch dich zu verlieren... Andererseits: Wie könnte ich mich der möglicherweise einzigen Chance zu Sams Heilung widersetzen? Zumal ihre *Schwester* Verantwortung für sie übernimmt?«

Julie beugte sich über den Tisch und hielt seine Hand, um die Serviette vor weiterer Mißhandlung zu bewahren.

»Mach dir keine Sorgen. Es ist die richtige Entscheidung. Es kann ihr wirklich nicht schaden, sondern nur helfen.«

»Und was ist mit dir?«

»Mir wird schon nichts passieren.« *Hoffentlich.*

»Ich gestatte es aber nur unter einer Bedingung.«

Schon wieder eine Bedingung. Erst die von Dr. Siegal, nun auch noch von Eathan.

»Und die wäre?«

Er beugte sich mit entschlossenem Blick vor. »Ich werde alles genau beobachten. Beim ersten Anzeichen von irgendwelchen – *irgendwelchen* – negativen Auswirkungen auf Sam *oder* auf dich werde ich meine Zustimmung sofort zurücknehmen und das Experiment beenden.«

Sie lehnte sich zurück. Starrte ihn an. Beleidigt.

»Glaubst du vielleicht, daß ich selbst dann nicht sofort aufhören würde?«

»Selbstverständlich würdest du – wenn du den leisesten Verdacht hättest, daß Sams Zustand sich verschlechterte. Ich bin mir aber nicht so sicher, daß du aufhören würdest, falls du meinst, daß *du* betroffen wärst. Ich könnte mir vorstellen, daß du in solchem Fall die Warnsignale ignorierst und einfach weitermachst.« Er drückte ihre Hand und schenkte ihr ein Lächeln. »Du bist noch jung, Julie. Und ihr jungen Leute haltet euch immer für unsterblich.«

»Ich nicht«, sagte sie und hielt seinem Blick stand. »*Ich* habe den Glauben an die Unsterblichkeit mit fünf Jahren verloren.«

4

Die Luftfracht klappte: Die Anlage wurde pünktlich geliefert.

Sie einzurichten und funktionstüchtig zu machen, das war eine andere Geschichte. Trotz seiner Bedenken unterstützte Eathan Julie voll und ganz, er wurde ihr unentbehrlich, weil er die Verständigung mit dem Pflegeheim und die Verhandlungen mit dem Chefarzt übernahm, der begreiflicherweise alarmiert war über die fremdartigen Geräte, die in seinem Verantwortungsbereich aufgestellt wurden. Eathan beruhigte ihn, versicherte ihm, daß da keineswegs ein medizinischer Eingriff vorgenommen würde, überzeugte ihn, daß es sich um kaum mehr als eine besonders hoch entwickelte Form des EEG handele. Eathan unterzeichnete einen Stapel Formulare, die das Pflegeheim Sainte Gabrielle von jeder Verantwortung entbanden. Er war Julie behilflich, Arbeiter aufzutreiben, die die Satellitenschüssel auf dem Dach anbrachten und eine Leitung zu Sams Zimmer legten.

Schließlich war es soweit.

Sie waren zu dritt in Sams Zimmer: Julie, Eathan und Sam. Ein Anästhesist war nicht vonnöten. Es war schummrig: hinter den zugezogenen Vorhängen verblaßte das Licht des Spätnachmittags. Das Zimmer war kaum merklich überfüllt mit den zusätzlichen Geräten; Julie hatte sie auf ein Minimum beschränkt: zwei Datenhelme und einen Datenhandschuh, ein Terminal, einen Videorecorder zur Aufnahme der Memoskopien und Leitungen – *jede Menge* Leitungen.

Sie hatten den ganzen Tag mit den Vorbereitungen verbracht, die Geräte, die Satellitenübertragung getestet – jetzt war alles einsatzfähig. Julie spürte ihren Mangel an Schlaf; in Anbetracht der Zeitdifferenz zwischen Paris und New York hatte sie sich entscheiden müssen, entweder am Nachmittag zu schlafen oder bis zum nächsten Tag zu warten.

Sie durfte die Sache nicht aufschieben.

Sam lag mit dem medusaähnlichen Datenhelm im Bett. Julie schaute durchs Zimmer, zu Eathan, der vor einem Monitor saß, wo er eine monoskope Übertragung dessen beobachten könnte, was sich auf Julies Bildschirm abspielte. Er würde passiv bleiben – er hatte keine Möglichkeit, interaktiv zu werden.

»Bequem?« fragte sie.

Er zeigte ein angestrengtes Lächeln. Furchtbar sah er aus. Als ob er sich im nächsten Moment übergeben müßte.

»Ganz und gar nicht«, gestand er.

»Entspann dich«, sagte sie. »Wir machen jetzt nur einen Probelauf. Er wird kurz und schmerzlos sein.«

»Hoffentlich.«

Sie hatte Mühe, ruhig zu wirken; innerlich war sie fürchterlich angespannt. Ihre Unterarme waren verschwitzt. Beim Anpassen der Kopfhörer zitterten ihr die Hände. Sie mußte Vertrauen ausstrahlen, für diese zwei Männer, für Eathan hier im Zimmer und für Dr. S. online in New York. Beide würden das Verfahren jederzeit abbrechen können.

Zum x-ten Male stellte sie ihre Motive in Frage. Wollte sie Sam wirklich helfen? Oder drang sie nur deshalb tollkühn in die Gedächtnislandschaft ihrer Schwester ein, weil so etwas noch keiner gemacht hatte? Oder waren ihre wahren Motive gar noch niedrigerer Natur? Hatte sie für die Vergangenheit der eigenen Schwester nur das Interesse einer Voyeurin?

Was auch immer – darüber würde sie zu einem späteren Zeitpunkt nachdenken müssen. Sie mußte jetzt einfach anfangen.

Sie nahm ihren Datenhelm und zog ihn sich über den Schädel. Sie strich sich die Haare aus dem Gesicht. Mein Kriegshelm, dachte sie.

Der Datenhelm war ein ungelenker Apparat; schwer; und obwohl auf der Innenseite gefüttert, verlor man nie das Gefühl, daß der ganze Kopf umhüllt war.

Sie rückte die Kopfhörer zurecht und klappte das Sichtvisier herunter.

Sie streifte sich den Datenhandschuh über, der ihr plötzlich irgendwie wie aus dem Mittelalter vorkam – als ob sie sich zum Kampf gegen Drachen und Dämonen rüstete. Sie bewegte die Finger. Das Handzeichen tanzte auf dem Schirm.

Vor ihr himmelblaue Leere. Sie bewegte die Hand. Das Zeichen schnitt durch das Blau. Sie berührte in der Menüleiste das WINDOW-Feld, worauf unterhalb des Feldes in dem Himmelblau ein kleiner Bereich zu flimmern begann und das Gesicht Dr. Siegals erschien.

»An Ihrem Ende alles bereit, Dr. Siegal?« fragte sie.

Er nickte. »Alles bereit. Ich möchte aber doch noch einmal dafür plädieren ...«

»Danke.« Sie schnitt ihm das Wort ab. »Wir sind startklar.«

Er seufzte. »Also gut. Denken Sie daran, daß das Programm einen leicht lahmenden Eindruck machen wird. Wegen der Satellitenverzögerung. Behalten Sie die Geduld. Ich stehe zu Ihrer Verfügung, falls Sie mich brauchen. Und ich werde alles beobachten.«

»Ich weiß es zu schätzen«, sagte sie und berührte das WINDOW-Feld von neuem. Dr. Siegal verschwand.

Die beiden beobachten mich, dachte sie. Hoffentlich verläuft jetzt alles so glatt, wie ich es ihnen versprochen habe.

Sie ging mit ihrem virtuellen Finger auf das ENTER-Feld und hielt den Atem an, als das Blau des Bildschirms zu Schwarz überging.

7. Kapitel

Decartes' Satz »Ich denke, also bin ich«, trifft die Sache nicht ganz. Er müßte eher heißen: »Ich erinnere mich, also bin ich.«

Aus den Notaten Julie Gordons

Irgend etwas stimmt da nicht.

Du bist hier in einem unbeleuchteten Kabuff eingesperrt. Oder in einer Höhle. Bei lebendigem Leibe begraben. Es ist finster. Wie in einer Gebärmutter, nur ohne die Wärme. Oder wie beim Ausfall einer Satellitenverbindung: Nichts zu sehen, nichts zu hören – null.

Du solltst besser aussteigen und mit Dr. Siegal Kontakt aufnehmen.

Dann fallen dir die Funken auf. Winzige Stecknadeln schwachen Lichts in weiter Entfernung. Irgendwo. Sind sie nahe genug, damit du sie erreichen könntest? Oder liegen sie am andern Ende des Universums? Unmöglich, das zu entscheiden. Du hast hier keinen Maßstab, keinerlei Möglichkeit, um Entfernungen zu schätzen.

Du leckst dir die Lippen. Die Feuchtigkeit auf den Lippen ist tröstlich – eine echte Sinneswahrnehmung.

Du streckst die Hand aus. Beobachtest deine glatte, realistische, virtuelle Hand, die dich magisch weiterzieht. Falls du hier herumlaufen müßtest, würdest du jetzt stolpern wie ein Blinder beim Hürdenlauf. So aber gleitest du durch den Rauch- und Nebelschleier wie ein Engel. Irgendwo oben – ganz weit oben – siehst du einen schwachen Lichtfleck, eine Art Mond oder sieche Sonne. Es bringt aber keine brauchbare Zusatzbeleuchtung für dieses verbrannte Wüstenland.

Es sieht so aus, als ob die andern Lichter näher gerückt wären. Jedenfalls sind sie größer geworden. Deine Augen gewöhnen sich langsam an die höhlenartige Düsternis. Du beginnst, etwas zu erkennen.

Die winzigen Lichter flackern. Wie kleine Feuer auf einem Trümmergrundstück. Du siehst etwas Unförmiges. Undefinierbare Formen, ausgebombten Häusern ähnlich; sie fangen das schwache Leuchten auf. Du wendest dich nach links, willst sehen, wie weit diese... diese Trümmerlandschaft sich erstreckt. Aber so weit du auch blickst...

Sie ist endlos. Überall. Du ziehst deine Hand zurück – und hältst inne.

»O mein Gott!«

Beim Klang der eigenen Stimme schrickst du zusammen. Es ist der erste, der einzige Laut, den du seit Betreten dieses Grenzgebietes der Hölle vernommen hast.

Du suchst einen Vergleich. Hiroshima. Dresden nach der berüchtigten Bombardierung. Aber selbst in jenen Schrecken haben Menschen überlebt, hat sich Leben aus den Trümmern gerettet. Hier rührt sich gar nichts.

Hier ist alles so menschenleer und verlassen, total hoffnungslos. In deiner Brust zieht sich ein Knoten zusammen. Du willst hier weg. Mit so etwas hattest du wirklich nicht gerechnet. Jawohl, du *willst* von hier fort, und sei es aus keinem andern Grund als nur zur Vergewisserung, daß du wieder herauskommen *kannst*. Am liebsten würdest du dir den Datenhelm vom Kopf reißen und nach Licht schreien: *Mehr Licht!*

Du beruhigst dich jedoch. Machst dir klar, daß es sich hier nur um eine Gedächtnislandschaft handelt. Sie ist genauso ungefährlich wie die von Lorraine in New York, sie hat die gleiche Grundstruktur: Sie besteht aus Neuralverbindungen, die die Knoten der Erinnerung verknüpfen. Darunter weben und ziehen irgendwo Sams Neurallinien; sie verbinden Ereignisse und Erfahrung entlang der Wege, die früher einmal Sams Emotionen und Informationen ins Bewußtsein hineingetragen haben.

Nur siehst du hier eben keinerlei Bewegung.

Du bist ins Totenreich eingetreten.

Plötzlich beginnt das WINDOW-Feld zu blinken. Du drückst. Das Fenster öffnet sich. Du siehst Dr. Siegal. Er wirkt fix und fertig.

»Julie! Julie, machen Sie, daß Sie da rauskommen!«

»Wieso?« Du weißt natürlich ganz genau, warum. Du willst es aber von jemand anderem hören.

»Diese Verwüstung. Sie ist – unvorstellbar. Sie wird auch für Sie schädlich sein. Es läßt sich bestimmt nicht vermeiden.«

»Das entzieht sich Ihrer Kenntnis.«

»Ich möchte nicht mit Ihnen streiten, Julie. Aber das ist schlimmer, als wir beide es uns in unsern schlimmsten Alpträumen vorgestellt haben. Verlassen Sie die Szene, Julie. Gehen Sie sofort heraus!«

Du willst ihm schon zustimmen, willst das EXIT-Feld drükken und in die wirkliche Welt mit ihrer Wärme, ihrem Licht und Leben zurückkehren, als du einen bläulichen Schimmer wahrnimmst – irgendwo zur Mitte der verbogenen Formen hin, die die Gedächtnislandschaft sprenkeln, wird ein bläulicher Schimmer sichtbar. Ein schwacher, hellblauer, kalter Feuerschein, ganz klein. Er flackert. Wie die Zündflamme eines Gasherds.

»Einen Moment!« erklärst du Dr. S. »Es gibt da was, das ich vorher noch rasch überprüfen möchte.«

»Julie, ich bitte Sie...«

Wieder eine Berührung des WINDOW-Feldes, und Dr. Siegal verschwindet.

Du atmest tief durch und streckst die Hand aus. Der Handschuh kommt dir auf einmal riesig schwer vor. Du gehst ein Wagnis ein. Die Hand zerrt dich über die zerstörten Knoten zu dem blauen Schimmer hin. Du folgst den Verbindungslinien – wie Rattenfährten sehen sie aus – von einem Gebilde zum nächsten. Die meisten scheinen zerstört, der Länge nach zertrümmert, wie aufgeplatzte Wasserrohrleitungen.

Du spähst auf sie hinunter, hoffst zu sehen, daß etwas aus ihnen heraushuscht, irgendein rattenähnliches Geschöpf, das inmitten solcher Trümmer gedeiht.

Wenn du hier jetzt Arme hättest, du würdest sie warmreiben, um die Kälte zu vertreiben...

Die Kälte? Wieso ist dir eigentlich kalt? Mit Sams Gedächtnislandschaft hat das bestimmt *nichts* zu tun. Bei einer Memoskopie fühlt man nichts, da fühlt man gar nichts – die Gedächtnislandschaft kann man ja nur *sehen*. Es handelt sich also wahrscheinlich nur um eine Gefühlsreaktion auf die Verwüstung. Oder da hat jemand im Pflegeheim vielleicht eine Tür offengelassen, so daß ein kühler Luftzug in Sams Zimmer dringt? Von der Memoskopie kommt das Kältegefühl jedenfalls nicht. Ausgeschlossen.

Inzwischen haben deine Augen sich voll auf das Dunkel eingestellt. An der Trümmerlinie des Horizonts machst du schwach glühende Erhebungen aus. Ein wärmeres Licht als das bläuliche Schimmern vor dir. Ein beinah schon einladendes Leuchten.

Könnten das vielleicht Gedächtnisknoten sein? Sollte es hier etwa doch noch Lebenszeichen geben?

Du spähst nach vorn. Näherst dich jetzt dem Blauschimmer. Wirkt gar nicht wie ein ausgebombtes Gebäude. Kein Eiffelturm, kein Haus mit Lattenzaun. Bloß diese kalte bläuliche Atmosphäre.

Du verhältst kurz, um die bläuliche Kugel zu betrachten. So etwas hast du im gesamten Trümmerterrain hier noch nicht beobachtet. Vielleicht mußt du dorthin, wenn du hier überhaupt etwas herausbekommen willst.

Du hebst den Datenhandschuh. Es hat den Eindruck, als ob deine Hand sich ausstreckt, um die bläuliche Kugel anzufassen, sie eventuell zu umspannen.

Du stürzt hinein, fällst, das blaue Licht will dich schlucken. Zu spät, du kannst dich ihm nicht mehr entziehen. Ein Moment Panik. Formloses, kaltblaues Feuer. Ein Laut. Eine Tür, die sich öffnet, Schlüsselklirren, das blaue Licht ist weg, du befindest dich in einem Raum.

Eine Studiowohnung.

Sams Atelier. Wo du in der vergangenen Woche gewesen bist. Du schaust dich um. Keine Unordnung auf dem Fußboden. Samanthas Schrank unangetastet. Alle Schubladen geschlossen. Das Atelier wirkt unwahrscheinlich sauber. Keinerlei Anzeichen von einem Einbruch. Völlig anders, als du es in Erinnerung hast.

Du wendest dich nach links. Siehst die Gemälde. Die eine Leinwand voll wilder blauer und schwarzer Striche – ein ungestümes Werk ähnlich dem, das du im Atelier der realen Welt gesehen hattest. Du hebst deine Hand. Schon bist du näher dran.

Die Farbe gleißt. Wie Lava, die von der Leinwand tropft. Das Bild verändert sich unter deinem Blick, scheint zu leben – will Sams Unterbewußtsein das Werk vollenden? Oder es zerstören?

Du wartest. Aus dem Wirbel der Striche ergibt sich nichts Erkennbares.

Du drehst weiter nach links. Die Bewegung verzögert sich. So, als ob dein Befehl, nach links zu schauen, erst verarbeitet werden müßte. Was ja auch der Fall ist. An der Wand lehnt ein anderes Bild, das allerdings wie das Gemälde eines alten Meisters aussieht. Wie ein Brueghel. Dorfbewohner bei der Ernte. Frauen in Kleidern aus gestärktem Leinen, Männer in ausgebeulten Hosen mit Getreidegarben über den Schultern.

Du weißt, daß du dich hier in Sams Atelier befindest. Trotzdem gibt es hier ein Bild, das eindeutig nicht von ihr stammt. Oder vielleicht doch; vielleicht ist es ja eins, das sie in dem langen Zeitraum gemalt hat, als wir kaum Kontakt miteinander hatten. Es könnte Hunderte solcher Bilder geben.

Und auch dieses Bild bewegt sich. Du blickst hoch, in die obere rechte Ecke und erkennst einen winzigen roten Dämon mit einer Heugabel. Der Dämon nähert sich den Dorfbewohnern. Er hält die Heugabel auf eine Art, die einen Vorsatz, eine Absicht verrät.

Der Dämon stürzt sich auf einen Dorfbewohner, mit einem gemeinen Stoß spießt er den Unglücklichen auf, der auf der Gabel zappelt, als sich auch schon ein feuriger Schlund auftut und der Mann in die Flammen geworfen wird.

»Nein!«

Es ist wiederum die eigene Stimme, die dich erschrickt; nicht, weil sie die Stille bricht, sondern wegen des wachsenden Entsetzens, das deinen Aufschrei auslöste. Aber warum sollte dieses primitiv animierte Bild dich so aus der Fassung bringen? Es ist ja nicht einmal ein echtes Gemälde.

Aber du möchtest die Arme nach dem armen Kerl ausstrecken, den du hinterrücks ins Höllenfeuer hinabstürzen siehst, du willst ihm helfen, und es bricht dir das Herz, daß du ihm nicht helfen kannst.

Er schwindet aus dem Blickfeld, und dann...

Die Sache beginnt noch einmal von vorn. Wie in einer Zeitschleife ist das Bild wieder da; so wie es war: Die fröhlichen Dorfbewohner, und ganz oben rechts der Dämon. Er beginnt erneut den entschlossenen Anmarsch.

Du weichst zurück, kehrst dich ab. Nur um dieses Bild nicht mehr sehen zu müssen, siehst du dich in dem Raum nach anderen Gemälden um.

Weiter links, dort, wo die Wände der Studiowohnung zu einem unmöglich spitzen V zusammenlaufen, hängt eine große Leinwand. Die Leinwand ist leer.

Doch nein, du mußt es beim ersten Blick wohl übersehen haben: In der rechten oberen Ecke der Leinwand schwebt ein Mond, ein fast voller Mond. Ganz hoch oben am Rande. Ein gelber, schläfriger Mond...

Du überlegst: *schläfriger Mond.* Das hat doch etwas zu bedeuten: *schläfriger* Mond.

Auch dieses Bild ist beunruhigend. *Schläfriger Mond.* Warum kommt dir das nur so wichtig vor?

Wie lange bist du jetzt schon in diesem Raum?

Du hörst hinter dir ein Geräusch. Ein Knistern. Ein Geräusch wie von einem Kamin. Zitternd, vorsichtig hebst du die Hand, diesen von deinem Leib losgelösten Körperfortsatz, der hier für deinen ganzen übrigen Körper steht. Du bewegst sie kräftig voran.

Eine weitere Leinwand. In einer eleganten venezianischen Gondel mit rot-golden gestrichenem Geländer steht stolz aufgereckt ein Löwe mit feuriger Mähne. Der feurig leuchtende Kopf zischt und knistert. Er brennt. Deine Finger strecken sich nach dem Gemälde, du schwebst näher heran. Hat Sam das Bild gemalt? Ist das noch ein Werk, das in den zwischen euch entschwundenen Jahren fertiggestellt und verkauft wurde?

Du drehst dich um.

Da liegt etwas auf dem Boden. Es hebt sich von der immensen, leeren Fläche aus virtuellem Holz ab.

Ein Palettenmesser. Mit dicker blauer Farbkruste. Als ob es in aller Hast fallen gelassen worden wäre.

Beweg dich dichter heran, gleite lautlos näher, so als ob statt all dieser Bilder hier *du* das Gespenst wärest. Es gehört gar kein besonderes Geschick dazu, das Messer aufzuheben. Das Softwareprogramm füllt die entsprechenden Gesten aus, wenn es die Gegenstände verbindet. Deine virtuelle Hand umfaßt das Palettenmesser. Sie räumt im Zimmer auf, indem sie dieses verlorene, entfallene Objekt aufhebt.

Du hältst es fest, überlegst, warum Sam es wohl fallen gelassen hat. Es *wurde* fallen gelassen. Das spürst du.

Hinter deinem Rücken schlägt eine Tür zu. Du erschrickst. Wie ein Gewehrschuß klingt es in diesem toten Raum, so daß du fast laut aufgeschrien hättest. Du hörst ein betrunkenes Lachen. Du drehst dich um.

Und erblickst deine Schwester.

Und – auf einmal *bist* du die Schwester, die spricht:

»Man hat mir Schlimmes über dich erzählt…«

Samantha beobachtet Liam, der in die Studiowohnung kommt – wie eine Katze, sichernd, nervös, unsicher. Das rote, wellige Haar ist hinter die Ohren gestrichen; sein scharfer, rascher, heller Blick schießt hierhin, dorthin. Das ist für ihn unbekanntes Terrain, eine fremde Welt. Seine Desorientierung amüsiert Sam.

Er bleibt nach zwei, drei Schritten im Raum stehen.

»Ist dies Zimmer für 'n Atelier nich 'n bißchen duster?« sagt er.

Sie lehnt lächelnd an der Wand. Liam ist nur ein dunkler Schatten. Wie alt mag er sein? Dreißig? Schwer zu sagen. Das Gesicht ist zerfurcht. Ein wettergegerbtes Gesicht. Ein von Leid und Schmerz gezeichnetes Gesicht, vermutet Sam.

Sie kostet solche Gefühle wie jetzt aus, so eine mit Erregung untermischte Angst…

»Das Zimmer hat Dachfenster. Ich kann es hier tagsüber sehr hell und fröhlich haben. Das heißt, wenn ich will. Falls ich's hier überhaupt ›fröhlich‹ haben will.«

Sie stößt die Tür mit einem Fußtritt zu.

Der Knall hallt im Zimmer wider. Sam streckt die Hand aus und berührt Liams breite Schulter. Er wendet sich ihr zu.

»Ich habe dich nicht mitgenommen, damit du dir mein Atelier ansiehst«, sagt sie.

Sein Grinsen blitzt in der Dunkelheit auf.

»Ach?«

Und dann kommt er ihr nah, er schiebt Samantha gegen die Wand, drückt sie fest, dicht gegen die rauhen Bretter. Seine Lippen bedecken ihren Mund; langsam, gezielt bewegt er seinen Körper gegen ihren Körper.

Sie stöhnt auf, in seinen Mund hinein, und dieser Laut wirkt wie ein Startschuß.

Sie spürt seine Hände, starke Hände, die an ihrem Körper hochgleiten, über die Hüften, die Brüste, zum Hals hoch, als…

Du siehst nichts mehr. Deine Schwester, der Mann – weg sind sie, alle beide, entschwunden, wie Gespenster.

Aber was ist das eben Gesehene gewesen? Irgendwie bist du in Sams Gedächtnis hineingerutscht. Nein – *gerutscht* ist nicht der richtige Ausdruck. Du wurdest aus deiner Beobachterrolle herausgerissen und Hals über Kopf in tätige Teilnahme geschleudert. Du hast seinen Mund auf deinen Lippen gespürt, seine Hände, die über deine… Himmelherrgott, du hast alles *miterlebt*! Das darf Dr. Siegal auf keinen Fall erfahren.

Wie konnte das nur geschehen? So etwas darf doch gar nicht vorkommen. So etwas *kann* überhaupt nicht eintreten. Außer…

Dir kommt Dr. Siegals Warnung wieder in den Sinn: *Ihr teilt nicht nur eine gemeinsame Lebensgeschichte, sondern habt auch ein identisches genetisches Programm. Daraus ergibt sich eine in den Folgen unvorhersehbare, potentielle gefährliche Kombination.*

Na schön: Mit dem Unvorhersehbaren hatte er recht behalten. Hoffentlich irrte er im zweiten Punkt seiner Warnung, hinsichtlich der potentiellen Gefahr.

Aber wie war die Szene weiter verlaufen?

Hatte sie ein gewaltsames Ende gefunden? Hatte *das* Sams Koma ausgelöst? Fragen über Fragen…

Du wirfst einen neuerlichen Blick auf das schwarzblaue Bild – beziehungsweise auf die Stelle, wo es sich befunden hatte; denn die Leinwand ist leer; die Farbe ein Tümpel auf dem Fußboden; das Bild verschwunden.

Was bedeutet: Diese tote Gedächtnislandschaft hat sich – zumindest in diesem Bereich – verändert. Und zwar nicht unbedingt zum Besseren.

Dir kommt eine Frage in den Sinn: Wäre es möglich, daß sich draußen etwas tut, wenn sich hier drinnen Dinge verändern? Ist dein eigenes Verhalten hier von Schaden oder Nutzen? Du kommst hier offenbar nicht aus den Unsicherheiten heraus.

Und dir fehlt hier jegliches Zeitbewußtsein. Aber bevor du den Besuch abbrichst, willst du dich wenigstens noch einmal umschauen. Vielleicht könntest du die restliche Erinnerung Sams von ihrem Zusammensein mit Liam ja doch noch ausfindig machen. Was treibt dich dazu? Reine Neugier? Gib bloß acht – du dringst hier massiv in die Intimsphäre ein.

Plötzlich bekommst du Angst – es ist das erstemal –, daß du möglicherweise sehen wirst, was Sam zugestoßen ist – was ihr angetan wurde. Hättest du die Kraft, es zu ertragen?

Du drehst dich um, gehst zur Wohnungstür, gleitest wieder hinaus in die nächtliche Gedächtnislandschaft, die dir vorkommt wie vorher – die zerstörten Gehäuse, den verformten Knoten, verstörend – heftigen modernen Skulpturen gleich. Hier ist alles unverändert – oder etwa doch nicht? Du kannst es nicht mit Sicherheit feststellen, hast aber den Eindruck, daß die schwelenden Erhebungen am Horizont weniger geworden sind.

In nicht allzu großer Entfernung bemerkst du einen Knoten, den im Unterschied zum flackernden Licht der andern ein warmes Glühen erhellt. Auf dem Hinweg meinst du, bei dem Schein eine stehende Person zu erkennen. Einen Moment lang hältst du diese Person für Sam, merkst dann aber, daß es sich nur um eine Sam nachgebildete Puppe handelt – um eine äußerst pummelige Nachbildung von Sam. So, als ob Sams Bild auf einen riesigen, ein Meter fünfzig hohen Flaschenkürbis gemalt worden wäre. Wie eins von diesen Spielzeug-Boxerattrappen.

Du berührst es. Es beginnt auf- und niederzuschaukeln, und

beim Schaukeln springt es in zwei Teile auf. Die obere Hälfte fällt ab, im Innern befindet sich wieder eine Puppe, nur daß diese Puppe aussieht wie du. Du hast es mit einer riesengroßen Matroschka-Puppe zu tun. In jeder Puppe sitzt eine weitere. Als Kind hatte Sam diese Matroschkas geliebt, wo man bei jedem Öffnen eine weitere Puppe entdeckt. Öffnest du diese, kommt wieder eine andere, kleinere zum Vorschein, und so weiter und so fort, bis du den Kern erreichst, wo die kleinste Puppe lebt, die letzte Puppe, die sich nicht mehr öffnen läßt.

Die letzte Puppe – die Puppe ohne Geheimnis.

Du berührst also die neue Puppe, auch sie bricht auf und wirft die obere Hälfte ab, um wieder eine Sam zu enthüllen, die mit der ersten identisch, aber nur ein Drittel so groß ist. Du berührst die Puppe, doch es tut sich nichts. Das war's. Keine weiteren Puppen.

Sam, Julie, Sam. Warum? Hat das etwas zu bedeuten? Oder ist es... einfach nur so?

Verwirrt, bewegst du dich fort und läßt die kleine Sampuppe in der unteren Hälfte der Juliepuppe sitzen, die in der unteren Hälfte der Sampuppe sitzt und auf und nieder schaukelt, immer nur schaukelt...

Du erreichst das Glühen und erkennst ein enorm großes Haus, ein langgeducktes, unheimliches, großes Anwesen. Ein riesiges steinernes Puppenhaus inmitten des Kriegsgebiets von Sams Erinnerung. Es sieht beinah so aus wie Oakwood, Eathans Herrenhaus in Yorkshire, nur ist's unwahrscheinlich groß, größer noch als Versailles. Es erstreckt sich kilometerweit.

Trotzdem. Es *könnte* trotzdem Eathans Herrenhaus sein. Schließlich ist dies hier nur Sams Erinnerung, und falls es sich um eine Kindheitserinnerung handelt, so haben Größe und Proportion absolut nichts zu bedeuten. Dann *müßte* das Herrenhaus unwahrscheinlich groß sein.

Du bist inzwischen dichter herangekommen, und die Eingangstür des Landhauses kommt dir tatsächlich vertraut vor – das dunkle Eichenholz mit dem Kristallglas, hinter dem ein schwerer Vorhang zugezogen ist. Du streckst die Hand nach dem gigantischen Messinggriff aus und kommst dir wegen der verzerrten Größenverhältnisse plötzlich vor wie Alice im Wunderland. Du wirst drinnen bestimmt überdimensionale Stühle, Riesenspiegel und einen Teller Plätzchen mit einem Schild und der Aufschrift *Iß mich* entdecken.

Du rechnest mit einer verschlossenen Tür, doch der Griff dreht sich schon bei einer seidenweichen Bewegung. Die Zwillingstüren aus Eiche öffnen sich.

Und du siehst ein kleines Mädchen. Du kennst es. Das bist du – oder es ist Sam. Es war für die Leute immer schwierig, euch auseinanderzuhalten; auf ein paar alten Fotos fällt es dir selber schwer.

Dann hebt das kleine Mädchen aber etwas mit den Händen hoch. Eine Statue. Eine Gestalt wie aus der griechischen Antike. Sie steht auf einem Sockel.

Da fällt es dir wieder ein. Du erinnerst dich an den Tag. Damals war die kleine Sammi die …

Die Statue schlägt auf dem Marmor der Treppe auf und zerschellt in tausend Stücke. Die Stücke schmelzen rasch dahin wie Eisstückchen in einer heißen Bratpfanne.

Und Sammi kreischt: »Ich *hasse* dich! Du verdirbst alles! Du bist blöd, Julie!«

Dann siehst du dich selbst die Treppe hochstürzen und hinter Sammi herjagen.

Aber wieso steckst du jetzt nicht, wie vorhin, in Samantha? Liegt es daran, daß du in dieser Szene, wie sie ja auch, *in einem jüngeren Lebensalter* bist? Ist das der Grund dafür, daß du Beobachter bleibst?

Hier gibt es noch so vieles zu lernen.

Du folgst deinem jungen Selbst. An diesen Tag kannst du dich nur zu gut erinnern. Du erinnerst dich an deinen Zorn. Du hörst, wie du Sam anbrüllst, es ist ein kalter, blutrünstiger Schrei: *»Ich bring dich um!«*

Doch irgendwas ist hier anders. Einerseits erinnerst du dich, andererseits auch wieder nicht. Warum warst du denn so wutentbrannt? Die Statue, die sie kaputtgemacht hat, gehörte dir doch gar nicht. Warum sollte es dich also kratzen?

Die Treppe hoch, jetzt nicht mehr schwebend, vielmehr

stampfst du über die schweren Treppenläufer nach oben. Doch als du oben ankommst – ist niemand da. Der Flur im ersten Stock führt nach rechts und nach links, wie eine Eisenbahnstrecke – endlos scheint der Flur.

Du vernimmst ein Klopfen. Ein gleichmäßiges, dumpfes Geräusch. Du folgst der kleinen Julie nach rechts, vorbei an Türen, an Gemälden und an Tischchen mit Blumenvasen. Du würdest dir die Bilder gern anschauen. Sie könnten ja wichtig sein. Doch das Klopfen lockt dich, es zieht dich fort, zu einer hoch aufragenden Schranktür.

Du bleibst stehen und horchst nach dem Klopfen auf der anderen Seite der Tür – ein fürchterliches Klopfen. So ein Krach kann doch ein kleines Mädchen gar nicht verursachen.

Plötzlich weißt du, was nun folgt.

Du erinnerst dich.

Die kleine Julie steht vor der Tür des Flurschranks. Sie hört das Schreien, das von der anderen Türseite, von der dunklen, abgesperrten Seite her kommt.

»Laß mich raus, Julie. Laß mich raus! Ich mag nicht hier drinnen sein!«

Dein kleines Selbst tritt näher zur Tür.

»Dann hättest du dich dort nicht verstecken sollen, du Göre!«

»Julie!«

Aus dieser Stimme spricht nackte Angst. Der Schrecken des Eingesperrtseins in einem unbekannten, dunklen Ort. Das Gefühl, in der Falle zu sitzen.

Du siehst, wie die kleine Julie sich umdreht und davongeht.

Die Szene ereignete sich noch einmal. Dann immer wieder; wie in einer Zeitschleife; das kleine Mädchen läßt die wie um ihr Leben schreiende Schwester allein.

»Juliiiiiiiiiiiiiiiiiiie!«

Ein Licht beginnt aufzublinken.

Die Warnleuchte im Anzeigenbereich. Du überprüfst die Lebenszeichen – Pulsschlag, Atem, EKG, EEG. Alles ganz normal. Also ist nur das eingebaute zeitliche Limit erreicht. So bald? Verdammt. Und da wäre noch so vieles zu entdecken. Was ist aus Sam und Liam geworden? Gibt es da andere Veränderungen in der Gedächtnislandschaft? Was sind das für Bilder an der Wand? Welche Geheimnisse sind in den Hunderten Räumen dieses Phantasiehauses verborgen?

Du möchtest nicht fort. Ein Verweilen über das Zeitlimit hinaus könnte dir und deiner Zwillingsschwester aber Schaden zufügen. Ihre und deine Gehirnwellen sind miteinander verbunden, und zwar viel enger, als Dr. Siegal – oder du selbst – je für möglich gehalten hätte. Deshalb wirst du jetzt auf dem gleichen Weg hinausgehen, wie du gekommen bist: durch die Tür. Du möchtest noch einen letzten Blick auf Sams Gedächtnislandschaft werfen.

Du gleitest ins zertrümmerte Dunkel, wo früher einmal das Leben deiner Schwester gewesen ist. Dich erfaßt eine tiefe, unverständliche Melancholie.

Was ist hier nur geschehen?

Du berührst das EXIT-Feld.

8. Kapitel

Je mehr ich mir der Fragilität von Erinnerung bewußt wurde, desto weniger beunruhigen mich die unzähligen Verzerrungen und um so mehr erstaunt mich die Tatsache, daß wir uns überhaupt an etwas korrekt zu erinnern vermögen.

Aus den Notaten Julie Gordons

1

Julie nahm den Datenhelm ab. Sie blickte zum Monitor hinüber, der gut einen halben Meter entfernt stand, der nun – bis auf die Worte: *Sitzung beendet. Bitte Datei zum Speichern angeben* – leer war. Der Cursor blinkte geduldig weiter, doch Julie rührte sich nicht. Sie war plötzlich bewegungsunfähig.

Der Anblick von Sams ausgebombter Gedächtnislandschaft hatte sie total durcheinandergebracht. Die unglaubliche Verwüstung – und die zwei Erinnerungsszenen, die sie hatte freilegen können – hatten das Rätsel nur noch größer werden lassen: Warum?

»Julie?« Eine Hand legte sich auf ihre Schulter. Sie fuhr auf. »Julie! Alles in Ordnung mit dir?«

Eathan. Sie hatte ihn total vergessen, hatte vergessen, daß er von Anfang bis Ende dabeigewesen war, alles mit beobachtet hatte. Sie wandte sich zu ihm um. Sein Gesicht war bleich, gramerfüllt.

»Du hast's gesehen?«

Er nickte. »Es sieht… fürchterlich aus. Ist das immer so, bei jeder – wie nennst du sie doch…?«

»Memoskopie.«

»Sieht das bei allen Menschen so aus?«

»Nein. Sams Gedächtnislandschaft ist ein Hiroshima. Ich weiß nicht, ob ich da überhaupt etwas entdecken… oder erfahren kann.«

»Du bist erschüttert.«

Julie seufzte. »Ich glaube schon. Aber auch fasziniert und voller Fragen. Wieso waren ausgerechnet *diese* Erinnerungen intakt? Was macht sie so verdammt wichtig?«

Sie schaute weg.

»Du hast ja deine Auseinandersetzungen mit deiner Schwester nie von außen beobachten können. Und es hat leider ziemlich oft Streit gegeben.«

»Jaaaa. Ich weiß. Aber ...«

»Du bist betroffen wegen der Ausdrücke, die du gegenüber Sam gebraucht hast, nicht wahr?«

Julie blickte wieder zu ihrem Onkel. Er war wie ein Fels in der Brandung. Sie wunderte sich, daß Sam bei so einer Stütze überhaupt einen Seelenklempner nötig hatte. Schließlich war Eathan mit seiner Fürsorge und unablässigen Unterstützung für Sam weit mehr gewesen als nur ein Onkel.

Sie nickte. »Es war nicht toll, hören zu müssen, wie ich meine Schwester anschrie: ›Ich bring dich um!‹ Irgendwie bestürzend, ausgerechnet das als Schlüsselerinnerung zu entdecken. Im übrigen deckte diese Erinnerung sich so nicht mit meiner eigenen. Die Statue ... an die Statue kann ich mich überhaupt nicht erinnern.«

»Der konkrete Anlaß für den Streit ist mir entfallen, der Vorfall jedoch unvergessen. Samantha hatte dein Mikroskop zu Boden geworfen und kaputtgemacht – *deshalb* warst du so aufgebracht.«

»Natürlich!« Mit einem Mal stand ihr alles wieder vor Augen. Julie war damals versehentlich auf eine Collage getreten, an der Sam gerade arbeitete; sie war aber nicht bereit gewesen, sich dafür zu entschuldigen, weil Sam die Collage mitten im Zimmer auf dem Boden liegengelassen hatte. Ein Wort gab das andere, bis die Auseinandersetzung schließlich im Kaputtmachen von Julies Mikroskop eskaliert war. »Aber wieso kommt das Mikroskop eigentlich in der Erinnerung nicht vor?«

»Solche Fragen gehören in dein Fachgebiet. Bedaure. Ich kann dir lediglich mit einiger Gewißheit sagen, daß es sich bei der Statue um Cellinis *Perseus* handelt. Ich kann dir allerdings mit absoluter Gewißheit versichern, daß wir eine solche Statue nie in unserem Haus hatten.«

»Wie kommt sie dann aber...«

»Du hast dein Mögliches getan«, sagte er und drückte tröstend ihre Hand. »Es war mutig von dir, es überhaupt zu versuchen. Und nun sollten wir den Fall wieder den Fachärzten überlassen.«

Julie schüttelte den Kopf. »Wir stehen aber doch erst ganz am Anfang, Eathan. Wir müssen noch so viel in Erfahrung bringen – über Sam und was ihr zugestoßen ist. Du hast sie doch eben selbst mit dem Mann gesehen, der angeblich ein Terrorist ist. Mein Gott, habe ich Angst um sie gehabt, als ich das sah!«

»Was soll das Sam nutzen, wenn du weitermachst?«

Sie holte tief Luft. »Ich weiß es nicht. Ich habe nur die Oberfläche angekratzt. Ich hatte eigentlich vor, in Sams Gedächtnislandschaft einzutreten, das Notwendige zu erfahren und wieder hinauszugehen. Eins, zwei, drei, fertig. Doch jetzt... Du hast doch selbst gesehen, wie es in ihr aussieht. Das wird viel Zeit brauchen.«

Ein Klopfen an der Tür. »*Oui*?« sagte Eathan.

Eine Krankenschwester trat ein. Sie trug eine Vase mit zwölf purpurroten Rosen.

»Ces fleurs sont pour Mademoiselle Samantha.«

Sie stellte die Vase auf das Nachttischchen und verschwand.

»Für Sam?« fragte Julie. »Von dir?«

Eathan schüttelte besorgt den Kopf. »Die Blumen sind nicht von mir. Liegt ein Kärtchen bei?«

Julie erspähte inmitten des Dunkelgrüns der Stiele ein weißes Eck und zog das Kärtchen zwischen den Dornen heraus. Beim Vorlesen lief es ihr kalt über den Rücken.

»Für meine Sammi. Mach dir keine Sorgen. Ich werde nicht zulassen, daß sie dir weh tun.«

»Ohne Angabe des Absenders?«

Julie wendete die Karte. Kein Name. Sie schüttelte den Kopf.

Eathan sprang auf. »Die Blumen sind von O'Donnell. Der Teufel soll ihn holen! Warum kann er sie nicht endlich in Ruhe lassen!«

»Du kannst doch gar nicht wissen, daß sie von ihm sind«, widersprach Julie, die über seine heftige Reaktion erschrocken war.

»Nein. Du hast ja recht«, sagte er und beruhigte sich wieder. »Aber wer sonst würde ihr Rosen mit einer Nachricht schicken, die wie eine Warnung klingt?«

»Eine Warnung für uns?«

»Hört sich das etwa nicht wie eine Drohung an?«

Julie mußte zugeben: Es klang wirklich drohend.

Hinter ihrem Rücken ertönte ein hohes Piepsen. Sie schaute auf die Geräte, die Samanthas Zustand überwachten: da war jedoch alles in Ordnung. Sie drehte sich zum Monitor um und bemerkte, daß sich in der Ecke des Bildschirms ein kleines Fenster öffnete und eine Kamera zeigte.

Julie schwang sich im Stuhl herum.

»Was soll das heißen?« fragte Eathan.

»Es ist Dr. Siegal. Er möchte mit mir sprechen.«

»Dein Mentor gibt dir hoffentlich den Rat, die Sache abzubrechen. In der Zwischenzeit werde ich ein paar Anrufe machen – mal sehen, ob ich dahinterkomme, wer die Blumen mit diesem Kärtchen geschickt hat. Warte auf mich. Anschließend können wir zum Essen gehen.«

»Gute Idee«, sagte Julie, ohne es zu meinen. Die Erfahrungen in Sams Gedächtnislandschaft und der geheimnisvolle Rosenstrauß hatten ihr den Appetit verdorben.

Als Eathan das Zimmer verließ, klickte Julie mit der Maus das Kamerazeichen an. Auf dem Bildschirm erschien das sorgenvolle Gesicht Dr. Siegals.

»Julie … können Sie mich sehen?«

»Jawohl – sehr gut sogar.«

Er lächelte unsicher. »Gut. Nur kann ich *Sie* leider nicht sehen. Sie haben kein Aufnahmeteil nach Paris mitgenommen, nicht wahr?«

»Nein. Es schien mir nicht so wichtig.« Beim Anblick seines verspannten Gesichtsausdrucks hielt sie einen Moment inne, bevor sie fragte: »Also, was ist Ihre Meinung?«

Dr. Siegal schaute sich um, als ob es ihm unangenehm wäre, von ihr beobachtet zu werden, ohne sie sehen zu können.

»Es ist genauso, wie ich befürchtet hatte. *Sie* kommen in den Erinnerungen Ihrer Schwester vor. Ich hatte Sie ja gewarnt: Sie sind ein Bestandteil dieser Gedächtnislandschaft. Was bei Samantha solches Unheil angerichtet hat, könnte sich auch auf Sie übertragen.«

Julie schüttelte den Kopf. »Ich widerspreche. Gewiß, ich komme in den Erinnerungen vor, aber ...«

»Julie, Sie wollen wieder mit dem Kopf durch die Wand. Ihr Vorgehen ist nicht in Ordnung. Wenn Sie eine Herzchirurgin wären, würden Sie den eigenen Bruder oder die Schwester bestimmt nicht operieren.«

Sie hätte ihn am liebsten angeschrien. Statt dessen holte sie tief Luft. Sie wollte ihre Beobachtungen mit ihm besprechen, nicht aber in die Situation gedrängt werden, ihr Vorgehen verteidigen zu müssen. Es war vermutlich nur gut, daß Dr. S. nicht sehen konnte, wie verstört sie war. Wenn es für sie überhaupt jemanden gab, der ihr etwas bedeutete, dann Dr. Siegal. Und Eathan. Die zwei Haltepunkte in ihrem Leben.

Daß ausgerechnet zwei Männer ihre Vorbilder waren, fand sie in Anbetracht ihrer üblichen Beziehungsprobleme mit Männern schon sehr komisch.

»Falls ich der einzige Chirurg mit ausreichender Erfahrung für das erforderliche Verfahren wäre, *würde* ich operieren. Und im vorliegenden Fall« – sie beugte sich zum Monitor – »verfüge ich wirklich über die größte Erfahrung.«

Dr. S. rieb sich das Kinn. Er hob den Kopf und blickte in die Kamera hinein. »Sie werden nicht unbeschadet davonkommen, Julie.«

»Das weiß ich.«

»Natürlich. Und Sie dürfen es niemals vergessen. Sie müssen objektiv bleiben, wenn Sie die Gedächtnislandschaft Ihrer Schwester betreten – weil nämlich alles, was Sie dort sehen, *subjektiv* ist.«

Julie nickte. Dann fiel ihr ein, daß Dr. Siegal sie ja nicht sehen konnte, und sie antwortete: »Verstanden, Dr. S.«

Seine Miene wurde plötzlich streng. »Auf einem Punkt muß ich jedoch bestehen, Julie – daß Sie die Memoskopie-Sitzungen nicht allein durchführen. Es ist absolut notwendig, daß ich bei jedem Versuch online dabei bin.«

»Halten Sie das wirklich für nötig? Denken Sie doch an die Schwierigkeiten, die der Zeitunterschied von …«

»Über diesen Punkt lasse ich nicht mit mir reden, Julie. Für den Fall, daß Sie Probleme bekommen, möchte ich online dabeisein, um Ihnen dann heraushelfen zu können.«

Sie gab einem kindischen Impuls nach und streckte seinem Bild die Zunge raus. Sie wollte nichts versprechen, was sie vielleicht nicht halten würde, und sagte deshalb einfach nur: »Ich verstehe.«

Er lächelte. »Gut – ich komme schon zu spät zur Vorlesung. Dann auf Wiedersehen.« Er winkte, und das kleine Videofenster verschwand.

2

Als sie am Tisch Platz nahmen, begann es gerade zu nieseln. Julie schaute sich um. Das Le Chien Qui Fume war gedrängt voll. Die karierten Tischtücher, die Klappstühle – hier sah alles ganz so aus, als ob es sich um ausrangierte Requisiten einer Wanderbühne handelte, die mit Puccinis *La Bohème* durch die Lande gezogen war. Es kam Julie nicht als die Art von Restaurant vor, wo Eathan Stammgast war. Wohl eher Samanthas Kneipengeschmack mit all dem Lokalkolorit.

Julie machte eine ausladende Geste.

»Eine von deinen Entdeckungen?«

Er lächelte. »Ehrlich gesagt, ich hörte erstmals darüber von …«

Julie nickte. »Von Sam? Klar, es riecht ja förmlich nach Boheme.«

Eathan machte eine besorgte Miene. »Wir können auch woanders hingehen.«

Julie zuckte die Achseln. »Aber nein. Es ist ganz okay.« Sie holte tief Luft. »Du mußt ja denken, daß ich ein Herz aus Stein habe.«

»Ganz und gar nicht.«

Eathan schob die Brille hoch. Sie rutschte ihm dauernd die Nase herunter, was seinem ohnehin nachdenklich wirkenden Gesicht einen noch onkelhafteren Ausdruck verlieh.

Er streckte den Arm aus und tätschelte ihre Hand. »Nein, du hast bestimmt kein Herz aus Stein. Ich habe es vor langer Zeit begriffen und akzeptiert, daß ihr einfach zwei völlig andere Naturen seid.« Ein Lächeln kräuselte kurz seine Lippen. »Einen größeren Unterschied als zwischen euch beiden könnte es gar nicht geben.«

Hinter Eathans Schulter tauchte der Ober auf.

»Julie?« sagte Eathan und zog fragend die Brauen hoch.

Sie suchte nach den richtigen Worten.

»Un citron pressé, s'il vous plaît«, sagte sie zum Ober.

»Nichts zu essen?» fragte Eathan.

Sie schüttelte den Kopf.

Eathan bestellte einen *café au lait* und Zwiebelsuppe.

»Deine Schwester hat mir erklärt, für die Suppe hier lohne es sich zu sterben. Aber zurück zu euren Unterschieden ...«

»Ja, wir sind verschieden. Zugegeben. Aber es ist schwer, auf Sam aufzupassen. Sie ist verdammt selbstzerstörerisch.«

Ein blauer Gauloises-Lkw fuhr vorbei; er stieß dicken Abgasrauch aus, der durch die offene Tür ins Bistro drang.

»Aber es verurteilt dich doch niemand, Julie. Du hast es also gar nicht nötig, Sam anzugreifen.«

Julie lächelte. »Doch, es gibt jemand, der mich verurteilt. Ich selbst.« Sie wollte das Gesprächsthema wechseln. »Hast du etwas über die Rosen herausgefunden?«

Er schüttelte den Kopf. »Nein. Die sind bar bezahlt worden. Von einem Mann, an den sich aber niemand genau erinnert. Der Wachmann des Heims St. Gabrielle hat mir allerdings etwas Beunruhigendes gesagt. Jemand hat sich dort herumgetrieben.

Julie zuckte zusammen. »Ein Einbrecher?«

»Nein. Jemand, der nachts auf dem Heimgelände herumschlich und in Fenster spähte.«

»Ein Spanner vielleicht?«

Eathan wandte sich ab. »Er hielt sich stets nur im Bereich des Südflügels auf, dort wo Sam liegt.«

Nun wurde sie doch unruhig. »Du glaubst, daß es dieser Liam O'Donnell ist?«

»Dafür würde ich jede Wette eingehen.«

Der Kellner kam und brachte die Bestellungen. Als Julie den Kopf hob, fiel ihr auf, daß der hagere Ober sie mit dem typischen Blick des französischen Mannes begutachtete.

»Sag mal, Julie – was folgerst du aus den Beobachtungen, die du bei der Memoskopie gemacht hast? Irgendwelche Hinweise?«

Julie nippte an ihrem Zitronensaft. Sie fühlte sich beobachtet und schaute nach links. Der hagere Ober stand neben einem anderen, der sie jetzt ebenfalls mit Blicken abtastete. Julie überlegte, ob sie den Widerling so lange anstarren sollte, bis er verlegen würde. Oder sollte sie vom Tisch aufstehen und ihn…

Reiß dich zusammen, mahnte sie sich, kam aber auf jeden Fall zu dem Schluß, daß sie als Frau nie in diesem Land leben könnte.

Sie atmete einmal tief durch. »Was für Hinweise?«

»Auf die Ursachen für Samanthas Zustand.«

»Nicht die geringsten. Zumindest nicht bisher. Ich bin ja aber auch nur an der Oberfläche geblieben.«

Eathan schob die Brille zurück. Er trank einen Schluck Kaffee. Er wirkte grimmig. Besorgt. Anteilnehmend.

»Ob sie wohl vergewaltigt wurde? Wir haben doch diesen Kerl, diesen Liam bei ihr im Atelier gesehen.«

Julie seufzte. »Das läßt sich unmöglich feststellen. Dazu bedürfte es weiterer Arbeit. Ich möchte mich immer wieder von neuem hineinbegeben und…«

»Und was hat dein Mentor zu allem gesagt?«

Es wäre wenig sinnvoll, Eathan in ihre Diskussion mit Dr. S. einzubeziehen. Also entschied sie sich auszuweichen und wählte ihre Worte mit Bedacht. »Ich werde weitermachen.«

Eathan schüttelte den Kopf. »Ich bin mir nicht sicher, ob das eine gute Idee ist, Julie. Mir liegt nicht weniger als dir daran herauszufinden, was vorgefallen ist, aber…«

Julie beugte sich zu ihrem Onkel. »Ich muß mich länger in Sams Gedächtnislandschaft aufhalten. Falls ich…«

Eathan hob eine Hand. Er fixierte sie mit einem forschenden

Blick; ihr war, als ob sie durchschaut würde. Julie hatte schon immer den Verdacht gehabt, daß Eathan in ihren Gedanken lesen konnte wie in einem aufgeschlagenem Buch. Daß sie vor ihm keine Geheimnisse haben konnte. Und doch hatte er stets Verständnis gezeigt und alles vergeben, was seine beiden Nichten angestellt hatten.

Obwohl *ich* ihm eigentlich nie viel Kummer gemacht habe, dachte Julie.

Eathan schüttelte den Kopf. »Ich habe die Verwüstungen gesehen, Julie. Es sieht hoffnungslos aus. Du mußt an das Leben denken, das vor dir liegt. Überlaß es mir. Ich kümmere mich um Sam. Ich werde dafür sorgen, daß sie die bestmögliche Pflege erhält und ...«

»Nein!« Julie war selbst über die Entschiedenheit erstaunt, mit der sie es sagte. »Ich meine: Ich werde nicht aufgeben. Es gibt bei Sam Erinnerungen, die zugänglich sind. Du hast Oakwood doch auch gesehen ...«

»Ist das der Grund, warum du wieder eindringen willst? Weil sich dort Gedanken und Erinnerungen *an dich* finden?«

Es war ein Punkt, den sie mit Eathan besprechen wollte. Warum hatte Sam diese lang zurückreichende Erinnerung an die Auseinandersetzung mit ihr in dem Herrenhaus? Warum lag Sams Erinnerung an ihre junge Schwester so dicht unter der Oberfläche?

Und warum war sie verändert worden?

»Was war das doch noch für eine Skulptur?« wollte sie wissen. »Es war ...«

»Cellinis *Perseus*. Wenn ich mich recht erinnere, hat Perseus Medusa erschlagen. Er hat ihr den Kopf abgehauen und ihn irgend jemandem zugeschickt. Das Weitere habe ich vergessen.«

Merkwürdig. Wie merkwürdig. Sie mußte weiterforschen.

Und wieder diese beunruhigende Frage: Inwieweit war der Drang weiterzumachen durch ihre Sorge um Sam begründet, inwieweit durch bloße wissenschaftliche Neugier und inwieweit durch den schlichtweg voyeuristischen Reiz, die kaputten Mosaiksteinchen aus dem Leben ihrer Schwester wieder zusammenzufügen?

»Ich muß mehr sehen«, erklärte sie.

Eathans Kopfnicken kam langsam und zurückhaltend. Er hatte ihre Entschlüsse stets akzeptiert. So wie damals, als sie sich entschlossen hatte, an der Universität von New York zu studieren, auf der anderen Seite des Ozeans – so weit wie nur möglich von Sam und Eathan entfernt. Man konnte dann diskutieren, so lange man wollte, sie würde ihre Meinung nicht mehr ändern.

»Also gut«, meinte er seufzend. »Ich verstehe, es ist dir wichtig. Ich kann allerdings nur hoffen, daß es das Richtige ist – und daß du es aus den richtigen Gründen tust.«

Der Ober kehrte zurück und wischte sich die Hände an einer Serviette, die im Hosengürtel steckte.

»Quelque chose plus, Monsieur?«

Eathan schaute Julie an. Sie verneinte mit einer Kopfbewegung, woraufhin Eathan um die Rechnung bat.

Julie schaute nach draußen und bemerkte den Schein des Neonschilds vom Bistro, das einen sitzenden Hund mit einer Zigarette im Mund zeigte. Es spiegelte sich auf dem Bürgersteig.

Sie wollte zum Krankenhaus zurück. Zurück zu ihrer schlafenden Schwester, einer vergifteten Märchenprinzessin, die nun im Kerker des eigenen Bewußtseins eingesperrt war.

Und ich bin dort ebenfalls eingesperrt, dachte Julie. Ein Teil von mir; als kleines Mädchen. Und wer noch, was sonst noch?

»Bist du bereit?« fragte Eathan.

Julie stand auf und folgte ihrem Onkel zum Ausgang des verräucherten Bistros.

Mehr als bereit.

3

Als sie den Eingang des Heims betraten, sagte Eathan: »Ich habe wegen Samantha ein paar Anrufe zu machen.«

»Inwiefern?«

»Wegen ihrer künftigen Unterbringung. Hier in Paris bin ich um ihre Sicherheit besorgt. Es wird nicht lange dauern. Willst du auf mich warten?«

»Ich habe noch ein paar Sachen bei Sam zu erledigen. Das Programm muß über Nacht noch runtergefahren werden. Es wird ein wenig Zeit in Anspruch nehmen.«

»In Ordnung. Dann schlage ich vor, daß wir uns hier treffen, wenn du fertig bist.«

Beim Betreten des Zimmers überprüfte sie als erstes den Computer. Sie hatte Angst, die Nachtschwestern hätten mit den Tasten gespielt und zufällig die Positionen verstellt. Oder daß der rätselhafte Herumtreiber sich hier Zutritt verschafft hätte. Es war jedoch alles so, wie sie es verlassen hatten.

Sie streckte die Hand nach dem Hauptschalter aus, um das Gerät abzustellen, und hielt plötzlich inne. Sie betrachtete ihre Schwester, und dachte an Sams innere Nacht.

Noch einen Blick … Sie mußte noch einmal hinein.

Aber allein. Ihr war klar, daß es sicherer, daß es vernünftig wäre, eine zweite Person online zu haben; der Gedanke, daß der gute alte Dr. S. ihr während ihrer Erkundigungen über die Schulter schauen würde, behagte ihr aber gar nicht. Dort drinnen war schließlich auch ein Stück ihres eigenen Lebens.

Sie setzte Sam den Datenhelm auf, stülpte sich selbst auch einen über und hob den Datenhandschuh auf. Komisch, im wirklichen Leben war der Datenhandschuh ein solch klobiges Ding, ein gigantischer Zusatz, von dem Dutzende von Drähten wegführten. In der virtuellen Welt der Memoskopie jedoch verwandelte er sich zu einer schlanken, grazilen Hand, die sie auf fremdes Terrain führte.

Julie zog das Sichtvisier herunter und hatte den Bildschirm vor Augen. Jetzt war sie mit Samantha wahrhaft allein.

»Okay, Kleines«, sagte sie. »Jetzt sind wir beide wieder zusammen.« Julie drückte auf das ENTER-Feld. Das Programm begann. »So wie zu Beginn unseres Lebens.«

Sie überprüfte den unteren Anzeigenbereich. Puls und Atmung waren normal.

Es ist nur wenige Stunden her, daß ich zuletzt bei ihr war. Ist es vielleicht zu früh, um schon wieder hineinzugehen? überlegte sie. Auf Sam wird es wahrscheinlich keine Auswirkungen haben. Aber welche Wirkung hat es auf mich?

Voller Selbstzweifel biß sie sich auf die Lippen, als ihr bewußt wurde, daß ihre erste Sorge wieder einmal nicht Samantha galt.

Der Bildschirm verdunkelte sich, wurde Nacht.

Sie war zurückgekehrt.

9. Kapitel

Sich etwas in Erinnerung rufen – das aktive Moment des Erinnerns – sollte nicht als bloßes Öffnen einer geistigen Schublade und Herausnehmen von Erinnerungen betrachtet werden. Sich etwas ins Gedächtnis rufen ist ein rekonstruktives Geschehen – die verschiedenen Teilchen dieser Erinnerung müssen lokalisiert, zusammengeführt und ineinandergefügt werden.

Aus den Notaten Julie Gordons

Die nächtliche Gedächtnislandschaft zieht dich wieder in sich hinein, wie ein Brunnen der Schwerkraft saugt er dich an. Du reißt deine Hand zurück und bleibst abrupt stehen, so als ob du mit dem Fuß auf die Bremse trätest.

Du schaust dich um. Du bist vorbereitet, eingestellt auf das zerstörte Gewebe aus verbogenen Gebilden und verbrannter Erde. Und erschrickst dennoch.

Du suchst nach dem bläulichen Schein des Laufgangs. Dort drüben – jetzt hast du ihn entdeckt. Ein Wahrzeichen. Jetzt hast du die Orientierung gefunden. Dahinter das Leuchten von Eathans Landsitz. Oakwood. Diesmal aber schwächer. Es flakkert.

O nein. Stirbt etwa auch diese Erinnerung ab?

Du näherst dich und erkennst etwas dahinter Liegendes. Etwas, das du beim letztenmal, als Oakwood heller leuchtete, nicht bemerkt hast. Etwas, das aussieht wie ein weißer Zuckerberg. Ein riesiger weißer Hügel.

Ob das Kokain ist? Kokain könnte in Sams Erinnerungen gewiß einen Stellenwert haben. Eigentlich gilt das für alle bewußtseinserweiternden Substanzen. Für alles, was den Wahnsinn nährte, der Samantha hieß.

Du hörst ein Geräusch, einen Schlurflaut und drehst dich um. Ein Opossum. Hier ist also doch noch etwas Lebendiges.

Du schaust zu, wie sein nackter Greifschwanz ganz verrückt hin und her schwingt, während es sich unter einen Trümmerhaufen gräbt. Es zerrt etwas frei und beginnt dran zu nagen. Neugierig kommst du näher; es zieht sich zurück, um die Beute zu schützen. Du beugst dich vor; du willst sie ihm nicht wegnehmen, du bist bloß neugierig, möchtest gern sehen, was es da hat. Es dreht sich zu dir um und…

Du schreckst zurück. Eine Hand – das Opossum hält eine abgetrennte menschliche Hand zwischen den Kiefern. Als es einen Finger anknabbert, wendest du dich ab.

Du reckst deinen Handschuh hügelwärts. Du willst hier weg.

Du gleitest über die Gedächtnislandschaft hinweg – ein klinischer Engel, der bei der Annäherung des weißen Hügels ruhig den unter ihm liegenden Schaden inspiziert.

Bald erkennst du, daß der Hügel gar nicht aus Zucker besteht. Auch nicht aus Kokain. Nein, es handelt sich um einen schneebedeckten Hügel. Wie du beim Näherkommen erkennst, ist der Hügel oben plattgewalzt. Plötzlich erhebt sich eine riesige Welle zu deiner Linken; wie weißklauige Hände greifen ihre Schaumränder nach dir. Du weichst zurück. Die Welle erstarrt; sie umfaßt den fernen Berg.

Da weißt du auf einmal, was das für ein Berg ist. Es ist der Fuji. Du bist auf ganz unerklärliche Weise in Hokusais *Die Große Welle vor Kanagawa* hineingeraten.

He, aber was hattest du in der Gedächtnislandschaft deiner Schwester eigentlich erwartet? Du hättest doch wohl damit rechnen müssen, daß sie vollgepfropft mit Kunst wäre.

Das war ein weiterer Punkt, in dem du mit ihr nie einer Meinung warst. Du warst fasziniert von Künstlern wie Georges de la Tour. Du hast seine *Reuige Magdalena* – das Licht, die Schatten, die Klarheit – bewundert. Dir gefällt gegenständliches Malen, Sam alles andere, nur das nicht.

Nun bist du jedoch ein Bestandteil von Hokusais *Großer Welle vor Kanagawa*, und als Kunst ist das Bild ja ganz in Ordnung, nur steht es dir eben im Weg. Du stürzt an der Welle vorbei, duckst dich durch ihr Tal und bewegst dich weiter auf den Berg zu.

Als zu zurückblickst, ist die Welle genauso geblieben, wie du sie zurückgelassen hast, eingefroren, wartend, auf einen Strand loszubranden, den es nicht gibt.

Auf einem schneebedeckten Berg, der nun aber nicht mehr der Fuji ist, erkennst du winzig kleine Menschen. Sie gleiten hin und her, sie fahren unter einem strahlendblauen Himmel Ski…

Samantha schiebt die Schneebrille hoch, höher, aus ihrem Gesicht heraus. Ihr Begleiter ist älter als sie. Er hat dunkle Augen und einen scharfen Blick. Sein Lächeln glitzert kalt wie der Schnee.

Karl Tennstedt ist der Intendant der Berliner Schaubühne. Er ist Sams Chef gewesen; jetzt möchte er ihr Mentor und Geliebter sein. Bei der Inszenierung von Bertolt Brechts *Galileo* hat er ihr unentwegt Avancen gemacht, hat auf weitere Rollen für sie angespielt…, auf ein gemeinsames Arbeiten.

Aber seine Frau ist verrückt, sie ist dermaßen eifersüchtig, daß es angst macht… Wer weiß, wie sie reagieren wird, wenn sie davon Wind bekommt.

»Ich muß dich vor den Besonderheiten dieses Abhangs warnen«, sagt Tennstedt.

Sam machte eine abweisende Bewegung des Kopfes. Warum zuhören, warum den Abhang durch Worte erfahren, bevor sie ihn wirklich erlebt? Wie langweilig.

»Keine Sorge. Ich werd's schon schaffen.«

Das Lächeln auf dem Gesicht des Mannes verfliegt.

»Das ist hier kein Kinderspielplatz, Samantha. Das ist hier die Große Kante. Eine alpine Abfahrt für Skiprofis.«

Sam setzt die Schneebrille wieder richtig auf.

»Prima.« Sie macht sich davon, bis an den Rand der Bergkante, lugt hinab – der Anblick raubt ihr den Atem. Das ist kein Steilhang, aber eine unglaubliche Ausdehnung von Weiß, die sich in einem Winkel von 45° senkt.

Sie sieht Skifahrer vor sich, die nach links und nach rechts querlaufen und ihr Tempo durch Hin- und Herschlängeln unter Kontrolle halten.

»Die Abfahrt macht eine Biegung«, ruft Tennstedt ihr nach.

»Sie verengt sich auf halber Höhe und …«
Tennstedt ist einfach zu alt für sie. Führt sich auf wie ein Daddy, ist schrecklich bekümmert und fürsorglich. Macht so ein Theater, und dabei will er Sam an die Unterwäsche. Darum geht's doch bloß bei diesem kurzen Skiurlaub. Er langweilt sie.
Was dieser Abhang nun ganz und gar nicht tut.
Tennstedt sülzt weiter. Sie spürt seine Verängstigung. Das erhöht den Reiz nur noch mehr.
Sie stößt sich ab, erreicht die Abfahrt bereits mit hoher Geschwindigkeit, hui, geht's bergab. Sie hält die Skistöcke eng an sich, geht in die Hocke.
Seht her! Ich bin ein Abfahrtsas.
Schneller und schneller. Die dünne Schicht Pulverschnee bremst kaum. Sie fliegt an anderen Skifahrern vorbei, die den steilen Hang mit verlangsamenden Manövern zu meistern suchen. Winzige Schneekristalle in der Luft beißen ihre Wangen. Die Schneebrille tönt alles zum freundlichen warmen Gelb.
Es ist wie im Traum. Wie ein Wunder.
Die Abfahrt wird schmaler und schmaler.
Das anfänglich immens breite weiße Tischtuch rollt sich zu einer schmalen Enge zusammen.
Da merkt Sam, daß sie ihr Tempo nicht mehr im Griff hat. Seitwärts drängen die grauen Granitwände heran. Sam ist sich darüber im klaren, daß sie jetzt etwas tun muß, daß sie die Fahrt verlangsamen muß.
Aber so hat sie es immer gehalten.
Bis an die Grenzen des Möglichen gehen. Nicht auf Warnungen und Ratschläge achten. Keinen Pardon geben.
Sie versucht, im Schuß Kurven zu fahren; versucht, die Kanten der Skier in den Schnee zu drücken, damit er sie abbremst. Es zeigt kaum Wirkung. Als ihr rechter Ski dann versucht, sich an einer blanken vereisten Stelle einzugraben, rutscht er drüber weg.
Sie verliert das Gleichgewicht.
Zur Eiseskälte im Gesicht kommt jetzt der Schreck. Sie kämpft um ihr Gleichgewicht. Sieht nur die immer schmaler werdende

Abfahrt. Die Bergwände schließen sich. Und dann – ein letzter, schwindelnder Blick – biegt die Abfahrt scharf nach rechts. Als sie das Flattern der Ski mit dem linken Bein abzufangen versucht, gibt es nach.
Sie stürzt. Schleudert in den Schnee. Beißende Eiskristalle schleudern ihr ins Gesicht. Sie kommt ins Rollen, schreit, wehrt sich, schlägt mit den Fäusten um sich und …

Und du *spürst* es.

Du fühlst es, wie dir der Schnee ins Gesicht jagt, dir den Mund stopft.

Du fühlst, wie *deine* Knochen gegen das Eis schlagen.

Du stöhnst. Du *fühlst* das alles. Das sollte aber nicht sein. Du bist hier doch nur Beobachter.

Du brauchst jetzt Zeit zum Nachdenken. Aber wie kannst du nachdenken, wenn du eine Bergwand hinunterstürzt, wenn dein Körper die Erinnerung deiner Schwester miterlebt und jeden Aufschlag, jede Empfindung spürt?

Du stöhnst erneut auf.

Oder ist es Sam, die da stöhnt? Warum ist das nicht klar?

Sam schlägt die Augen auf.
Ihr wird bewußt, daß der Sturz zu Ende ist. Sie fühlt den Schnee auf den Lippen. Sie folgert, daß sie mit dem Gesicht nach unten liegt.
Von unten schießt Schmerz im Körper hoch, ein dumpfes klopfendes Signal aus weiter Entfernung.
Sie hebt den Kopf aus dem Schnee und dreht sich herum, um nach der Herkunft des Schmerzes zu schauen.
Erstaunlich, aber der Himmel ist noch immer blau, die Sonne ist eine glänzend helle Scheibe, die tief am Himmel hängt. Alles so wie vorher. Außer …
Sie hebt den Kopf ein wenig höher und sieht den roten Fleck. Ganz dunkel, fast schwarz sticht er aus dem weißen Schnee hervor. Wie aus großer Ferne begreift sie: Das dort ist Blut.
Dann eine weitere, verzögerte Erkenntnis.
Es ist mein Blut.

Auf einmal bricht alle Bewegung am Berg ab.

Du hast gar nichts getan, doch nun gleitest du wieder aus dem strahlenden Weiß des Abhangs zurück, läßt den ameisenähnlichen Fleck von Sam gestrandet am Berg zurück. Immer weiter weg, bis du den ganzen schneebedeckten Berg im Blick hast.

Der langsame, weite Wellen schlägt.

Das Weiße ist *in Bewegung*.

Jetzt näher, wiederum ohne ein Zutun deinerseits. Du rufst dir ins Gedächtnis, daß es sich hier um eine Erinnerung handelt. So, wie sie vor- und zurückspringt, eine Szene mit der nächsten mischt, surreale Wechsel macht, ist alles eher wie im Traum.

Du bist total gefangengenommen von diesem Drama deiner Zwillingsschwester, von diesem Leben, das sich vor dir auftut, und das auf eine Art und Weise, wie es bei vollen Bewußtsein nie und nimmer möglich gewesen wäre.

Du siehst ein Bett vor dir. Ein weißes Laken.

Das Laken bewegt sich. Sam bewegt sich. Ihr Kopf ist bandagiert. Ganz dicht bei ihr steht wer. Eine dunkle Gestalt. Etwa der Chefarzt?

Die Gestalt tritt näher ans Bett heran und legt eine Hand auf Sam.

Eathan!

Tut er das jetzt, in diesem Augenblick? Ist das ein Vorfall aus der Vergangenheit? Du bist völlig konfus.

Du siehst Eathan, wie er über Sams Augenbraue streichelt. Er wirkt jünger. Diese Geschichte liegt fünf oder sechs Jahre zurück. Du erinnerst dich und bist jetzt überhaupt nicht gern da.

Du fühlst dich zu Sam hingezogen. Du möchtest nicht in ihrer Haut stecken, weil du genau weißt, was in dieser Szene geschieht:

»Ich habe deine Schwester angerufen.«

Sam nickt mit dem Kopf. Der Schmerz läßt sie zusammenzucken.

»Ich habe ihr eine Nachricht über den Unfall hinterlassen… über deinen Blutverlust.«

Er streichelt ihr zärtlich über den Kopf. Sam kann machen,

was sie will, Eathan ist immer zur Stelle, um die Dinge wieder ins Lot zu bringen.
Dann erblickt Sam etwas auf dem kleinen Nachttisch. War es vorher schon da, oder hat Eathan es mitgebracht?
Eine Matroschka, deren äußere Schale Gorbatschow darstellt.
Das Telefon klingelt. Mit einem lang andauernden Klingellaut, der das ganze Zimmer füllt.
Sam beobachtet Eathan, der den Hörer abnimmt. Sie hört mit.
»Ja, Julie. Sie befindet sich hier in Grenoble. Ja, im Universitätskrankenhaus. Ein sehr gutes Krankenhaus.«
Eathan lächelt Samantha zu.
Die Matroschka-Puppe befindet sich nicht mehr auf dem Nachttischchen. Ist einfach verschwunden. Muß Einbildung gewesen sein.
»Ja, ein offener komplizierter Bruch mit Arterienschaden ... jawohl, sehr viel Blut, bis man sie gefunden hat, Julie, ich hatte gehofft, daß ...«
Ein neuerliches Lächeln Eathans für Samantha.
Sie denkt an Julie in New York. Die ihr hektisches New Yorker Leben unterbricht und die Nachricht von Sams neuester Katastrophe erfährt.

Du erinnerst dich an den Anruf. Du erinnerst dich, wie du damals empfunden hast.

An deine Reaktion.

»Und was hat Sam *diesmal* angestellt?«

Du hast dich nach dem Krankenhaus erkundigt. »Sam und ich, wir beide haben Blutgruppe AB positiv – sie ist also mit fast allen Blutspendern kompatibel. Da muß es doch andere Möglichkeiten für eine Transfusion geben. Sie braucht mich nicht.«

Hast das du wirklich gesagt? Ja..., du hast es gesagt. Du kannst dich an die Worte erinnern. *Sie braucht mich nicht.*

Du wolltest das Band zerschneiden. Du hattest die Absicht, Eathan klarzumachen, daß du mit Sams Hilfstruppe nichts zu tun haben wolltest. Du hattest dein eigenes Leben, deine Arbeit...

Und Eathan erwiderte... Eathan sagte:

Ich verstehe. Ja. Gewiß, wir können hier eine ausreichende Blutmenge beschaffen. Ich hatte nur gedacht – in Ordnung, Julie.

Der Hörer fällt mit einer fürchterlichen Endgültigkeit auf die Gabel.

Sam schaut weg... nach oben, an die Decke, zur gebrochen weißen Zimmerdecke, die ganz ganz weit weg scheint.

Sie weiß, was Julie gesagt hat. Sie mußte die tatsächlich gesprochenen Worte gar nicht hören, um eine ziemlich genaue Vorstellung von ihrem Inhalt zu bekommen. Sie spürt einen Druck in der Brust. Sie will nicht weinen, nicht nur wegen der Schmerzen, die ein Weinen bei all den Rippenbrüchen verursachen würde, sondern weil sie sich vor Jahren schon geschworen hat, Julies wegen nie wieder zu weinen. Also wird sie jetzt auch nicht weinen. *Sie wird nicht weinen*, verdammt noch mal!

Doch ein Schluchzen bricht hervor, und von der rechten Seite sticht sie ein Schmerz, und sie weint heftiger, in großen, vernichtenden Schluchzern.

Scheiß auf Julie. Sie hat's doch wieder geschafft.

Du hältst es nicht aus. Der Schmerz – der seelische Schmerz – ist einfach zu viel. Du drückst auf das EXIT-Feld. Die Szene verlischt.

10. Kapitel

Joseph Conrad: »Die Eitelkeit spielt unserem Gedächtnis schaurige Streiche.«

Aus den Notaten Julie Gordons

Julie riß sich den Datenhandschuh herunter. Die verschwitzte Innenseite klebte an ihrer Haut. Danach nahm sie den Datenhelm ab und rieb sich die Augen.

Tränen! dachte sie. Mein Gott, ich weine ja!

Sie weinte doch nie.

Aber eigentlich war es ja auch nicht Julie, die weinte. Das waren Sams Tränen. Irgendwie hatten sich Sams Gefühle und ihre physische Reaktion auf Julie übertragen.

Erschauernd atmete sie ganz tief durch und blickte zur Schwester, die ohne jede Reaktion still im Bett lag. Julie hatte beinahe damit gerechnet, Sam aufgrund der Verletzungen vom Skiunfall voller Verbände zu sehen, aber Sams Gesicht war frei. Sie schlief. Sie war so schön. Ihr glänzendes blondes Haar fing das gedämpfte Licht im Zimmer.

Ach, Sam. Ich habe immer gewußt, daß du leicht verletzbar warst, daß du immer alles schwernahmst, doch ich habe nie begriffen, ehrlich, nie habe ich begriffen, wie schwer du es genommen hast. O mein Gott! Hast du wirklich wegen mir so viel gelitten?

Julie schniefte. Die Tränen waren versiegt, die schmerzende Verletzlichkeit ebbte ab, blieb aber spürbar.

Bald werde ich wieder ganz ich selbst sein, dachte Julie.

Sie wischte sich die Augen ein letztes Mal und machte sich daran, Sam den Datenhelm abzunehmen – sie wollte unbedingt vermeiden, daß Eathan davon erfuhr, daß sie noch einmal in Sams Gedächtnislandschaft eingedrungen war.

Sie strich Sam das Haar glatt.

Ich habe dir nicht weh tun wollen, Sam.

Mein Gott, ich weiß, daß ich andauernd die Geduld mit dir verloren habe, daß ich dich angeschrien habe, aber weh tun habe ich dir nicht wollen – niemals habe ich dir solchen Schmerz zufügen wollen, den ich gerade erlebt habe. Ich wußte gar nicht, daß ich dazu fähig war.

Kann es eine kaltherzigere Schwester als mich geben?

Ich glaube nicht.

Trotzdem, das war nicht ganz fair. Wenn die Rollen vertauscht gewesen wären – wenn Julie in New York im Krankenhaus gelegen und Sam aus Europa angerufen hätte –, dann wäre es Julie ganz normal vorgekommen, wenn Sam gesagt hätte, daß es nicht notwendig sei, über den Atlantik zu fliegen, in Anbetracht der Tatsache, daß so viel AB-kompatibles Blut zur Verfügung stand. Und Julie hätte es verstanden.

Für Sam war es jedoch ein weiterer vernichtender Dolchstoß gewesen, ein weiterer Schlag ins Gesicht.

Julie versuchte, davon loszukommen. Es gelang ihr nicht. Sie hatte Körperempfindungen erlebt, den Schnee geschmeckt, den Aufschlag des Körpers gegen den Abhang gespürt.

Sie rieb sich das Bein und rechnete fast damit, eine beginnende Schwellung zu fühlen.

Da war jedoch nichts. Natürlich.

Aber die Gefühle – die Gefühle von jemand *anders*. Beängstigend war das.

Und da war noch ein weiterer beunruhigender Punkt: das Verlöschen des Gedächtnisknotens von Oakwood. Gab es etwa eine laufende Verschlechterung von Sams Gedächtnislandschaft?

Die Zimmertür öffnete sich. Eine Frau im gestärkten weißen Kittel kam herein.

»Mademoiselle, voulez-vous un café?«

Julie nickte. *»Oui.«* Dann kamen ihr jedoch die französischen Umgangsformen in den Sinn, und sie fügte noch schnell hinzu: *»Merci, Madame.«*

Vergiß nur nicht, höflich zu sein, Julie.

Sie hatte gerade das Programm runtergefahren, als die Tür aufging. Julie drehte sich um, sie erwartete, daß die Krankenschwester mit einer Tasse dampfendem Kaffee zurückkäme.

Es war jedoch Eathan.

»Entschuldige«, sagte er. »Ich hatte nicht vorgehabt, dich so lange allein zu lassen.«

Eathan wirkte geistesabwesend und innerlich beschäftigt. Gab es neue Probleme?

Sie faßte den spontanen Beschluß, ihm alles zu erzählen.

»Ich bin noch einmal kurz in Sams Gedächtnislandschaft gewesen.«

Er erstarrte. »Ganz allein? Findest du nicht, daß ...«

»Ich habe Sams Skiunfall gesehen ... aus *ihrer* Perspektive.«

Eathan verzog das Gesicht. Er hatte Julie nie wegen ihrer Reaktion auf den Unfall der Schwester angesprochen. Er hatte Julie wegen ihrer Weigerung, an Sams Seite zu kommen und Blut zu spenden, nie kritisiert.

»Deine Schwester rutscht von Krise zu Krise.« Er zog einen Stuhl ans Computerschaltpult und setzte sich neben Julie. »Damals gab's nur Knochenbrüche. Heute sieht's viel ärger aus.«

Die weiten Fenster, die auf die ruhige Rue de Bourgogne hinausblickten, waren inzwischen durch ein milchiges Licht getönt. Im Osten zog langsam ein Vollmond herauf.

»Du bist nicht allzulang drin gewesen.«

»Nein. Ich ...« Nein, von den Tränen wollte sie ihm nicht berichten. »Es war bloß ein kurzer Besuch.«

»Noch immer alles verwüstet?«

Sie nickte.

»Wahrscheinlich ziemlich hoffnungslos, wie?«

Julie schüttelte den Kopf. »Ganz und gar nicht. Ich bin davon überzeugt, daß ich etwas erfahren werde.«

»Was Samantha zugestoßen ist, hast du aber *nicht* gesehen, oder?«

»Nein. Nicht mal andeutungsweise. Gesehen habe ich lediglich eine lang zurückliegende, schmerzvolle Erinnerung.«

Eathan legte ihr die Hand auf die Schulter. »Julie – ich habe auch mit Samanthas Arzt telefoniert. Ich habe ihn gefragt, ob es möglich wäre, Samantha nach Oakwood zu schaffen.«

Julie schüttelte den Kopf. »Wie bitte? Nein – ich meine, ich möchte weitermachen.«

»Auf unserem Besitz kann ich Samantha die bestmögliche medizinische Fürsorge sichern. Mein Arzt stellt bereits ein englisches Team von Neurologen zusammen. Obwohl keiner der Meinung ist, daß eine Chance besteht...«

»Aber...«

»Und das ist noch keineswegs alles.«

Die teigig weiße Oberhälfte des Monds hatte sich von den Häusern auf der gegenüberliegenden Straßenseite frei gemacht. Sie waren nun voll in seinem riesigen Lichtkreis. Julie schaute hin. Der Anblick ließ sie erschauern. Der Mond, dachte sie, dieses benebelte, dumme, grinsende Mondgesicht. Immer das gleiche, benebelte Gesicht...

»Außerdem könnte es hier gefährlich werden, Julie. Falls ihr jemand etwas angetan hat, das solche Auswirkungen hat..., dann könnte Sam immer noch gefährdet sein. Falls sie etwas weiß und das Bewußtsein wiedererlangen sollte, so könnte das Gefahr bedeuten. Für uns alle. Aber ganz besonders für Sam selbst.«

»Du glaubst, dieser Mann, dieser Liam...«

Eathan hob eine Hand. »Ich habe keine Ahnung. Aber wenn ich an die Rosen denke und an den Herumtreiber, der auf dem Krankenhausgelände beobachtet worden ist... Ich weiß nur soviel: Samantha wäre sicherer, wenn sie sich wieder in Oakwood befände. Dann wäre sie aus Frankreich heraus und weg von diesem O'Donnell.«

Julie dachte nach. Oakwood. Sie erinnerte sich an das erstemal, als sie den Namen hörte. In der Kindheit. Nach dem Brand hatte der Onkel ein englisches Gut erworben, einen abgelegenen Herrensitz an der Meeresküste im nördlichen Yorkshire.

Julie hatte es dort nie gefallen. Das Haus war zu groß. Da gab es zu viele verstohlene, geheime Orte. Es war zu abgelegen und isoliert.

»Ich möchte mitkommen.«

Eathan schüttelte den Kopf. »Du hast deine Arbeit, Julie. Du hast Einblick gehabt in das Bewußtsein deiner Schwester. Es ist hoffnungslos. Laß es gut sein.«

»Ich kann nicht.«

Sie bemerkte, wie Eathan eine Grimasse schnitt. Das schiefe

Mondgesicht stand mittlerweile voll im Fenster und schaute zu, als sie um ihre Chance flehte.

Ich möchte überhaupt nicht nach Oakwood, dachte sie. Aber wenn Sam dorthin kommt, gehe ich auch. Sie nahm Eathans Hand.

»Laß mich mitfahren. Du hast ja so recht: In Oakwood sind wir sicher. Dort herrscht Ruhe. Dort kann ich weiterkommen.«

Eathan musterte sie prüfend. Sie hätte nur zu gern seine Gedanken gelesen. Handelte er aus Sorge für sie, aus Sorge für Sam oder aus mangelndem Vertrauen in die neue Technologie? Oder würde es ihm zu großen Schmerz bereiten, wenn er erführe, was Samantha zugestoßen war?

»Ich weiß nicht, Julie. Ich …«

»Bitte. Und ich habe dich bisher wirklich nie um viel gebeten.«

Eine ätzende Bemerkung, wegen der dabei unausgesprochen mitschwingenden Worte: *im Unterschied zu Samantha. Ich bin für dich nie ein Problem gewesen.*

»Also gut«, sagte er. »Du bist natürlich immer willkommen. Das weißt du doch. Betrachte es irgendwie als Heimkehr. Seit ihr beiden fort seid, ist Oakwood schrecklich still gewesen.« Er stand auf. »Ich habe alles arrangiert, so daß Samantha morgen von Orly aus nach England fliegt. Ich werde sie begleiten. Soll ich einen Flug für dich buchen?«

Julie schüttelte den Kopf. »Ich kümmere mich selbst drum. Du könntest jedoch dafür sorgen, daß die Satellitenschüssel schon vor meiner Ankunft installiert wird? Ich muß mich erst noch um das Verpacken meiner Ausrüstung kümmern.«

»Ich werde vorab anrufen. Wenn ich in Bay niemand finde, wird sicher jemand aus Leeds kommen und die Schüssel installieren können.«

Eathan ging zur Tür. Julie erhob sich und griff nach seiner Hand, drückte sie einmal fest. Eathan erwiderte den Händedruck.

»Ihr beide habt mich immer zu allem überreden können.«

Julie lächelte. »Ich habe nur gewußt, daß es Sam immer gelang.«

»Vielleicht seid ihr beiden euch ähnlicher, als ich gedacht habe.«

Er öffnete die Tür.

»Eathan«, sagte sie leise. »Ich danke dir.«

Und Eathan nickte.

11. Kapitel

Laut Cahills Forschungsarbeiten intensiviert die Angst wie jede starke Gefühlsregung die Gedächtnisleistung. In einer streßreichen oder bedrohlichen Situation aktiviert der Adrenalinstoß von Epiphrine und Norepiphrine die Kleinhirnmandel zur Stimulierung der Großhirnrinde, so daß er diesem besonderen Ereignis in den Gedächtnisdateien einen herausragenden Platz sichert. Der Anpassungsbonus ist ersichtlich.

Aus den Notaten Julie Gordons

1

Julie brauchte fast den ganzen nächsten Tag zum Verpacken ihrer Ausrüstung. Bis die empfindliche Elektronik am Ausgang des Krankenhauses stand, hatte Eathan alle erforderlichen Vereinbarungen für den Transport getroffen.

Bis zum Abflug waren es noch ein paar Stunden.

Da bleibt mir also ein bißchen Zeit, dachte Julie.

Sie wollte sich noch einmal Sams Atelierwohnung anschauen, das *tatsächliche* Atelier, bevor sie wieder das surreale, virtuelle Atelier in Sams Bewußtsein betrat. Möglicherweise hatte sie ja einen Hinweis übersehen.

Sie nahm die Reisetasche mit und fuhr im Taxi zum sechsten Arrondissement, zum letzten Ort, an dem Sam noch bei Bewußtsein gewesen war.

2

Madame DuPont erkannte Julie wieder und ließ sie mit typisch französischem Gleichmut in die Wohnung. Im Obergeschoß war es kühl. Sturm war angesagt. Der Himmel über Paris zeigte sich in einem scheußlichen Grau.

Madame DuPont blieb einen Augenblick an der Tür stehen, bevor sie meinte: »*Il me faut préparer le dîner…*« Es war Essenszeit.

Julie hob eine Hand: »*Merci, Madame.*« Die Frau drehte sich um und verschwand.

Julie war allein im Zimmer.

Sie schritt über die vertrockneten Farbkleckse – die letzten Reste von Sams letzter künstlerischer Arbeit – auf dem Fußboden hinweg. Dies war Sams Zuhause gewesen. Jetzt war es nur mehr ein leerer, düsterer Raum, der seine Geheimnisse für sich behielt.

Julie schaute sich um. Die jüngsten Farbflecke auf dem Boden waren ein leuchtendes Orangerot und ein dunkles, fast schon schwarzes Blau.

Julie dachte über die Ölbilder nach. Überlegte, ob es da vielleicht eine ganz bestimmte Reihenfolge gebe. Ob sie zunehmend düsterer geworden waren, ob die Formen sich immer stärker deformiert und verbogen hatten?

Vor einem Bild, das ein entstelltes Gesicht zeigte – ein wie durch einen Spiegel auf der Kirmes verzerrtes Gesicht –, blieb sie stehen. Der Mund stand offen, in einem gefrorenen Schrei. Ein verstörendes Werk. Julie lief ein Schauer über den Rücken, als sie ihm so ganz allein gegenüberstand.

Sie beugte sich vor, um den offenen Mund aus der Nähe zu betrachten…

Und entdeckte ein Detail, das ihr vorher entgangen war. Ganz hinten auf der Zunge im offenen Mund saßen winzige Gestalten, saß eine Familie in einem netten Wohnzimmer der 60er Jahre. Mutter, Vater, zwei Kinder – beides Mädchen. Der Vater zerlegte einen Braten. Julie beugte sich noch dichter heran. Nein, es war kein Braten…

Sie fuhr zurück.

… es war eine menschliche Hand.

Ich bin echt blöd, dachte sie.

Sie hatte sich das Bild bereits bei ihrem ersten Besuch angesehen und dieses Detail nicht bemerkt. Eine abgeschlagene Hand. So eine Hand hatte sie aber auch während der Memoskopie beobachtet. Es war jetzt also das zweitemal. Sie muß etwas Besonderes für Sam bedeuten..., aber was?

Wenn doch nur ..., ich wünschte, daß das fehlende Bild da wäre.

Sie ging weiter, sie rief sich Sams Erinnerung vom Betreten der Wohnung gemeinsam mit Liam ins Gedächtnis. Die Grenze zwischen Wirklichkeit und Erinnerung begann zu verschwimmen.

Hinter ihrem Rücken quietschte ein Fußbodenbrett.

Sie drehte sich um.

Da stand ein Mädchen, es mochte elf oder zwölf Jahre alt sein, das sie beobachtete. Madame DuPonts Tochter. Sie schnalzte.

Julie suchte auf französisch nach Worten. »Ähem, *qu'est-ce que ...«*

»Mama sagt, Sie sind Mademoiselle Samanthas Schwester.«

Das Mädchen sprach ein perfektes Englisch mit der ganz entzückenden Andeutung eines Akzents.

»Ja. Das war ich. Ich meine, ich bin...«

»Es geht ihr noch nicht besser?«

»Nein. Nicht besser. Aber sie geht... nach Hause.« Sie hatte Mühe, sich auf französisch auszudrücken. War Oakwood denn noch zu Hause?

Das Mädchen trat einen Schritt ins Zimmer. »Das ist gut. Weil ich glaube...« Sie tat einen Blick in den dunklen Flur. »Ich glaube, der Mann könnte wiederkommen.«

Julie lief es kalt den Rücken hinunter. Wie ein Tropfen Eiswasser. Sie dachte an die Rosen und an den Herumtreiber, den das Krankenhauspersonal vor Sams Fenster draußen beobachtet hatte. Das ist real, dachte sie. Ich befinde mich jetzt nicht im Bewußtsein meiner Schwester. Das Mädchen steht wirklich da, sie teilt mir mit...

»Es hat geregnet. Und der Mann kam mit einem Hut auf dem Kopf, einen Mantel hat er angehabt. Ich habe zu Mama gesagt...«

»Ja?« sagte Julie leise.

»Ich habe ihr gesagt, daß ich sein Gesicht nicht sehen konnte. Als er fort war, habe ich aber gewußt, daß irgendwas passiert war.«

»Und du meinst, daß ihr Freund daran schuld ist?«

»Ich weiß nicht. Ich habe Ihre Schwester gerngehabt. Sie war lieb. Sie hat mir immer Kaugummi geschenkt.«

»Cecile!«

Von unten rief eine Stimme – die Hauswirtin, die ihre Tochter zum Abendessen rief. *»Cecile, viens ici!«*

Ein Fremder, überlegt Julie. Aber sein Gesicht hat das Kind nicht erkannt. Nur die Gestalt eines Mannes im Mantel mit einem Hut auf dem Kopf. Immerhin. Julie mußte veranlassen, daß die französische Polizei vorbeikam und das Kind befragte.

Vielleicht wäre es wirklich keine gute Idee gewesen, allein hierzubleiben.

Sie warf noch einen letzten Blick auf das Zimmer, bevor sie hinausging.

3

Die Fahrt zum Flughafen dauerte so verdammt lange.

Es war ein ganz besonders widerlicher Sturm, der während der Stoßzeit über Paris tobte und den Verkehr nahezu zum Erliegen brachte. Sie schaute immer wieder auf die Armbanduhr. Sie umklammerte die Rückenlehne des Vordersitzes, als ob sie so den Taxifahrer drängen könnte, einen schnelleren Weg zu finden.

Aber nach dem Stadtzentrum wurde der Verkehr flüssiger. Julie lehnte sich in ihrem Sitz zurück und redete sich ein, es einfach als Schicksal hinzunehmen, falls sie ihren Flug verpassen sollte.

Am Flughafen gab es erneut chaotische Verhältnisse, als der heftige Wind den Platzregen seitlich trieb und sich Riesenpfützen bildeten.

Julie reichte dem Fahrer ein Bündel Francscheine und stürzte sich, die Reisetasche fest an sich gedrückt, in das Unwetter. Sie mußte an ihre dick verpackte Computeranlage denken und konnte nur hoffen, daß der Sturm ihr nichts anzuhaben vermochte.

Die Schlange vor dem Schalter von British Airways war elendiglich lang, so daß Julie ängstlich zum Monitor mit den Abflugzeiten hochschaute und mit Bangen feststellte, daß ihr Flug als »planmäßig« angekündigt war.

Warum gab es eigentlich nie Verspätungen, wenn man sie brauchte?

Sie rannte zum Kundendienstschalter und zeigte ihre Flugkarte einer Angestellten der Fluglinie, die sofort erkannte, daß keine Zeit zu verlieren war. Sie führte Julie zu einem Nebenschalter – binnen weniger Minuten machte Julie es sich in der fast leeren Maschine nach Manchester in ihrem Sitz bequem.

Nach dem Start begann sie zu dösen. Sie dachte an Oakwood.

Es war ihr nie möglich gewesen, das alte Herrenhaus als ihr »Zuhause« zu empfinden. Nein, ihr Zuhause war das Haus im Landesinneren des Staates New York, zu dem Sam und sie nie mehr zurückkehren würden, das Haus, das in ihrer Erinnerung ewig in Flammen stand und aus dem der Vater sie und Sam mutig gerettet hatte und sie auf den Rasen absetzte mit den Worten: »Bleibt ihr hier. Ich gehe eure Mutter holen« und dann wieder ins Feuer hineinrannte.

Um nie wieder zurückzukommen.

Das war ihr Zuhause.

Oakwood war immer etwas ganz anderes gewesen, ein merkwürdiges altes Gemäuer: beschützerisch, beinahe burgähnlich, voller Flure und Geheimkammern.

Aber nie ein Zuhause.

Julie schloß die Augen. Und versank in einen Traum…

… von einem anderen verregneten Abend mit einem fürchterlichen Gewitter, dessen grelle Blitze auf dem Teppichboden der großen Bibliothek in Oakwood mit ihren herrlichen Ledereinbänden und Plüschstühlen lange Schatten warfen.

Sie spielte mit Sam Verstecken und rief laut nach der Schwester, die sich immer viel zu gut versteckte, weil sie Geheimplätze kannte.

Julie schlich die Treppe hoch und ging oben laut rufend über den Flur.

Bis sie eine Zimmertür erreichte.

Der Raum war verschlossen.

Wie in einem Märchen: Du darfst alle Räume betreten, bis auf einen, den *einen* Raum, in den du nie eintreten darfst.

So wie in der Geschichte »Die Schöne und das Biest«.

Sie faßte nach der Türklinke. Es war Onkel Eathans Arbeitszimmer, wo er alle persönlichen Unterlagen aufbewahrte. In so einem wichtigen Raum war es seinen beiden Nichten nicht erlaubt zu spielen.

Diesmal ließ die sonst immer abgeschlossene Tür sich jedoch öffnen. Das Schnappen des Türriegels war ohrenbetäubend.

Und drinnen, am Schreibtisch des Onkels, saß Samantha.

Bei dem Versuch, eine Schublade aufzuziehen.

»Ich habe dich gefunden«, rief Julie.

Das Spiel war aus, das Versteckspiel war vorbei! Doch Sam schüttelte nur den Kopf. *Das* Spiel war vorbei.

Sams Miene zeigte ... eine wilde Entschlossenheit.

Durch die Fenster der Bibliothek zuckte ein blendender Blitz, dem ein Donnerschlag folgte, daß der Fußboden bebte. Julie schloß die Augen. Sie hielt sich die Ohren zu ...

... und wachte auf.

Ich träume doch nie, dachte sie. Großer Gott – ich kann mich gar nicht erinnern, wann ich das letztemal geträumt habe. Was könnte mich jetzt bloß veranlaßt haben zu träumen? Und warum ausgerechnet von Eathans Arbeitszimmer?

Oder ... Vielleicht war's ja gar kein Traum. Vielleicht war's ja eine Erinnerung. Julie konnte sich aber nicht an ein solches Ereignis erinnern. Hatte es wirklich stattgefunden? Oder war das Ganze etwas, das sie von Sam übernommen hatte?

Das war nun aber eine echt alarmierende Vorstellung.

Dann geriet das Flugzeug ins Schaukeln. Man hörte ein nervöses Rappeln wie bei einer Rostlaube, deren Motor den letzten Huster tut. Dann ein Rucken, daß es einem den Magen umdrehte.

Über dem Rappeln vernahm Julie eine leise Glocke; sie sah das Zeichen »Fasten your seat-belt« aufleuchten.

Bloß eine Luftturbulenz, dachte sie.

Beim Fliegen folgte sie der Methode, sämtliche potentiellen

Gefahren – Regen, Schnee, Stürme, alles – einfach zu ignorieren. Beim Fliegen kannte sie nur die eine Regel: Man hebt ab, und man landet. Mehr brauchte sie gar nicht zu wissen. Und mit dieser Einstellung hatte sie die Statistiken auf ihrer Seite.

Ein weiteres Rattern. Irgendwo im Flugzeug begann ein Baby zu wimmern. Julie hörte die Stimme des Piloten über Kopfhörer, er sprach mit einem englischen Akzent, die Stimme klang beruhigend, strahlte Sicherheit aus.

»Ähem, wir scheinen da auf einen Ausläufer der erwarteten Sturmfront gestoßen zu sein. Viel können wir dagegen leider nicht machen, weil er uns über die ganze Strecke bis …«

Wieder ein Rattern, noch schlimmer als vorher. Julie nahm ein Aufleuchten am Fenster wahr. *War das etwa ein Blitz? Wir sind ja mitten im Zentrum dieses verdammten Sturms.*

Sie rutschte unruhig in ihrem Sitz hin und her, hielt sich an der Armlehne fest. Der behäbige Manager neben ihr saß bemüht aufrecht, ganz als ob er auf diese Weise das Flugzeug geradeaus zu steuern vermochte. Seine Basedowaugen klebten förmlich an der Rücklehne des Vordersitzes.

Die Situation gefiel Julie ganz und gar nicht.

Sie war der Auffassung, daß sie ihr Leben im Griff hatte. In einem Flugzeug war man jedoch ein Ei in einem fliegenden Karton. Und man konnte nie wissen, wer den Karton trug.

»… bis nach Manchester begleitet«, fuhr der Pilot fort. »Wir werden uns bemühen, eine ruhige Flughöhe zu finden. Ich vermute allerdings, daß uns insgesamt ein unruhiger Flug bevorsteht. Bleiben Sie also bitte auf Ihren Sitzen …«

Das Fenster wurde von einem noch grelleren Blitz erhellt.

Julie hörte Rufe des Erstaunens von Passagieren.

Das Baby schrie lauter.

Die beruhigende Stimme des Piloten war verstummt.

Das Flugzeug zog nach links. Es liegt nur daran, daß wir auf eine Warmluftschicht gestoßen sind, dachte Julie. Wir sind ein kleines Schnellboot, das auf der unruhigen Oberfläche auf und ab hüpft. Das ist alles.

Doch je stärker sie sich gegen ihre Beklommenheit zur Wehr setzte, um so stärker wuchs mit den blendenden, am Fenster vorbeischießenden Blitzen und dem Schlingern nach rechts und links die innere Unruhe. Mit jedem Absacken des Flugzeugs spürte Julie jetzt ein Gefühl von Übelkeit, Schwindel und Schwerelosigkeit.

Im Flugzeug gingen ein Dutzend Rufleuchten an – Leute, die nach einer Stewardeß oder nach dem einen Steward verlangten.

Von denen war jedoch niemand zu sehen.

Das Flugzeug neigte sich scharf nach links – *Herrje*. Einige Passagiere stöhnten.

Und so sehr Julie sich auch dagegen sträubte, sie sah sich genötigt, darüber nachzudenken, was ihr im Leben wichtig war.

Was ginge der Menschheit verloren, wenn ich jetzt sterben müßte?

Wem würde ich fehlen? Dem Dr. S.? Ja, der wäre bestimmt sehr traurig.

Und Eathan, der auch. An seiner Liebe zu ihr waren Julie nie Zweifel gekommen.

Und Sam? Nun ja, selbst wenn die Zwillingsschwester voll funktionsfähig wäre, würde sie im Falle von Julies Tod nicht wirklich einen Verlust erleiden.

Solche Art Liebe hatte zwischen ihnen nie bestanden.

Die Maschine stieg neuerlich einen unsichtbaren Wellenkamm hoch und wieder hinab.

Nein, und für Julie selbst bestünde der eigentliche Verlust darin, daß sie nie herausfinden könnte, was Sam zugestoßen war.

»Mist«, flüsterte sie. Sie spürte den Blick des massigen Managers auf sich ruhen, dessen Basedowaugen sie voller Entsetzen fixierten.

Wenn sie schon in diesem schaukelnden, schwankenden Blödsinn durchhielt, könnte das Flugpersonal doch wenigstens die handlichen Fläschchen Glenfiddich austeilen.

Sie mußte über solch galligen Humor lächeln.

Ob die Mitarbeiter des Memoskopie-Projekts sie vermissen würden? Vielleicht nicht sofort, aber nach ein, zwei Wochen vielleicht doch…

Ob Dr. S. es ohne sie schaffen würde, die Fördermittel der Bruchmeyer-Stiftung zu bekommen? Eine gute Frage.

Sie schloß die Augen und harrte in der rappelnden Flugzeugkabine der Landung entgegen – oder was das Schicksal ihr sonst zugedacht haben mochte.

Es schien eine Ewigkeit zu dauern, doch zwanzig Minuten später kam die Maschine aus dem regnerischen englischen Nachthimmel herunter und rollte über die glitschig schwarze Landepiste.

Mit weichen Knien gingen die Reisenden auf wartende Verwandte und Taxifahrer mit ausdruckslosen Gesichtern zu.

An diesem Abend würde Julie nicht mehr weiterreisen. Sie hatte sich im Manchester Hilton eingebucht. Für den nächsten Morgen und die Fahrt nach Oakwood mietete sie am Flughafen einen Ford Fiesta.

Sie war heilfroh, daß sie die Fahrt nicht mehr in dieser Nacht zurücklegen mußte.

Und selig, als sie im Hotelzimmer eine gutbestückte Minibar entdeckte.

Der Schlaf wollte sich dann aber trotz der zwei Gläser Scotch pur nicht einstellen.

Aber das war nur gut so. Sie wollte auf keinen Fall noch einmal träumen.

12. Kapitel

Die letztendliche Schreckensvision bestünde meiner Meinung nach darin, ohne Erinnerungen zu sein und unfähig, sich Erinnerungen zu schaffen. Dann wärest du ohne Vergangenheit, ohne Material, das sich als Bezugspunkt verwenden ließe. Du würdest nicht wissen, wer du warst, wo du warst und warum du am Leben bist. Du hättest kein Bewußtsein von Zeit, weil dies die Erinnerung an ein vorhergegangenes Ereignis bedingt. Du wärest eine Person ohne Vergangenheit, ohne Zukunft; du wärest ohne auch nur ein rudimentäres Bewußtsein über dein Selbst und würdest nur im Hier und Jetzt leben, in einer endlosen fremden Umwelt voller Fremder.

Aus den Notaten Julie Gordons

1

Über den Morgen wölbte sich ein frischer blauer Oktoberhimmel – etwas für England ganz und gar Ungewöhnliches, wie Julie fand. Die pulsbeschleunigende Herbstkühle schien die Landschaft lebendig zu machen.

Julie saß verkrampft hinter dem Steuer ihres Fiesta und fuhr ostwärts, durch Yorkshire auf die Nordseeküste zu. Bei der Fahrt zwischen den weiten, leeren Feldern, wo das Getreide und der Raps eben geerntet worden war, und den Wiesen mit ihren Heuhaufen erlebte sie angesichts dieser uralten Zeichen menschlicher Vorbereitung auf den Winter Augenblicke von Nostalgie. Auf den Hügelwellen weideten Rinder und Schafe. Dann kam Fylingdale Moor, sie brauste durch die verdörrte, braune Heide, dabei regten sich jedoch Erinnerungen an Augustmonate, als die Heide lebte und in mauver Blüte stand, soweit das Auge reichte.

Oakwood war auf einer Klippe hoch über dem Meer gelegen; zwischen Whitby und Scarborough, ein prächtiger Herrensitz, der Eathans finanzielles Geschick dokumentierte. Eathan hatte den scharfen Verstand, der ihn vorher zu einem herausragenden Diagnostiker gemacht hatte, später mit beneidenswertem Erfolg auf die Finanzmärkte angewandt. Seine Professur an der Universität Edinburgh diente eher der seelischen Befriedigung als dem Lebensunterhalt.

Ganz nebenbei lag die malerische Robin Hood's Bay, für deren Schönheit Julie allerdings wenig übrig hatte... sie war für ihren Geschmack ein wenig zu pittoresk. Ihr fiel wieder die Szene ein, die Sam im Speisesaal des Bay Hotel gemacht hatte, so daß ein sichtlich verlegener Onkel Eathan sie auf den Armen hinaustragen mußte.

Plötzlich fiel ihr Sam betreffend eine Idee ein. Ihr kamen mittlerweile häufiger Ideen zu Maßnahmen, die sie ergreifen sollte, wenn sie das nächstemal in Sams Gedächtnislandschaft eintreten würde.

Sie nahm ihr Diktaphon zur Hand.

»Achte auf Anzeichen von Fieber... veranlasse eventuell weitere Blutuntersuchungen.« Sie drückte die AUS-Taste. Sie hatte da so eine Vermutung; nichts, worauf sie allzu große Hoffnungen setzte, doch bestand ja immerhin die Möglichkeit, daß Samantha sich eine Art von unbekanntem, langsam wirkendem Virus gefangen hatte, der das aktivitätsregulierende System des Gehirns angriff. Falls dem so wäre, könnten sich nämlich bald weitere Symptome einstellen.

Falls Sams Problem nicht auf ein Trauma oder ein Gift, sondern auf einen Infekt zurückzuführen wäre, würde Julie in dem Chaos von Sams Gedächtnislandschaft keinen Sinn entdecken können – keine verborgenen Erinnerungen, keine traumatischen Verschüttungen.

Sie bezweifelte allerdings, daß dies der Fall war. Aber es lohnte sich trotzdem, die Sache zu überprüfen.

Nach ein paar Meilen nahm sie das Diktaphon noch einmal zur Hand.

»Eathan bitten, mit der Pariser Polizei Kontakt aufzunehmen, um sich mit Madame DuPonts Tochter zu unterhalten.«

Das Mädchen hatte zwar behauptet, nicht gesehen zu haben, wie der Mann aussah, der Sam im Atelier besucht hatte, aber vielleicht würde ihr ja wieder etwas in den Sinn kommen. Mit dem Gedächtnis war das manchmal eine komische Sache.

Die Straße wurde enger, kaum zwei Fahrbahnen breit, als Julie durch Robin Hood's Bay fuhr. Die Einheimischen nannten das Dorf schlicht »Bay«. Am Rand der Klippe drängten sich die typischen Fels- und Ziegelsteinhäuser. Es war nicht mehr weit bis nach Oakwood.

Ihr fiel nichts mehr ein.

Seltsam, unter solchen Umständen nach Hause zu kommen…

An einen Ort, wo sie sich nie zu Hause gefühlt hatte.

Die lange, gewundene Feldstraße, eine Allee, führte von der Landstraße aufwärts zu dem Felsen über der Nordsee, wo Oakwood stand. Bei jeder Biegung ergab sich ein freier Blick durch die Bäume auf das Herrenhaus.

Als kleines Mädchen waren ihr die Baumreihen immer wie ein Zaun vorgekommen, wie eine Mauer, die sie von der übrigen Welt abtrennte.

Und so wäre es jetzt von neuem.

Die Bäume hörten auf, das Haus trat ins Blickfeld: ein großes, streng klassizistisches Herrenhaus des 18. Jahrhunderts, ein rechteckiger Kasten aus polierten Steinen, die im Fischgrätenmuster geordnet waren.

Instinktiv schaute Julie nach rechts, zu den abgesenkten Gartenanlagen hin. Die üppigen Blumen und Sträucher waren Eathans ganzer Stolz gewesen. Vor allem Sam hatte dort gern gespielt, ohne sich dann um Eathans Mahnungen zu kümmern: Gebt auf diese Blume acht, tretet mir bitte nicht auf jene empfindliche Pflanze.

Er war Sam gegenüber immer viel zu nachsichtig gewesen.

Vor dem Haus war eine kleine, runde Anfahrt, die zu einem Parkplatz hinter dem Haus, bei dem Geräteschuppen und der Garage, führte. Weil Julie sich jedoch als Gast fühlte, hielt sie vor dem Haus an, schnappte sich ihre kleine Reisetasche und stieg aus.

Ob überhaupt jemand da war? Aber Sam müßte eigentlich bereits angekommen sein und auf ihrem Zimmer liegen, still, reglos, ohne zu ahnen, daß ihr Bewußtsein, ihr Gedächtnis so etwas wie eine South Bronx des Großhirns war. Wo blieb Eathan nur? Hielt er sich etwa bei seinen Pflanzen auf, setzte er vielleicht gerade Blumenzwiebeln fürs Frühjahr?

»Julie.«

Der Klang der Stimme hinter ihrem Rücken ließ sie zusammenschrecken.

Sie drehte sich um und sah Eathan auf sich zukommen.

Er war in der Freizeitkleidung eines Landedelmanns gekleidet, ganz in Tweed, und trug teure Lederstiefel. Seit sie nach Amerika gezogen war, hatte er sie immer wieder eingeladen. *Verbring doch deinen Urlaub in Oakwood, mach hier Sommerferien.* Und sie hatte jedesmal eine Entschuldigung gefunden, um abzulehnen.

Nun war sie doch gekommen.

Sie hob die Reisetasche in ihrer Hand hoch. »Ich hatte völlig vergessen, wie schön es hier ist.«

Eathan drehte sich um und betrachtete das Haus. »Oakwood? Ich habe drinnen nicht viel gemacht. Habe es saubergehalten. Eure Zimmer sind noch ziemlich so wie damals.«

Eathan hatte nie geheiratet. Schon die Vorstellung von einem verheirateten Onkel Eathan war irgendwie komisch gewesen. Er hatte den Eindruck gemacht, als ob er der selbständigste Mann der Welt wäre, in dessen Leben für eine Frau einfach kein Platz war.

Es war eine Vorstellung, die aus den Zeiten vor ihrer Abreise stammte. Ob er sich da geändert hatte?

Er nahm ihr die Reisetasche ab. Sie gingen zum Haus.

»Ist Sam…«

»Ja. Ich habe sie gestern mit einer Ambulanz herbringen lassen. Sie liegt in ihrem alten Schlafzimmer. Dr. Evans ist der Meinung, daß eine vertraute Atmosphäre das Beste ist.«

»Dr. Evans?«

»Samanthas Psychiater.«

»Ein Psychiater? Ich habe gar nicht gewußt…«

»Du wirst später alles erfahren. Ich habe ein paar Sachen aus Samanthas Zimmer schaffen lassen müssen, damit die medizinischen Geräte untergebracht werden können. Ich habe drei

Krankenschwestern eingestellt, die sich in Sams Pflege abwechseln, außerdem Physiotherapeuten... alles sehr tüchtige Kräfte.«

Julie nickte zustimmend. Sie hatten die Treppe erreicht, die zu der enormen Eingangstür aus Eichenholz hinaufführte.

»Ich möchte sofort anfangen«, erklärte Julie. »Ich glaubte vor unserer Abreise aus Paris, eine weitere Verschlechterung von Sams Zustand bemerkt zu haben. Hoffentlich geht das nicht so weiter.«

»Ja. Also, ich besorge dir alles, was du brauchst. Ach ja – die Satellitenschüssel ist bereits auf dem Dach installiert. Unsere reguläre Telefonleitung reicht angeblich aus für das – wie heißt das Ding doch noch?«

»Modem?«

Eathan grinste. »Genau. Ein Modem.«

Julie wußte, daß ihm die altmodischen Kommunikationstechniken lieber waren. Ihre Schilderung von der Wunderwelt des Internet waren bei ihm stets auf höflich taube Ohren gefallen.

»Die Leitungen sind jedenfalls klar. Es sollte dir möglich sein, mit deinem Dr. Siegal in Kontakt zu treten.«

Eathan drückte die Eingangstür auf. Julie trat ins Foyer, das ganz in Eiche gehalten war – die Eiche, der Oakwood seinen Namen verdankte –, und musterte die Treppe, die zum ersten Stock führte. Sie kam ihr immer noch schrecklich groß vor.

Sie dachte an die Szene in diesem Hause, die sie in Sams Gedächtnislandschaft noch einmal durchlebt hatte, und ihr kam wieder in den Sinn, daß ihr an dieser Erinnerung eine Veränderung aufgefallen war. Wieso war das Mikroskop der Realität durch die Perseus-Skulptur ersetzt worden, die es in Oakwood nie gegeben hatte? Es machte Julie zu schaffen, daß sie keine Antwort auf diese Frage fand.

»Möchtest du dich erfrischen? Vielleicht ein wenig zu Mittag essen?«

Julie strahlte Eathan an. Sie spürte seine Fürsorge, er war stets darauf bedacht, daß sie genug Ruhe bekam, daß sie ausreichend Nahrung zu sich nahm.

Sie schüttelte den Kopf. »Nein. Erlaube, daß ich gleich mit der Arbeit anfange.«

»Sehr wohl. Ich werde die Tasche auf dein altes Zimmer tragen. Du weißt ja, wo Samanthas Zimmer liegt. Die Krankenschwester ist bei ihr…«

Julie faßte Eathans Arm. »Danke. Ich komme schon klar.«

Julie stieg die breite, ausgelegte Treppe empor und ließ eine Hand über die glatten Rillen des Geländers aus Walnußholz gleiten. Sie kannte diese Rillen; diese Treppe war sie mit Sam zusammen unendliche Male rauf und runter gelaufen.

Zehn Jahre waren verstrichen, seit sie hier gewohnt hatte. Mit jedem Schritt traten neue Erinnerungen an die Kindheit zutage, die sie bis zu ihrem Zimmer verfolgten.

2

Ihr Schlafzimmer machte eher den Eindruck eines Gästezimmers. Vor ihrem Weggang hatte sie ziemlich gründlich ausgeräumt, so daß alle Zeichen einer menschlichen Kindheit und Jugend verschwanden. Als sie die Reisetasche aufs Bett fallen ließ, verspürte sie plötzlich doch Hunger.

Sie hatte in dem Kühlschrank der großen, ganz unpassend modernen Küche im Erdgeschoß gerade Scheiben von gebratenem Putenfleisch und eine Diätcola entdeckt, als die Köchin hereinkam, eine apfelbäckige Matrone mit einem warmen, freundlichen Lächeln, die es sich nicht ausreden ließ, Julie mit dem Vollkornbrot von der Bäckerei in Bay ein Putensandwich zu machen. An den Geschmack dieses Brotes konnte Julie sich noch erinnern; es war ein schweres dunkles Brot, das schon für sich allein eine Mahlzeit darstellte. Sie schlang es herunter, um sich anschließend zu Sam zu begeben.

Unterwegs machte sie halt in der Bibliothek, die sich kaum verändert hatte seit ihrer Schulzeit, als sie oft hergekommen war, um in der Enzyklopädie nachzuschlagen. Selbst der Geruch war noch der gleiche – dieselbe starke Mischung vom Duft alten Papiers und der Ledereinbände. Sie atmete ihn ein und seufzte. Dies war schon immer ihr Lieblingsort gewesen, dieser Raum mit den bis an die Decke reichenden Buchregalen mit Bänden in allen Formaten, Farben, Größen und Einbänden. Die alte Ausgabe der *Encyclopaedia Britannica* stand noch an ihrer alten Stelle, gleich rechts daneben. Julie begab sich nach links, fand das Werk über die griechische Mythologie und schaute unter »Perseus« nach.

Ein in seiner Zeit offenbar recht umtriebiger Junge, dieser Perseus. Seine hauptsächliche Leistung hatte jedoch darin bestanden, Medusa getötet zu haben, die schlangenhaarige Unholdin, deren Anblick Männer versteinerte. Perseus hatte es geschafft, indem er sie nicht direkt anschaute, sondern sie beim rückwärtigen Näherkommen in seinem blanken Schild beobachtete; um Medusa über seine Annäherung von rückwärts zu täuschen, hatte er sich eine Gesichtsmaske auf den Hinterkopf gesetzt.

Okay – die Perseus-Skulptur, die Samantha während der Memoskopie-Sitzungen zerschlug, hatte auf der Hinterseite des Helms so etwas wie eine Maske gehabt.

Der Trick hatte jedenfalls geklappt: Perseus war Medusa nah genug gekommen, um ihr den Kopf abzuschlagen.

Aber warum war Perseus in Sams Erinnerung an die Stelle des Mikroskops getreten? Was war hier der springende Punkt? Die Maske? Der Schildspiegel? Der rückwärtige Blick? Daß er *nicht* nach hinten schaute?

Gab es überhaupt einen springenden Punkt?

In ihrem Frust stellte Julia den Band wieder ins Regal zurück und machte sich wieder auf den Weg nach Sams Zimmer.

Auf der Türschwelle blieb sie stehen. Gegen das Morgenlicht waren weiße Vorhänge zugezogen worden. Eine Frau mit einer gewagt plazierten Brille und in Krankenschwestertracht schwang sich auf dem Stuhl herum; beim Anblick Julies fuhr sie zusammen und warf einen raschen Blick auf ihre Patientin, bevor sie Julie erneut anstarrte.

Doch, wir sind Zwillingsschwestern.

Julie gab der Krankenschwester mit einer Handbewegung zu verstehen, sie solle ruhig sitzen bleiben.

Es war Sams Zimmer – andererseits aber auch wieder nicht.

Gegen Ende ihres Aufenthalts in Oakwood, unmittelbar vor

ihrer Flucht nach Kontinentaleuropa, hatte Sam ihr Zimmer mit Bildern vollgehängt – mit eigenen ausgefallenen Skizzen sowie seltsamen Zeichnungen von Mitstudenten an der Kunsthochschule und grellen aus Punk-Rock-Zeitschriften herausgerissenen Bildern, die sie in einem wilden Durcheinander an die Wände geheftet hatte.

Das meiste davon war verschwunden. Was Julie vor sich sah, war einfach nicht mehr Sams Zimmer.

An den Wänden hing nur mehr ein einziges Bild – etwas, das Sam in ganz jungen Jahren gemalt hatte: ein Landhaus auf einer Wiese unter blauem Himmel. Selbst in der Entstehungszeit ein für Sam gänzlich untypisches Bild. Verräterisch schienen nur die Fenster des Hauses, die ausnahmslos schwarz gemalt waren – dunkle, häßliche Kleckse auf dem sonst sorgsam gestalteten Karton.

Diese schwarzen Löcher, diese Geheimnisse des Hauses, hatten Julie schon immer angezogen.

Die Krankenschwester fixierte Julie noch immer mit einem schrägen Blick von unten.

»Möchten Sie gern ein paar Minuten mit ihr allein sein, Miss?«

Sie hatte einen starken Manchester-Akzent und sprach im Flüsterton. Wie auf einer Totenwache.

Was hier sehr wohl der Fall sein könnte, dachte Julie.

Sie schüttelte den Kopf. »Nein, vielen Dank.«

Sie ging um das Bett herum, zum provisorischen Computertisch, auf dem die Ausrüstung aufgebaut worden war. Offenbar befand sich alles in einem guten Zustand. Sie würde selbstverständlich die Verbindungen überprüfen und anschließend ein paar Testläufe durchführen müssen, um sich zu vergewissern, daß die Satellitenverbindung tatsächlich funktionierte.

Sie betätigte einen Schalter. Der Computer piepste und durchlief einen automatischen Test.

Julie betrachtete Sam und erwartete fast, daß sie reagierte.

Sam lag jedoch unbeweglich da. Die Haut war glatt, das Gesicht entspannt; es zeigte keinerlei Hinweis auf ihr inneres Tohuwabohu. Richtig gelöst sah sie aus. In Frieden mit sich selbst.

Julie schaute sich nach einem anderen Stuhl um und entdeckte an der Wand einen Stuhl mit gerader Rückenlehne, in dem Sam als Kind gesessen und Hausarbeiten vorgetäuscht hatte, während sie in Wirklichkeit ein Zeichenheft nach dem andern füllte.

Julie zog den Stuhl zum Terminal und ließ sich nieder.

3

Es beanspruchte beinahe den ganzen Nachmittag, um das System in Gang zu bringen und die Protokolle mit der Satellitenverbindung einzustellen.

Als alles lief, bat sie die Krankenschwester, Eathan zu holen.

»Ich glaube, ich bin soweit«, sagte sie, als er eintraf.

»Du willst *jetzt* anfangen? Hat das nicht Zeit bis nach dem Abendessen?«

Julie schüttelte den Kopf. »Nein. Ich bin überzeugt, daß wir keine Zeit verlieren dürfen. Ich habe dir doch gesagt, daß mir ein eventueller progressiver Verfall Sorge bereitet. Außerdem ist Dr. Siegal online. Er wartet schon. Ist etwas nicht in Ordnung?«

»Ich muß nach Leeds fahren. Jemand vom Flughafen abholen.«

Sie drehte sich um. »Ach ja? Wen denn?«

»Jemand, der uns helfen kann. Jemand, den du bestimmt gern kennenlernen wirst. Aber das bleibt bis zum Abendessen *mein* Geheimnis.«

Sie schenkte ihm ein Lächeln. »Vielen Dank, daß du mich weitermachen läßt. Ich weiß, daß du es nicht billigst ...«

Eathan hob einen Finger.

»Sei vorsichtig.«

»Keine Angst. Dr. Siegal wird mich die ganze Zeit über beobachten.«

Wenigstens diesmal.

»Die Wunder der modernen Technologie. O – und was ist mit der Krankenschwester?«

»Die würde besser solange draußen bleiben. Ich dringe da ja so tief ein, wie man es sich nur vorstellen kann, und soweit möglich möchte ich doch Sams Privatsphäre respektieren.«

»In Ordnung.«

Als Eathan mit der Krankenschwester gemeinsam den Raum verlassen hatte, setzte Julie sich den Datenhelm auf und streifte anschließend den Datenhandschuh über ihre Rechte.

Sie spreizte die Finger und zog sie wieder zusammen, um sich nochmals zu vergewissern, daß ihr »Fortbewegungsmittel«, der Datenhandschuh, gut funktionierte.

»Okay, Sam«, sagte sie leise. »Dann wollen wir mal sehen, was du während meiner Abwesenheit angestellt hast.«

Ein grünes Aufleuchten am unteren Rand bestätigte, daß die Verbindung zu Dr. S. bestand.

»Auf geht's«, sagte Julie.

Sie beugte sich vor. Seit ihrem letzten Aufsuchen von Sams Gedächtnislandschaft waren Tage vergangen. Sie leckte sich die Lippen. War da überhaupt noch etwas vorhanden?

13. Kapitel

Erinnerungen sterben ab. Wenn das Gehirn die synaptischen Verbindungen zu einer Erinnerung verliert, ist sie für immer verloren – durch die Konvergenzsysteme des Gehirns kann das Ereignis nicht rekonstruiert werden, jedenfalls nicht ohne Hilfe von außen.

Aus den Notaten Julie Gordons

Es fällt dir gleich auf.

Sie ist verändert.

Sams Gedächtnislandschaft ist noch mehr Katastrophengebiet, noch mehr postapokalyptischer Alptraum.

Du erkennst die Knoten wieder, die du beim vorigen Mal besucht hast; sie leuchten kaum mehr in der zunehmenden Düsternis. Das Puppenhausanwesen scheint in die verbrannte Oberfläche des Terrains zu versinken, als ob sie aus Treibsand bestünde und die Kindheitserinnerungen mit ihr untergehen.

Einige der glühenden Hügel, die du beim ersten Besuch am Horizont bemerkt hast, sind völlig verschwunden und die verbliebenen wie verstreute Blüten in der Wüste.

Das ist arg. Falls es irgendwelche Zweifel am progressiven Verfall von Sams Gedächtnislandschaft gab, sind sie jetzt beseitigt. Sams Bewußtsein – ihr Leben, ihre *Identität* – entschwindet zusehends.

Doch Moment mal – das Atelier ist noch beleuchtet. Haben sich die Bilder drinnen verändert? Das Atelier bietet den Schlüssel zu allem. Davon bist du fest überzeugt.

Du bewegst dich jedoch immer weiter nach rechts, und ganz hinten am Horizont glüht noch immer etwas, das voller Leben pulsiert. Du wirst ganz erregt, während du mit dem Handschuh in die Richtung deutest und hinschwebst.

Unterwegs bemerkst du eine weiße Kugel – blendend weiß ist sie –, die auf einem zu dir diagonalen Pfad rollt. Die Wege werden sich weiter vorn kreuzen. Du suchst nach einer Stelle, von wo die Kugel herkommen könnte, entdeckst aber nichts. Niemand. Sie scheint sich aus eigenem Antrieb zu bewegen. Du bleibst stehen, wartest, daß sie in Reichweite kommt; als sie dann ganz nah ist, berührst du sie. Die Kugel stoppt. Die weiße Oberfläche flimmert; längs ihrem Äquator bildet sich ein Saum. Sie bricht auseinander. Die nördliche Hemisphäre fliegt nach hinten und enthüllt ihren Inhalt. Ein Kubus. So schwarz wie die verbrannte Fläche der Gedächtnislandschaft. Du berührst ihn. Er bricht auf, zeigt eine weitere blendend weiße Erdkugel. Du berührst diese Kugel. Da passiert gar nichts. In der verbirgt sich nichts.

Wieder so eine verrückte Matroschkapuppe. Zuerst war es Sam in Julie in Sam. Und nun dieses. Gibt es einen Grund dafür, daß es diesmal nur drei ineinandersteckende Körper gibt? Hat das einen Sinn? Und warum sind jeweils zwei sich gleich? Was hat das zu bedeuten?

In deinem wachsenden Frust versuchst du, den ganzen Quatsch durch die Gedächtnislandschaft zu kicken, doch bevor du irgend etwas in Bewegung setzen kannst, schließt sich der schwarze Kubus um die kleinere Kugel, und die äußere Kugel schließt sich wieder um den Kubus. Die Kugel beginnt von neuem zu rollen, rollt fort, von unbekanntem Ursprung zu unbekanntem Ziel.

Du beobachtest sie einen Moment lang, dann gleitest du wieder auf das pulsierende Licht zu. Beim Näherkommen erkennst du eine weite Ebene, auf der hier und da komische Gestalten zu erkennen sind: ein Mann auf den Knien, ein Mädchen, das ein Vogelgerippe in den Händen hält. Ein bunter Kubus wirbelt herum; er trieft von Farbe, als ob er lebendig wäre.

Die Gestalten werfen lange, schwarze Schatten… Jetzt erinnerst du dich an das Bild. Du lachst. Du kennst diese merkwürdige Landschaft. Es ist eine von den launigen, surrealistischen Landschaften Salvador Dalís: *Die ersten Tage des Frühlings.* Seine früheren, realistischeren Arbeiten gefallen dir besser. Dieses Gemälde sagt dir gar nichts. Daß Sam es als beunruhigendes, trauriges, überwältigendes Kunstwerk empfunden hat, war dir immer unbegreiflich.

Soviel Kunst zur Kunst, die du letztendlich nie verstanden hast. Was hast du nicht alles an zusätzlichen Kursen belegt, nur um Sam zu zeigen, daß du genauso künstlerisch begabt wärst wie sie. Daß es dazu nur ein ganz klein wenig Anstrengung deinerseits bedurfte.

Aber nein. Du bist nicht mal mit großer Anstrengung dahintergekommen. Dafür hast du nun allerdings ein phantastisches Erinnerungsvermögen. Du siehst ein Bild und kannst den Namen des Künstlers nennen, den Titel des Werkes, sogar das Entstehungsjahr. Aber wenn es darum geht, es zu verstehen oder was du beim Betrachten empfindest…

Dann meistens gar nichts.

Und nun in das Bild *einzutreten,* die Bewegung der Figuren in ihm zu erkennen, die Schatten, die sich bis zum Horizont weiten, die pulsierenden Farben… es ist einfach wundervoll. Unvorstellbar schön.

Und dann bemerkst du noch etwas. Eine neue Form, die sich aber nicht im Gemälde befindet.

Ein Haus.

Du hältst an. Das Haus hat etwas schrecklich Vertrautes an sich.

Du gehst nicht näher drauf zu. Erst willst du Antwort auf eine Frage. *Wem gehört dieses Haus?*

Du blickst auf den Anzeigebereich, der Sams Atmungs- und Pulstätigkeiten registriert. Beide sind erhöht. Weil du hier bist? Oder weil…?

Das Haus. Plötzlich weißt du, was das für ein Haus ist. Es ist das Haus in Putnam County, in Millburn. *Dein* Zuhause – vor der Feuersbrunst, bevor es abbrannte und dir Vater und Mutter nahm.

Der Schmerz des Verlusts trifft dich wie ein Hieb. Er trifft dich völlig überraschend. Komisch. Du hattest gemeint, darüber seist du hinweg.

Du zögerst.

Wenn dir das Haus früher in den Sinn kam, hast du es immer nur brennend vor dir gesehen, stets in Flammen, die vom Keller zum Erdgeschoß schossen und dann rasch zum Dach emporzüngelten. Stets mit dem Bild des Vaters vor dir, der ins brennende Haus zurückrannte, um deine Mutter zu retten.

Du hast dir das Haus nie so vorgestellt, wie du es hier jetzt siehst: friedlich und heil, klein und einladend, mit Veranda, einem alten Modellsegelflugzeug und der Seitenwand aus Schindeln, die mit einem rosaroten Randstreifen gestrichen ist.

Sie sind im Haus drinnen, denkst du.

Deine Mutter, dein Vater, so wie sie damals tatsächlich ausgesehen haben: eingekapselt in Sams Gedächtnis.

Du bleibst wie angewurzelt stehen. Du findest das Bild beinah unerträglich.

Trotzdem. Wie könntest du dich abwenden? Wie kannst du dich nur weigern, *ins Haus hineinzugehen?*

Du zeigst mit dem Handschuh auf das alte Haus aus dem 19. Jahrhundert und gleitest ihm zögernd entgegen, bis zur Eingangstür. Sie öffnet sich und…

…du wirst von Gerüchen begrüßt – vom starken, beißenden Rauch des knisternden Kaminfeuers, aus dem sich der Essensduft aus dem Backofen löst, wohl ein Braten. Die mit Lichtern ausstaffierte Balsamtanne in der Ecke verströmt ein Kiefernaroma.

Aus der Küche tritt ein Mann herein. Dunkles Haar, ein dichter, dunkler Schnurrbart, ein durchdringender Blick.

Daddy.

Das Wort, die Vorstellung: Daddy – wie alt, wie urtümlich! Dein Herz tut einen Sprung. Die Zeit steht still. Du möchtest zu ihm laufen, ihm um den Hals fallen, aber das ist ja nicht möglich. Du bist physisch hier gar nicht anwesend. Du bist jetzt Scrooge in der Weihnachtsgeschichte von Dickens. Bloß Zuschauer.

Du beobachtest Daddy, der vor dem Kamin stehenbleibt und ins Feuer schaut. Er geht in die Hocke und greift einen Schürhaken. Er stochert in den Holzscheiten, stößt sie an, damit das Feuer heller, wärmer brennt.

Die kleine Julie und die kleine Sammi kauern ebenfalls, auf der Treppe kauern sie sich eng zusammen. Sie sind eben dem

Kleinkindalter entwachsen, die beiden Mädchen, die einander so sehr gleichen, daß man sie nicht unterscheiden kann. Unmöglich, sie auseinanderzuhalten. Sie sind nach unten gekommen, weil sie die Streiterei gehört haben.
Dann kommt eine zweite Person aus der Küche, die sich die Hände an der Schürze abwischt. Es ist Mom. Ihr Lächeln wirkt so zerbrechlich, als ob es jede Sekunde bröckeln könnte. Außer in dem Moment, als sie dich anschaut.
Mom…, ganz so, als ob es gestern wäre.
»Nathan«, sagt sie. »Wir müssen miteinander reden.«
Daddy attackiert weiterhin die Holzscheite, ist außerstande, den Kamin zu lassen und sich seiner Frau zuzuwenden. Schließlich steht er auf und stellt den Schürhaken behutsam gegen den roten Backsteinkamin ab.
»Und worüber?«
Mom kommt näher. Wischt sich die Hände noch einmal an der Schürze ab. Hat Mühe, sie sauber zu bekommen, die Flecken loszuwerden.
»Ich habe es vorhin nicht so gemeint, Nathan«, erklärt Mom.
»Ach nein. Du hast es nicht so gemeint? Warum solltest du dann so etwas sagen?«
Mom bleibt regungslos stehen. Sie läßt sich nicht beirren. Sie schüttelt den Kopf. »Weil wir wirklich nicht *leben.* Weil du nur an deine Arbeit denkst. Von deinen Hypothesen und Theorien besessen bist. Du bist ja nie da. Und wenn du einmal zu Hause bist…« Sie wirft einen Blick zur Treppe und bemerkt die beiden dort kauernden Gestalten. »Ist doch egal.«
»Nein, Lucy, für mich gibt's kein ›ist doch egal‹. Niemals. Mir liegt unsere Familie mehr am Herzen, als du dir überhaupt vorstellen kannst.« Er macht einen Schritt auf seine Frau zu. »Aber du – wer liegt *dir* am Herzen? Wen hast *du* eigentlich lieb?«
Warum stellt er ihr diese Frage? Noch dazu auf diese Art?
Mom schüttelt den Kopf. Es macht den Eindruck, als ob sie gleich in Tränen ausbrechen würde. Die beiden Mädchen auf der Treppe sind wie erstarrt, schauen wie gebannt zu und verstehen gar nichts.

»Ich … ich …«

Noch ein Schritt, und er steht vor ihr. Er brüllt sie an: »Antworte mir! Wen liebst *du?* Verdammt noch mal, wer bedeutet *dir* etwas?«

Und Mom wendet sich ab – aber ganz, ganz langsam – wie eine aufgezogene Ballerina. Da fällt ihr Blick auf die zwei Mädchen.

Das ist die Antwort. Inmitten des Geschreis, im wilden Durcheinander von Gerüchen und Emotionen … eine Antwort.

Und dann ein Pochen an der Tür. Daddy ignoriert das Klopfen, kehrt sich wieder dem Kaminfeuer zu und stochert erneut in den Scheiten. Mommy zögert, dann geht sie zur Tür und macht auf.

Es ist Onkel Eathan, der unglaublich *jung* wirkt mit seinen damals viel längeren Haaren; sein Bart ist dichter, als er ihn heute trägt. Die beiden Mädchen sind froh, ihn zu sehen. Selbst Mommy ringt sich ein Lächeln ab.

»Was ist los, Doc?« sagt sie.

Du ziehst dich zurück. Zu heftig, zu abrupt; denn schon bist du aus dem Haus heraus. Hinter dir fällt keine Tür ins Schloß.

War die Erinnerung zu Ende? Oder war da noch mehr?

Du bist überwältigt. Und denkst: Aber ich laß mich doch nie von Gefühlen überwältigen. Herrgott, das sieht mir doch gar nicht ähnlich. Daraufhin stellt sich dir eine noch wichtigere Frage: Wie kommt es ausgerechnet jetzt zu dieser Erinnerung?

Immerhin, ein Teil der Gedächtnislandschaft ist lebendig. Das wäre eigentlich Anlaß zum Frohlocken.

Nur hast du langsam den Eindruck, dich hier wie durch ein Minenfeld zu bewegen. Es gibt zu viele offene Fragen.

Du drückst auf das WINDOW-Feld. Ein paar Sekunden später erscheint Dr. Siegal.

»Ja, Julie? Sie möchten abbrechen?«

»Noch nicht.«

Kann man in der realen Welt etwas so Zwingendes erleben? fragst du dich. Diese Memoskopie ist wie eine Droge für mich. Ich kann mich einfach nicht davon lösen.

»Das war eine ziemlich angespannte Szene. War Ihr Vater immer so schlecht gelaunt?«

Die Unterstellung stößt dir sofort übel auf.

»Ehrlich gesagt, weiß ich gar nicht, ob die Szene sich damals tatsächlich so abgespielt hat.«

»Aber in der Memoskopie waren Sie doch als Kind dabei.«

»Ich kann mich aber nicht an diesen Vorfall erinnern. Mir ist auch nicht in Erinnerung, daß sich meine Eltern gestritten haben oder daß mein Vater solche Launen hatte.«

»Sie waren damals noch ziemlich klein. Vielleicht ist die Erinnerung verlorengegangen.«

»Sam hat sie aber bewahrt. Und Sam war damals genauso klein wie ich.«

»Andersartige Menschen bewahren unterschiedliche Erinnerungen.«

»Aber wieso stoße ich jetzt bei ihr ausgerechnet auf diese Erinnerungen? Ist das Ganze ein Zufall? Oder sind diese Erinnerungen aus einem besonderen Grund an die Oberfläche gestiegen? Und wenn ja, was steckt dahinter?«

»Die Frage ist nicht, ›was‹«, korrigierte Dr. Siegal, *»sondern* wer *dahintersteckt. Und das könnte doch wohl nur Ihre Schwester sein?«*

Du findest, daß er damit recht haben könnte.

»Wäre es möglich, daß diese Erinnerungen durch einen Rest von Sams Bewußtsein – oder vielleicht auch ihres Unterbewußten – an die Oberfläche getrieben worden sind?« Der Gedanke packt dich, du wirst plötzlich ganz erregt. »Mein Gott – ob Sam mir etwas mitteilen möchte?«

»Das scheint mir ein bißchen weit hergeholt, Julie«, sagt er. Ganz der vorsichtige Theoretiker, wie immer. *»Es könnte jedoch ein Indiz dafür sein, daß Sams Gedächtnislandschaft vielschichtig ist.«*

Deine Aufregung wächst. Eine vielschichtige Memoskopie – die Vorstellung ist ja nicht neu, nur hast du dafür bisher bei keinem Probanden einen Hinweis entdeckt. Unmöglich wäre es nicht. Diese Erinnerungen, die sich abrackern, um am Leben zu bleiben, könnten einfach nur Leuchtspuren sein, Signale von echten, tief verborgenen Geheimnissen, die in diesem Konstrukt von Sams Bewußtsein eventuell mehrere Ebenen tiefer liegen.

Gütiger Himmel, wie mögen dann wohl erst *solche* Ebenen aussehen?

»Danke«, sagst du. »Ich werde mich weiter umsehen.«

Suchend schwebst du höher. Die Trostlosigkeit dieser verbrannten Erde wird nur durch das schwache Leuchten von einer Handvoll Knoten gemildert.

»Es sieht so aus, als ob die Gedächtnisoberfläche Ihrer Schwester zusammenbricht. Sie müssen nach einem Weg suchen, in tiefere Schichten zu gelangen.«

»Okay. Aber wie? Soll ich ein Loch graben?«

»Nein. Suchen Sie nach einem Tor. Möglicherweise gibt es ja für alle Ebenen einen Verknüpfungspunkt.«

Du schwebst an dem absackenden Oakwood vorbei zu den Klippen am Meer.

Ein Aufblitzen von etwas Weißem im Wasser.

»Haben Sie das gesehen?«

Ein weiteres Aufblitzen, diesmal ganz nahe der dunklen Küste.

Vielleicht ist das ein weiteres Teilchen der Botschaft, die Sam mitteilen möchte.

»Ich schau es mir mal an.«

Du klickst das Fenster zu und gehst tiefer, es mögen gut dreißig Meter sein, bis du etwas erreichst, das aussieht wie ein auf dem dunklen Meer treibendes Boot. Weiße Gischt von Wellen. Das Auf und Ab einer unruhigen See.

Nein, ein Boot ist das nicht. Jetzt siehst du, daß es ein Bett ist. In dem sich zwei Menschen befinden. Sam und Liam, sie rollen sich auf den Laken, sie lachen, sie sind nackt.

Du wendest dich ab. Da solltest du nicht zugegen sein. Jetzt dringst du aber wirklich allzusehr in Sams Intimsphäre ein. Und bist obendrein nicht einmal allein. Denn Dr. Siegal schaut ja mit. Im übrigen läuft noch ein Videotape, das heißt, das alles kann auch von anderen Menschen gesehen werden.

Solche Bedenken sind allerdings nur von Belang, falls Sam

wieder aus ihrem Zustand aufwacht. Und aus dem wird sie nie mehr erwachen, es sei denn...

Du hebst die Hand und bringst dich näher heran, gleitest auf das Bett zu, schwebst näher, bis du dich genau über dem Boot befindest und...

Sam lacht, während sie Liam mit den Fingern durch sein rotes Haar fährt.

»Nun sag schon, wer du wirklich bist.«

Er lacht ebenfalls, richtet den Blick dann jedoch vorwurfsvoll zur Zimmerdecke.

»Aber das habe ich dir doch längst gesagt!« ruft er. »Ich bin Repräsentant eines irischen Import-Export-Handelsunternehmens.« Er dreht sich wieder Sam zu. Sein Gesicht erhellt sich mit einem warmen, entwaffnenden Lächeln.

Doch Sam glaubt ihm nicht. Nein, sie glaubt, was sie von ihrem extravaganten Freund Edmond, dem Besitzer der Galerie Nouveau, gehört hat.

Er ist ein übler Kerl, Samantha, obwohl ich natürlich verstehe, warum er dir gefällt. Ich bin aber überzeugt, daß er ein Krimineller ist, immer noch, sogar nach dem Waffenstillstand der IRA. Du solltest nicht einmal dran denken, mit ihm zu spielen.

Aber genau das macht ihn reizvoll. Außerdem liebt sie seine irische Sprechweise.

Sie läßt ihre Hand langsam über Liams Brust nach unten wandern, spielt mit seinem lockigen Haar. Liam ist alt genug, um irgendwo Frau und Kinder zu haben. Hat er wahrscheinlich auch. Was Sam nicht im geringsten stört.

»Ich sollte jetzt gehen...«, sagt er leise.

Sam schüttelt den Kopf. »Nein. Ich möchte nicht, daß du mich verläßt.«

Seine Hand, eine große, grobschlächtige, vielleicht gar gefährliche Hand, bewegt sich, streichelt sie, wie zufällig gleitet sie ihr über den Busen. Wie riesig diese Hände sind! Aber wie zärtlich sie mit ihr spielen.

»Ich habe morgen früh zu arbeiten«, sagt er.

»Du hast doch gar keine Arbeit.« Sie lacht. »Keine richtige

Arbeit.« Dann wird sie plötzlich ernst. »Kannst du ein Schloß knacken?«
Sein beleidigter Ausdruck wirkt übertrieben. »Du hältst mich doch wohl nicht für einen Einbrecher, oder?«
»Nein. Ich möchte einfach nur gern wissen, ob du ein Schloß knacken kannst.«
»Und warum willst du so was wissen?«
»Es könnte doch ein Schloß geben, das ich gern knacken würde.«
Er blickte sich im Atelier um. »Hier?«
»Nein… in England. Im Haus meines Onkels.«
»Der Onkel, der sich dauernd um dich kümmert? Von dem kriegst du doch sowieso alles. Warum solltest du ihn da bestehlen wollen?«
»Mein Onkel verbirgt etwas vor mir.«
Liam blickt erneut verzweifelt zur Decke. »Ich kenne niemand, der nicht was verbirgt.«
»Er verbirgt aber eine Menge, fürchte ich. Und ich weiß auch, wo er's versteckt hält. Da gibt es in seinem Arbeitszimmer einen riesigen, abgeschlossenen Wandschrank. Wenn du mir den aufmachen könntest…«
Sein Lächeln ist angespannt. »Sicher könnte ich den aufkriegen. Allerdings nicht durch Knacken.«
»Super! Wenn er das nächstemal verreist, fliegen wir nach England und…«
»O nein. Ich fliege bestimmt so bald nicht nach England.«
Samantha wälzt sich auf ihn, kniet sich ihm auf die Brust, packt ihn an den Armgelenken, tut so, als ob sie ihn festnehmen wollte.
»Wirst du doch. Ich werde dich dazu bringen.«
»Du glaubst, daß du das schaffst?«
»Warte nur«, flüsterte sie.
Wieder ein Kuß, zärtlicher diesmal, um das Feuer von neuem zu entfachen. Als sie spürt, wie sein Glied steif wird, legt sie sich ganz in diese Küsse hinein, bis er schließlich die Küsse erwidert und für sie keine Notwendigkeit mehr besteht, seine Armgelenke festzuhalten.

Daraufhin umfängt er sie mit den Armen und drückt sie an sich, bis ihre Brüste fest gegen seine Brust pressen.
Und ganz langsam streckt sich Sam lang, so, daß ihre Beine neben Liams Körper längs gleiten, und sie fühlt, daß er bereit ist.
»Aber wenn du Besseres zu tun hast...«, sagte sie maliziös. »Dann... geh...«
Liams Antwort besteht darin, daß er sie herumdreht, mit einer einzigen Bewegung legt er sie auf den Rücken. Nun sind es ihre Handgelenke, die heruntergedrückt werden. In Liams Augen zeigt sich ein wildes Leuchten.
Samantha feuchtet sich die Lippen, sieht, wie Liam den Kopf beugt, krümmt den Rücken, als er sie zu lecken anfängt...

Du leckst dir deine Lippen.

Voll fühlen sie sich an, weich, ganz, als ob...

Und das ist noch nicht alles. Herrgott noch einmal, du erlebst, wie deine Brustwarzen steif werden – als ob du unter der kalten Dusche stündest. Dir wird kühl, dann überkommt dich eine Wärme.

Du holst tief Luft. Noch einmal.

Du reagierst auf das, was sich hier tut!

Das dort bist du, du steckst in Sams Bewußtsein, in ihrem Körper, du teilst die Empfindungen, die sie jetzt überfluten. In anderen Knoten hast du ihren körperlichen, ihren seelischen Schmerz miterlebt. Doch dies geht weiter. Hier reagiert dein Körper; du erlebst eine physiologische Reaktion auf die Vorgänge in ihrem Gedächtnis.

Du solltest jetzt wirklich abbrechen. Ja, dir ist völlig klar, daß du an diesem Punkt abbrechen müßtest... aber, mein Gott, tut das gut. Du rutscht in deinem Lieblingssessel, die Wärme breitet sich über deinen ganzen Körper aus. O tut *das* gut...

Samantha faßt nach unten und nimmt Liams Kopf zwischen ihre Schenkel, drückt ihn, hält ihn mit den Händen dort fest.
»Jaaaa«, sagt sie. Und noch lauter.
Sie stöhnt. Es sind Laute, die auch Schmerzensschreie sein

könnten. Wie die Schreie eines kleinen Mädchens, das sich die Knie aufgeschrammt hat und hilfesuchend zu Daddy gelaufen kommt.

Nur daß es eben ein absolut himmlisches Erlebnis ist. Eine Erfahrung, die alles andere verdrängt. Hier ist kein Zimmer, kein Atelier voller Bilder, die das Bett umstehen, voll düsterer Leinwände, die Sam nicht freigeben.

Liam kommt hoch, und nun wird er zur Maschine, er küßt sie auf den Mund, auf die Augen, als er in sie eindringt und zu einem gleichmäßigen, kräftigen Stoßen ansetzt.

Plötzlich ist noch etwas anderes mit im Bett.

Feuer. Das Bett steht in Flammen. Die weißen Laken verfärben sich orangegelb und rot.

Samantha schlägt die Augen auf.

Sie blickt zu Liam empor.

Er grinst sie brutal an, als ob es sein Plan gewesen wäre, ihren Leib in die Falle zu locken, ihn mit Hitze und Flammen zu verzehren.

Er spricht. Irgendwie beruhigt er sie.

»Komm«, ruft er, während das Stoßen schneller wird und die Flammen wie durch einen Zauber zurückweichen. Noch ein Kuß. Er flüstert ihr ins Ohr.

»Komm.«

Komm.

Das Wort löst etwas in dir aus. Dir ist, als ob du in einem dunklen, verschlossenen Raum hinter einer schweren Holztür wärst. Der Raum steht in Flammen. Du stehst mittendrin. Das Wort hallt im Raum wider, aus irgendeinem Grund springt die Tür auf.

Und es stürzt Wasser herein, eine Flutwelle, die dich umwirft, ohne aber das Feuer zu löschen.

Das Wasser schwemmt dich durch den Raum, es strudelt zusammen, wird zum Wirbel, der dich erfaßt, dich in einer Spirale nach unten zieht.

Komm.

Es ist ein Wort, das dich in seiner Schlichtheit, in seiner Unmittelbarkeit umhaut. Nicht: später, nicht: morgen, und auch nicht: gestern; nicht: wann es dir möglich wäre oder dir passen würde. Hier und jetzt.

Du atmest und schnappst nach Luft, als die Wogen der Lust deinen Körper erschauern lassen. In diesem Augenblick hast du keine Gewalt mehr über dich. Du spürst gar nichts mehr, nur noch Lust, heftige, wilde, allumfassende Lust.

Dein Rücken ist gekrümmt, die Augen sind geschlossen, es dröhnt in deinen Ohren, du hast die Zähne zusammengebissen, um nicht zu schreien. Ein leichtes Stöhnen bricht sich dennoch Bahn.

Als das Dröhnen abschwillt und deine Muskeln sich entspannen, dringt ein Laut an dein Ohr.

Du machst die Augen auf und bemerkst das Blinken des WINDOW-Feldes. Du streckst die zitternden Hände aus und drückst. Dr. Siegal fällt schier aus dem Bildschirm.

»Julie – alles in Ordnung?«

»Ja.« Du gibst dir alle Mühe, deine Stimme von der Heiserkeit zu befreien. »Mir geht's gut.«

»Warum hast du dann ...«

»Ich beende jetzt die Memoskopie.«

Du berührst das WINDOW-Feld und drückst dann auf das EXIT-Feld. Bevor der Bildschirm in Blau übergeht, wirfst du noch einen Blick auf das Bett – es ist leer.

Wie ein Stilleben sieht es nun aus, denkst du.

Es trifft dich wie ein Verlust. Eine Leere. Du weißt, was du gerade erfahren hast und weißt nicht, wie du darauf reagieren, was du davon halten sollst.

Sam ist verschwunden.

Liam ist verschwunden.

Das Bett ist geblieben.

Ein leeres Boot auf einem dunklen, verlassenen Meer.

14. Kapitel

Wir sind uns nicht darüber im klaren, wie zerbrechlich Erinnerungen sind. Erinnerungen zerfallen, wenn sie nicht regelmäßig aufgerufen werden. In unserem Gehirn befindet sich eine endliche Zahl von Neuronen, so daß ältere Erinnerungen abgelegt werden, um für den ständigen Strom neuer Erinnerungen Platz zu machen.

Aus den Notaten Julie Gordons

Julie nahm den Datenhelm ab und schaute sich rasch im Zimmer um.

Sie war allein. Eathan war noch nicht zurück. Niemand hatte sie beobachtet. Gott sei Dank.

Sie ließ sich auf der Liege nieder und schloß die Augen, atmete erschauernd tief durch. Sie fühlte sich schwach. Sie war feucht.

O mein Gott! Mein … Gott!

So ist das also!

Plötzlich begriff Julie, warum Sam immer so scharf auf Jungen gewesen war. Wie anders würde ihre eigene Einstellung – ihr ganzes Leben, verdammt – aussehen, wenn sie auf die gleiche Weise reagieren könnte.

Sie musterte ihre Schwester. Dornröschen atmete noch immer leicht; der Herzmonitor tickte mit regelmäßigen 72 Schlägen pro Minute. Keinerlei Anzeichen, daß Sam den von Julie miterlebten Augenblick registriert hatte.

Als Julies rasender Puls langsamer wurde und ihre konfusen Gedanken zur Ruhe kamen, erinnerte sie sich wieder an Sams Worte.

Mein Onkel verbirgt etwas vor mir.

Was sollte das heißen? *Was* versteckte er denn?

Ein Piepser der Anlage ließ sie zusammenschrecken. Auf dem Bildschirm blinkte beharrlich das Kamerazeichen. Offenbar wollte Dr. S. sie sprechen.

Ein Gespräch war wirklich das letzte, wonach ihr jetzt zumute war. Sie hätte am liebsten die Augen fest geschlossen gehalten und dieses merkwürdige, friedvolle Gefühl ausgekostet.

Ein erneuter Piepser.

»In Ordnung, in Ordnung.« Sie suchte nach der Maus und klickte das Bild an. Dr. Siegals Gesicht erschien.

»Julie? Sind Sie da?«

»Ja, Dr. S. Hier bin ich.«

»Wie geht es Ihnen? Sie haben die Memoskopie sehr plötzlich abgebrochen.«

»Es war Zeit aufzuhöen. Finden Sie nicht auch? Ich meine, das war doch ein äußerst intimer Moment.«

»Sie hätten ja nicht in diesem speziellen Knoten bleiben müssen. Sie hätten in der Gedächtnislandschaft doch woanders hingehen können. Julie…« Seine Augen wurden ganz schmal. Sie hatte den Eindruck, als ob er sie durch den Bildschirm hindurch fixierte. »Gibt es da vielleicht etwas, das Sie mir verschweigen?«

Gott sei Dank, daß die Bildverbindung nur in einer Richtung arbeitete; sie spürte nämlich, wie ihr Gesicht rot anlief. Dr. Siegal hätte es bestimmt sofort bemerkt.

Trotzdem mußte sie eine plausible Antwort geben. Da wäre es vermutlich am besten, ein bißchen moralische Entrüstung zu demonstrieren. Sie fand es nicht einmal schwer, zornig zu klingen.

»Es hat mich einfach aufgeregt, mit ansehen zu müssen, wie meine Schwester es mit dem Mann trieb, der möglicherweise für ihren gegenwärtigen Zustand verantwortlich ist. Okay? Reicht Ihnen das als persönliche Erklärung?«

»Ich – verzeihen Sie, Julie«, sagte er. »Ich wollte Sie keineswegs…«

»Das weiß ich doch«, sagte sie, jetzt wieder friedlich. »Es ist bloß… Können wir uns darüber nicht ein andermal unterhalten?«

»Natürlich. Sie werden mich hier erreichen.«

»Gut. Dann melde ich mich später.«

Sie unterbrach die Verbindung. Sein Gesicht verschwamm. Sie kam sich mies vor, weil sie ihn so gemein abserviert hatte, doch in diesem Moment durfte sie keine längere Diskussion mit ihm riskieren. Und sie konnte es auch nicht riskieren, daß Dr. S. ihr bei zu vielen Besuchen in Sams Gedächtnislandschaft über die Schulter schaute. Früher oder später würde er sich sonst alles zusammenreimen und merken, daß sie während der Memoskopie auch sensorisch Anteil nahm und er sofort seine Zustimmung zurückziehen würde. Dessen war sie gewiß.

Julie schaltete den Monitor ab und rief nach der Krankenschwester, die mit einer Leichenbittermiene zurückkehrte. Julie nickte ihr kurz zu und ging dann zu ihrem eigenen Zimmer. Sie brauchte dringend eine Dusche.

Dabei kam sie an Eathans Arbeitszimmer vorbei.

Sie verlangsamte ihre Schritte. Es waren einige wenige Sätze aus der memoskopischen Sitzung, die in ihr widerhallten. Sie blieb stehen, kehrte um und stand vor der verschlossenen Tür.

»Mein Onkel verbirgt etwas vor mir... Er verbirgt eine Menge, fürchte ich. Und ich weiß auch, wo er diese Sachen versteckt. Da gibt es in seinem Arbeitszimmer einen riesigen, abgeschlossenen Wandschrank.«

Was könnte Onkel Eathan dort versteckt haben? Oder, besser ausgedrückt, was könnte er dort nach Sams Vorstellung versteckt haben? In ihrer Kindheit hatte Eathan das Arbeitszimmer stets abgeschlossen und den Kindern damit einen Grund zum großen Rätselraten geliefert. Mit dem Älterwerden war Julie dann das Bedürfnis nach einem Privatbereich, wo ein Mensch seine wichtigen Besitztümer sichern konnte, durchaus verständlich geworden. Vor allem, wenn es da jemand wie Sam gab, die das Haus auf der Suche nach Materialien für ihre Collagen unentwegt auf den Kopf stellte. Da konnte es geschehen, daß eine Erstausgabe eines seltenen Buches in hundert Stücke zerschnitten wurde, um eine verrückte Arbeit aus Altpapier, Kontrollabschnitten von Eintrittskarten und zerstückelten Fotos zu verzieren.

Wie oft hatte Julie nicht eine von ihren Zeitschriften aufgeschlagen – die Zeitschrift *Astronomy* hatte es Sam ganz besonders angetan – und dann entdeckt, daß Fotos von Milchstraßen oder fernen Galaxien herausgerissen worden waren, und wenn sie dann in Sams Zimmer lief, fand sie sie auf einen Karton geklebt inmitten eines – zumindest für Julie – bedeutungslosen Mischmaschs von anderen Papierfetzen wieder.

Aber warum sollte Eathan – er wohnte doch im Herrenhaus ganz für sich allein – sein Arbeitszimmer auch jetzt noch verschlossen halten?

Sie streckte die Hand aus und drehte den Türgriff. Die Tür ging auf.

Sie war also doch nicht abgeschlossen.

Julie trat ein. Es war nicht das erstemal, daß sie hier hereinkam; gelegentlich war sie, wenn Eathan hier gearbeitet hatte, mit Sam zusammen hereingestürmt. (Ein paarmal waren sie auch hereingeschlichen, wenn Eathan abzuschließen vergessen hatte.) Das waren jedoch immer nur Stippvisiten gewesen. Eathan hatte sie jedesmal rasch wieder behutsam hinauskomplimentiert.

Zwischen den Regalen an den Wänden Eichenpaneele. Vor den auf den vorderen Garten hinausgehenden Fenstern schwere Vorhänge mit einem dazu passenden dunkelgrünen Teppich. In dem durch die Fenster einfallenden Licht schimmerte ein riesiger Pfarrherrnschreibtisch. Sehr gesetzt, sehr solid, sehr britisch. Sehr schön das alles.

Alles beherrschend aber war in diesem Zimmer das eindrucksvolle Gehäuse des massiven Eichenholzschranks an der Nordwand.

Zu diesem Schrank zog es Julie hin. Sie kämpfte dagegen an, bewegte sich statt dessen zu den Bücherregalen. Unter den Erstausgaben fiel ihr eine Gruppe von hohen Papprücken ins Auge. Sie zog ein Heft heraus: *The Journal of Neurochemistry.* Sie schaute nach dem Jahrgang: 1968. Alle sechs Hefte stammten aus den späten 1960ern. Merkwürdig. Sie überflog die Seite mit der Inhaltsangabe und hielt verblüfft inne, als sie den Autorennamen für einen Beitrag las: Nathan Gordon, M. D.

Dad.

Großer Gott – Forschungsberichte ihres Vaters! Ihr schlug das Herz bis zum Halse. Sie hatte nicht einmal gewußt, daß er etwas veröffentlicht hatte. Am liebsten hätte sie sich jetzt hingesetzt und die Arbeiten gelesen. Das durfte sie aber doch gar nicht. Im Grunde hätte sie sich ja nicht mal in diesem Raum aufhalten dürfen.

Später. Sie würde schon einen Weg finden hereinzuplatzen, wenn Eathan sich hier aufhielt, und diese Artikel dann »entdecken«.

Nachdem sie die Zeitschrift wieder an ihren Platz gestellt hatte, schienen ihre Füße sie wie von selbst zu dem Wandschrank zu tragen, und dann stand sie auch schon davor, blickte an ihm hoch, turmhoch war er, sie musterte die feinkörnigen Wirbel in den polierten Flächen der beiden schweren Türen, die den Inhalt vor der Außenwelt schützten. Die Türgriffe waren aus altem Messing; die starke Medeco-Schloßplatte, die ihr über dem rechten Türgriff entgegenblickte, hatte dagegen überhaupt nichts Altertümliches an sich.

Sie zog an einem der beiden Griffe. In diesen Schrank hatte sie nie hineingeschaut.

Abgeschlossen. Noch immer verschlossen. Obwohl in diesem Hause jetzt nur noch Eathan, die Köchin und das Hausmädchen wohnten ...; nach wie vor verschlossen.

Mein Onkel verbirgt etwas vor mir.

Julie machte kehrt und schritt zur Tür. Eathans Angelegenheiten waren schließlich nur Eathans Belange. Und wenn er diesen Wandschrank abschließen wollte ...

Der Schreibtisch. Ihr Blick ruhte auf dem großen Eichenholzschreibtisch. Falls Eathan den Schlüssel zum Wandschrank nicht bei sich trüge – wo würde er ihn dann logischerweise wohl aufbewahren?

Julie ging auf den Schreibtisch zu, an ihm vorbei, ohne ihre Schritte auch nur kurz zu verlangsamen, direkt zu dem Fenster, um ihren Blick über den vorderen Garten wandern zu lassen. Eathan war noch immer nicht vom Flughafen zurückgekehrt.

Er ist ... Nun bin ich schon mal da ... Mir bleibt noch Zeit ...

Sie machte auf dem Absatz kehrt und näherte sich dem Schreibtisch. Allzu lange durfte sie jetzt nicht nachdenken; denn was sie jetzt tat, war insgesamt gar nicht vernünftig. Das war eine grobe Verletzung der Privatsphäre.

Aber das schien bei ihr neuerdings zur Gewohnheit zu werden, oder? Sie mußte Sams paranoide Vorstellung von sich abschütteln.

Eathan hatte ihnen immer erklärt, daß sie sich nicht einschüchtern lassen dürften und stets tun müßten, was notwendig war, um das Gewünschte zu erreichen. Na also, da folgte sie ja bloß seinem Ratschlag.

Sie machte sich zuerst an das oberste Fach der mittleren Schublade, und wie sich dann herausstellte, brauchte sie gar nicht weiterzusuchen, weil nämlich in dem Einsatz für Bleistifte ein Messingschlüssel mit der Aufschrift MEDECO lag.

Julie biß sich auf die Lippe. Das sollte sie eigentlich nicht machen. Wenn sie doch Sams Bemerkung nur nicht gehört hätte!

Sie wandte sich ab und trat noch einmal ans Fenster, in der halben Hoffnung, Eathans Auto heranfahren zu sehen, doch die Auffahrt war leer.

Damit war alles entschieden.

Sie schnappte sich den Schlüssel und eilte hinüber zum Wandschrank. Der Schlüssel verrutschte in ihren Fingern, als sie ihn ins Schloß hineinschob und herumdrehte. Sie zögerte, bevor sie die Tür öffnete. Wenn da nun eine Warnanlage eingebaut wäre?

Sei nicht albern.

Sie zerrte an den Griffen und riß die beiden Türhälften etwa zehn Zentimeter weit auf. Kein Alarm, weder Glocken noch Pfeifen – nur ein kühler Lufthauch mit dem Geruch von muffigem, altem Papier. Sie zog die Türen ganz auf.

Und wich zurück.

In einem Bereich von der Größe eines kleinen Zimmers – größer, tiefer, als sie sich vorgestellt hatte – standen, fein säuberlich gereiht, ein halbes Dutzend Aktenschränke, deren Handgriffe sich ihr entgegenwölbten. Was sie dann aber ringsum entdeckte, gab ihr ein Gefühl, als ob ihr ganzes bisheriges Leben an ihr vorbeizöge.

Zur Linken war die Innenseite des Wandschranks mit den überdimensional großen akademischen Preisen oder Verdienst-urkunden geschmückt, die sie – und das waren viele – in der Schulzeit gewonnen hatte; außerdem die Preise und Auszeichnungen für Forschungsarbeiten und wissenschaftliche Entwürfe; sogar ein paar alte wissenschaftliche Arbeiten selbst, sorgsam in Kunststoff eingewickelt und auf die Regale abgelegt.

Die rechte Innenseite war Sam vorbehalten; es war eine beeindruckende Aneinanderreihung alter Bilder und Collagen, die von der Kindheit über die Zeit an der High-school reichten; sogar ein paar von den Papiermaché-Skulpturen.

Julie blieb der Mund offen. Onkel Eathan… Das machte den Eindruck, als ob er von ihnen praktisch alles aufbewahrt hätte, was ihm in die Hände kam. Aber warum es auf diese Art und Weise verstecken? Hatte er etwa Scheu zu zeigen, wie sehr ihm die beiden Kinder am Herzen lagen?

Und warum berührt mich das eigentlich nicht? überlegte sie.

Sie reckte sich und zog an einer Aktenschrankschublade, die herausglitt und eine Reihe von Hängeakten enthüllte. Die erste war ohne Kennzeichnung, die übrigen trugen Aufschriften: *Julie: 6 Jahre … Julie: 7 Jahre …* und so fort.

Ihr schlug das Herz doch ein wenig schneller, als sie in die Schublade hineinfaßte. Was war das alles bloß?

Sie zog die erste, ungekennzeichnete Mappe heraus. Sie enthielt etliche zusammengefaltete Zeitungsseiten, die vom Alter steif und vergilbt waren. Eine davon faltete Julie mit größter Vorsicht auf; da sprang ihr die Titelseite des *Millburn Express* ins Auge. Sie wurde von einem Gefühl des Unheils übermannt, als sie das Erscheinungsdatum erkannte: es war der 7. März 1972. Das Datum war ihr vertraut. Die Schlagzeile sagte alles:

EHEPAAR KOMMT IN FLAMMEN UM – KINDER VERMISST

Und darunter:

> Millburn. Kurz nach Mitternacht wurde das Heim von Nathan und Lucinda Gordon im Western-Hill-Viertel durch einen Brand zerstört…

Julie brachte es nicht übers Herz weiterzulesen. Und vermochte kaum einen noch so kurzen Blick auf das grobkörnige Foto von den verbrannten Überresten ihres einstigen Zuhauses zu ertragen.

Ziemlich morbide, so etwas hier aufzubewahren.

Sie faltete die Zeitungsseite sorgfältig zusammen und legte sie wieder an ihren Platz. Und der übrige Inhalt?

Sie griff nach der 6.-Lebensjahr-Mappe und öffnete sie. Als erstes sah sie das Einschulungsbild an der St.-John-Schule in Whitby vor sich. Ihr sechs Jahre altes Gesicht, das ohne zu lächeln in die Kamera schaute. Die dicht hinter ihr stehende Sam machte auch keinen glücklicheren Eindruck. Es war für sie beide eine schwere Zeit gewesen – die Eltern waren seit einem Jahr tot, und der Onkel, in dessen Obhut sie sich befanden, hatte sie nach England verfrachtet, wo alle andern Kinder der Meinung waren, daß Julie und Sam eine furchtbar komische Sprache sprachen.

Irgend jemand – vermutlich Eathan – hatte auf dem Foto ein J eingekreist und mit einem Pfeil auf sie gedeutet. Aber wieso zeigte dann kein Pfeil auf Sam?

Sie blätterte die restliche Mappe durch: Zeugnisse, Schönschreibunterricht, Rechtschreib- und Rechenprüfungen. Immer nur von ihr. Warum nichts von Sam? Es sei denn …

Julie zog die oberste Schublade des nächsten Aktenschranks auf. Und da war es auch schon: *Samantha: 6 Jahre … Samantha: 7 Jahre …*

Ein rascher Blick in Sams Mappe zum sechsten Lebensjahr zeigte das gleiche Klassenfoto, nur daß diesmal eben ein eingekreistes S auf Sam verwies. Und neben Sams Schulzeugnissen gab es hier einige Proben ihrer frühen Kunst im Umgang mit Malkreide. Typisch, daß Sam nie darauf achtete, sich an die Linien zu halten. Schon damals eine Rebellin.

Julie zog weitere Schubladen auf. Die Jahreskarten gingen für beide bis zu 30. Obwohl sie doch erst 28 Jahre alt waren. Das Ganze war offensichtlich als laufendes Projekt konzipiert.

Daß die Mappen erst mit dem sechsten Lebensjahr einsetzten, war nur zu verständlich. Sämtliche früheren Unterlagen waren ja in den Flammen untergegangen. Die Zeitungsseite in der ersten, nicht gekennzeichneten Akte war wie ein schwarzer Streifen, der sich quer über ihre Lebenslinie brannte und den Startpunkt ihrer beurkundeten Geschichte markierte.

Aber wozu das alles? Wozu eine so detaillierte Chronik ihres

Lebens? So versessen waren noch nicht einmal die närrischten Eltern. Es war fast unheimlich.

Andererseits war Onkel Eathan gewiß einer der gewissenhaftesten Menschen, denen sie je begegnet war. Das war eben so seine Art. Es war gewiß ein Zeugnis seiner großen Liebe zu ihnen beiden.

Warum hielt er's dann aber unter Verschluß?

Der letzte Aktenschrank war anderer Machart als die beiden ersten, ein wenig breiter, ein wenig höher und sehr viel älter. Sie zog am obersten Griff, doch die Schublade ließ sich nicht bewegen. Und dann bemerkte sie auf der Einfassung über der Schublade ein Schloß mit einer vierstelligen Kombination.

Fantastisch. Ein verschlossener Aktenschrank innerhalb eines abgeschlossenen Schranks! Was mochte Eathan da wohl aufbewahren? Einen weiteren kleinen, abgesperrten Aktenschrank?

Draußen fiel eine Wagentür ins Schloß. Julie fuhr auf. Sie hastete zum Fenster und sah Eathan aus dem Bentley steigen, konnte aber nicht erkennen, wer auf dem Beifahrersitz saß.

O mein Gott! Er ist wieder da!

Sie schob die offenen Schubladen zurück. Sie verursachten einen lauten Knall.

»Mist!« sagte sie aus Ärger über ihre Ungeschicktheit.

Trotz der Eile gelang es ihr dann, die Türen behutsamer zuzumachen, den Wandschrank wieder abzuschließen und den Schlüssel in Eathans Schreibtischschublade zurückzulegen.

Sie gab sich Mühe, einen möglichst unbefangenen Eindruck zu machen, als sie auf den Flur hinaustrat.

Ein rascher Blick nach rechts und links. Niemand da.

Sie ließ erleichtert die Luft raus – sie hatte ihren Atem angehalten – und eilte auf ihr Zimmer.

Mein Onkel verbirgt etwas vor mir.

Jawohl, Sam, dachte sie. In diesem Punkt hast du recht. Eathan verheimlicht uns etwas. Aber nichts Schlimmes. Soviel stand immerhin fest.

Es hätte schlimmer sein können. Es hätte ja sein können, daß sie Peitschen, Ketten und Pornospielzeug entdeckt hätte. Oder Gebeine von vermißten Kindern. Oder, und bei dem Gedanken mußte sie nun doch lächeln, einen Schrank voller Frauenkleider in Eathans Größe.

Was hatte sie statt dessen gefunden...? Ihre Lebenschronik. Jedes Ereignis war verzeichnet, gekennzeichnet und abgelegt worden. Wie merkwürdig. Ein Akt der Liebe, wie er eines besonders liebevollen Elternpaares würdig gewesen wäre. Wirklich nichts Ominöses.

Und der Schrank mit dem Kombinationsschloß? Wessen Lebenschronik war darin aufbewahrt?

Das geht mich überhaupt nichts an.

Sie war hier aufgewachsen, doch mit ihrem Verhalten in Eathans Arbeitszimmer war sie einfach zu weit gegangen. Das war seine Privatsphäre. Diesem Schrank dort hatte sie ihren ersten und letzten Besuch erwiesen. Von nun an würde sie sich ganz auf das konzentrieren, weshalb sie hergekommen war: auf die Erforschung von Sams Gedächtnislandschaft.

Als sie am Treppenaufgang vorbeikam, verlangsamte sie ihre Schritte. Das Abendessen wurde gerichtet. Der Geruch war köstlich.

Sie fragte sich, wer der geheimnisvolle Gast sein mochte, den Eathan mitgebracht hatte.

15. Kapitel

Die Gedächtnisspeicherung ist hoch organisiert. Nehmen wir Wörter als Beispiel: Substantive werden auf dem linken Schläfenlappen gespeichert, jedoch keineswegs alle gebündelt. Für Früchte, Tiere, Zahlen, Farben, Körperorgane, Pflanzen etc. sind mindestens 20 spezifische Zonen identifiziert worden. Verben werden in der Nähe der motorischen Rindenregion gespeichert. Wie treffend … da Verben doch Handeln implizieren.

Aus den Notaten Julie Gordons

1

»Ah, Julie – ich möchte dich gern mit Dr. Alma Evans bekanntmachen.«

An der Bar am anderen Ende des Wohnzimmers stand neben Eathan eine dunkelhaarige, untersetzte Frau mittleren Alters. Freundlich lächelnd trat sie vor, nahm das Glas mit der linken Hand – die eine Zigarette hielt – und streckte Julie die Rechte entgegen.

»Dr. Gordon. Ich hätte sie überall erkannt. Sie sehen genauso aus wie Ihre Schwester. Ihr Onkel hat mir viel von Ihnen erzählt.«

»Bitte, ich heiße Julie«, sagte sie und schüttelte der Frau die vom Eis im Drink kalt gewordene Hand.

»Dann sagen Sie Alma zu mir.«

»Abgemacht.«

Alma Evans hatte strahlend braune Augen. Und ein schönes Lächeln, auch wenn die Zähne ein bißchen krumm und nikotingelb waren. Sie sprach reinstes Oberschichtenglisch.

»Wir probieren gerade einen 50 Jahre alten Single Malt Whisky, den ich im vergangenen Monat in der Nähe von Edinburgh entdeckt habe«, erklärte Eathan. »Hättest du auch gern einen Schluck?«

»Fünfzig Jahre ist der alt? Und immer noch genießbar?«

»Äußerst genießbar sogar«, erwiderte Alma und hob ihren Kristalltumbler. »Und geradezu sündhaft weich…«

Julie ließ sich zwei Fingerbreit pur eingießen, obwohl sie Scotch gewöhnlich mit einem Schuß Soda und etwas Eis trank. Einen 50jährigen Whisky zu verdünnen, wäre ihr jedoch vorgekommen wie ein Kapitalverbrechen.

Sie hob ihr Glas. »Cheers« und nippte vorsichtig.

Der Scotch war himmlisch – weich und voll, mit einem rauchigen, torfigen Aroma.

»Ich kauf dir einen Karton ab«, meinte sie, um sich nach einem weiteren Schluck zu korrigieren. »Ich erhöhe auf zwei Kartons.«

Eathan lachte. »Wenn du wüßtest, was diese eine Flasche gekostet hat, würdest du die Bestellung prompt zurücknehmen.«

Sie unterhielten sich über die verschiedenen Wunderqualitäten von Single-Malt-Whiskys, bis sie das Thema zu Tode geritten hatten und Essenszeit war.

Auf dem Weg ins Eßzimmer nahm Eathan Julie beiseite.

»Alles in Ordnung? Du kommst mir ein bißchen mitgenommen vor.«

»Mir geht's prima.«

»Hat es etwas mit der Memoskopie zu tun? Hast du was gesehen?«

Mit dem, was ich *gesehen* habe, hat es nichts zu tun, dachte Julie.

»Nichts Konkretes.«

»Hoffentlich wird sich das ändern.«

2

Zum Essen gab es Lammrücken. Dazu einen alten Bordeaux. Was die Geschwister in Kindertagen betraf, so war die exzellente Kunst der Köche in Oakwood verlorene Liebesmüh gewesen. Inzwischen wußte Julie dergleichen zu schätzen.

Eathan hob sein Glas.

»Wir wollen während unseres festlichen Schmausens hier unten nicht Samantha vergessen. Auf ihre baldige Genesung.«

»Hört, hört«, sagte Alma Evans. »Das arme Ding…«

»Wie gut kennen Sie Sam?« fragte Julie.

»Alma ist schon seit ein paar Jahren Sams Psychiaterin«, antwortete Eathan.

»Tatsächlich?« Besonders überrascht war Julie allerdings nicht. Nachdem Eathan am Morgen einen Psychiater erwähnt und dann für den Abend einen geheimnisvollen Gast angekündigt hatte, war sie auf so etwas gefaßt. »Ich bin erstaunt, daß Sam sich überhaupt zu einer Therapie bereit erklärt hat.«

»Nach dem Vorfall in Venedig empfand sie einen Therapieversuch eher lohnenswert«, sagte Alma.

Julie warf Eathan einen fragenden Blick zu. »Venedig? Was ist denn in Venedig passiert?«

Eathan wich ihrem Blick aus. »Ein Selbstmordversuch. Sam bestand darauf, daß es niemand erfuhr – vor allem du nicht.«

Vor allem ich nicht? überlegte Julie. *Und wieso erstaunt mich auch das wieder nicht?* »Sie hat doch schon früher gelegentlich eine Überdosis genommen. Seid ihr sicher, daß keine Absicht dahintersteckte?«

Eathan nickte. »Sie hatte eine entsprechende Nachricht hinterlassen. Aber das liegt lange zurück. Mit Almas Unterstützung hat sie die Gründe ihrer damaligen Verzweiflung überwunden. Sie war allem Anschein nach auf dem besten Wege, ihr inneres Gleichgewicht wiederzugewinnen. Und dann das… Koma. Ich habe Alma geholt, damit du sie kennenlernst. Weil sie wahrscheinlich am besten weiß, was in Sam innerlich zuletzt vorgegangen ist.«

»Das bringt mich, wie Sie sich denken können, sozusagen in eine unangenehme ethische Situation«, bemerkte Alma. »Doch beim Abwägen von Rechten und Überlebenschancen der Patientin sehe ich in diesem Fall keine andere Alternative, als mich zugunsten ihres Überlebens zu entscheiden.«

»Ich weiß Ihre Hilfe zu schätzen«, erklärte Julie. »Es hat den Anschein, daß uns mit jedem Tag mehr von Sam verlorengeht, nur sehe ich nicht…«

»Ich habe Alma gebeten, für ein paar Tage hierzubleiben«, unterbrach Eathan. »Ich war der Meinung, daß sie uns möglicherweise Samanthas Träume verständlicher machen könnte.«

»Träume?«

»Ja. Diese... diese«, er fuhr mit der Hand durch die Luft, »... Fantasien, die du bei der Memoskopie siehst.«

»Es sind keine Träume, sondern Erinnerungen.«

»Aber keine *korrekten* Erinnerungen«, widersprach Eathan. »Sie sind vielmehr verzerrt. Wie uns die Szene mit der Perseus-Statue trefflich demonstriert hat. Ich weiß ja noch nicht, was du heute beobachtet hast, aber vielleicht könnte Alma ja den zugrundeliegenden Symbolismus deuten.«

Das alles behagte Julie ganz und gar nicht. Zum einen hatte sie keineswegs die Absicht, Eathan oder irgendwen sonst in die neuartige Technik der Memoskopie einzuweihen. Zum zweiten war es schlimm genug, daß Eathan und Dr. S. ihr über die Schulter sahen; daß nun aber auch noch eine weitere, eine fremde Person...

Andererseits, wenn Alma auf einige Fragen eine Antwort liefern könnte...

Julie wandte sich Alma zu. »Mein Onkel hat Ihnen von der Substitution der Statue für das Mikroskop erzählt?«

Alma nickte. »Ja. Diese memoskopische Methode, die Sie entwickelt haben, klingt absolut erstaunlich. Ich möchte sie unbedingt in der Praxis sehen.«

Worauf wiederum Julie nickte. Sie wußte nicht so recht, was sie davon halten sollte. Es war nämlich eine Sache, *Sams* Vergangenheit mit der Therapeutin zu teilen...

Es betrifft aber auch meine eigene Vergangenheit...

»Sollen Sie auch. Doch was den von Eathan erwähnten Fall einer entstellten Erinnerung angeht: Was meinen Sie dazu? Haben Sie eine Ahnung, was sie bedeuten könnte?«

»Dazu kann ich wirklich nichts sagen«, erwiderte Alma. »Da müßte ich erst weitere diesbezügliche Beobachtungen machen, bevor ich auch nur versuchen würde, eine Deutung vorzuschlagen. Sie scheint mir symbolisch zu sein...« Alma schaute Eathan, dann wieder Julie an. »Aber *was* symbolisiert es?«

Also, zumindest hatte sie nicht mit leichtfertigem Geschwätz geantwortet. Julie hegte ein tiefes Mißtrauen gegen alle Formen von Schnellanalysen. In ihrer Wertschätzung war diese Dr. Evans um eine Stufe gestiegen. Julie empfand Hochachtung für alle Spezialisten, die den Mut besaßen zu erklären: »Das weiß ich nicht.«

»Ich hatte es mir so gedacht, Julie, daß Alma die Videobänder begutachtet, die du von deinen Erkundungen bei Sam bisher angefertigt hast. Vielleicht wäre es ihr ja möglich, die eine oder andere Schlußfolgerung zu ziehen und uns ein paar Hinweise zu liefern.«

Beim Gedanken an das Videoband dieses Tages wurde Julie einigermaßen kribbelig.

Der an den Monitor angeschlossene Videorecorder hatte die nachmittägliche Reise in Sams Gedächtnislandschaft aufgezeichnet: also die Kopulationsszene ... und Sams Verdächtigungen.

Mein Onkel verbirgt etwas vor mir... Er verbirgt eine Menge, fürchte ich.

Mittlerweile wußte sie auch, daß Eathan von den Leistungen seiner Nichten eine Sammlung angelegt hatte, die er geheimhielt. Ob es jedoch wirklich nur das und nicht mehr war?

Sams Verdächtigungen könnten Eathan verletzen. Und ihn mißtrauisch machen. Seine ohnehin bestehenden Bedenken gegen die Memoskopie noch verstärken, so daß er Julie möglicherweise nicht weitermachen lassen würde. Beides wollte Julie unbedingt vermeiden.

Weil, überlegte sie, weil... ich eines Tages vielleicht doch wissen möchte, was er in dem abgeschlossenen Wandschrank verheimlicht.

Sie holte tief Luft. Trank einen Schluck Rotwein.

Wenn sie nach oben ging, würde sie diese Videokassette sofort verstecken müssen. Und dann später erklären, daß sie vor der Sitzung vergessen habe, den Videorecorder einzuschalten.

»Ja. Selbstverständlich. Ich würde sie nie einem anderen Menschen zeigen. Sie sind nämlich äußerst intim und persönlich. Da Alma jedoch Sams Psychiaterin ist...«

»Ausgezeichnet!« sagte Eathan. »Je mehr wir sind, um so rascher werden wir dieses Durcheinander aufklären können, damit Sam das Bewußtsein wiedererlangt.« Sein Lächeln verging. »Das heißt... sofern sie überhaupt *imstande* ist, das Bewußtsein zurückzuerlangen.«

3

Nach dem Dessert – es gab Zitroneneis – zogen sie sich ins Wohnzimmer zurück, wo Alma sich eine Zigarette ansteckte. Eathan schenkte allen ein Glas Portwein ein, bevor er eine dicke, dunkle Zigarre rauchte. Julie kam es vor, als ob sie einer Szene im *Masterpiece Theatre* beiwohnte. Worauf würden sie wohl als nächstes zu sprechen kommen – den Weltkrieg? Den Ärger mit dem Dienstpersonal?

»Seit wann rauchst du denn?« wollte Julie wissen und fächelte die Luft vor ihrem Gesicht fort. Sie hätte ihn am liebsten auf den penetranten Geruch seines Qualmbolzens hingewiesen. Aber es war schließlich *sein* Haus.

»Ich habe es mir in den letzten Jahren angewöhnt. Allerdings nur Zigarren, und auch die eher selten. Höchstens ein oder zwei pro Woche.« Er lächelte. »Ich bin nicht nikotinsüchtig.«

Alma lachte. »Ihr Onkel lernt, sein Dasein ein wenig zu genießen. Ihr Amerikaner seid ja immer den guten Dingen des Lebens abgeneigt. Rauchverbot in Flugzeugen und Restaurants, fettarm dies und kalorienarm das, light, besonders light, total light. Was für eine freudlose Existenz! Nehmen Sie's bitte nicht persönlich. Aber die meisten Engländer sind der Meinung, daß Ihr drüben alle miteinander ein bißchen durchgedreht seid.«

Julie mußte husten. Sehr viel mehr Rauch würde sie nicht ertragen. Ihr war, als ob das Haus in Brand stünde.

»Jawohl. Völlig durchgedreht. Offensichtlich.« Julie wandte sich an Eathan. Bevor sie sich ins obere Stockwerk zurückzog, wollte sie noch eine Frage geklärt haben. »Ich habe gar nicht gewußt, daß Vater ein Neurochemiker war. Und daß er publiziert hat. Warum hast du mir davon nichts gesagt?»

Er stieß eine Rauchwolke aus. »Natürlich hast du's gewußt – zumindest, daß er Neurochemiker war. Ich dachte, das sei der Grund gewesen, warum du dich schließlich auf Neurologie spezialisiert hast.«

»Ich wußte, daß er *Chemiker* war. Aber nicht, daß er *Neurochemiker* gewesen ist. Ehrlich, davon hatte ich keine Ahnung.«

»Und wie bist du jetzt drauf gekommen?«

Sie gab die vorbereitete Anwort und hoffte nur, daß sie nicht allzu einstudiert klang.

»Bei einer Datenbankrecherche stieß ich auf die Zusammenfassung eines alten Aufsatzes von einem gewissen Nathan Gordon, Ph. D., irgendwann aus den 60er Jahren. Als ich ihn dann abgerufen habe, stellte ich zu meinem bodenlosen Erstaunen fest, daß es sich um eine Forschungsarbeit von Vater handelt.«

Eathan lächelte. »Nathan hat sporadisch publiziert. Seine Theorien über die Gehirnentwicklung fanden damals keine breite Akzeptanz. Ein Jammer, daß er nicht lang genug gelebt hat, um sie weiterzuverfolgen. Er war ein brillanter Wissenschaftler. Wenn ihm die Zeit vergönnt gewesen wäre, seine Forschungen zu vollenden, wäre er auf dem Gebiet der Entwicklungsneurologie heute eine Koryphäe. Und weil seine gesammelten Unterlagen in dem Feuer verlorengingen, hat niemand dort ansetzen können, wo er aufhörte.«

Alma räusperte sich. »Wahrscheinlich haben Sie nur vergessen, daß er Neurochemiker war. Das Wissen kann Sie jedoch sehr wohl unterbewußt beeinflußt haben.«

Julie wollte schon entgegnen, daß sie sich, was Gedächtnis und Unterbewußtes anging, ziemlich auskannte, mußte sich dann aber doch eingestehen, daß es mehr als bloßer Zufall war, daß sie als Tochter eines Neurochemikers in Neurophysiologie promoviert hatte.

»Mag sein«, gab sie zu.

Ihr kam eine andere Frage in den Sinn. »Sag mir noch eins, Eathan. Hatte Vater einen schlechten Charakter?«

»Wieso fragst du?«

»Wegen einer von Sams Erinnerungen, die ich heute gesehen habe. Er hatte eine Auseinandersetzung mit unserer Mutter, und es machte ganz den Eindruck, als ob er im nächsten Moment gewalttätig werden würde.

»Euer Vater war ein Visionär. Er hat die Welt mit anderen Augen gesehen und manchmal auf unübliche Weise reagiert. Er war ein guter Mensch. Er hat dich und Samantha abgöttisch geliebt. Ich kann mich erinnern, wie er einfach nicht aufhören wollte, von euch beiden zu sprechen, er konnte es gar nicht fassen, daß zwei eineiige Zwillinge so unterschiedlich sein konnten. Er hat eure andersartigen Veranlagungen gefördert und unterstützt, wo er nur konnte. Und du hast sicherlich gemerkt, daß ich an seiner Statt dasselbe zu tun versucht habe.«

Eathan tippte die Asche seiner Zigarre in einen riesigen Aschenbecher, der auf einem Sofatisch stand, um den Blick danach wieder auf Julie zu richten.

»Er hatte allerdings auch seine Fehler. Es kam allzuoft vor, daß er in seiner Arbeit aufging und darüber die Umgangsformen vergaß. Man hat Nathans geistige Abwesenheit immer wieder als Überheblichkeit oder sogar Unhöflichkeit mißverstanden. Aber du hast für so etwas doch Verständnis, Julie, oder?«

Julie grinste ihn verlegen an. Unter derartigen Mißverständnissen hatte sie selbst oft genug gelitten; die Leute hatten geglaubt, daß sie sie verachtete, während sie deren Anwesenheit in Wirklichkeit überhaupt nicht bemerkt hatte.

»Doch... ich glaub schon, aber...«

Eathan hob die Hand. »Ich habe viel über den Eindruck der verbrannten Erde in Samanthas Gedächtnislandschaft nachgedacht, weißt du«, fuhr er fort, »und ich habe mich gefragt, ob es da einen symbolischen Zusammenhang gibt mit diesem Liam O'Donnell. Ich meine, er ist ein notorischer Brandstifter. Dem Vernehmen nach ein Brandbombenspezialist.«

»Oje«, rief Alma. »Brandstifter? Brandbomben? Das gefällt mir aber ganz und gar nicht.«

»Ach, mach dir wegen O'Donnell nur keine Sorgen«, beruhigte Eathan. »Ich habe erfahren, daß Scotland Yard ihn steckbrieflich sucht. Auf britischem Boden wird der sich bestimmt nicht blicken lassen – das ist ja auch ein Grund, warum ich Samantha hierhergebracht habe.«

In Julies Wangen stieg die Röte beim Gedanken an das Gefühl der Lippen dieses Mannes auf ihrer Haut, seiner Zunge, seines Eindringens in sie …

Nein, nicht in mich – in Sam! Er drang in Sam ein. Vergiß das bloß nicht!

Sie gab sich einen Ruck und sagte: »Aber angenommen, daß alle Behauptungen über ihn stimmen und er sich Sams entledigen wollte – aus welchem Grund? Und würde er in dem Fall nicht seine angeblich bevorzugte Methode wählen – Feuer?«

Eathan zuckte die Achseln. »Es könnte immerhin so sein, daß sie etwas über ihn gewußt hat. Oder, wenn nicht über ihn, dann über die Leute, für die er arbeitet. Vielleicht hat er selbst ja mit dem allen auch gar nichts zu tun. Was weiß ich. Fest steht nur, daß in ihrem Bewußtsein alles bis auf den Boden abgebrannt zu sein scheint …« Er fuhr sich mit einer Hand – sie zitterte – über die Augen; ihm versagte die Stimme; er senkte den Blick. »Gütiger Gott, ich glaube nicht, daß sie jemals wieder zu uns zurückkehren wird.«

Julie wurde von einer Woge des Mitgefühls übermannt. Er hatte es bisher immer vermocht, Sam zu beschützen, sie vor den Folgen ihres fahrlässigen Tuns zu bewahren. Jetzt war er ohnmächtig; die Sorge um Sam zehrte an ihm.

Sie trat einen Schritt auf ihn zu. Alma war schneller.

»Komm, komm Eathan«, sagte sie leise und legte ihm eine Hand auf die Schulter.

Was ist das denn nun wieder? überlegte Julie. Sie hatte nicht angenommen, daß Onkel Eathan wie ein Mönch lebte. Aber ein Verhältnis mit Sams Therapeutin? Das wäre, wenn es zuträfe, doch recht erstaunlich.

»Mach dir keine Sorgen«, beruhigte ihn Alma. »Wir werden schon einen Weg finden, um Samantha zu helfen. Du hast doch eine wissenschaftlich brillante Nichte, die sich des Problems annimmt, und ich werde ebenfalls alles in meiner Macht Stehende tun. Das weißt du doch.«

»Ja, ich weiß«, sagte er, richtete sich auf und schaute zuerst Alma und dann Julie an. »Ich fürchte nur, daß es hoffnungslos ist.«

»Ich habe noch nicht aufgegeben«, erklärte Julie, die sich Mühe gab, größere Zuversicht auszustrahlen, als sie empfand. »Und ich fange ja eben erst an.«

Von Alma war sie beeindruckt. Sie hegte offenbar ein echtes Mitgefühl für Sam. Sie war eine praktizierende Psychiaterin, sie kannte Sams Psyche, und die andere Perspektive, die sich jetzt zu ergeben schien, könnte sich eventuell doch als nützlich erweisen.

Julie warf einen Blick auf ihre Armbanduhr. Fast neun. Was bedeutete, daß es daheim in New York jetzt Nachmittag war. Sie könnte Dr. Siegal anrufen...

»Wenn wir schon bei dem Thema sind – ich glaube, es wäre ein guter Moment, um noch einmal eine Memoskopie zu versuchen. Würden Sie mich begleiten, Alma?«

Deren Augen leuchteten auf. »Ehrlich? Mit dem größten Vergnügen!«

»Prima. Bis ihr zwei aufhört, hier unten die Luft zu verpesten, werde ich oben alles vorbereitet haben.«

4

Als Julie in Sams Zimmer eingetreten war, teilte sie der Schwester mit, sie könne eine Pause machen. Dann nahm sie die Kassette von der letzten Sitzung aus dem Videorecorder. Sie wollte dafür sorgen, daß Eathan die Existenz dieser Kassette verborgen blieb, sie andererseits aber verfügbar halten, falls es notwendig werden sollte, noch einmal nachzuschauen. Sie markierte deshalb ein kleines x in die Ecke des Etiketts, steckte sie mitten unter die Leerkassetten und zog eine neue heraus.

Als Eathan mit Alma zusammen eintraf, war alles hergerichtet; sogar Dr. S. war bereits online. Die beiden ließen sich vor dem Bildschirm nieder, als Julie sich den Helm aufsetzte und den Handschuh überstreifte.

»Bevor wir beginnen, Alma, muß ich von Ihnen eine schriftliche Verpflichtung zu absoluter Geheimhaltung verlangen. Diese Geräte sind Privatbesitz. Die Patente sind angemeldet.

Von dem, was Sie gleich sehen werden, dürfen Sie niemandem etwas erzählen. Sind Sie damit einverstanden?«

»Ich verstehe. Und ich bin einverstanden«, erklärte sie. »Ich werde die ganze Sache im Sinne der ärztlichen Schweigepflicht betrachten und nachher alles vergessen.«

Dies werden Sie nie mehr vergessen, dachte Julie. Und schon gar nicht für den Fall, daß wir beobachten können, wie Sam und Liam es wieder miteinander treiben.

Sie klappte das Sichtvisier herunter und drückte auf das ENTER-Feld. Es ging los.

16. Kapitel

John Kotre: »Das Selbst als Mythenschöpfer hinterläßt sein Werk überall im Gedächtnis. Mit fortschreitender Zeit werden die Guten in unserem Leben ein bißchen besser und die Bösen ein bißchen schlimmer. Das Tempo nimmt zu, die Fische werden größer, die Depression wird tiefer.«

Aus den Notaten Julie Gordons

Inzwischen bist du das Dunkel und die Verwüstung schon fast gewöhnt.

Du stehst vor dem leuchtenden »Studio« draußen und überfliegst die zerstörte Aussicht. Du bemerkst, daß die Lichtstellen noch weniger geworden sind, siehst, wie Hinweise auf verlorene Erinnerungsstücke durch die verbrannte Kruste der Gedächtnisoberfläche absinken. Noch halten sich Lebenszeichen; es sind jedoch nicht genug. Bei weitem nicht genug. Der Himmel bleibt schwarz; in der Luft hängt immer noch ein Dunst von Rauch; er scheint von Dauer.

Dich packt ein Gefühl von Hoffnungslosigkeit; daß alles total umsonst ist. Das hier kannst du nicht wieder instandsetzen. Die Verwüstung ist zu umfassend und wird ständig schlimmer. Was hat sie zu bedeuten? Sind diese absinkenden Teilchen für immer verloren? Oder gibt es eine Möglichkeit, sie wieder zum Leben zu erwecken? Wenn du doch nur eine Anleitung für den Weg durch dieses Chaos hättest! Falls diese Zerstörung eine ähnliche Entwicklung ihres Bewußtseins indiziert, dann wird all das, was Sams Individualität ausgemacht hat, auf ewig verschwunden sein.

Sie geht dir verloren. Du *mußt* einen Weg finden, sie zu retten.

Und da bemerkst du eine dunkle Gestalt, die in der Nähe des Ateliers steht.

»Hallo?« rufst du, doch die Gestalt rührt sich nicht, reagiert in keiner Weise. Da stimmt doch was nicht.

Du trittst näher. Du erkennst mit Schrecken, daß es dein Vater ist, der in einen langen schwarzen Mantel gehüllt ist. Aber er sieht auf einmal ganz anders aus. Sein Gesicht ist blaß. Der Haarsatz zeigt Geheimratsecken.

»Daddy?«

Da beginnt er zu lächeln. Vor den scharfen weißen Fangzähnen, die er dabei zeigt, weichst du zurück. Dann breitet er weit die Arme und den Mantel aus und verwandelt sich – ganz wie in einem kitschigen alten Horrorfilm – in eine Fledermaus, die kreischt und schwindelerregende Schleifen zieht, bevor sie im Atelier verschwindet.

Zögernd folgst du ihm, bleibst im Türrahmen stehen. Das Atelier ist leer. Nirgends eine Fledermaus ..., auch keine Bilder. Sie sind weg.

Du drängst vorwärts, suchst nach der großen Leinwand, auf der sich langsam ein Bild entwickelt. Sie ist ebenfalls nicht mehr da.

Du spürst die erste Regung panischer Angst. So hoffnungslos vorhin auch alles scheinen mochte, da hattest du zumindest noch die Stütze der Bilder. Doch jetzt ...

In der Ecke bemerkst du ein Aufleuchten von Farbe. Eine Mischung aus Gelb und Orangerot. Du rennst hin.

Also sind doch nicht alle Bilder fort. Ein besonders originäres ist noch da: der Löwe mit der flammenden Mähne, der in der Gondel fährt. Es ist allerdings in den rückwärtigen Teil des Raums gerückt worden. Wieso? Warum sind alle übrigen Bilder fort und nur dies eine nicht?

Du berührst die feurige Mähne und schrickst zurück. Die Hitze! Aber wie ...

Dann stellst du fest, daß die Mähne tatsächlich in Flammen steht. Und das Feuer breitet sich aus, die Flammen züngeln rund um den Löwenkopf an der Leinwand, in Sekundenschnelle fressen sie ein Loch hinein, das sich in einem stetig wachsenden Feuerkreis erweitert. Das Bild ist vom Feuer verzehrt, bevor du eingreifen kannst; nur ein Schwelen an den Innenrändern des Rahmens bleibt.

Hinter der Flamme Finsternis. Nicht die Wand der Galerie.

Keine Öffnung in die Außenwelt der Gedächtnislandschaft. Eine bloße Öffnung. Leere. Schwarze Leere.

Du bewegst dich drauf zu und spähst durch diesen Riß im Stoff von Sams innerer Realität. Dahinter zeigt sich totale Schwärze.

Sie lockt.

Wie von ihr bezaubert, rückst du noch näher heran. Doch das aufblinkende WINDOW-Feld lenkt dich ab. Du klickst es an. Dr. S. erscheint. Du weißt schon, was er dir sagen wird.

»Ich werde mich in dieses Dunkle hinausbegeben, Dr. Siegal.«

»Einen Moment, Julie. Lassen Sie uns kurz innehalten und über die Situation nachdenken. Sie können doch nicht wissen, was …«

»Ich kann jederzeit EXIT anklicken und die Sitzung beenden, wann ich will.«

»Gewiß, aber die Sache könnte gefährlicher sein, als wir ahnen. Und wir hatten uns doch darauf geeinigt …«

Du berührst das WINDOW-Fenster, und Dr. S. verschwindet.

Das war unhöflich, zugegeben, aber du hast genau gespürt, daß er dich wieder einmal wegen der Risiken warnen wollte, die aufgrund der persönlichen und genetischen Übereinstimmungen zwischen Sam und dir bestehen. Und falls du jetzt mit Sam allein hier wärst, hättest du ihm ja auch höflich zugehört. Du darfst es aber nicht drauf ankommen lassen, daß Eathan unruhig wird, der den Bildschirm beobachtet und jedes Wort mithört. Falls er annehmen müßte, daß für dich auch nur das geringste Risiko besteht, wird er seine Zustimmung zurückziehen und dir den Zugang zu Sams Gedächtnislandschaft total versperren.

Ehe Dr. S. dich noch einmal unterbrechen kann, saust du durch die Tür …

Und fällst.

Kein Luftstrom in deinem Gesicht. Kein Gefühl, wegen der Schwerkraft zu fallen. Trotzdem weißt du, daß du in die Tiefe stürzt, weil ein Blick zurück dir das glühende Rechteck des Bildrahmens zeigt, das hinter dir zurückbleibt wie die Öffnungen in einem Flugzeug, aus dem du soeben abgesprungen bist.

Du schaust nach vorn. Wenigstens *denkst* du, daß dort *vorn* ist. Die totale Finsternis nimmt dir die Orientierung. Du verlierst den Sinn für oben und unten. Du spürst zwar die Lehne des Arbeitssessels in deinem Rücken, wirst aber vom Schwindel überwältigt. Hier gibt es kein Gefühl von Realität, hier zählt nur dein virtueller Fall. Hoffentlich wird das Programm dir Orientierung bieten. Ohne das tröstliche, stets erreichbare EXIT-Feld in der Menüleiste über deinem Sehfeld würdest du jetzt möglicherweise in Panik ausbrechen.

Und nun kannst du etwas sehen: ein schwaches, spitzenartiges Muster aus blauweißem Licht tief unten in der stygischen Finsternis. Du fällst – im Sturzflug – drauf zu. Näher kommend erinnert das Muster dich an Silberfiligran, du brauchst jedoch ein bis zwei Momente, bis du das Ausmaß dessen, was du vor dir siehst, wirklich erkennst. Der Silber ist Wasser. Die Öffnungen im Filigran sind Inseln. Du fällst einem immensen, mondbeleuchteten Archipel entgegen.

Schließlich verlangsamt sich dein Fall, bis du etwa einen Meter über der gezackten Fläche einer der größeren Inseln im Zentrum der Gruppe schwebst. Du schaust suchend hoch, nach der Quelle des weißen Lichts, und siehst einen zunehmenden Mond, eine schmale Scheibe milchigen Lichts, die allerdings unglaublich groß ist und unmöglich nah am klaren, sternenlosen Himmel hängt.

Nein, sie hängt keineswegs. Du kannst sehen, wie sie vom Himmel herunterfällt – ein leuchtender Fingernagelsplitter, den ein unachtsamer Gott abgeschnitten hat.

Du senkst den Blick und siehst dich in deiner Umgebung um. Das ist mitnichten, wie dir langsam klar wird, der friedliche Archipel, wie es dir von hoch oben schien. Statt dessen bist du erneut in einem Szenarium unvorstellbarer Zerstörung. Nur daß diesmal nicht Feuer, sondern Wasser alles verwüstet hat. Eine Sintflut nicht von vierzig Tagen, sondern vierzig Jahren. Diese Klumpen von Land ringsum sind keine Inseln – es sind Hügelkämme. Es könnte ein Gipfel der Rocky Mountains oder der Appalachian Mountains sein. Oder vielleicht auch der Berg Ararat, der nur drauf wartet, daß die Arche auf einem seiner Felsen hängenbleibt. Es mag sich hier um eine tieferliegende Schicht von Sams Gedächtnislandschaft handeln; sie ist jedoch nicht weniger zerstört als die entsprechende höhere Ebene.

Du landest auf der größten Insel und schaust aufs Wasser hinaus. Von hoch oben hatte es so sauber und klar ausgesehen. Jetzt, aus der Nähe, siehst du regenbogenfarbene Ölflecken über die mondhelle Oberfläche dahingleiten. Schwarzes Wasser. Und keinerlei Ringe von Wellen, die diese dunkle Fläche in Bewegung brächten; auch nichts, das sich von oben auf ihm herniederläßt. Dies hier ist ein wahrhaft totes Meer.

Totes Meer ... Symbolisiert es eine abgestorbene Zone des Bewußtseins, die für immer verlorengegangen ist, oder ist es einfach bloß symbolisch? Da ist niemand, der dir auf diese Frage eine Antwort zu geben vermöchte. In dieser merkwürdigen Unterwelt bist du Entdecker und erster Forscher.

Du wendest dich um und erstarrst.

Hinter dir liegt eine riesige schwarze Nautilusschale, ein onyxgrünes Ding, das im Mondschein flimmert. Wie ist die hierhergekommen?

Laß gut sein. Hier gelten die Regeln der externen Welt nicht. Was hier zählt, ist das Licht, das aus dem Inneren hervordringt und dich in der nassen Kälte dieser nachsintflutlichen Ödnis einladend lockt. Du nimmst die Einladung an.

Als du drinnen bist, erkennst du sofort, daß du dich in einer Galerie befindest. An den Wänden hängen neue Bilder, von denen dir nur eines vertraut ist, und selbst das ist verändert. Auf der wie durch einen Zauber restaurierten Leinwand von der oberen Ebene zieht die Gondel noch immer durch den venezianischen Kanal; in ihrem Bug sitzt aber kein flammender Löwe mehr. Auch das große *Work in Progress* ist wieder da. Du näherst dich und erkennst neu hinzugekommene Details: Es hat mehr Bäume und einen volleren Mond; und es ist der dir vertraute Mond, den du dein ganzes Leben lang gesehen hast, nicht dieses fremdartige Ungetüm, das sich hier unten über den Himmel schleppt.

Du gehst wieder nach draußen. Eine Bewegung rechter Hand läßt dich aufmerken. Etwas gleitet über das Wasser dahin, kommt näher ...

Eine Gondel. Wie merkwürdig sie auf dieser See ohne Leben wirkt. Diese Gondel hat keinen Löwen mit flammender Mähne als Fahrgast. Es ist einfach eine leere Gondel. Sie schwebt leise vor dir ans Ufer und knirscht gegen den glitschigen Fels. Und wartet.

»Okay«, sagst du, »da soll ich wohl einsteigen.«

Also begibst du dich an Bord – nicht ohne dir von neuem klarzumachen, daß du ja jederzeit das EXIT-Feld erreichen kannst. Das Boot schaukelt nicht unter deinem Gewicht wie eine richtige Gondel. Das ist nur gut so; denn auf richtigen Schiffen oder Booten – jeglicher Größe – hast du noch nie eine angenehme Fahrt gehabt.

Kaum hast du dich gesetzt, als die Gondel vom Ufer ablegt. Auf diesem Styx der Seele bedarfst du keines Charon, während das Boot an den verdreckten Inseln vorbeizieht, zwischen verwüstete Felseninseln oder um sie herum steuert, die einst Erinnerungen beherbergten.

Ein Totenreich ist das, weit mehr tot ist das hier als auf der verbrannten höheren Ebene. Einzige Lichtquellen sind die Galerie, die hinter dir verschwindet, und die dräuende Mondsichel. Die Sichel ist dichter an den Horizont herangerückt. Bald wird sie untergehen. Du hast Angst, daß dann totale Finsternis herrscht. Möglicherweise wäre es ratsam auszusteigen.

Du gestehst dir etwas ganz offen ein: Hier kommt beklemmende Angst in dir hoch.

Und dann, weiter voraus … eine Art Boje, die, schwach leuchtend, auf der Wasseroberfläche tanzt. Beim Näherkommen erkennst du Einzelheiten … und stellst am Ende fest, daß es sich um eine riesige selbstleuchtende Jesusfigur für Armaturenbretter von Autos handelt. Du gleitest im Abstand von wenigen Metern an ihm vorbei, und als die Boje querab kommt, wird er Fleisch. Plötzlich steht Jesus aufrecht auf dem Wasser und schaut dich an. Zum Gruß hebt er eine durchbohrte Hand.

»Das Blut ist das Leben«, spricht er, dreht sich um und schreitet davon … über das Wasser.

»Blut«, flüsterst du. »Dad als Vampir. Und nun Jesus. Bist du noch immer wegen der Bluttransfusion hinter mir her, Sam?«

Du schaust zum Horizont und siehst ein größeres Leuchten. Ja! Ein Gedächtnisknoten, kein Zweifel, also etwas, das die Sintflut überstanden hat. Das, so vermutest du, ist der Grund für die Gondel. Um dich hinzubringen. Du bist richtig gespannt.

Das Wasser zieht mit einer Geschwindigkeit von rund drei Knoten pro Stunde an der Gondel vorbei; du näherst dich dem Leuchten jedoch mit einem Tempo von etwa fünfzig Knoten. Bald kannst du das Leuchten identifizieren.

Venedig. Nicht das Venedig, das du von deiner kurzen Reise vor drei Jahren kennst. Das hier ist das stilisierte Venedig aus Sams Gemälde, von den Lichterreihen und den Scharen buntgekleideter Menschen ist hier nichts zu sehen. Die Finsternis, die alle Menschen gleichmacht, hat sie eliminiert. Du fährst auf den schwarzen Wasserwegen der Stadt, unter den leeren Fußgängerbrücken hindurch, schwebst vorbei an den Fassaden der schmalen Häuser mit ihren leeren schwarzen Fenstern.

Oder vielleicht sind sie so leer gar nicht. Wer weiß, was hinter jenen Scheiben wartet und zuschaut? Doch die Gondel hält nirgendwo an.

Von der Brücke vor dir siehst du etwas herabhängen, etwas Pelziges, der Kopf ist oben. Ein Affe? Nein... schließlich erkennst du, was dort hängt, es ist ein Opossum, das dich mit einem breiten, strahlenden Cheshire-Katzen-Grinsen beobachtet. Das Opossum von der oberen Ebene, genau das gleiche – das mit der Hand? Du wartest, daß es etwas unternimmt, es grient dich aber nur an, als du vorbeigleitest. Bald bleibt es hinter dir zurück, die Schatten verschlucken es, das Grinsen aber bleibt.

Und hinter und über dir erspähst du die riesige Mondsichel, die in den Horizont einsticht. Endlich gibt es ein bißchen Licht in dieser nachtfinsteren Stadt. Du beobachtest, wie es zwischen den Gebäuden einfällt, wie es von den schwarzen Spiegeln der toten Kanäle reflektiert wird. Du ahnst, daß du auf die Quelle des Lichts zusteuerst. Du spürst die Angst weichen.

Dann aber vernimmst du ein Geräusch, einen kratzenden Laut, leise und schnell. Du blickst hoch und siehst einen dunkelhaarigen Jungen in zerschlissener Kleidung auf dem Geländer einer weiteren Brücke sitzen, in der Mitte des Bogens, von wo seine Beine über den Rand baumeln. Er hält eine Angelrute in den Händen und ist wie wild mit der Leine beschäftigt, er holt die gespannte Leine aus dem tintigen Wasser ein. Du schüttelst den Kopf. Als ob man in diesem verschmutzten Gewässer Fische fangen könnte.

Du beobachtest im Vorbeigleiten die stille Oberfläche, weil du neugierig bist, was er gefangen hat, aber er holt nur pausenlos die Leine ein, er muß endlos viel Leine ausgeworfen haben. Ein nicht enden wollendes Einziehen der Leine, während du unter der Brücke hindurchfährst und die nächste Biegung des Kanals dich dem Blickfeld entrückt, doch seine Angelrolle höre ich immer noch…, sie spult… und spult…

Dann kommst du um eine weitere Biegung, und du vergißt den Jungen; denn die Nacht ist plötzlich ringsum hell erleuchtet. Den Platz erkennst du wieder. Er gehört gar nicht an diese Stelle; so sieht das hier in Wirklichkeit überhaupt nicht aus. Das Gebäude ist dir aber vertraut.

Das venezianische Opernhaus. *Teatro la Fenice.*

Du bist kein großer Opernfreund, aber die äußere Fassade hast du dir bei deinem Venedigbesuch doch angeschaut. Hier hat Sam einmal ein Bühnenbild geschaffen, es war für eine avantgardistische Inszenierung von…, den Namen der Oper hast du vergessen.

Und dann erkennst du eine vertraute Gestalt.

Auf dem Quai sitzt wartend der Löwe mit der flammenden Mähne. Von drinnen wallt Musik nach draußen, die Klänge eines Orchesters beim Stimmen der Instrumente.

Die Gondola stößt gegen die Quaimauer und kommt zum Stillstand. Du weißt, was von dir erwartet wird. Der Löwe dreht sich zu dir um und schaut zu, wie du aus der Gondel steigst und die Treppe hochsteigst. Wird der Löwe sich äußern? überlegst du. Dann verblaßt jedoch sein Bild…

Du musterst das Schirmdach. OTHELLO, steht dort zu lesen, doch die Eingangstüren sind zu, offenbar abgeschlossen, da sie nicht auf deinen virtuellen Griff reagieren.

Du begibst dich zur Seitentür, zum Bühneneingang. Dort kannst du hinein. Und drinnen erblickst du Sam:

Sie schlängelt sich durch die fürchterliche Enge des Kulissenbereichs. Nur dort, wo das Publikum sitzt, ist alles großartig und luxuriös.
La Fenice. Der Phoenix, ein Theater, das aus der Asche der großen Feuersbrunst im Jahre 1714 wiedererstanden ist. Das Juwel Venedigs. Seit Jahrhunderten haben Mitglieder könglicher Häuser dieses blau und cremige Interieur genossen. Von seiner Schönheit berichtete Mary Shelley in ihren Briefen nach Hause.
Hier aber, hinter der Bühne, befindet man sich in einer Irrenanstalt, in einer Klapsmühle.
Sam gefällt es hier.
Und welch eine Gelegenheit. Die jüngste Bühnenbildnerin in der Geschichte des *Fenice*, die mit der Ausstattung einer bedeutenden Inszenzierung beauftragt wurde. Und wenngleich ihr persönlicher Geschmack eher in Richtung Nirwana und Pearl Jam geht, fühlt Sam sich von Verdis brausender Musik, zu der Extravaganz, der üppigen Farbenpracht und dem bunten Pomp hingezogen.
Ein junger Adeliger läßt im Vorbeistolzieren in seinem Baß Stimmübungen erschallen. Die dralle Mezzosopranistin, die die Emilia singt, lädt irgendeine Beschwerde beim Inspizienten ab. Mezzosoprane sind nie glücklich und zufrieden.
Genausowenig wie die Primadonna. Katia Mareau.
Der Star, die Desdemona dieser *Othello*-Inszenierung.
Sam tritt vorsichtig über die Seile und Kulissen hinweg, die bereits für den letzten Akt der ersten Kostümprobe aufgebaut sind. Katia Mareau wird getötet werden, wie es ihr während der folgenden zwei Wochen widerfahren wird, in denen betuchte Gäste in der Gondel eintreffen, um Verdis Interpretation der Shakespeare-Tragödie zu erleben.
Die Oper. Eine alberne, komische und doch irgendwie wundervolle Welt. Alles ist überlebensgroß; es macht das Leben vergessen.
Sam geht zu der Tür mit dem in sorgsamer Schönschrift ausgeführten Namen – *Katia Mareau* –, unter dem, in kleinerer Schrift, steht: *Desdemona.*

Sam klopft einmal an.
Keine Antwort. Sie klopft noch einmal.
Und die Stimme drinnen singt einen Gruß.
»Sí, entrare!«
Sam tritt ein. Die Mareau sitzt vor ihrem Schminktisch und mustert ihr Spiegelbild, das von Legionen von Glühbirnen umrahmt wird. Sie wirft Sam nicht einmal einen flüchtigen Blick zu.
»Ach so. Samantha. Bitte mach die Tür zu. Ich spüre Zug. Es ist hier ja immer so schrecklich feucht.«
Sam macht kehrt und schließt gehorsam die Tür. Als die Mareau auf einer großen Ranch in Wyoming aufwuchs, hat sie garantiert schlimmeren Zug erlebt.
»Du hast die Bühnenausstattung gesehen?« fragt Sam.
»Für den vierten Akt? Jawohl, meine Liebe – und das Bett ist zu schmal.« Sie hat noch immer keinen Blick für Sam übrig. »Aber ich hatte dich ja gewarnt, nicht wahr. Also, da wollen wir mal sehen, wie's ausgeht.«
Sam nickt. Es geht um das Bett, in der diese Desdemona Abend für Abend sterben wird. Die Diva Mareau wünscht sich eine grandiosere Bühne für ihren Schwanengesang.
»Der Regisseur hat mir erklärt, daß alles paßt, so daß ...«
»Er ist ein Esel. Ein alberner, dummer Kerl. Der könnte doch nicht mal einen Flohmarkt inszenieren.«
Jetzt, endlich, hält die Mareau inne und schaut Sam an.
»Hast du etwas vergessen, Schatz?«
Es ist für Sam eine merkwürdige Erfahrung, im Banne dieser Frau zu stehen. Die Mareau ist wie eine Urgewalt ... nicht nur, wenn sie singt.
Die Mareau erhebt sich. »Ich mache mir Sorgen um dich.«
Sam nickt. Die Mareau ist großgewachsen, sie hat dunkle, braune Augen und üppiges schwarzes Haar, das bis auf die Schultern hinabwallt. Sie trägt die Nachtrobe für den vierten Akt, ein hellblaues, langfallendes, irisierendes Gewand. Sie tut einen Schritt auf Sam zu.
»Ein bedeutsamer Tag, nicht wahr, Sam?«
Die erste Kostümprobe ist immer die Nagelprobe einer Insze-

nierung. Danach weiß man, ob all die wirren Bestandteile der Oper – Bühnenausstattung, Sängerinnen und Sänger, Orchester, Regie – ein Ganzes bilden.

Die Mareau tritt näher.

»Du wirkst wie ein gebrechliches Vögelchen, Samantha. Hast du dich total verausgabt für unsere Inszenierung..., ohne«, die Mareau streichelt Sam über die Wange, ihre Hand ist warm, tröstend, erfahren, sie gleitet mit dem Finger über Sams Lippen, »etwas für mich persönlich aufzubewahren?«

Sam weiß: Es ist Wahnsinn. Sie wird nie begreifen können, wie sie da – in diese Beziehung – hineingeraten konnte. Beruht es auf der schieren Kraft von Mareaus Persönlichkeit, auf ihrem Charisma, ihrer Ausstrahlung – oder auf irgendeiner blöden Schwäche ihrerseits? Sie weiß es nicht.

Die andere Hand der Sängerin erreicht Sams linke Wange, hält ihr den Kopf, wie eine Mutter, die das erste Make-up der Tochter überprüft.

Du weichst entsetzt zurück.

Einen Augenblick lang bist du versucht, auf das EXIT-Feld zu drücken. Weil du genau weißt: Was du als nächstes sehen wirst, stellt alles in Frage, was du von deiner Schwester zu wissen glaubst. Hat es denn dann gar nichts gegeben, das sie nicht ausprobieren mußte, gar nichts, mit dem sie nicht experimentierte?

Und doch, Sam wirkt hier so ruhig, so unterwürfig... wie ein kleines Mädchen.

Du wappnest dich für das Kommando.

Die Mareau beugt sich vor und gibt Sam einen Kuß. Einen heftigen, leidenschaftlichen Kuß.

Sam steht da und läßt es zu, daß diese Frau sie überwältigt, ganz kurz nur, dann hebt sie die Arme und umschlingt die Mareau, sie berührt den hellblauen seidigen Stoff ihres Gewands, und Sam wird schwindlig vom Duft dieses Parfüms, dem Geschmack dieser vollen Lippen, dem grellen Licht der Kosmetikbirnen, die auf den Spiegel einschlagen und die winzige Garderobe mit einem warmen gelben Licht füllen.

Es ist die Mareau, die den Kuß abbricht. *Sehr* plötzlich. Als ob sie nur eine Bestätigung für Sams Ergebenheit gesucht hätte.
»Das *war* süß. Aber ich habe eine schlechte Nachricht für dich.«
Samantha nickt. Ganz das Schulmädchen, das zuhört…
»Es geht um heute abend. Ich werde mich nach der Probe nicht« – ein Zögern – »mit dir treffen können. Ich habe Besuch von ein paar alten Freunden an der Met.«
»Und anschließend?« Sam läßt ihre Enttäuschung offen durchklingen.«
»Ihr Lieben, danach gehe ich sofort schlafen. Werde ich« – sie setzt ein Lächeln auf – »für nichts anderes mehr Zeit haben.«
Noch ein Streicheln über Sams Wange. Aus. Entlassen. Eine Liebe, die gewährt und wieder zurückgenommen wurde. Ein Versprechen für ein anderes Mal, für spätere Umarmungen.
Es ist, als ob sich der Raum dreht.
Ein Klopfen an der Tür. *»Presto, Signora.«*
»*Presto,* in Ordnung – als ob in diesem verdammten Land auch nur irgend etwas *›presto‹* ginge. Aber dann wollen wir mal sehen, ob ich mit meiner Beschwerde wegen des Betts recht hatte, wie?«
Sam macht den Mund auf. Sie will etwas sagen. Doch auf ihrer Zunge macht sich nur ein kitschiges, blödes, verlegenes Gesicht breit. Irgendwas wie *Ich liebe dich*.
Sie sagt also gar nichts.
Die Mareau dreht sich um und stößt ein paar hohe Übungstriller aus, die in dem kleinen Raum ohrenbetäubend wirken.
Bis die Mareau, in einen »New Yorker« Akzent verfallend, erklärt: »Dann wolln wir mal, damit der Mohr mich umbringt, was, Süße?«
Und die Garderobe verläßt.

Du fühlst die Empfindungen, die Sam übermannen: die Verwirrung, den Schmerz und schließlich das Gefühl der Leere.

Ob das wohl Konzequenzen hat? Sicherlich. Diese Szene ist bestimmt von Belang. Nur wieso?

Du folgst Sam, die die Garderobe verläßt und für den vierten Akt von *Othello* hinter die Kulissen tritt.

Sie steht hinter den Kulissen. Ihre Skizzen und Gemälde sind mit Leben erfüllt.
Das hier ist keine konventionelle *Othello*-Inszenierung. Die mittelalterliche venezianische Burg und das Schlafzimmer des Fürsten sind so ausgestattet worden, als ob die Handlung in einem Raumschiff stattfände; mit einem silbrigen Bett, das wie ein feuriges Juwel funkelt.
Das große Wandgemälde auf der Bühnenrückseite ist ganz aus metallischem Silber und Rot. In ihm strotzt ein zehn Meter hoher Löwe von Venedig, der Menschenknäuel in seinen Tatzen hält. Es handelt sich um einen »politischen« *Othello.*
Die Inszenierung wird mit Sicherheit Aufsehen erregen, einen *cause célèbre* verursachen. Weshalb man sich ja auch an Sam gewandt hat.
Und, verdammt noch mal, sie ist stolz auf sich.
Nun sieht sie die kostümierten Sängerinnen und Sänger jedoch erstmals durch ihr Bühnenbild für den vierten Akt wandeln. Der Boden besteht aus roten Metallplanken, wie sie eher einem Kraftwerk angemessen wären. Von unten scheint ein goldener Glanz nach oben. Das Leuchten wird sich zu Orange verfärben, und dann zu Rot, bevor…
Sam richtet den Blick wieder auf die Mareau, die ihre große Solo-Arie beschließt. Das Ave Maria der Desdemona endet. Jetzt wartet sie voller Schrecken auf ihren Ehemann, den krankhaft eifersüchtigen Mohren, auf Othello.
Othello, ein Tenor mit schwarzgemaltem Gesicht, stürmt ins Schlafgemach.
Er steigert sich zu einem weiteren Angriff gegen Desdemona. »Wo ist das Tagebuch, das ich dir gab?« will er wissen.
Mareau scheint echt erschrocken. Sie windet sich auf dem silbrigen Bett.
Es *ist* zu klein.
Vielleicht könnten wir…
Sam erstarrt. Othello singt seine Wut auf italienisch heraus. Er deutet auf Desdemona und brüllt: »Du liebst einen andern… Du liebst… Cassio!«
Sams Italienischkenntnisse sind rudimentär. Und doch weiß

sie, was nun geschehen wird. Othello teilt Desdemona mit, daß Cassio tot ist. Und du – du, meine Ehefrau, liegst auf *deinem* Sterbebett.

Sam greift nach einem Vorhang, dreht den Brokatstoff zwischen den Fingern. Ihr ist ganz schwindelig.

Mareau – Desdemona – hat offensichtlich Angst. Das dramatische Geschehen ist übermächtig, allzu ergreifend. Die Musik schwillt an, donnert mit Othellos Wut um die Wette.

Desdemona fleht um ihr Leben, um nur diese eine Nacht, um eine Stunde mehr, nur um diesen Augenblick, doch Othello springt auf das Bett, legt seine Hände um ihre Kehle und beginnt sie zu würgen.

Und dann – und dann – Mareau schaut mit vor Schrecken geweiteten, hervortretenden Augen zu Sam hinüber.

Sam läßt den Vorhang los. Sie tritt einen Schritt aus den Kulissen hervor, einen zweiten …

Die Szene geht weiter, Desdemona windet sich unter lautem Flehen.

»Nein«, murmelt Sam. Ein weiterer Schritt nach vorn.

Die Beleuchtung vom Metallmaterial unten wechselt. Von Gold zu Orangerot, zu …

Samantha steht jetzt mitten auf der Bühne. Doch niemand hält sie zurück. Möglicherweise will sie ja nur ein Detail checken.

Die Donnergewalt des Orchesters ist überwältigend. Die Zimbeln schlagen, die Trommeln dröhnen.

Dann ist Desdemona tot.

Samantha stößt einen Schrei aus. »Nein!«

Sie läuft zu dem Bett, zerrt an Othello, reißt am Kostüm des Sängers. Seine blauen Augen blitzen in der schwarzen Gesichtsmaske auf.

Sam kreischt, ihr Kreischen vermischt sich mit der Orchestermusik, die nur langsam, langsam verebbt, als ob der Dirigent den Überblick verloren hätte.

»Du darfst … sie nicht … umbringen!«

Sie stößt Othello weg, dann wiegt sie Mareaus Haupt, ohne die weit aufgerissenen Augen der Frau, ihre entsetzte Miene zu bemerken.

Ohne überhaupt etwas wahrzunehmen. Weil sie Mareaus Haupt wiegt und weint, weil sie in einem fort wimmert: »Nein … nein … nein.«
Eine Träne fällt auf die Metallplanke des Bodens und flimmert, bevor sie weiter nach vorn rutscht, ins Feuer hinein.

Und dann stehst du am Bühnenausgang. Ausgesperrt. Du versuchst, den Türgriff zu bewegen, ahnst aber, daß das Theater dir nicht mehr zu zeigen hat.

Du fühlst dich schrecklich leer, hoffnungslos. Du überlegst: Hat Sam damals genauso empfunden? War das der Hintergrund für Sams Selbstmordversuch?

Zögernd gleitest du wieder zum Eingang von *La Fenice.* Dort wartet die Gondel auf dich.

Du rennst die menschenleeren Treppen hinunter. Die Oper ist vorbei. Du mußt das Gebäude verlassen.

Presto, presto …

Es ist das erstemal, daß du Mitleid für deine Schwester empfindest. Du hast den Eindruck, daß sie sich eine so übermächtige Fantasiewelt geschaffen hat, daß es sie in die Knie zwang.

Doch worum ging es hier eigentlich? Um Liebe zu einer Frau? Weil sie beobachtete, wie diese Frau ermordet wurde? Hatte es etwas mit dem selbstverursachten feurigen Leuchten zu tun?

Du mußt noch so unendlich viel mehr in Erfahrung bringen, aber jetzt kennst du nur einen Wunsch: Du willst hier raus.

Die Gondel folgt einem mäanderndem Kurs, der hoffentlich ganz weit von hier wegführt.

Über den Gebäuden bemerkst du die Messerspitze des zunehmenden Mondes, der am anderen Ende der Gedächtnislandschaft am Himmel hochzieht. Die vorübergleitenden Brücken und Häuser nimmst du kaum wahr. Du willst bloß fort, nur ganz allein sein, um dir über diese Empfindungen klarzuwerden, deine und Sams Gefühle entwirren, dich von Sams seltsamer Liebe zu dieser Frau und von dem überwältigenden Sinn von Verlust und Leere befreien.

Du darfst aber jetzt diese Gedächtnislandschaft nicht verlassen. Noch nicht. Du mußt noch einmal in den Archipel eindringen, um zu sehen, was dich inmitten dieser abgesunkenen Erinnerungen sonst noch erwartet.

Und dann vernimmst du einen vertrauten Klang. Das leise, schnelle Schnarren einer Angelrolle. Du hebst den Kopf und siehst wieder den kleinen Jungen. Dir fällt auf, daß dies hier eine andere Brücke ist; trotzdem zieht er noch immer seine Angelleine ein. Wer ist dieses Kind, dieser einsame Straßenjunge mit der Angel? Und was bedeutet er Sam? Da, auf einmal ein Plätschern, als sein Fang die Wasseroberfläche durchbricht.

Endlich! Du beugst dich über den Rand, um zu sehen, was er gefangen hat und weichst vor Entsetzen zurück, als du es erkennst: Es ist eine abgetrennte Hand, der Daumen am Angelhaken. Sie tropft und schaukelt, als das Kind an der Leine zieht, um die Hand an Land zu bringen.

Was hat es mit diesem Bild auf sich? Es ist nun schon das drittemal, daß du es siehst, einmal in der realen Welt und zweimal in der Gedächtniswelt. Was will Sam dir mitteilen – falls sie dir überhaupt etwas mitzuteilen versucht?

Du schaust schweigend zu, wartest drauf, daß er merkt, was er da eigentlich gefangen hat, und es ins Wasser zurückwirft. Doch als er die Hand packt, leuchten seine Augen. Mit einer schnellen Bewegung löst er die Hand vom Haken, führt sie zum Mund und beißt in den fleischigen Handballen.

Du rufst laut: »Nein!« Er hört aber nicht und reißt weiter das Fleisch mit seinen weißen, scharfen Zähnen von der Hand.

Dir wird übel. Du wendest dich ab, willst jetzt noch dringender weg von hier, vor dir siehst du die letzte Brücke. Von dem Cheshire-Opossum keine Spur. Bald hast du die letzte Biegung hinter dir gelassen und bist wieder auf dem offenen Meer. Und auf der Oberfläche dieses schwarzen, öligen Meeres erkennst du nirgends das Leuchten von Gedächtnisknoten.

Diese Welt ist so gut wie tot.

Und das Ganze hier unten lediglich die Venedig-Erinnerung? In dieser riesigen Wasserwüste muß es aber doch mehr als nur einen einzelnen Knoten geben. Aber selbst wenn es hier weitere Knoten geben sollte – dieser eine hat dich dermaßen ausgelaugt, daß es dir am Willen fehlt, noch weiterzumachen.

Und warum ausgerechnet diese eine Erinnerung? Hat es möglicherweise mit der Tatsache zu tun, daß du kurz vor deinem Eintritt in die Gedächtnislandschaft mit Sams Psychiaterin über diesen Vorfall in Venedig gesprochen hast? Trägst du etwas in diese Gedächtnislandschaft hinein? Ist es so, daß du selbst die Gedächtnislandschaft auf irgendeine Art und Weise prägst? Sie gestaltest? Reagiert der noch verbliebene Teil von Sams Unterbewußtem vielleicht auf das, was dich innerlich bewegt, wenn du in die Gedächtnislandschaft hineingehst?

Oder ist es doch nur bloße Koinzidenz?

Zu viele offene Fragen, verdammt.

Mein Gott, wie sehr du dir wünscht, daß diese Wissenschaft nicht in den Anfängen stecke. Wenn du doch bloß mehr wüßtest. Wenn du nur…

Plötzlich gerät das Boot ins Schaukeln. Da reibt sich etwas an seinem Kiel. Ein Fels? Ein Riff? Der Beginn einer Sandbank?

Erneutes Scheuern. Ein Fels war das ganz bestimmt nicht. Für einen Felsen war das zu weich. Beinahe… lederähnlich. Und die Gondel, die bislang sicher und stetig voranglitt, bewegt sich nun im Zickzack durchs Wasser.

Aufhören oder *nicht* aufhören, du willst es bestimmt nicht drauf ankommen lassen, ins Wasser hineinzufallen.

Dann ein Platschen backbords. Etwas Schwarzglänzendes ist an die Oberfläche getreten. Für einen Moment glitzert es im Mondschein, dann ist es wieder verschwunden, zurück bleiben nur ein paar leichte Wellen.

Du zitterst. Solltest wahrscheinlich froh sein über solche Hinweise, daß diese Gewässer nicht gänzlich abgestorben sind. Immerhin existiert hier noch eine Art Leben. Du kannst dich jedoch eines unangenehmen Gefühls nicht erwehren, weil du nicht weißt, *was* für eine Art Leben sich unter dir regt.

Du schaffst es, wieder zur Insel zurückzukehren, und du hast auch kein weiteres Reiben und Scheuern an der Gondel mehr zu ertragen.

Du trittst wieder in die Galerie ein, und die ist seit Beginn deiner Reise kaum verändert, nur der flammenmähnige Löwe ist wieder zur Gondel zurückgekehrt. Und das Gemälde auf der

Staffelei zeigt an den Bäumen mehr Details als vorher, ansonsten ist jedoch alles ziemlich so geblieben. Drei Schritte vor, zwei zurück.

Du spürst, wie sich in dir eine tiefe Niedergeschlagenheit ausbreitet. Ist es dein eigenes Empfinden? Oder Sams? Beides wäre möglich. Die ganze Sache ist echt hoffnungslos. Auf dieser Ebene scheint die Verwüstung noch ärger zu sein als auf der oberen. Wie sollst du hier etwas in Erfahrung bringen können, wenn alles abgesoffen ist?

»Mist«, sagst du – du sprichst es einfach nur aus, um deine eigene Stimme zu hören. Etwas Menschliches.

Bevor es soweit kommt, daß du von dem Gefühl überwältigt werden könntest, berührst du das EXIT-Feld und steigst aus.

17. Kapitel

Das Gedächtnis ist nicht mit einer Videokamera vergleichbar. In keinster Weise ist Erinnerung als eine objektive Aufzeichnung eines Ereignisses zu verstehen. Erinnerung ist mehr eine Erweiterung von Wahrnehmung, das gespeicherte Ergebnis der Analyse einer Wahrnehmung. Sie wird gefärbt durch unsere Empfindungen über das Ereignis, durch unsere emotionale Verfassung, ja verdammt noch mal, wahrscheinlich sogar durch unseren jeweiligen Blutzuckerspiegel.

Aus den Notaten Julie Gordons

1

Julie nahm den Datenhelm ab und schaute zu Eathan und Alma hinüber, die vor dem Monitor saßen.

Eathan stand auf und rieb die Hände an seinen Schenkeln. »Mir ist bei dieser Sache sehr unwohl«, erklärte er. »*Sehr* unwohl. So viel möchte ich über Sams Intimsphäre wirklich nicht wissen. Ich habe nie alles gewußt, was sie durchgemacht hat. Ich…«

Ihm fehlten die Worte.

Julie verstand ihn nur zu gut. Auch ihr wurde erst jetzt das Ausmaß der seelischen Qualen klar, die ihre Schwester erlitten hatte. Wegen der Tatsache, daß Sam letztendlich für all diese selbstverursachten Nöte selbst verantwortlich war, änderte sich für Julie auch nichts. Die Frage lautete nur: Warum hatte sie sich in solche Zwänge begeben? Welche Dämonen hatten sie in solche Situationen getrieben?

Dämonen… Ihr fiel plötzlich das Brueghel-Bild mit dem Dämon wieder ein.

Julie verabschiedete sich rasch von Dr. S. Dann fiel ihr auf, daß Alma noch immer vor dem Monitor saß und ihn wie hypnotisiert anstarrte. Als sie Julies fragenden Blick spürte, gab sie sich einen Ruck und hob den Kopf.

»Ich... ich bin sprachlos«, sagte sie. »Das ist das phänomenalste..., das revolutionärste...«

Das war für Julie nichts Neues. Sie hätte von Alma gern etwas erfahren, was sie noch nicht wußte.

»Aber haben Sie daraus etwas gelernt?« wollte sie wissen.

Alma antwortete mit einem heftigen Kopfnicken. »O ja. Im Hinblick auf gewisse Einzelheiten hat Ihre Schwester sich immer nur sehr vage geäußert. Jetzt weiß ich genau, was vorgefallen ist. Ich meine, ich – habe es ja gesehen.«

»In dem Punkt sollten Sie sich nicht allzu sicher sein«, warnte Julie. »Ich habe inzwischen gelernt, daß ich das, was ich während der Memoskopie beobachte, nie als objektive Wahrheit interpretieren darf. Es handelt sich da vielmehr um Wahrnehmungen der Realität. Die gefärbt sind durch Ängste, Hoffnungen, Fantasien.«

»Dessen bin ich mir bewußt«, erwiderte Alma. »Und genau darauf will ich ja auch hinaus. Es repräsentiert möglicherweise nicht das wirklich Vorgefallene, sondern Sams Erinnerung dieser Ereignisse, so wie sie sie *empfunden* hat..., und das ist für einen Psychiater viel wichtiger als die objektive Wahrheit.«

Julie nickte. Sie fand diese Reaktion ermutigend. Kein Zweifel: Alma dachte in die richtige Richtung. Ob sie jedoch neue Erkenntnisse beizusteuern hätte?

»Was meinen Sie? Was halten Sie von all dem Wasser? Von dem Zustand nach der Feuersbrunst auf der ersten Ebene? Vom Bild nach der Sintflut auf der zweiten? Hat das irgendwelche Bedeutung?«

Alma rieb sich das Kinn. »Wasser ist immer geheimnisvoll. Da weiß man nie, was unter der Oberfläche lauert.«

Also wirklich, dachte Julie, vielen Dank für *die* Neuigkeit. »Und was ist mit der Vorstellung von meinem Vater als Vampir und dem schwebenden Jesus?«

»Metaphern für Blut?«

»Und die abgetrennte Hand?«

»Also, *das* war ein beunruhigendes Bild. Ziemlich grotesk. Und es fiel völlig aus dem Rahmen.«

»Es war aber nicht das erstemal, daß ich es beobachtet habe.«

Sie berichtete Alma von dem Opossum, das die Hand auf der oberen Ebene beknabberte, und von dem Vater, der auf dem Gemälde in Sams Atelier eine Hand für die Familienmahlzeit zerlegte. »Wenn ich sie nur einmal gesehen hätte, wäre es möglich, sie zu ignorieren. Sie stellt jedoch ein wiederkehrendes Motiv dar. Da muß sie von Bedeutung sein.«

»Ja«, sagte Alma gedehnt, lehnte sich zurück und schloß die Augen. »Sie ist zweifellos wichtig. Die Hand ist ein starkes Symbol – die Hand des Schicksals, die Hand des Todes... Wir schütteln uns die Hand, berühren uns mit der Hand – doch in Sams Erinnerungen ist es so, daß die Hand jedesmal, wenn sie auftaucht, von Mensch oder Tier gegessen wird. Ich weiß nicht...« Sie richtete sich auf. »Die Hand beißen – *die Hand beißen, die dich ernährt.*«

Julie erschauerte: Alma war ganz dicht an das Problem herangekommen, hatte es jedoch, wie Julie spürte, noch nicht voll durchschaut. Sie hob den Kopf und musterte Eathan, der mit einem Ausdruck des Angewidertseins in die Luft starrte. Er war sichtlich irritert von den kannibalischen Implikationen.

»Ich glaube, Sie haben es ziemlich gut getroffen«, erklärte Julie. »Aber was könnte es bedeuten?«

»Ich weiß nicht«, antwortete Alma. »Bevor ich mich an einer Antwort auf *die* Frage versuche, würde ich gern die übrigen Videobänder sehen.«

»Das kann ich gut nachvollziehen. Wann hätten Sie dafür Zeit?«

»Warum nicht gleich? Die Wunderwelt Ihrer Geräte hat mich total verzaubert. Wenn ich bis morgen früh warten müßte, um mehr zu sehen, würde ich sowieso die ganze Nacht kein Auge zutun.«

»Großartig. Wir bringen die Bänder nach unten, schieben sie in den Videorecorder, der im Familienzimmer steht, und lassen Sie dann mit Ihrer Patientin allein.«

»Ich kann's gar nicht abwarten.«

2

Eathan, der den Inhalt des ersten Bands bereits gesehen hatte, legte keinen Wert darauf, ihn sich ein zweitesmal anzuschauen. Und nach den zwei erschöpfenden Erkundungsreisen, die sie an diesem Tag bereits in Sams Gedächtniswelt unternommen hatte, ging es Julie genauso. Also ließen sie die faszinierte Alma vor dem großen Bildschirm des Projektionsfernsehers im Familienzimmer allein.

Während Eathan ihr noch ein Glas Portwein einschenkte, sagte Julie: »Ist denn, abgesehen von den veröffentlichten Aufsätzen, *gar nichts* von den Forschungsarbeiten meines Vaters erhalten geblieben?«

»Leider nein. Der Brand hat das Haus bis auf die Grundfesten zerstört.«

»Hat er denn nicht außerhalb des Wohnhauses ein Büro gehabt?«

»Bis etwa ein Jahr vor dem Brand hatte er als Psychopharmazeut bei GEM Pharma gearbeitet. Damals, in den 60er Jahren, galten die Forschungs- und Entwicklungsarbeiten des Konzerns der Suche nach einem neuen Antidepressivum. Da war Nathan auf Grund seiner Kenntnisse über chemische Vorgänge im menschlichen Gehirn eine wertvolle Kraft. Er selbst war allerdings mehr an reiner Forschung interessiert. Er hat dem Vorstand bei GEM mehrere Ansätze vorgeschlagen, die er neben dem Forschen nach antidepressiven chemischen Stoffen zu verfolgen wünschte.«

Das weckte sofort Julies Interessen. »Welche denn? Womit hat er sich befaßt?«

Eathan zuckte die Achseln. »Keine Ahnung. Er hat nur selten von seiner Arbeit gesprochen – aus Angst, daß es alle – außer ihm selbst – langweilen würde. Der GEM-Vorstand hat, wie du dir wohl denken kannst, in seinen Vorschlägen nur ein geringes oder überhaupt kein geschäftliches Potential erblicken können und sie daher rundum abgelehnt. Er ist bei dem Konzern geblieben, am Ende hat ihn das produktorientierte Forschen und

Testen aber geschlaucht, bis er es einfach satt hatte. Er hat gekündigt und sich um Forschungsmittel beworben. Viel Glück hat er damit leider nicht gehabt. Aus diesem Grund haben sich seine sämtlichen Unterlagen und die Journale für seine Experimente dann auch zu Hause befunden. Sind alle verlorengegangen. Er hatte einen Traum. Worin der Traum bestand, weiß ich nicht. Er hat ihn jedoch nie verwirklichen können.«

Julies Herz erbarmte sich des Mannes, an den sie sich kaum zu erinnern vermochte. Sie spürte eine Verwandtschaft mit ihm, die weit über die Blutsbande hinausging. Was wäre aus ihr geworden, wenn Dr. Mordecai Siegal sie nicht unter seine Fittiche genommen hätte? Dann wäre sie eventuell in irgendeiner totlangweiligen Forschungsabteilung gelandet, wäre bitter enttäuscht, frustriert und nahe am Durchdrehen. Dann erginge es ihr jetzt vielleicht nicht viel anders als ihrem Vater, so daß sie an Kündigung dächte und Stipendien nachjagen müßte…

»Armer Dad«, sagte sie. »Wenn ich doch nur wüßte, woran er gearbeitet hat.« Sie ließ ein hohles Lachen vernehmen. »Vielleicht könnte ich dann sogar seine Forschungen zu Ende bringen.«

Als sie aufblickte, bemerkte sie, daß Eathans Blick auf ihr ruhte. Für einen Moment glaubte sie, Tränen in seinen Augen zu sehen.

»Was für ein schöner Gedanke«, meinte er. »Und was für eine liebevolle Geste – wenn's doch nur möglich wäre. Aber wer weiß? Vielleicht *führst* du ja seine Arbeit fort, und du weißt es nur nicht.«

»Das wäre echt *unheimlich*.«

Eathan hob sein Glas. »Auf Nathans Traum – was immer es war.«

Julia hob das ihrige und nahm einen kleinen Schluck. So standen sie denn schweigend da und kosteten die Sekunde einer Gemeinschaft mit einem Menschen aus, der vor langer Zeit verstorben und ihnen beiden lieb und teuer war.

Danach drehte Eathan sich um und griff nach seiner Zigarre.

»Ich denke, ich mache einen kleinen Spaziergang im Garten«, sagte sie, während er die Zigarre wieder anzündete und mit den ersten Rauchwolken die Luft verpestete. »Ein bißchen frische Luft täte mir bestimmt gut.«

»Es ist draußen dunkel. Paß auf, wo du gehst.«

»Ich kenne die Wege dort in- und auswendig. Ich würde mich nicht einmal mit verbundenen Augen verlaufen – das heißt, sofern du den Park nicht neu gestaltet hast.«

Er lächelte. »Da hat sich nichts verändert. Alles genauso wie damals, als du uns verlassen hast.«

Julie nahm ihre Baseballjacke aus der Garderobe im Flur und trat ins Freie.

Die Luft war kühl. Die Dunkelheit erinnerte an die Trostlosigkeit von Sams innerer Befindlichkeit.

Selbst als ihre Augen sich an die Nacht gewöhnten, konnte sie nur wenige vertraute Sternbilder ausmachen: Orion, die Plejaden, den Großen Bären. Alte Bekannte, deren Anblick ihr Trost vermittelte.

Sie füllte ihre Lungen mit der reinen, salzigen Luft und atmete ganz, ganz langsam wieder aus. Am Himmel waren Wolken aufgezogen, die die übrigen Sterne verdeckten; vom Meer her driftete ein leichter Nebelschleier. Es würde nicht mehr lange dauern, bis alles von dichten Schwaden verhüllt wäre.

So paßt's, dachte sie. Ein typisch englisches Wetter.

Sie überquerte die Einfahrt und folgte einem gewundenen Pfad, der durch die Gartenanlagen und zwischen die gepflegten Rasenflächen führte, vorbei an der Baumreihe, die das Ende des eigentlichen Parks und den Übergang zu einer Naturlandschaft markierte. Sie spürte, wie ihr eine steifere Brise ins Gesicht blies und wurde sich des Rauschens der Nordsee am Fuße der vor ihr liegenden Klippe gewahr.

Gegen die aufkommende Kühle zog sie sich die Jacke enger um den Leib. Am Zaun entlang der Felskante blieb sie stehen.

Obwohl die Klippen ziemlich weit vom Haus entfernt waren, hatte Eathan immer befürchtet, daß eine Nichte – wobei ihm Sam die wahrscheinlichere Kandidatin schien – auf die rund dreißig Meter tiefer liegenden spitzen Felsen stürzen würde, und aus diesem Grund gleich nach dem Umzug einen Zaun errichten lassen.

Julie lehnte sich an einen Pfosten, der unter ihrem Gewicht

nachgab; offenbar hatte Eathan dem Modern des Zauns keinen Einhalt geboten, und es gab ja auch keinen Grund, warum er ihn hätte erhalten sollen. Julie erinnerte sich, wie sie mit Sam zusammen weggeschlichen war, um in dem Schiefer nach Fossilien zu suchen. Einmal hatten sie Reste eines Farns gefunden, der in eine Felsleiste wie eintätowiert war; ein andermal ein Ammonshorn, das sie dann über viele Jahre aufbewahrt hatten. Julie überlegte, wo es sich jetzt wohl befinden mochte, und mußte plötzlich grinsen bei dem Gedanken, daß Eathan es möglicherweise in seinem Wandschrank eingesperrt hatte.

Sie spähte in die Dunkelheit, horchte auf den Schlag der Wellen, die gegen den Fels brandeten, ließ sich den Wind durchs Haar fahren – und hatte dann auf einmal das seltsame Gefühl, nicht allein zu sein.

Sie drehte sich um, sah aber niemand. Sie konnte das hohe Gras und die Heidebüsche auf dem unebenen Boden erkennen und zwischen den Bäumen hindurch die erleuchteten Fenster des Herrenhauses, sonst aber nichts und niemand.

Sie war sowieso lang genug im Freien gewesen.

Sie ging die gleiche Strecke zurück zu der Parkanlage, bis sie das abgesunkene Gartenareal erreichte. Als sie auf der obersten Stufe stand, am Rand der tiefen, schüsselförmigen Senke, versuchte sie sich zu erinnern, wie der Garten damals ausgesehen hatte, als sie hier mit Sam zusammen spielte. Doch, sie *hatten* zusammen gespielt. In den Perioden des Waffenstillstands verhielten sie sich genauso wie andere Geschwister auch – sie lachten, scherzten und spielten mit Puppen und Spielsachen Szenen aus dem Leben der Erwachsenen nach. Dieser Garten hier war ihr Lieblingsspielplatz gewesen, hier hatten sie sich gegenseitig Geheimnisse anvertraut und sich vor dem Onkel versteckt und die Plätzchen gegessen, die sie aus der Küche stahlen, wenn die Köchin nicht hinschaute.

Als diese Perioden des Waffenstillstands dann kürzer und kürzer wurden und die immer heftigeren Streitereien sich zunehmend in die Länge zogen, war der abgesenkte Garten zur Kriegszone geworden, die jeweils immer nur von einer Kriegspartei besetzt war.

Zum Schluß war er ganz Sams Domäne geworden. Wo sie skizzierte, grübelte und sonstwas machte.

Was für ein Jammer, dachte Julie. Wir hätten Freundinnen sein können..., wenn Sam nur anders gewesen wäre. Und – andererseits – ich gelernt hätte, weniger verbissen zu sein... Worauf ich mich leider nach wie vor nicht gut verstehe.

Sie schritt die Stufen hinab zur Mitte der Gartensenke und ließ ihre Hand auf dem Marmorsockel der Sonnenuhr ruhen, die ihnen beim Fangenspielen als »Heimat« gedient hatte.

In dem Moment vernahm Julie hinter sich ein Geräusch. Ein Schürfen. Sah jedoch, als sie sich umdrehte, wiederum niemand und nichts. Es war wohl nur ein dürres Laub gewesen, das der Wind gegen die Schieferplatten des Pfades getrieben hatte.

Als sie dann jedoch, einen Finger auf der Mitte der Sonnenuhr haltend, um den Sockel ging, nahm sie zu ihrer Rechten plötzlich eine verschwommene Bewegung wahr, eine Bewegung, die nicht so aussah, als ob da in der Brise ein Gebüsch schwanken würde. Sie erstarrte. Spähte ins Dunkel. Konnte aber nichts Ungewöhnliches ausmachen.

Höchste Zeit, zum Haus zurückzukehren. Ob nach dem jüngsten Besuch von Sams Gedächtnislandschaft die Fantasie mit ihr durchging? Es wäre allerdings auch durchaus denkbar, daß sich hier unten im abgesenkten Garten ein Fremder aufhielt. So oder so, sie wollte von hier weg – und zwar gleich.

Sie machte auf dem Absatz kehrt und hastete die Stufen hoch.

Sie hatte noch nicht einmal die dritte Stufe erreicht, als sie von hinten gepackt wurde. Ein Lederhandschuh hielt ihr den Mund zu und erstickte ihren erschreckten Aufschrei, während sich ein kräftiger Arm um ihre Hüfte legte und sie in die Luft hob.

Julie schlug mit aller Kraft und Verzweiflung um sich, sie kantete einen Ellbogen nach hinten – umsonst. Das Herz schlug ihr bis zum Hals, und als sie nach Luft japste, entwich ihr Atem pfeifend durch die Nasenlöcher. Vor ihrem inneren Augen jagten sich Bilder von Vergewaltigung und Mord, Erinnerungen an das Schicksal von Joggerinnen im New Yorker Central Park und heizten ihr Entsetzen weiter an.

Aber das hier in Oakwood? Es war absolut verrückt.

Dann preßten sich Lippen an ihr Ohr; sie hörte ein Flüstern.

»Mund halten, Schätzchen. Ganz still bleiben. Würd' Ihnen doch nichts antun wollen. Um nichts in der Welt. Ich brauch' Ihre Hilfe…«

Diese Stimme, dieser Akzent – o mein Gott! Sie begriff, wer das war.

»Könn' Sie mich hören?« sagte er, noch immer im Flüsterton. »Sie versteh'n mich? Tut mir ja leid, daß ich Sie so erschrecke, ich kann aber nich' zulassen, daß Sie schrei'n und Lärm machen. Ich mein's gut mit Sammi. Bin ein Freund. Sie versteh'n? Ein *Freund*… und ich muß Ihnen was sagen.«

Der Druck hatte nachgelassen, obwohl ihr der Mund noch immer zugehalten wurde.

»Wenn Sie versprechen, nicht zu schrei'n, geb' ich Sie frei und wir reden ganz normal miteinander. Geben Sie mir darauf Ihr Versprechen?«

Und was wird, wenn ich es ihm nicht verspreche?

Julie gab den Widerstand auf. Ihr blieb allerdings auch nicht viel anderes übrig. Und wozu wäre er womöglich fähig, falls sie ihm weiterhin Widerstand leisten würde? Wenn er sie loslassen würde, hätte sie eventuell eine Chance fortzukommen, um Hilfe zu rufen. Um überhaupt etwas, irgendwas zu tun.

Sie gab ihm mit einem Kopfnicken ihre Bereitschaft zu verstehen, worauf er sie tatsächlich freigab. Julie hustete, zog ein paarmal die Luft ein und musterte ihn anschließend. Er war, von seiner Strickmütze bis zu den Schuhen, ganz in Schwarz; sein Gesicht aus weniger als einem Meter Entfernung ein blasser, verschwommener Fleck. Sie verabscheute ihn. Mit der ganzen Kraft, derer sie fähig war, schlug sie mit der Faust nach seinem Gesicht. Er konnte ihrem Schlag mühelos ausweichen.

»Uuuh! Eine Rechtshänderin, wie? Obwohl Ihre Schwester Linkshänderin ist.«

»Sie Mistkerl.«

Sie holte erneut aus. Diesmal packte er sie am Handgelenk.

»Aber, aber, Süße. Nun reicht's aber.« Er machte sich offensichtlich über sie lustig, was sie unerträglich fand. »Sie haben mir Ihr Versprechen gegeben«, meinte er.

Wenn sie doch bei Taekwondo nur über den Einführungskurs hinausgekommen wäre! Sie riß sich los.

»Ich habe Ihnen bloß versprochen, nicht zu *schreien*!« Sie zischte die Worte zwischen den Zähnen hervor.

»Das stimmt. Aber für Haarspalterein hab' ich keine Zeit. Ich bin hier, weil ich Neuigkeiten von Sammi hören will – und ich muß Sie vor Ihrem Onkel warnen.«

»Was könnte ein Liam O'Donnell schon über meinen Onkel wissen?«

Das saß. Sein Kopf zuckte zurück, als ob ihr Faustschlag ihn am Ende doch noch erwischt hätte.

»W... wie kommen Sie darauf, daß ich der sein könnte?«

»Ich weiß es von Sam.«

Er packte sie an beiden Oberarmen und hob sie fast vom Boden.

»Sammi! Lieber Gott – sie ist aufgewacht? Sie hat die Kurve gekriegt?«

Seinen Gesichtsausdruck vermochte Julie nicht zu erkennen; ihr war auch nicht klar, ob seine Flüsterstimme vor Freude oder aus Beunruhigung plötzlich heiser wurde. Es war jedoch nicht diese Beobachtung, die sie am meisten erregte, sondern die Feststellung, daß sie auf seine Berührung reagierte. Wo seine behandschuhten Finger sie berührten, schoß Wärme hoch, eine Hitze, die sich über ihre Arme ausbreitete, in die Brust zog und weiter, abwärts...

»Nein«, sagte sie. »Sie ist noch immer ohne Bewußtsein.«

»Ach so.«

Er gab sie frei und wandte sich ab.

Das Hitzegefühl ließ nach. Gott sei Dank. Sie würde einen klaren Kopf brauchen, um mit diesem Kerl fertig zu werden. Aber was diese physische Reaktion anging: War sie nun ein Nachwirken des erotischen Erlebens von Sam – oder etwas, das sie selbst erlebte? Immerhin war sie ja so intim mit Liam gewesen, wie ein Mensch überhaupt sein konnte... also, in einem gewissen Sinne zumindest.

Er drehte sich wieder zu ihr um. »Aber Sie haben doch vorhin gesagt...«

»Es war mir von vorher bekannt.« *Ich weiß mehr, als du dir überhaupt vorstellen kannst.* »Und ich *weiß* auch, daß Sam der Meinung ist, daß unser Onkel etwas in seinem Wandschrank versteckt hält.«

»Woher wissen Sie das?«

»Ich habe es von ihren eigenen Lippen gehört.« Das entsprach der Wahrheit. »Und ich kann Ihnen versichern, daß er in diesem Wandschrank tatsächlich etwas verbirgt. Es ist nur gar nichts Schlimmes ...«

Liams Gesicht wurde, weil er sich mit dem schwarzen Handschuh rieb, für einen Moment unsichtbar. »Das versteh' ich nicht. Hat Sam Sie angerufen? Ihr mögt euch aber doch überhaupt nicht. Das hat sie mir oft genug gesagt.«

»Sie hat es mir aber gesagt. Wie, das spielt doch keine Rolle. Aber nun sagen *Sie* mir eins. Waren die Rosen von Ihnen?«

»Ja.« Er sagte es nach einem kurzen Zögern.

»Und warum?«

»Wenn Sie wirklich was wissen, dann wissen Sie doch, daß ich Sam liebe.«

»Davon weiß ich gar nichts. Das wissen nur Sie. Aber mit welcher Absicht haben Sie das Kärtchen beigelegt: ›Mach dir keine Sorgen. Ich werde nicht zulassen, daß sie dir weh tun.‹ Warum sollten Sie eine Drohung schicken?«

»Das war doch keine Drohung. Großer Gott. Nur ein Versprechen Sam gegenüber. Und eine Warnung. Mir war verdammt komisch zumute, als Sie die vielen Apparate auf Sams Zimmer brachten. Sah ganz danach aus, als ob Sam zum Labortier gemacht würde.«

»Dann waren *Sie* also der Herumschleicher, der auf dem Gelände des Sainte-Gabrielle-Pflegeheims beobachtet worden ist?«

»Ja, das war ich. So wie ich auch hier herumschleiche. Besonders, seit ihr dies Miststück von Seelenklempnerin eingeflogen habt. Der hat Sammi nie getraut. Sie können sicher sein, daß ich hier herumschleiche, bis Sammi wieder auf den Beinen und wohlauf ist.«

»Ist es etwa das, worauf es Ihnen ankommt?«

»Worauf soll's mir denn sonst ankommen?«

»Mein Onkel weiß über Sie Bescheid. Und er ist der Überzeugung, daß *Sie* Sams Koma verursacht haben. Vielleicht weiß Sam etwas über Sie... und da könnte es doch sein, daß Sie gar nicht wünschen, daß es Sam wieder bessergeht. Es könnte ja sein, daß Sie nur herumschleichen, damit Sie als erster wissen, falls und wann sie wieder gesund ist.«

Sie war von der eigenen Heftigkeit überrascht. Sie trat einen Schritt zurück, weil sie unsicher war, wie er reagieren würde, und sie hatte Angst. Liam war ein großgewachsener Mann. Stark. Selbst wenn sie schrie, würde es vermutlich im Hause niemand hören.

»Sie mögen ja Sams Zwillingsschwester sein«, sagte er und drohte ihr wutentbrannt mit der Faust, »aber Sie haben nicht halb soviel Herz wie Sam und nicht ein Zehntel soviel Seele.« Er ließ die Hand sinken. »Aber Sie haben den gleichen Mumm, das muß ich Ihnen lassen... Mich zu beschuldigen, daß ich Sam weh getan habe! Herrgott, falls Sie ein Mann wären...«

Julie wich zurück. »Na schön – dann ist es vielleicht ein Kerl, für den Sie arbeiten. Einer, der Sam beseitigen will.«

»Ich arbeite für niemand. Ich bin sozusagen selbständig, ein selbständiger Unternehmer.«

»Klar doch. Import/Export. Bestimmt.« Sie holte tief Luft. »Ich weiß genau, daß Sie zur IRA gehören.«

»Ach ja? Und wer, verdammt noch mal, sollte Ihnen so etwas gesagt haben?«

»Mein Onkel behauptet, daß Scotland Yard nach Ihnen fahndet. Ist das wahr?«

»Gehören Sie etwa zu den Leuten, die alles glauben, was ihnen erzählt wird?«

Julie biß sich auf die Zähne. »Müssen Sie denn alle Fragen mit einer Gegenfrage kontern?«

»Aber wie kommen Sie auf den Gedanken, daß ich so einer bin?«

Selbst in der Dunkelheit blieb Julie sein plötzliches Grinsen nicht verborgen. Woraufhin sie plötzlich selber lächeln mußte, obwohl sie sich dann große Mühe gab, es nicht zu zeigen. Der

Kerl war wirklich ein Charmeur. Ein großer, starker Kerl… aber charmant. Sie mußte sich vor ihm hüten.

Sein Lächeln verschwand. »Ich an Ihrer Stelle würde mich vor dem Onkel in acht nehmen«, warnte er. »Wenn Sammi nämlich behauptet, daß er etwas verheimlicht, verflixt noch mal, dann ist es verdammt wahrscheinlich, daß er das auch tut. Sammi behauptet, daß er alle Papiere von eurem Vater irgendwo versteckt hat.«

Julie spürte auf einmal, wie die Kälte durch ihre Jacke drang. Oder kam die Kälte etwa von innen heraus?

»Moment mal. Nein. Das stimmt nicht. Alles, was unser Vater besessen hat, ist mit dem Haus in Flammen aufgegangen.«

»Klar, das hat der Onkel Ihnen erzählt. Aber Sammi hat es ihm nicht geglaubt. Sie hat gesagt…«

»Julie! Bist du noch draußen? Julie!«

Julie warf sich herum. Es war Eathans Stimme – die Stimme kam irgendwo aus der Richtung des Hauses. Er könnte in wenigen Minuten hier sein.

»Julie, wo bist du?« Und die Stimme kam näher.

Sie drehte sich zu Liam um. Er war nicht mehr da. Sie spähte ins Dunkel, aber er war verschwunden. Sie zitterte, zog die Jacke enger um ihren Körper und eilte die Steinstufen hoch. Das Erlebnis hatte alles in allem etwas Unwirkliches. Sie mußte sich angestrengt orientieren, um sich zu vergewissern, daß sie nicht in Sams Gedächtniswelt zurückgekehrt war.

»Ich komme ja schon, Eathan.«

Als sie oben ankam, sah sie ihn in der Einfahrt und auf sich zukommen.

»Die Gartensenke!« sagte er. »Ich hätt's mir denken müssen. Was hast du dort gemacht?«

»In Erinnerungen geschwelgt«, erwiderte sie.

»Machst du so etwas laut? Ich habe dich sprechen gehört.«

Sollte sie ihn über Liam informieren? Mist, sie haßte es, Geheimnisse zu haben. Aber wenn Sam nun mit den väterlichen Unterlagen recht hatte? Wenn diese Unterlagen tatsächlich nicht im Feuer verbrannt waren? Aus welchem Grund würde Eathan sie aber verstecken? Er war immer so schrecklich fürsorglich.

Ob sie vielleicht etwas enthielten, das ihr nicht bekannt war? Irgendein Geheimnis über den Vater?

Hör sich das einer an, dachte sie. Da glaube ich den Worten eines notorischen Terroristen und von Sam, diesem Musterexemplar vernünftigen, selbstlosen Denkens und Handelns.

Doch für alle Fälle…

»Manchmal denke ich eben laut«, erklärte sie. »Das gehört nun mal zu den Risiken eines Menschen, der für sich allein lebt.«

»Komm, gehn wir ins Haus«, schlug Eathan vor. »Alma fehlt anscheinend ein Videoband.«

Julie folgte ihm ins unbeleuchtete Familienzimmer, wo das Band mit der Aufzeichnung der Sitzung vom Abend auf dem großen Bildschirm lief, es ging dem Ende zu, weil nämlich gerade die Galerie der unteren Ebene zu sehen war, die auf dem Bild des Löwen in der Gondel beruhte. Gleich darauf wurde der Bildschirm schwarz.

Alma fuhr hoch, als Eathan das Licht einschaltete. »Oh! Ich hatte gar nicht gewußt, daß du da bist. Ich war so vertieft.«

»Irgendwelche Erkenntnisse?« fragte Julie.

»Nichts, das mir während des Anschauens von dem Video spontan eingefallen wäre, aber da gibt es bestimmt einiges – eine ganze *Menge*. Ich brauche etwas mehr Zeit, muß mir alles noch ein paarmal anschauen, um einen Gesamteindruck zu gewinnen. Hatten Sie aber nicht erzählt, daß Sie Sams Gedächtnislandschaft heute zweimal erkundet haben? Das Videoband vom ersten Besuch scheint mir zu fehlen.«

»Weil es davon kein Video gibt. Ich habe heute nachmittag nämlich ganz vergessen, den Videorecorder einzuschalten.«

Was das Täuschen betrifft, mache ich wirklich Fortschritte, sagte sich Julie.

»Wie schade. Und an wieviel von dieser Memoskopie können Sie sich noch erinnern?«

Alma machte sich hektisch Notizen, als Julie die leuchtende Matroschka-Kugel, die Auseinandersetzung zwischen den Eltern, die Liebesszene zwischen Sam und Liam schilderte… die Verdächtigungen, die Sam gegen Eathan geäußert hatte, verschwieg sie.

»Sehr gut«, meinte Alma, nachdem sie die letzte Notiz abgeschlossen hatte. *»Sehr* gut. Ich möchte mir die Bänder noch einmal anschauen, solange Ihre Schilderungen mir noch frisch im Sinn sind.«

»Heute abend?«

»Jawohl. Unverzüglich.« Ihre Augen hatten einen fast schon fiebrigen Glanz. »Ich glaube wirklich, daß Sam uns etwas mitzuteilen versucht.«

Der Ausdruck war Julie vertraut. Den sah sie nicht zum erstenmal..., sondern jedesmal, wenn sie die Memoskopie vorführte. Dr. Alma Evans hatte angebissen.

»Du hältst das echt für möglich?« fragte Eathan. »Wie könnte sich in Sams Bewußtsein etwas erhalten haben...«

Alma nickte bedächtig. »Sams Bewußtsein ist untergegangen – was da geschah, ließe sich wohl am ehesten mit einem massiven Stromschlag mit anschließendem Stromausfall vergleichen. Ihr Unterbewußtsein könnte aber durchaus noch aktiv sein.«

»Könnte? Warum der Konjunktiv?« sagte Eathan.

»Nun ja, mit Sicherheit wissen wir das natürlich nicht. Es gibt überhaupt nicht viel, was wir über das Unbewußte mit Bestimmtheit zu sagen vermögen. Wir wissen, daß es Erinnerungen und Aktivitäten beherbergt, die unabhängig vom bewußten Verstand existieren. Beispielsweise Gewohnheiten – all unsere Gewohnheiten, unsere routinemäßigen Verhaltensweisen sind im Unterbewußten vorhanden. Nimm beispielsweise das Kauen der Fingernägel. Du gibst dir ja keineswegs den Befehl: ›Jetzt will ich mal am linken Ringfinger kauen.‹ Falls du aber die Angewohnheit hast, an den Fingernägeln zu kauen, wirst du entdecken, daß du den Nagel abkaust, selbst wenn du es gar nicht willst. Sogar wenn du bewußt damit aufhören willst. Darüber hinaus weiß das Unbewußte Dinge, die das Bewußtsein nicht weiß – es bewahrt einiges von dem Müll auf, den das Bewußtsein aussondert. Es kann intuitiv Sprünge machen, zu denen das Bewußtsein nicht imstande ist.«

»Das Unbewußte ist aber nicht so gut geordnet wie das Bewußtsein«, wandte Julie ein.

»Richtig!« rief Alma. »Es ist nichtlinear, alogisch, nonverbal und immanent symbolisch. Und genau darin besteht hier das Problem. Die unzusammenhängenden Erinnerungen, die wir hier sehen, scheinen dem Wesen nach willkürlich, zufällig…«

»Kannst du sicher sein, daß sie *nicht* zufällig sind?« wollte Eathan wissen.

»Das kann ich eben nicht. Wenn hier jedoch das Unbewußte am Werk ist – falls es die Anwesenheit des Zwillings spürt und mit ihm zu kommunizieren versucht –, dann wird schließlich ein Muster in Erscheinung treten.«

»Wie lang wird es dauern, bis es ›schließlich‹ soweit ist?« hakte Eathan nach.

Alma schüttelte den Kopf. »Das weiß ich nicht.«

Julie wollte beide nicht deprimieren; aber sie mußte es aussprechen.

»Es sollte nicht allzulang dauern, weil wir nämlich nicht endlos Zeit haben. Ohne Stimulan und Interaktion mit dem bewußten Verstand wird auch das Unbewußte inaktiv. Und genau dieser Punkt macht mir bei der zweiten Ebene Sorgen: Wir haben dort einen äußerst aktiven Gedächtnisknoten beobachtet, nur war der Aufenthalt in Venedig, den er betraf, in Sams Leben allem Anschein nach eine sehr entscheidende Periode. Die ganze übrige Schicht aber scheint tot und abgesunken. Ich sehe das als ein gefährliches Zeichen. Und wenn ich morgen dort sonst nichts zu entdecken vermag… also, dann könnten wir ein echtes Problem haben.«

Eathan seufzte und schaute weg. »Du meinst ihr Zustand verschlechtert sich?«

»Bei Sam sind Gedächtnisknoten am Verschwinden, Untergehen… Das steht außer Zweifel.«

Alma packte Julie am Arm. »Dann dürfen wir keine Zeit verschwenden. Jede Minute zählt. Ich möchte diese Bänder zurückspulen, damit ich sie mir unverzüglich noch einmal anschauen kann.«

»Wird das was bringen?« sagte Eathan.

»Wer vermöchte das schon mit Sicherheit vorauszusagen?« Alma war auf einmal ganz Feuer und Flamme. »Falls jedoch überhaupt jemand Licht in diese Sache bringen kann, dann ich. Ich glaube behaupten zu dürfen, daß ich Sams Psyche besser kenne als ihr beiden.«

In dem Punkt haben Sie garantiert recht, dachte Julie.

»Ich möchte euch aber beide unbedingt dabeihaben. Ich werde Hinweise auf zurückliegende biographische Details brauchen, damit ich im Verlauf der Videoabspielung Fakten und Fiktionen auseinanderhalten kann.«

»Ich weiß nicht...«, meinte Eathan.

Alma berührte ihn am Arm. »Bitte, Eathan. Um Samanthas willen.«

Er seufzte. »Na schön. Ich sehe aber wirklich nicht, wie das weiterhelfen könnte.«

»Aber ich. Ehrlich.« Sie blickte sich um. »Und jetzt... wo ist das erste Band?«

3

Julie wollte eben zu Bett gehen, als sie ein leises Pochen an der Tür vernahm. Als sie öffnete, stand sie dem Dienstmädchen gegenüber.

»Ein Anruf, Miss. Aus New York. Ein Dr. Siegal.«

Dr. S.? überlegte Julie, als sie nach unten rannte. Warum sollte der um diese Tageszeit anrufen? Sie musterte beim Betreten des Wohnzimmers die Fenster. Ob Liam sie von draußen beobachtete?

Bibbernd nahm sie den Hörer in die Hand.

»Julie«, sagte Dr. Siegal ohne jede Vorrede. »Dr. Bruchmeyer ist von unserem Projekt so begeistert, daß er den Stiftungsvorstand beauftragt hat, unseren Vorschlag im Eilverfahren zu genehmigen. Sie verstehen, was das bedeutet, nicht wahr?«

»Das heißt, Sie brauchen mich jetzt wieder in New York.«

»Sobald Sie sich freimachen können. Es widerstrebt mir, Sie unter Druck zu setzen. Ich weiß ja, daß ich selbst Sie dazu ermuntert habe, sich bei Ihren Angehörigen aufzuhalten. Für eine kurze Weile werden wir hier auch ohne Sie weitermachen können, aber in ein paar Tagen werde ich Sie unbedingt brauchen.«

»In ein paar Tagen?«

Sam verlassen? Seltsam… vor zwei Wochen gab es nichts in der Welt, was ihr wichtiger gewesen wäre, als die Forschungssubventionen der Bruchmeyer-Stiftung zu erlangen. Nun sah für sie plötzlich alles anders aus. Das Projekt lag ihr nach wie vor am Herzen – *sehr* sogar –, nur war es nicht mehr das einzige, was für sie wichtig war.

»Na gut«, meinte er. »Dann eben so rasch Sie können.«

»In Ordnung. Ich werde Ihnen Bescheid geben.«

Sie besprachen noch ein paar Details des Entwurfs, bevor sie sich verabschiedeten.

Julie begab sich wieder nach oben. Was ist bloß mit mir los? überlegte sie. Warum löst die Nachricht von der Eilbearbeitung des Projekts bei mir eigentlich keine größere Begeisterung aus?

Als sie den ersten Stock erreichte, nahm sie am Ende des Flurs das Vorüberhuschen von etwas Weißem wahr. Sie drehte sich gerade noch schnell genug um, um Alma im Negligé in Eathans Zimmer verschwinden zu sehen.

Sie ist also keineswegs nur um meiner Schwester willen hergekommen, dachte Julie.

18. Kapitel

Quantenbewußtsein. Verschiedene Theoretiker haben versucht – am herausragendsten Roger Penrose – die Quantenmechanik mit der Bewußtseinstheorie zu verknüpfen; sie verweisen auf die Mikrotubuli der Gehirnzellen als Wurzeln des Bewußtseins. Den Code des Bewußtseins liefern Vibrationen, die – isoliert, so daß sie nicht gezwungen sind, sich für einen bestimmten Zustand zu entscheiden – durch diese Mikrotubuli ziehen. Es ist eine Theorie, die ich nicht akzeptiere – zumindest noch nicht.

Aus den Notaten Julie Gordons

1

Es war spät, als Julie aufwachte. Sie fühlte sich wie gerädert. Sie öffnete die Augen und schoß kerzengerade in die Höhe, als sie ihr Kinderzimmer wiedererkannte. Einen Augenblick lang hatte sie Angst und war völlig verloren, dann fiel ihr wieder ein, daß sie sich ja in Oakwood befand.

Für den Bruchteil einer Sekunde war sie sich wie ein kleines Kind vorgekommen.

Komisch, daß ihr das solche Angst eingejagt hatte.

Es war ein langer, anstrengender Tag gewesen: die Anreise, zwei Erkundungen in Sams Gedächtnislandschaft, das Aufbleiben bis spät in die Nacht, um gemeinsam mit Alma Memoskopie-Videos anzuschauen. Es war einfach zu viel gewesen.

Überdies noch die Begegnung mit Liam. Eigentlich müßte es ihr Furcht einflößen, daß er nachts auf dem Gelände herumstrich; tat es aber nicht. Sie spürte von ihm überhaupt nichts Bedrohliches ausgehen. Sam offenbar auch nicht. Aber man sah ja, wozu das geführt hatte.

Vielleicht sollte sie Eathan heute morgen doch über Liams Anwesenheit informieren.

Und ihm etwa auch mitteilen, was Liam über Dads Papiere gesagt hatte, die angeblich durch den Brand vernichtet worden waren – daß Eathan sie heimlich aufbewahrte?

Aber das war doch vermutlich Quatsch – reiner Quatsch.

Und was hatte es dann mit dem abgeschlossenen Wandschrank in Eathans Arbeitszimmer auf sich?

Gegen das grelle Morgenlicht zog Julie sich ein Kissen übers Gesicht und wünschte sich nur, daß sie die Realität auf ebenso leichte Weise ausblenden könnte. Der Anruf von Dr. Siegal am vergangenen Abend – er wollte sie nach New York zurückholen; ein Teil von ihr hielt es jedoch für notwendig hierzubleiben.

Und dann der Anblick von Alma, die in Eathans Schlafzimmer schlich. O mein Gott! Wie kompliziert auf einmal alles wurde!

Sie schleuderte Kopfkissen und Bettdecke fort und rollte sich aus dem Bett. Eines war sicher: Sobald Dr. Siegal in New York auf den Beinen war, würde sie bei Sam mit einer neuerlichen Memoskopie beginnen – also am frühen Nachmittag. Und dann hoffentlich auch Zugang zu einer weiteren Erinnerung finden.

Bei einer anderen Sache war sie sich allerdings nicht so sicher.

Was sollte sie mit dem Video der Sitzung vom vergangenen Nachmittag machen? Es Alma zeigen? Die Frau widmete der Lösung des Puzzles von Sam so viel Zeit und Energie – war es da richtig, ihr ein Mosaiksteinchen vorzuenthalten? Alma verstand, was Sam innerlich bewegte. Schadete Julie da nicht Sam, wenn sie die Existenz der Aufnahmen verheimlichte?

Mit diesen Gedanken begab sie sich unter die Dusche.

2

Als Julie nach dem Ankleiden zum Frühstücken nach unten ging, hatte sie sich entschieden: Um Sams willen mußte Alma das Video vom vergangenen Nachmittag sehen. Zur Erklärung des späten Herausrückens hatte sie sich eine Geschichte zurechtgelegt: Sie hätte sich getäuscht, der Videorecorder sei doch eingeschaltet gewesen. Es würde sicher nichts ausmachen, daß diese

Entschuldigung lahm war – Alma würde außer sich sein vor Freude, das Video anschauen zu können, und daher nicht allzu viele Fragen stellen.

Julie war sich allerdings nicht sicher, ob sie Eathan den heiklen Punkt – »Mein Onkel verheimlicht da etwas« – ersparen könnte.

Als Julie das Eßzimmer betrat, hatte Eathan gerade sein Frückstück beendet. Von Alma keine Spur.

»Verzeih, daß ich nicht auf dich gewartet habe«, sagte Eathan mit einem Blick auf seine Armbanduhr, während er den letzten Schluck Kaffee schlürfte, »aber ich möchte noch eine der Frühverbindungen von Leeds nach London erreichen.«

»Eine medizinische Angelegenheit?«

»Etwas Juristisches, leider. Sam betreffend, Vormundschafts- und Treuhandfondsfragen, Vorkehrungen für den Fall einer langen Pflegezeit. Ich werde wohl den größten Teil des Tages mit Anwälten verbringen müssen.«

»Sehr bedauerlich.«

Sein Lächeln wirkte aufgesetzt. »Finde ich auch.« Er klopfte ihr auf die Schulter und gab ihr beim Vorübergehen einen Kuß auf den Kopf. »Brauchst du was aus London? Ich könnte es während meiner Unterredungen mit den Anwälten besorgen lassen.«

»Vielen Dank, aber ich bin mit allem wohlversorgt.«

»Dann tschüs«, sagte er. »Bis zum Abendessen. Und paß während meiner Abwesenheit gut auf Sam auf.«

»Versprochen.«

Die Köchin brachte Rührei und Muffins; den Räucherlachs lehnte Julie ab. Sie hatte gerade den ersten Bissen im Mund, als Alma herunterkam. Sie wirkte abgespannt und älter als am Abend zuvor.

»Ich habe die ganze Nacht kein Auge zugetan«, sagte Alma, als sie sich den Teller mit Eiern, Würstchen, Räucherlachs und Kartoffeln auffüllen ließ.

Angesichts solchen Prassens konnte Julie der Versuchung eines Seitenhiebs nicht widerstehen. »Ach, wirklich? Na ja, jedenfalls hat das, was Sie gestern nacht wach hielt, Sie ziemlich hungrig gemacht.«

»O ja. Ich bin richtig verhungert. Ich bin im Kopf immer wieder die Videos durchgegangen. Immer und immer wieder ... Ich konnte einfach nicht aufhören.«

»Irgendwelche Erkenntnisse?«

»Doch«, sagte Alma unter heftigem Kopfnicken. »Ich brauche aber noch mehr Futter für diese Mühle.« Sie deutete auf ihren Kopf. »Wann werden Sie weitermachen?«

»Am Nachmittag.«

»Gut. Bis dahin habe ich mir die Videos noch einmal angeschaut.«

»Und was ist mit Ihrer Praxis? Haben Sie denn sonst keine Patienten?«

»Ich habe meine Praxistermine reduziert, und während dieser Woche lasse ich mich von einem Kollegen vertreten. Am kommenden Montag muß ich allerdings wieder in London sein.«

»Sie haben Familie?« Julie wollte nicht den Eindruck erwecken, sie auszuforschen, trotzdem ... »Einen Ehemann?«

»Geschieden. Leider. Also nur meinen Sohn. Jack. Er ist Anwalt. Sehr erfolgreich. Falls Sie mal nach London kommen, mache ich Sie vielleicht mit ihm bekannt.«

Julie lächelte und beschloß, das Thema zu wechseln. Sie wollte Alma gerade von der wunderbaren Entdeckung des Videobandes vom vergangenen Nachmittag erzählen, als sie das Knirschen der Reifen auf der Einfahrt hörte. Eathan war unterwegs zum Flughafen.

Und plötzlich fiel der Groschen: Eathan würde sich für den größten Teil des Tages in London aufhalten. Auf die Weise hätte sie den ganzen Morgen über Zeit, um sein Arbeitszimmer zu durchsuchen.

Vielleicht sollte sie doch damit warten, Alma das Videoband zu geben. Nur noch ein bißchen.

3

Alma hatte sich hinter verschlossenen Türen bei zugezogenen Vorhängen mit dem Videorecorder im Wohnzimmer verschanzt.

Von Sam und der Krankenschwester abgesehen, hatte Julie den ersten Stock für sich allein. Sie begab sich schnurstracks zu Eathans Arbeitszimmer, machte die Tür hinter sich zu, holte sich den Schlüssel aus dem Schreibtisch und schloß den großen Eichenschrank auf.

Und hatte von neuem das seltsame Gefühl, das eigene Leben vor sich abrollen zu sehen. Dann die Schulzeugnisse und -preise, die Ehrenbänder, die alten Bilder und Skulpturen von Sam ..., die in ihr eine andere Empfindung weckten; ein Gefühl von Schuld. Ihr schossen die Worte Eathans vor seiner Abfahrt durch den Kopf: *Paß während meiner Abwesenheit gut auf Sam auf.*

Und was machte sie statt dessen? In seinen persönlichen Papieren stöbern. Wie reizend, wirklich ...

Doch genügte dann ein einziges Rucken am Griff des abgeschlossenen Aktenkabinetts, um sich zu überzeugen, daß es für Schuldgefühle eigentlich zu früh sei. Schuldgefühle wären nur für den Fall angebracht, daß sie nichts finden würde. Falls Sam jedoch recht hätte und Eathan die Papiere ihres Vaters tatsächlich im Versteck aufbewahrte, sähe die Sache völlig anders aus.

Sie betrachtete die vierstellige Zahlenkombination, die auf 9574 stand. Ein Buchstabencode wäre ihr lieber gewesen. Sie wußte von ihren Hackererfahrungen als Teenager, daß sich Paßwörter viel leichter erraten ließen als ein Zahlencode.

Sie versuchte es mit Eathans Geburtstag: 12-1-41. Sie hatte keine Mühe, sich an dieses Datum zu erinnern, weil Eathan immer betont hatte, er sei genau eine Woche vor Pearl Harbour zur Welt gekommen. Sie probierte alle vierstelligen Folgen dieser Zahlen aus, die ihr in den Sinn kamen; versuchte es mit einer Null vor der 1; versuchte es sogar, statt der amerikanischen, mit der britischen Schreibweise des Datums, also der Reihenfolge Tag, Monat und Jahr. Umsonst. Die Schubladen wollten sich einfach nicht öffnen. Sie versuchte es mit Folgen der Zahlen des eigenen Geburtstags. Das gleiche.

Und dann hörte sie hinter sich, ohne jede Vorwarnung, wie die Tür aufging.

Julie erstarrte, rechnete damit, sich Eathan gegenüberzusehen, wenn sie sich umdrehte.

O mein Gott! Was werde ich ihm bloß sagen?

Die Tür wurde wieder geschlossen, und eine – ihr mittlerweile vertraute – Stimme sagte: »Und wer wühlt hier in Onkels Privatsachen rum?«

Sie warf sich herum. »Sie!«

Liam grinste sie an. »Höchstpersönlich.«

Er trug Jeans, Turnschuhe und einen dicken weißen Pullover. Sein Gesicht strahlte, ebenso seine blauen Augen. Mit seiner Mütze über dem langen roten Haar sah er aus wie ein Platzwart.

»Wie, um Himmels willen …?«

»Ach, wissen Sie, ich hab' gesehn, wie Ihr Onkel wegfuhr, genau, und dann ist die Köchin ins Dorf gegangen. Da bin ich durch die Hintertür hereingekommen. Ich weiß ja, daß Sie hier am Arsch der Welt leben, aber Sie könnten wirklich bessere Sicherheitsvorkehrungen brauchen.« Sein Blick fiel auf den Wandschrank. »Sieh mal einer an. Der ist ja größer als die Wohnung, wo ich aufgewachsen bin.«

Mit dem Abebben des Schocks stieg in Julie Zorn hoch. »Hinaus mit Ihnen! Machen Sie, daß Sie wegkommen, oder ich rufe die Polizei!«

»Das werden Sie lassen, und Sie werden mich hoffentlich auch nicht schlagen.« Er schritt mit einem Antippen des Mützenrands – ein spöttisches Zeichen von Ehrerbietung – an ihr vorbei. »Weil Sie nämlich genauso neugierig sind wie ich. Etwa nicht? Und im Grund hab' ich doch Auftrag von Sammi, mich für sie umzuschauen. Hat sie mir gesagt: ›Auf so was verstehst du dich doch, oder?‹ Es war ihre letzte Bitte, bevor sie sich in ihrem verdammten Atelier einschloß und niemand mehr sehen wollte. Also erfülle ich jetzt ihre Bitte.« Er musterte den Wandschrank. »Was haben wir denn da?«

Julies Zorn verrauchte. Sie hatte vor diesem Mann keine Angst. Er hätte, statt hierherzukommen, genausogut auf Sammis Zimmer gehen können, wenn er gewollt hätte; oder er hätte ihr, Julie, am Abend zuvor weh tun können. Sie holte tief Luft – sie war überzeugt, daß er keine Gefahr darstellte. Jedenfalls vorläufig nicht.

Außerdem wurde ihr bewußt, daß Liam der einzige Mensch

war, der ihr etwas über die letzten Tage erzählen könnte, als Sam noch bei Bewußtsein war.

»Wie ging es ihr in jener Woche? Hat sie etwas davon erwähnt, daß sie sich vor jemand fürchtete?«

»Da hatte das arme Ding schon vor dem eigenen Schatten Angst. Ich weiß nicht warum. Ich glaube, sie hat's selber nicht gewußt. Sie war ein bißchen hinüber. Wollte überhaupt nur noch an dem einen Gemälde arbeiten. Hat nichts mehr gegessen. Hat nicht geschlafen. Hat keinem erlaubt, einen Blick draufzuwerfen. Man durfte ja nicht mal in die Nähe des Bildes kommen.«

Er machte eine Pause. »Wenn ich's mir recht überlege, würd' ich fast meinen, daß sie vor diesem Bild Angst gehabt hat. Todesängste. Und konnte sich doch nicht davon losreißen. Macht das Sinn?«

Julie schüttelte den Kopf. »Überhaupt nicht.«

Er schüttelte ebenfalls den Kopf. »Fand ich auch nicht.«

»Aber was ist aus dem Bild geworden?«

Er drehte sich zu ihr um und trat einen Schritt näher. »Das würd' ich selber gern wissen. Ich hab' Sam nämlich gefunden, als sie auf dem Boden lag, vor der Staffage. Und die Staffage war leer. Es war jemand dagewesen und hat das Bild mitgenommen.«

Julie hielt seinem Blick stand. »Eathan glaubt, daß Sie es gewesen sind. Und, offen gesagt, das glaube ich auch.«

Glaubte sie das wirklich? Sie war sich gar nicht sicher...

»Ich war's nicht. Ich schwör's. Bei Gott.«

»Wer dann?«

»Fragen Sie mal Ihren Onkel.«

»Eathan? Wie können Sie es wagen!?«

Liam wandte sich um und deutete auf die im Inneren des Wandschranks exponierten Gegenstände. »Es scheint doch so, daß er auf der Welt der größte Sammler von Sammis Kunst ist.«

Julie stand schweigend da; sie war von der Bedeutung der Worte getroffen. Dann schüttelte sie die Betroffenheit ab.

»Gewiß. Aber dann ist er ja auch ein großer Sammler von Gegenständen, die mit dem Leben von Sams Schwester zu tun haben – wenn Sie nur mal hinschauen würden.«

»Na schön, da ist was dran. Aber ein bißchen seltsam ist es doch. Finden Sie nicht?«

»Zwanghaft vielleicht. Aber in einem gewissen Sinne hatte Sam recht. Unser Onkel hat etwas vor uns verborgen. Nur sind das völlig harmlose Dinge. Nur Erinnerungsstücke. Wahrzeichen unserer Kindheit und Jugend.«

»Sie glauben wirklich, daß es nur das ist?«

Er machte sich daran, die Schubladen des Wandschrankes herauszuziehen. Sie fand den Anblick unerträglich – wie er da mit seinen Händen die Hängemappen durchwühlte.

»Halten Sie sich da heraus. Das geht *Sie* nichts an.«

»Wenn es Sammi angeht, geht es mich sehr wohl etwas an. Wie ich Ihnen schon sagte – sie hat mich hergeschickt. Sie hat gesagt…« Er hielt inne. Er war an eine Schublade des verschlossenen Kabinetts geraten. »Was haben wir denn da? Zugesperrt, wie?«

»Ich war gerade mit dem Entschlüsseln der Kombination beschäftigt, als Sie hereingestürzt kamen.«

Er drehte sich mit einem Grinsen zu ihr um. »Hereingeschlichen kam, Liebste. Auf Katzenpfoten.« Er wandte sich wieder dem verschlossenen Kabinett zu. »Also – was könnte er da drinnen wohl versteckt haben, was meinen Sie? Etwa die Papiere von Ihrem Papa?«

»Ich habe Ihnen doch schon gesagt: Die sind bei dem Brand vernichtet worden. Ausnahmslos.«

»Ach ja? Na schön – warum machen wir das hier nicht auf und schaun mal nach? Was haben Sie bisher denn alles probiert?«

Sie erklärte ihm ihre Versuche mit den Versetzungen der Zahlen der Geburtsdaten – von Eathan, von Sam und sich selbst.

»Nun ja. Also wenn ich's bedenke – warum probieren wir's dann nicht mal mit dem Geburtstag Ihres Papas?«

Das schien Julie eine ausgezeichnete Idee. Nur daß sie einen Haken hatte. Einen äußerst peinlichen Haken.

»Ich… ich weiß den Geburtstag meines Vaters nicht.«

Er wirbelte herum. »Sie wissen was nicht? Sie erwarten doch wohl nicht, daß ich Ihnen das glaube?«

»Es ist wahr. Und wenn wir schon mal dabei sind – den Geburtstag meiner Mutter weiß ich auch nicht. Ich weiß nicht einmal den Hochzeitstag der beiden. Es gab ja dafür auch nie Anlaß. Es hat doch nie Geburtstagsfeiern oder Festivitäten gegeben; wir mußten ja nie Geschenke für sie kaufen.« Es war Julie unangenehm, sich diesem Mann gegenüber rechtfertigen zu müssen; sie empfand es jedoch als notwendig. »Wir waren doch erst fünf Jahre alt, als unsere Eltern ums Leben kamen, verdammt!«

Die Enttäuschung war Liam anzumerken. »Na gut. Und wie wär's mit seinem *Todes*datum?«

»Der 7. März 1972.«

»Sie wissen den genauen Tag, an dem Ihr Vater starb«, bemerkte Liam ungläubig, »aber nicht den Tag, an dem...«

»Es war der Todestag, der unser beider Leben von Grund auf verändert hat.« Sie trat an ihm vorbei zum verschlossenen Schrank. »Versuchen wir's.«

Sie wählte die Nummern 3-7-7-2 und zog am Griff.

Die Schublade sprang auf.

Es war ein seltsames Empfinden, das Julie durchlief, ein wenig wie Schmerz, ein wenig wie Ekel. Eathan hatte den Todestag ihrer Eltern als Codenummer gewählt. Das war nicht in Ordnung. Es sei denn, daß der Inhalt...

Sie breitete die erste Hängemappe aus und strich mit den Fingern über die Ränder der einliegenden Unterlagen. Sie sah einen Brief, der an Nathan Gordon, Ph. H. adressiert war; außerdem noch ein Papier, das als Letzter Wille und Testament klassifiziert war.

»Die Unterlagen Ihres Papas? Stimmt's?« sagte Liam.

Julie nickte. Sie brachte kein Wort heraus.

Dads Unterlagen. Und sie hatten sich die ganze Zeit über hier befunden. Eathan hatte sie all die Jahre belogen. Mein Gott. Aber warum?

Ihr war, als ob sich die ganze Welt vor ihr entrollte.

»Was hab' ich Ihnen gesagt?« sagte Liam, der ihren inneren Aufruhr nicht zu bemerken schien. »Sind Sie nun endlich froh, daß ich vorbeigekommen bin? Sonst hätten Sie noch ein ganzes Jahr dagestanden und Nummern ausprobiert.«

Er griff nach der offenen Schublade, doch Julie schlug sie zu. Um ein Haar hätte die Lade seine Finger erwischt.

»Nehmen Sie die Finger weg. Diesen Schrank werde *ich* durchsuchen. Und falls es etwas geben sollte, was Sam betrifft, dann werde ich es Sie vielleicht – *vielleicht* – sehen lassen.«

»Einen Moment mal, Liebchen. Hier bin ich derjenige...«

»*Nein!*« Sie war von der Heftigkeit ihrer Reaktion selbst überrascht. Diese Unterlagen würde sie gegen Liam O'Donnell und gegen alle beschützen, die die Nase in das Leben ihres Vaters stecken wollten. »Dies hier ist meine Angelegenheit. Verstanden? Entweder Sie akzeptieren das, oder Sie verschwinden!«

Er war von dem Wutausbruch offenbar überrascht und hob abwehrend seine Hände hoch.

»Schon gut, schon gut. Ich werde mich hüten, zwischen eine Löwin und ihre Welpen zu treten.«

Julie zog die Schublade wieder auf und wandte sich von neuem der ersten Akte zu. Sie entnahm ihr das dickste Dokument, einen umfangreichen Stoß von Papieren, der durch ein altes Gummiband zusammengehalten wurde; das Gummi riß, als sie dran zog. Obenauf lagen *Letzter Wille und Testament von Nathan Gordon*, darunter *Letzter Wille und Testament von Lucinda Gordon*. Und zuunterst der *Insurance Trust of Nathan Gordon und Lucinda Gordon*. Julie überflog alles rasch, sie las die Überschriften und gewisse Textteile.

»Irgendwas Wichtiges?« erkundigte sich Liam.

Julie schüttelte den Kopf. »Bloß Testamente«, erklärte sie und stopfte sie wieder in die Akte.

Falls es sich als notwendig erweisen sollte, könnte sie sie zu einem anderen Zeitpunkt gründlich studieren; sie hatte jedoch eine ziemlich genaue Vorstellung vom Inhalt: Falls Dad zuerst stürbe, fiel alles an Mom; und umgekehrt. Falls dann der überlebende Elternteil stürbe, fiel alles an die Trusts A und B der Kinder. Falls aber beide durch den gleichen Unfall ums Leben kommen sollten, würde Dad als erster Todesfall und Mom als anschließender Todesfall gewertet, nach dem alles in die Stiftungen für die Kinder übergehen sollte.

Sie zog ein anderes Blatt heraus. Es handelte sich um einen

Brief an Nathan Gordon, datiert vom 28. November 1970. Geschrieben hatte ihn die BankAmericard, die ihm den verlangten Kreditrahmen verweigerte.

Merkwürdig. Mit welchem Grund sollten sie seinen Antrag abweisen?

Der nächste Brief, vom 12. Dezember 1971, stammte von der Milburn State Bank. Ein Herr von der Darlehensabteilung teilte Dad mit, daß die Bank sich gezwungen sehe, ein Pfändungsverfahren einzuleiten, falls er nicht bald eine Zahlung zum Abtragen der Hypothek vornehme.

Julie war wie erschlagen. Ein Pfändungsverfahren? Sie hatte gar nicht gewußt, daß ihr Vater sich in finanziellen Schwierigkeiten befunden hatte. Aber wie konnte das möglich gewesen sein – in Anbetracht der Tatsache, daß er Sam und ihr solch großzügige Treuhandfonds hinterlassen hatte?

Sie nahm ein weiteres Blatt heraus, diesmal ein Brief von der FDA, datiert mit dem 25. Januar 1966, und verfaßt von einem gewissen Jack Winslow, Ph. D., der Dad mitteilte, daß sein Ersuchen um Zustimmung für ein klinisches Versuchsprotokoll zum Testen gewisser Neurohormone (wie in der klinischen Auflistung #F9774-02 spezifiziert) abgelehnt worden war. Grund für die Ablehnung war der Mangel an ausreichenden Versuchen mit Primaten, die vor weiteren Versuchen mit menschlichen Testpersonen erforderlich waren.

»Na, was tut sich da, Liebling?« sagte Liam mit dem Kopf an ihrer Schulter. »Irgendwas Wichtiges?«

»Hauptsächlich unangenehme Neuigkeiten«, sagte Julie. »Eine ganze Mappe mit schlechten Nachrichten. Dinge, von denen ich überhaupt nichts wußte.«

Dad hatte ganz offensichtlich eine Menge Schwierigkeiten gehabt.

Sie steckte die Briefe wieder an ihren Platz und schob die Schublade zurück. Vielleicht die nächste…

Plötzlich hörte sie draußen auf dem Flur Almas Stimme: »Haben Sie Julie gesehen?«

Mit einem wild pochenden Herzen schob Julie, so schnell und lautlos wie möglich, die Schublade wieder zurück, während auf

Almas Frage ein unterdrücktes, unverständliches Murmeln folgte, das wahrscheinlich von Sams Krankenschwester herrührte.

Julie beugte sich zu Liam und flüsterte ihm ins Ohr. »Nehmen Sie die Tür dort. Sie könnte hier hereinkommen.«

Draußen tönte Almas Stimme: »Na gut, falls Sie sie sehen, sagen Sie ihr bitte, daß ich nach ihr suche.«

Julie hatte die rechte, Liam die linke Tür; sie hatten sich rückwärts in den Wandschrank hineingepreßt und die Türen gegen ihre Körper gezogen. Sie sahen, wie der Drücker der Zimmertür sich drehte.

Sie kommt herein!

Julie und Liam standen im Finstern; die Griffe der Schranktür drückten sich Julie in den Rücken. Sie spürte Liam neben sich, hörte seinen Atem. Sie war erstaunt, daß er keinen Witz machte. Er schien doch nie Angst zu haben.

Das einzige Licht fiel durch den Schlitz zwischen den Schranktüren. Julie linste mit einem Auge hindurch.

Alma durchquerte den Raum. Sie ging zum Fenster, das auf den Garten hinausblickte und schaute lang nach draußen.

Ob sie nach mir Ausschau hält?

»Was macht sie da?« flüsterte Liam. Seine Lippen lagen an Julies Ohr.

Julie gab keine Antwort – es war ihr viel zu riskant, auch nur ein einziges Wort auszusprechen. Er war ganz dicht bei ihr. Sie konnte seine Wärme spüren, seinen Atem im Nacken spüren. Ach, wie nah er ihr war. Beinahe wie in der Memoskopie...

Und dann schoß es ihr in den Kopf: Sie hatte den Schlüssel außen im Schloß des Wandschranks steckenlassen. Wenn Alma ihn nun bemerkte? Was dann?

Nach einem Moment an den Fenstern drehte Alma sich um und steuerte auf die Bücherregale zu. Sie fand das gesuchte Buch, nahm es aus dem Regal, verließ den Raum und machte die Tür hinter sich zu.

Sie kennt sich hier aber gut aus, dachte Julie. Wie oft kommt sie eigentlich nach Oakwood? Julie hatte sich bisher nie sonderlich Gedanken über die Frauen in Eathans Leben gemacht.

Sie drückte die Türen auf und wandte ihre Aufmerksamkeit wieder dem Kabinett mit den Papieren ihres Vaters zu. Sie drehte die Codeziffern auf dem Kombinationsschloß.

»Also, warum das jetzt?« fragte Liam mit unterdrückter Stimme.

»Weil wir hier abhauen.«

»Aber wir haben doch gerade erst angefangen...«

»Es ist zu gefährlich. Sie könnte jederzeit wegen eines anderen Buches zurückkommen oder dieses Buch zurückbringen. Ich möchte hier nicht erwischt werden.«

Liam blieb still, als sie die großen Türen wieder zumachte – diesmal waren sie beide nicht drinnen – und dann abschloß. Den Schlüssel steckte sie jedoch in die Tasche, statt ihn zum Schreibtisch zurückzubringen. Liam sollte nicht wissen, wo er zu finden war.

Sie drehte sich ihm zu. »Wie werden Sie wieder aus dem Haus kommen?«

»Das können Sie getrost mir überlassen. Bevor ich gehe, möchte ich Sie aber noch um einen Gefallen bitten.«

»Und der wäre?«

»Ich möchte Sammi sehen.«

Als Julie klar wurde, daß sie für den Bruchteil einer Sekunde tatsächlich überlegt hatte, auf seine Bitte einzugehen, spannte sich alles in ihr an. Wie hatte sie es nur soweit kommen lassen können, dermaßen in den Bann dieses Mannes zu geraten! Er war doch, was Sammis Zustand anging, ein Hauptverdächtiger! Und sie benahm sich so, als ob sie mit ihm gemeinsame Sache gegen Eathan machte!

»Nur ganz kurz«, bat er.

»Nein. Ausgeschlossen.«

Sein heller Teint lief vor Zorn rot an. »Warum denn nicht? Ich liebe sie. Sie bedeutet mir alles.«

»Weder Sie noch irgendwer sonst wird in Sammis Nähe kommen, bis ich herausgefunden habe, was ihr zugestoßen ist.«

Er ging zur Tür. »Dann werde ich sie selber finden.«

»Wenn ich nicht bei Sam bin, hält sich in ihrem Zimmer immer eine Krankenschwester auf. Falls Sie es wagen, auch nur in die Nähe von Sams Zimmer zu gehen, ruf' ich Scotland Yard an und erzähl' denen, daß Liam O'Donnell sich in Yorkshire aufhält.«

Er stellte sie. »Das werden Sie nicht tun!«

»Aber ja.« Sie hielt seinem Blick stand.

Er fixierte sie mit zusammengebissenen Zähnen; seine Hände ballten sich zur Faust. Julie glaubte schon, eine unsichtbare Grenzlinie überschritten zu haben. Es sah ganz danach aus, als ob er sie angreifen würde.

Er griff sie jedoch nicht an.

»Zur Hölle mit Ihnen«, sagte er leise.

Sagte es, machte auf dem Absatz kehrt, schritt zur Tür und aus dem Zimmer hinaus und war verschwunden.

Julie lief ihm nach, auf den Flur. Der Flur war leer. Ihr wurde plötzlich bang. Sie rannte zu Sams Zimmer.

Ich könnte mir nie verzeihen, dachte sie, wenn er jetzt dort sein sollte. Falls er ihr etwas antut.

Sie fand dort aber nur Sam und die Krankenschwester vor. Wohin war Liam verschwunden?

Als sie sich umdrehte, sah sie Alma mit dem gelben Notizbuch unter dem Arm auf sich zukommen.

»Ach, Julie«, meinte sie freundlich. »Da sind Sie ja. Ich habe Sie überall gesucht. Wo hatten Sie sich denn versteckt?«

»Ich habe mir nur die Zeit vertrieben, bis ich mich wieder der Memoskopie widmen kann.« Sie warf einen Blick auf die Armbanduhr. »Es dauert noch zwei Stunden, bis man in den USA aufsteht.«

»Ich kann's kaum abwarten. Aber hören Sie. Ich denke, daß mir hinsichtlich der venezianischen Erinnerungen von Sam eine Idee gekommen ist. Venedig ist völlig bedeutungslos. Auch die Diva ist nicht von Belang – sie ist zumindest nicht ausgesprochen wichtig. Der Schlüssel zum Sinn der Erinnerung liegt in der Oper an sich.«

»In *Othello*? Aber wieso?«

»Das weiß ich selber noch nicht genau. Vielleicht liegt der Schlüssel im Gemälde. Wenn das Unbewußte eine Botschaft ans Licht bringen will, wird es Symbole verwenden. So wie in einem

Traum. Der Löwe in der Gondel steht für Othello. Er hatte den Beinamen ›Löwe von Venedig‹. Da liegt der Schlüssel.« Sie lachte. »Nur weiß ich nicht, *was* der Schlüssel uns öffnet.«

Julie zuckte mit den Achseln. »Vielleicht ist's ja umgekehrt. Könnte doch sein, daß das Gemälde einfach nur der Schlüssel ist, der uns zur Erinnerung von Venedig führt, deren Kernereignis zufällig mit der *Othello*-Aufführung zusammenfiel.«

»Möglich«, erwiderte Alma. »Ich halte es allerdings für eher unwahrscheinlich. Mir kommt die ganze Sache äußerst kompliziert vor. Nach meinem Dafürhalten ist Othello jedoch wirklich der Schlüssel. Samantha spricht zu uns durch ihre eigenen Bilder und durch die Kunst, die ihr in ihrem Leben etwas gesagt hat. Wir müssen einfach noch mehr sehen. Wir brauchen weitere Mosaiksteine des Bildes, das sie uns zu malen versucht.« Sie hob ein Buch in die Höhe. »Das habe ich im Arbeitszimmer Ihres Onkels entdeckt: *Die Erzählungen der großen Opern.* Könnte uns eventuell weiterbringen.«

Almas Begeisterung war ansteckend. Julie fühlte sich aber bemüßigt, sie ihr mit einer Prise Realität zu versalzen.

»*Falls* sie uns wirklich etwas mitzuteilen versucht, und *falls* von ihrem Unterbewußten genug intakt geblieben ist, um die Sache weiterzubringen.«

»Was den ersten Punkt betrifft, so bin ich mir sicher. Was den zweiten Aspekt angeht, kann ich nur hoffen. Geben Sie mir Bescheid, wenn es soweit ist, daß Sie eine weitere Erkundung von Sams Gedächtnis vornehmen. Wir müssen jede uns mögliche Chance bestmöglich nutzen.«

Julie warf einen neuerlichen Blick auf die Armbanduhr. Es war noch Stunden hin, bis Dr. S. in seinem Büro eintreffen würde. Warum eigentlich so lange warten? Sie hatte Sams Gedächtnislandschaft schon einmal ohne ihn aufgesucht. Warum nicht ein weiteres Mal?

»Wir pfeifen auf New York«, sagte sie zu Alma. »Warum machen wir uns nicht gleich an die Arbeit?«

19. Kapitel

Vielleicht sollte ich Sams komatöse Gedächtnislandschaft mehr als eine Art Traumlandschaft betrachten. In Traumzuständen ist der Körper paralysiert, sind die Türen gegen die Außenwelt verschlossen. Es gibt sporadische Eruptionen von cholinergen Neuronen im Brücken-Knoten-Hinterhaupt-System, die Wellenschübe durch die oberen Gehirnzonen schicken. Diese PGO-Wellen unterbrechen die kognitiven Netze rationaler, geordneter Informationsströme und erlauben irrationalen, ungeordneten Gedanken, Emotionen und Bildern durch das Bewußtsein zu schießen. In einer solchen Phase existiert dann nur die Innenwelt, sind alle Regeln ausgesetzt. Ein Traum ist das Ergebnis des Versuchs der armen Großhirnrinde, einen Sinn aus dem Chaos zu machen.

Aus den Notaten Julie Gordons

Du betrittst die Gedächtnislandschaft dort, wo du sie beim letztenmal verlassen hast – auf der unteren Galerie. Als du dich umschaust und du an den Wänden keine neuen Bilder entdeckst, sinkt deine Zuversicht. Du hattest eine Veränderung erhofft.

Du schwebst aus der Galerie hinaus.

Noch immer eine versunkene Welt, die riesige Ausdehnung eines stehenden Gewässers, das mit dunklen, verstreuten Bruchstücken von Land durchsetzt ist. Am unteren Himmel der sternenlosen, ewigen Nacht rutscht der große zunehmende Mond in den Horizont der endlosen schwarzen See.

Diesmal wartet keine Gondel am Ufer. Du erklärst es dir damit, daß es sich beim letztenmal um eine einmalige Fahrt gehandelt haben muß. Dein suchender Blick gleitet über die toten Gewässer, hofft auf irgendein Lebenszeichen. Du siehst nichts. Deine Hoffnungslosigkeit wächst.

Die Nacht wird tiefer, als die fernen Wasser den Mond ertränken. Du siehst ihn versinken, und nach seinem Untergang bist du von einer solch tiefen Finsternis umfangen, daß sie auch das matte Licht schluckt, das aus der Galerie hinter dir nach draußen sickert.

Das Dunkel dringt in deine Seele ein, sie lähmt deinen Willen. Du siehst keinen Anlaß, länger hier zu verweilen, keine Hoffnung auf eine Änderung dieser Wasserwüste. Vielleicht – so sagst du dir – fehlt es dir für diese Situation am nötigen Mumm.

Als du jedoch auf das EXIT-Feld drücken willst, hörst du hinter dir ein Knirschen, und als du dich umdrehst, siehst du die wartende Gondel. Wieder ohne Gondoliere. Du faßt Mut, wappnest dich gegen allzu hohe Erwartungen, trittst in die Gondel, bleibst aber stehen, als die Fahrt beginnt.

Dann, vor dir, in weiter Ferne, ein Funke. Du blinzelst. Eine Täuschung? Wunschdenken?

Nein, du siehst ihn wirklich, er ist Realität. Allerdings in solch weiter Ferne, daß du ihn vor dem Monduntergang niemals bemerkt haben würdest.

Es ist eine lange Reise über die spurenlose See, während der Funke sich allmählich zum Lichtfleck vergrößert – er steht hoch über der Wasserlinie. Beim Näherkommen erkennst du eine Insel, die sich zwanzig bis dreißig Meter hoch über das Meer erhebt. Zur Mitte hin Gruppen abgestorbener Bäume, an den Flanken Marmoreingänge. Diesen Ort hast du doch schon mal gesehen. In einem Gemälde. Arnold Böcklins *Toteninsel*.

Das Licht ist jetzt ein leuchtendes Rechteck über der Insel. Du steigst aus der Gondel und gleitest dem Licht entgegen. Bald wird dir klar, daß es sich um das Fenster eines Speiselokals handelt. Ums Dach läuft ein Reklameband: PHILLIES ZIGARREN – NUR 5 CENTS. Die Fensterscheibe ist irrwitzig gekrümmt. Der Mann hinter der Theke hat eine weiße Papiermütze auf dem Kopf; die Theke ist aus Holz. Eigentlich müßte sie doch aus Kunststoff sein, überlegst du. Das Material sieht jedoch eher nach Eichen oder Mahagoni aus.

In der Ecke sitzt ein hakennasiger Mann mit einer Frau im roten Kleid neben zwei großen Kaffee- und Teemaschinen aus Chrom. Die beiden rauchen und trinken Kaffee. Auf dieser Seite der Theke sitzt, mit dem Rücken zu dir, ein Mann mit Hut.

Diese Szene ist dir bekannt – aus Hoppers *nighthawks.* Ein Bild der Einsamkeit, ein Bild der Großstadt… ein gespenstisches Bild.

Du vergißt Sam und den Grund deines Hierseins und eilst zum Eingang. Wenn du auf Füßen hier wärst, würdest du rennen. Du hast dich nämlich schon immer gefragt, wer dieses Pärchen ist, woher die beiden kommen und wohin sie gehen, was sie einander erzählen. Jetzt kannst du es endlich herausfinden.

Du drückst den Türgriff; die Tür geht nicht auf.

Du rüttelst an der Tür. Das Pärchen an der Theke dreht sich um, mustert dich. Der Mann hinter der Theke beugt sich über die Theke; er teilt dir etwas mit; du kannst es nicht verstehen. Er deutet erst zur Tür hin, dann nach rechts. Du trittst einen Schritt zurück und erkennst ein handgeschriebenes Schild, das an die Scheibe geklebt ist.

EINGANG DURCH DAS THEATER
UM DIE ECKE

Du nickst, winkst und eilst um die Ecke. Drinnen im Speiselokal scheint es so warm und hell, daß dich ein großes Verlangen packt, aus dem Dunkel dort hineinzukommen.

Das Theater scheint allerdings ebenfalls geschlossen. Das Schirmdach ist unbeleuchtet und mit einem Haufen Buchstaben übersät. Den Namen über dem Schirmdach kannst du entziffern: THE PALLAS.

Du fragst dich, ob es nicht »The Palace« heißen müßte.

Egal. Das ist unwichtig. Du gehst auf den Kartenschalter zu, dessen Inneres durch eine Funzel beleuchtet wird. Er ist aber nicht besetzt. Du gehst weiter, vorbei an den zerrissenen und verblaßten Plakaten der Schaukästen, bis zur Tür. Sie knarrt in den Angeln, als du sie aufschiebst.

Drinnen ist's finster. Aber nicht total – hinter dem Erfrischungsstand ein schwaches Leuchten. Es riecht nach Popcorn; aber der Popcornautomat scheint leer. Die Glasfassade des Stands ist aufgebrochen, die Süßigkeiten geplündert. Überall liegt Popcorn herum. Es knirscht unter deinen Füßen. Als du weiter eindringst, wird das Licht schwächer, bis es drinnen so schwarz ist wie draußen in der mondlosen Nacht. Wie kannst du nur den Weg zum Speiselokal finden? Das Suchen kommt dir sinnlos vor.

Plötzlich bemerkst du vor dir einen flackernden Schein; es kommt von links. Du gehst drauf zu, biegst nach links ...

Du befindest dich in einem Kino. Einem leeren Kino. Auf der Leinwand ist ein Film zu sehen, etwas Grelles, Buntes, Hektisches, aber das Bild ist nicht scharf und der Ton verzerrt. Jetzt erkennst du plötzlich, daß das Kino nicht vollkommen leer ist. Gleich in der ersten Reihe sitzen zwei Menschen. Du bewegst dich neugierig durch den Gang. Beim Näherkommen schrumpft die Leinwand, sie wird kleiner und kleiner, bis sie die Größe eines Fernsehbildschirms hat, und vor dem sitzen zwei kleine Mädchen. Sie sind sieben oder acht Jahre alt.

Sam und Julie ...

»Ich werde das Kaninchen töten!«

Auf dem TV-Bildschirm jagt Elmer Fudd in Rüstung und mit gehörntem Helm das als goldzopfige Rheinjungfrau gekleidete Bugs Bunny durch eine fantastische Walhalla-Landschaft.

»Diesen Film mag ich nicht«, sagt die kleine Sam und lugt hinter dem Stuhlkissen hervor, das sie sich mittlerweile vors Gesicht hält. »Es ist ein dummer Film.«

»Wie – hast du vielleicht Angst?« sagt Julie mit einer Stimme, die vor Verachtung trieft. »Das ist doch bloß ein dummer Zeichentrickfilm! Das sind doch keine richtigen Menschen oder so was!«

Elmer Fudd brüllt erneut seine Morddrohung heraus – *»Ich werde das Kaninchen töten!«* und Sam verschwindet hinter dem Kissen.

Jetzt reicht's Julie. Sie hat von Sams komischem Verhalten die Nase voll. Eine Zeichentrickfigur, die einer andern Zeichentrickfigur droht – das ist doch nichts. So was machen Zeichentrickfiguren laufend. Und selbst wenn man so dumm wäre, sie für echte, lebendige Geschöpfe zu halten, springen sie doch immer wieder auf die Beine, ganz gleich, was ihnen zustößt. Sieh doch nur, was der Coyote alles durchmacht.

»Nun sei kein Frosch, Sammi. Schau hin.«
Ein ersticktes »Nein!« hinter dem Kissen. »Dazu kriegt mich keiner!«
»Ach nein?«
Julie ist von dieser Herausforderung erregt, packt das Kissen und reißt es Sammi aus den Händen.
Sammi schreit. »Nein!« Sie wendet sich ab und verbirgt das Gesicht in ihren Armen.
Julie springt auf sie. Ein Ringkampf beginnt.
»Nein, Julie! Nein! Bitte, zwing mich nicht hinzusehen!«
Aber Sammis Flehen stößt auf taube Ohren.

Du möchtest das kleine Mädchen, das du einmal warst, an den Schultern packen und schütteln und zur Vernunft bringen. Begreift das Mädchen denn nicht, daß die Schwester sich fürchtet – daß sie wirklich Angst hat? Daß ihr vor dem lauten Zeichentrickfilm graust? Die kleine Julie meint nur, daß ihre Schwester sich albern aufführt. Wer kann sich bloß vor Zeichnungen fürchten? Sie wird Sammi zeigen, daß man sich gar nicht fürchten muß – ob Sammi will oder nicht.

Inzwischen verstehst du das alles besser.

Du hast erkannt, was Farben, Linien und Bilder für Sam bedeuten, daß Sams Vorstellungen, daß ihre Sicht vom Leben so ganz anders war als deine, daß sie wahrhaft auf einem andern Planeten lebte. Einem fürchterlichen Planeten.

Und so gern du diese Szene auch stoppen möchtest – es ist einfach unmöglich. Du kannst nur hilflos zusehen, wie Julie die Schwester überwältigt, die nie großen Kampfgeist besaß, nicht einmal zum eigenen Schutz.

Es gelingt Julie, Sammis Gesicht aus den Armen zu lösen. Keuchend zwingt sie den Kopf der Schwester in eine Position, so daß sie den Fernseher sehen muß. Doch Sammi drückt fest die Augen zu.
»Mach die Augen auf, Sammi! Öffne deine Augen!«
»Nein! Ich will nichts sehen!«
Julie wird wütend. Sie weiß nicht, was sie tun könnte, damit

Sam die Augen aufmacht. Als sie einen Blick auf den Fernseher wirft, merkt sie, daß der Zeichentrickfilm gerade einen ruhigen Moment hat. Julie nimmt einen neuen Anlauf. Sie gibt ihre Schwester aus dem Schwitzkasten frei und rollt sich weg. »Ach, ist doch egal«, sagt sie. »Der Zeichentrickfilm ist sowieso zu Ende.«

Daraufhin öffnet Sammi die Augen und schaut zum Bildschirm. Dort liegt Bunny, von einer einsamen Blume beweint, in Technicolor, mit geschlossenen Augen, herabbaumelnden, schlaffen Armen, von einer Felsspalte aufgespießt.

Sammi stößt einen herzerweichenden Schrei aus und springt auf. Sie steht schluchzend da. »Er ist tot. Er ist *tot*!«

Und rennt dann kreischend aus dem Zimmer.

Die kleine Julie schaut ihr perplex nach.

»Was ist daran denn so schlimm?« sagt sie leise. »Es ist ja bloß ein Zeichentrickfilm.«

Auf dem Bildschirm hebt Bunny den Kopf und blickt heraus. *»Also, was habt ihr denn bei einer Oper erwartet – ein Happy End?«*

Du wendest dich ab, voller Abscheu für dich selbst. Überlegst, wie Alma das deuten mag. Du bist dir durchaus bewußt, daß du gegenüber der kleinen Julie nicht ganz fair bist. Sie *konnte* Sam gar nicht verstehen, selbst wenn sie's gewollt und versucht hätte – dazu fehlten ihr die Voraussetzungen. Und du bist dir nicht einmal sicher, daß die ältere, vernünftigere Julie alle dazu erforderlichen Voraussetzungen hat.

Vielleicht ist es nur die Herausforderung, die dich reizt. Möglicherweise aber auch etwas Tieferes. Jedenfalls gibst du dir Mühe. Du gibst dir verdammt Mühe.

Du suchst verzweifelt nach einem Eingang zu dem Speiselokal, kannst aber keine Tür finden. Nirgends eine Zutrittsmöglichkeit, außer dem verschlossenen Vordereingang. Du willst zurück auf die Straße. Doch neben dem Kartenverkauf sitzt eine Matroschka-Puppe, die dir den Weg versperrt: diesmal hat sie die Gestalt von Bugs Bunny, der auf seinem Sockel hin und her schaukelt.

Das kommt dir jetzt überhaupt nicht gelegen, trotzdem kannst du dem Verlangen nicht widerstehen, du willst herausfinden, was sich in der Matroschka-Puppe befindet. Du faßt die Puppe an, und sie bricht in der Mitte auf. Die obere Hälfte fällt ab, drinnen ist Elmer Fudd in Jägertracht, der einen wilden Eindruck zu machen sucht, indem er die Jagdflinte an die Brust drückt. Beim erneuten Anfassen fällt die Puppe erneut in zwei Hälften, da ist dann wieder Bugs Bunny zu sehen: mit einer Möhre in der Hand und dem breiten, unbekümmerten Lächeln des Neunmalklugen.

Doch nun ist es wie bei allen früheren Matroschkas auch – damit hat sich's. Bugs im Innern von Elmer im Innern von Bugs. Was hat das zu bedeuten? Hat es überhaupt etwas zu bedeuten?

Du eilst hinaus und biegst nach links. Du erreichst das einladende Licht aus dem Innern des Speiselokals und rüttelst wieder an der Tür. Noch immer abgeschlossen. Du beginnst an die Scheibe zu klopfen. Und hörst schlagartig auf.

Drinnen hat sich etwas verändert. Das Pärchen bei den Kaffee- und Teemaschinen am anderen Ende der Theke – jetzt hat die Frau im roten Kleid das Gesicht deiner Mutter, und der Mann ist zu Eathan geworden. Kein junger Eathan, sondern Eathan, so wie du ihn jetzt kennst. Und der Mann, der für sich allein sitzt – der ist jetzt dein Vater. Und der Mann an der Theke – das ist Liam. Er hebt den Blick vom Grill und lächelt dir zu.

Du weichst völlig verstört, angstvoll zurück. Das ist selbst nach Sams Maßstäben total verrückt. Du machst kehrt und fliehst, stürzt hinaus in die Nacht. Vergißt die Gondel. Einfach nur weg.

Der tropfende Mond ist am andern Ende dieser abgesunkenen Welt zur Hälfte aus der See aufgestiegen. Du hältst auf ihn zu, du ahnst, daß diese Richtung dich zu der Galerie zurückbringt. Beim Fortgleiten fällt dir auf, daß sich unter dir das mondhelle Wasser kräuselt. Könnte das Kräuseln möglicherweise durch den Gegenstand verursacht werden, der gestern abend deine Gondel streifte?

Du gehst im Senkflug drauf zu. Als du näher kommst, haben die Wellen sich aber längst ausgeweitet und zerstreut. Du bleibst und überlegst, was es in diesem toten Gewässer an Leben geben könnte.

Plötzlich ein Platschen. Du drehst dich in Richtung des Geräuschs um und siehst einen Fangarm von der Dicke eines Männerarms, der sich durch die Wasseroberfläche schiebt. Das schwarze Wasser fließt von seiner Haut. Seine saugende Unterseite grapscht nach dir; die faltigen, mundförmigen Poren wollen dich schnappen und festhalten.

Du stößt einen Schrei aus – und schrickst zusammen beim Laut deiner eigenen Stimme, der echten aus der wirklichen Welt. Dann stürzt du davon, und das Wesen gleitet in den See zurück.

Was es dir wohl angetan hätte? Hätte es dich zu Sam, in ihr Koma heruntergeholt?

Mit wild klopfendem Herzen drückst du auf das EXIT-Feld.

Du wirst ein andermal zu der Galerie zurückkehren.

Vielleicht.

20. Kapitel

Nicht alle Erinnerungen sind uns bewußt. Wir haben haufenweise unbewußte Erinnerungen – sie werden »Gewohnheiten« genannt.

Aus den Notaten Julie Gordons

1

Julie nahm den Datenhelm ab, und während sie wartete, daß ihr Herz sich beruhigte, betrachtete sie Sam. Sie wußte genau, daß der Fangarm sie nicht wirklich hätte packen können – sie war ja in der Gedächtnislandschaft nicht physisch anwesend –, und doch schien er es darauf abgesehen zu haben. Und vielleicht war das nur gut so. Es war ja möglicherweise ein verläßlicher Hinweis, daß ihre Anwesenheit Sam irgendwie bewußt war. Nur – warum solch erschreckende, solch häßliche Form der Mitteilung? Und warum sollte Sam versuchen, sie auf diese Art zu fangen?

War es ein Racheakt für die Erfahrung und Erinnerung, die sie soeben neu durchlebt hatte?

Julie preßte die Augen zusammen, um das aufsteigende Schuldgefühl in Griff zu bekommen.

Jedenfalls kann ich nicht so tun, als ob ich's nicht bemerkt hätte.

Sie schaute zu Alma hinüber, die hektisch in ihrem gelben Notizbuch kritzelte.

»Worum ist es diesmal gegangen?«

»Worauf zielen Sie mit Ihrer Frage ganz konkret ab?« gab die noch immer kritzelnde Alma zurück. »Den Zeichentrickfilm, das Speiselokal oder den Kraken?«

»Was für ein Krake?«

»Der Fangarm. Der Krake war ein mythisches Geschöpf, das aus den Tiefen auftauchte, unglückliche Schiffe schnappte und mit sich in die Tiefe zog.«

»Und warum sollte es in Sams Tiefenbewußtsein einen Kraken geben?«

»Das vermag ich noch nicht zu sagen. Vielleicht ist der Krake eine Manifestation von Samantha selbst oder von ihrem Unbewußten. Es deutet in jedem Fall auf etwas sehr *Tiefliegendes.*«

»Könnte das der Grund sein, warum sie nach mir griff – als Zeichen, daß sie mich zu erreichen versucht?«

Almas Kopf fuhr in die Höhe. »Also, *das* wäre eine Möglichkeit. Ein ungemein faszinierender Gedanke.« Sie machte sich von neuem ans Schreiben. »Wenn ich doch nur das Video von der ersten Sitzung des gestrigen Nachmittags sehen könnte!«

»Aber ich habe sie Ihnen doch geschildert.«

»Das ist nicht dasselbe, wie wenn ich es mit eigenen Ohren und Augen höre und sehe. Diese Landschaftsszenen sind einfach durchsetzt mit Symbolen und Bedeutungen.« Sie seufzte. »Wenn ich doch nur mit der früheren Maschine gekommen wäre.«

Julie warf einen schuldbewußten Blick auf die Videobox. Die fragliche Kassette mit dem kleinen x auf dem Etikett stand nur eine Armlänge von ihnen beiden entfernt.

Warum eigentlich nicht? dachte Julie. Eathan bleibt noch für Stunden in London. Bis er zurückkehrt, kann Alma sich das Video anschauen, so oft sie will. Und wenn ich sie bitte, davon nichts zu erwähnen, wegen Rücksicht auf Eathan...

Durfte sie aber dieser Frau, die Eathan nachts besuchte, wirklich vertrauen? Julie überlegte, welche Loyalität bei Alma Priorität hatte – zuerst die gegenüber Eathan, dann zu Samantha; sie selbst kam an letzter Stelle.

Sie mußte das Risiko trotzdem eingehen. Um Sams willen.

Sie streckte die Hand aus und nahm das Band aus der Box.

»Alma? Ich hoffe, Sie werden verstehen, warum ich das getan habe...«

»Was haben Sie denn getan, meine Liebe?«

»Warum ich das Videoband von der bewußten Sitzung zurückgehalten habe. Ich...«

Alma sprang aus dem Sessel und riß es Julie aus der Hand.

»Sie haben es?!« sagte sie und fixierte das unbeschriftete Etikett. »Das hier ist es?«

»Ja. Ich…«

Doch Alma war bereits auf dem Weg zum Flur. »Ich muß es mir sofort ansehen!«

»Aber…«

Julie folgte ihr auf dem Fuß, die Treppe hinunter, bis ins Wohnzimmer, um sie von ihren Befürchtungen zu Eathans Reaktionen auf das Band in Kenntnis zu setzen.

»Ich glaube, daß Sie Ihrem Onkel da ein bißchen zu wenig zutrauen«, meinte Alma. »Er ist da wesentlich widerstandsfähiger. Denken Sie doch mal, was er in all den Jahren schon von Samantha hingenommen hat.«

Den zweiten Grund für die Zurückhaltung wollte Julie nicht nennen, um nicht den Zugang zum Wandschrank aufs Spiel zu setzen.

»Bitte sagen Sie ihm nichts davon. Ich möchte nicht einmal, daß er von der Existenz des Bandes erfährt. Ich hoffe, ich habe mich klar genug ausgedrückt.«

Alma blieb stehen und musterte sie. »Wenn das Ihr Wunsch ist, dann soll es auch so sein. Genügt Ihnen das?«

»Das genügt mir.«

»Ausgezeichnet. Und jetzt muß ich mir's ansehen.«

Alma verschwand. Julie suchte in ihren Taschen nach dem Schlüssel für den Wandschrank. Es wäre wohl am besten, daß sie schnüffelte, solange dazu die Möglichkeit bestand.

Dann kam ihr ein Gedanke. Hatte sie auf der Durchfahrt in Robin Hood's Bay gestern nicht einen Schlüsseldienstladen gesehen? Sie hatte Eathans Schlüssel in der Hand. Warum ließ sie sich da eigentlich kein Doppel anfertigen? Sie holte sich den Mantel aus dem Garderobenschrank im Foyer.

2

Nach der Rückkehr vom Schlüsseldienst vergewisserte Julie sich zuerst, ob Alma sich noch im Wohnzimmer aufhielt. Die Psychiaterin saß dort im Dunkeln und war von dem laufenden Videoband total absorbiert.

Als sie sich zu Julie umdrehte, wurde das durch die Tür einfallende Licht von ihren Brillengläsern zurückgeworfen. »Ich bin ja so froh, daß Sie mich das Band haben ansehen lassen«, rief sie. »Es liefert uns sehr viel Neues.«

Julie ließ Alma allein und begab sich unverzüglich in Eathans Arbeitszimmer im oberen Stockwerk. Sie wollte den Originalschlüssel rasch wieder an seinen Platz zurückbringen, bevor sie weiteres unternahm.

Als sie ihn in die Schublade zurückgelegt hatte, ging sie mit dem Duplikat zum Wandschrank und probierte ihn aus. Er paßte. Prima.

Sie überlegte, ob sie weiter im verschlossenen Aktenkabinett suchen sollte. Sie hatte dort ja im Grunde nur an der Oberfläche gekratzt, hatte nur einen Teil der obersten Schublade inspiziert. Sie wollte eben die Schranktür aufschließen, als sie vom Flur her ein schwaches Klopfen an der Tür vernahm.

Sie schloß rasch den Wandschrank wieder zu, steckte den Schlüssel in die Tasche und rief: »Ja bitte?«

Das Dienstmädchen Clarice steckte den Kopf herein, eine kleine graue Maus von einer Frau, die Julie durch dicke Brillengläser anschaute. »Verzeihung, Ma'am. Aber würde Sie es sehr stören, wenn ich hier jetzt reinemachen würde?«

»Nei-i-in«, entgegnete Julie. »Treten Sie ein. Ich habe nur nach etwas zum Lesen gesucht.«

Mist. Das Dienstmädchen mußte beobachtet haben, wie sie ins Arbeitszimmer gegangen war. Hoffentlich würde sie es Eathan gegenüber nicht erwähnen. Wenigstens war Clarice in Sams und Julies Kindheit noch nicht im Haus gewesen, als dieses Arbeitszimmer Eathans Allerheiligstes gewesen war, zu dem niemand Zutritt gestattet war.

Während Clarice mit dem Abstauben begann, wanderte Julie zum Bücherregal hinüber, wo sie die Fachzeitschriften für Neurochemie mit den veröffentlichten Beiträgen von Nathan Gordon entdeckt hatte. Was für »visionäre« und »unorthodoxe« Forschungen hatte ihr Vater eigentlich betrieben?

3

Die zweite Erkundung von Sams Gedächtnislandschaft an diesem Tag verschob Julie bis nach Eathans Rückkehr aus London.

Nach Kenntnis der im abgesperrten Kabinett aufbewahrten Mahnungen hatte sie ihn zu den finanziellen Schwierigkeiten ihres Vaters befragen wollen. Nach Lektüre der Zeitschriftenartikel ihres Vaters gab es jedoch dringendere Fragen.

Eathan kehrte am späten Nachmittag zurück. Der Himmel hatte die graue Farbe von Schlachtschiffen angenommen. Die Luft war feucht und kühl. Es waren nicht mehr viele Tage mit einem blauen Himmel zu erwarten.

Sie ließ Eathan Zeit, sich frisch zu machen, bevor sie ihn in seinem Arbeitszimmer aufsuchte. Er saß am Schreibtisch und leerte seine Aktentasche, als sie eintrat.

Sie war mehr als nur leicht nervös, als sie die Tür hinter sich zumachte.

»Willkommen daheim«, sagte sie und hielt die Zeitschriften hoch – sie hatte sich entschlossen, ihn wegen der Artikel ganz offen anzusprechen. »Ich möchte nur diese Hefte zurückbringen.«

Er hob den Kopf. »Worum geht's denn?«

»Um Neurochemie-Zeitschriften mit Beiträgen von Dad. Ich war gerade im Raum, als Clarice hier saubermachte und habe sie rein zufällig entdeckt. Ich hoffe, es macht dir nichts aus.«

Er schaute zu den Regalen hinüber. »Hier? Ich bin überrascht, daß du sie hier gefunden hast. Natürlich macht es mir nichts aus. Sie gehören ohnehin zu deinem väterlichen Erbe. Ich persönlich finde sie, ehrlich gesagt, unverständlich. Ich habe sie zu lesen versucht, damals nach dem Brand, konnte aber kaum was mit ihnen anfangen. Zuviel Chemikerjargon. Kannst du ihnen etwas abgewinnen?«

Julie nichte. »Ja. Möglicherweise zuviel.«

»Wie bitte?«

Julie legte die Zeitschriften auf dem Schreibtisch ab. »All seine Arbeiten – zumindest die hier veröffentlichten – haben sich anscheinend auf jene Aspekte des Verstandes und der Persönlichkeitsentwicklung konzentriert, die mit den beiden Gehirnhälften zu tun haben. Wobei er selbst diese Begriffe nicht verwendet hat. Er hat diese Aspekte lediglich im Sinne von kreativen und analytischen Fähigkeiten unterschieden.«

»Die theoretischen Grundlagen sind mir bekannt – über die haben Nathan und ich uns oft genug unterhalten. Er hat es so betrachtet, daß die schöpferischen und die analytischen Fähigkeiten sich auf einer Gaußschen Kurve verteilen, und zwar so, daß die analytischen auf die linke und die schöpferischen auf die rechte Seite fielen, dergestalt, daß das Optimum an der Spitze der Kurve erreicht war, wo beide Fähigkeiten sich vollkommen ausglichen. Die von ihm angeführten Beispiele habe ich vergessen, es ging ungefähr dahin, daß Einstein auf die linke, van Gogh auf die rechte Seite und Frank Lloyd Wright auf die Spitze der Kurve fielen.«

»Das klingt plausibel. Was in diesen Beiträgen unheimlich klingt, sind jedoch die Stellen, wo er davon spricht, wie man eines Menschen Position auf dieser Kurve dadurch beeinflussen könnte, indem man sie in ihrer Entwicklungsphase mit unterschiedlichen Neurohormonen behandelt..., um sie mehr linkshirnig oder rechtshirnig zu steuern, je nach Wunsch.«

»Pure Theorie.«

»Eben nicht pure Theorie. Er entwirft Anwendungsmethoden. Es klingt ganz nach...«

Eathan lächelte durch seinen Bart. »Socialengineering?«

»Nun ja, das auch. Aber...« Ihr war der Mund plötzlich ausgetrocknet. Mist! Wie könnte sie es nur klar ausdrücken? »Aber Sam und ich, wir sind eineiige Zwillinge und... trotzdem total anders. Ich meine, könnte man sich überhaupt einen Menschen mit ausgeprägteren Entwicklungsmerkmalen der rechten Gehirnhälfte als Sam vorstellen? Und was mich angeht...«

Eathan war vom Stuhl aufgesprungen. »Aufhören, Julie! Hör sofort damit auf! Wie kannst du nur so etwas denken? Nathan hat euch beide geliebt! Ihr wart das Licht seines Lebens. Es wäre ihm nicht einmal im Traum eingefallen, mit euch beiden zu experimentieren! Unvorstellbar!«

»Nein«, widersprach Julie. Sie sprach ganz langsam und wohlüberlegt. »Es ist eben nicht unvorstellbar. Du hast selber einmal gesagt, daß er seine Theorien beweisen wollte – und daß seine Anträge für entsprechende Forschungsmittel abgelehnt wurden. Und dann bringt seine Frau eineiige Zwillinge zur Welt. Könnte es bessere Versuchsobjekte geben? Sie sind genetisch identisch. Man braucht sie nur mit unterschiedlichen Neurohormonen behandeln und abwarten, ob ihre weitere Entwicklung nach den vorhersehbaren Mustern verläuft.«

Eathan lief rot an. »Ich dulde nicht, daß ein Mensch, auch nicht seine Tochter, meinen Bruder auf solche Weise verleumdet!«

»Es ist doch keine Verleumdung, Eathan. Es ist nur ein furchtbarer Verdacht. Wenn Sam und ich uns nur ein bißchen ähnlicher wären, wäre mir der Gedanke doch nie in den Sinn gekommen. Wir sind aber nicht ähnlich, und deshalb bin ich auf die Idee gekommen. Überzeug mich vom Gegenteil.«

Eathan stöhnte. »Was soll ich dir sagen? Nathan und ich, wir sind zusammen aufgewachsen und waren uns, im Unterschied zu Sam und dir, sehr ähnlich. Natürlich hatten wir Meinungsverschiedenheiten. Das kommt auch unter Brüdern vor. Alles in allem waren wir jedoch für die meiste Zeit unseres Lebens die besten Freunde. Keiner hat ihn besser gekannt als ich – nicht einmal deine Mutter. Und nun sag mir eins: Würde jemand, der sein Leben riskiert, um euch beide aus dem brennenden Haus zu retten, je auf die Idee verfallen, seine eigenen Kinder als Versuchskaninchen zu mißbrauchen?«

Julie sah wieder die Flammen vor ihrem inneren Auge, sie spürte die Hitze und den starken Arm, der sie umfing, sie vom Boden hob und durch die Flammen und den Rauch in Sicherheit brachte.

Sie holte tief Luft. Eathans Worte machten Sinn. Der Mann, der ins Feuer zurückgelaufen war, um die Mutter seiner Kinder zu retten, würde seiner Familie bestimmt keinen Schaden zufügen wollen.

»In meinem Innersten habe ich gewußt, daß es nicht wahr sein konnte. Ich mußte aber hören, daß du es mir gegenüber aussprichst. Mich hat der Gedanke einfach nicht mehr losgelassen, als ich die Beiträge las, und ich konnte ihn nicht wieder abschütteln.« Sie lächelte verlegen. »Ziemlich dumm von mir, nicht wahr?«

Diesmal wurde ihr Lächeln von Eathan nicht erwidert. »Ich würde es eher als lächerlich bezeichnen. Und als Schmähung des eigenen Vaters, so etwas zu denken.« Jetzt trat doch ein Lächeln auf seine Züge. Aber nur ganz leicht. »Vielleicht seid ihr beiden, Sam und du, ja gar nicht so unterschiedlich. Was du vorhin gesagt hast, klingt mehr nach einem unverantwortlichen Gedanken, wie ich ihn von Samantha erwartet hätte.«

»Da hast du wohl nicht ganz unrecht. Entschuldige.«

»Die Entschuldigung schuldest du nicht mir.«

Eathan wirkte erschöpft. Vielleicht waren seine Gespräche mit den Anwälten nicht günstig verlaufen.

Während er sich wieder daranmachte, seine Aktentasche auszupacken, wanderten Julias Gedanken zu dem zweiten erklärungsbedürftigen Bereich im Leben ihres Vaters. Diesmal mußte sie es vorsichtiger anstellen.

»War Dad wohlhabend?« fragte sie.

»Warum fragst du?«

»Nun ja, du hast mir einmal gesagt, daß er seine Stellung aufgab und Forschungsmittel beantragte... Ich habe mich nur gewundert, woher nach seinem Tod das viele Geld kam. Du weißt schon, unsere Treuhandfonds und das alles.«

Eathan blickte nicht einmal auf. »Ach so. Das stammte aus Versicherungen. Nathan war alles andere als reich. Unmittelbar vor dem Brand machte er sogar eine besonders angespannte Situation durch – weshalb die Versicherungsgesellschaften sich auch sehr argwöhnisch verhalten haben.«

»Argwöhnisch?« Julie spürte einen Stich in der Brust. »Warum sollten sie denn argwöhnisch gewesen sein?«

»Hör genau hin, ich sagte: Sie haben sich argwöhnisch *verhalten.* Die Sache ist schlichtweg die, daß sie nicht zwei Millionen Dollar an zwei fünfjährige Waisenkinder auszahlen wollten.« Jetzt hob er den Kopf, und nun lag wirklich ein breites, strahlendes Grinsen auf seinem Gesicht. »Ich habe jedoch schon dafür gesorgt, daß sie jeden Dime zahlen mußten, den sie euch schuldeten.«

»Aber wo lag das Problem?«

»Euer Vater und Eure Mutter waren je mit einer Million Dollar unfallversichert. Schau, wenn ein Mensch jung und gesund ist – so wie beispielsweise jetzt du –, dann ist ein Unfall die gewöhnlichste Todesursache. Insofern war es für eure Eltern eine kluge, kostengünstige Methode, für die Zukunft ihrer Kinder zu sorgen, falls ihnen selbst etwas zustoßen sollte. Falls du jedoch meinst, daß zwei Millionen Dollar heute viel Geld sind, so laß dir sagen, daß sie im Jahre 1972 eine *Riesen*summe bedeuteten. Die Versicherungsgesellschaft hat mit allen nur erdenklichen Tricks versucht, die Zahlung auszusetzen. Sie hat ein Untersuchungsteam nach dem andern geschickt, um nach Hinweisen auf Brandstiftung zu forschen. Oder nach Beweisen dafür, daß die Leichen nicht die von Nathan und Lucinda Gordon waren.«

Er beugte sich über den Schreibtisch. »Ich kann dir nur sagen, Julie: Es war schlimm. Ich war froh, daß ihr beiden jung wart, weil ihr so davon nichts mitbekommen habt. Das Feuer durchzustehen, und dann die endlosen Nachforschungen, die wiederholten Autopsien …« Er schüttelte angewidert den Kopf. »Keiner der Ermittler hat jedoch irgendwelche Verdachtsmomente gefunden. Deshalb haben sie schließlich gezahlt. Und dann habe ich diese Mistkerle vor Gericht gebracht und sie gezwungen, die Zinsen zu zahlen, die sich während der Verzögerungszeit angesammelt hätten.«

Das eine Wort – Mistkerle – brachte die tiefempfundenen Gefühle Eathans zu diesem Thema zum Ausdruck. Es war völlig untypisch für Eathan. Julie konnte sich nicht erinnern, ihn in ihrer Kindheit auch nur ein einziges Mal fluchen gehört zu haben.

»Doch reden wir von der Gegenwart«, sagte er. »Gibt's Neuigkeiten zu Samantha?«

Julie schilderte ihre memoskopische Erkundung an diesem Tag – ohne zu erwähnen, daß Dr. S. sie diesmal nicht überwacht hatte.

»Ich bin soweit, es noch ein weiteres Mal zu versuchen. Möchtest du teilnehmen?«

»Ja. Sollte ich wohl. Nur daß...« Er zuckte die Achseln.

Armer Eathan. Er konnte sich noch immer nicht an den Gedanken gewöhnen, ins Bewußtsein seiner Nichte hineinzugucken.

»Gut«, meinte Julie. »Ich hole Alma, dann werden wir Dr. Siegal online kriegen, und los geht's.«

»Ich frage mich, was ihr wohl diesmal zu sehen bekommt«, sagte er leise.

Gute Frage, dachte Julie, als sie ihn an seinem Schreibtisch allein ließ. Hoffentlich kann ich uns an allem vorbeisteuern, was dort unter der Oberfläche lauert.

21. Kapitel

Falls der Traumzustand als Modell für Sams zerstörte Gedächtniswelt zutrifft, werde ich dort vielleicht neue Einsichten gewinnen. Der »Abkoppelungs«-Prozeß, der aus den cholinergen PGO-Wellen im Schlaf resultiert – die Auflösung von kognitiven Assoziationen, die durch das wache Gehirn geformt werden –, ermöglicht die Entstehung von neuen, unkonventionellen Assoziationen. Das meiste dessen, was wir als »Inspiration« bezeichnen, ist das Ergebnis solcher formlosen, dissoziativen Prozesse. Es ist nachgewiesen, daß intensives Beten oder tiefes Meditieren einen traumartigen, cholinergischen Zustand hervorzurufen vermag. Wenn dies zur Lösung eines dornigen Problems führt, wird es gewöhnlich Gott oder einem Maharishi zugeschrieben, in Wirklichkeit gebührt der Dank jedoch den PGO-Wellen des Gehirns.

Aus den Notaten Julie Gordons

Du schwebst im Zentrum der Galerie. Du wärst jedoch gern allein, aber Dr. S. schaut zu. Alma und Eathan sind in deiner unmittelbaren Nähe und schauen ebenfalls zu. Die ganze Bande beobachtet mit.

Und jeder hat seine eigenen Geheimnisse. Du teilst eines mit Alma. Dr. Siegal weiß nicht, daß du eine Erkundung ohne ihn unternommen hast. Und du weißt inzwischen, daß Eathan Geheimnisse hat: die Papiere deines Vaters in seinem abgeschlossenen Wandschrank, Papiere, von denen er behauptet hat, daß sie vernichtet worden seien.

Du bist hin- und hergerissen von deinem Wunsch, die Gedächtnislandschaft deiner Schwester zu erkunden, und dem brennenden Verlangen, in Eathans Arbeitszimmer zurückzukommen.

Du schaust dich in der Galerie um. An einer Wand brüllt noch immer der Löwe von Venedig, und weiter entfernt siehst du

Sams großes Gemälde. Du näherst dich. Es sind weitere Details hinzugefügt worden. Wird das Gemälde mit der zunehmenden Zersetzung der Gedächtnislandschaft erneuert? Von irgendwo nahe dem Mittelpunkt flammt gelboranges Licht auf. Aber die Mitte selbst ist leer. Die Lichtquelle wird von einer dunklen, länglichen Form blockiert. Aber die Form bleibt ein Rätsel.

Noch ein Geheimnis. Du hast Ahnungen über die großen Geheimnisse.

Sie haben mit deinem Vater, mit deiner Mutter zu tun. Mit der Beziehung der beiden, mit seiner Arbeit, seinem Erfolg, seinem Mißerfolg. Eathan ist immer so beschützend gewesen. Meint er vielleicht, daß du vor der Wahrheit geschützt werden mußt? Sicherlich ... falls er annimmt, daß sie dir weh tun würde.

Und dann entdeckst du in einer anderen Ecke der Galerie eine neue Leinwand. Du bewegst dich auf sie zu. Ein so merkwürdiges Bild hast du überhaupt noch nie gesehen.

Ein bißchen à la Mondrian mit seinen nackten Linien und Kästen, seinen abstrakten Formen, die dir stets jeglicher Empfindung ausgeschlossen schienen. Nur daß dieses Bild – ob es nun von Mondrian oder von Sam ist, ganz gleich – völlig wirr ist. Die Linien sind gebrochen, ohne Verbindung. Als ob jemand eine Schere geholt und die Leinwand zerschnitten hätte.

Du bemerkst auf der Leinwand eine Gestalt. Du gleitest näher.

Das bist du selbst.

Oder vielmehr eine winzige Puppenausführung von dir – sie ist zwischen zwei Linien gefangen. Bestandteil des Durcheinanders. Wie unheimlich und beunruhigend, dich auf eine steife Papierfigur reduziert zu sehen.

Du streichelst mit dem Datenhandschuh über dein Ebenbild. Du läßt die virtuelle Hand kurz über dem Bild schweben – dann berührst du sie.

Die Papierpuppe kommt zum Leben. Du siehst, wie dein winziges Ebenbild lächelt. Das Lächeln vergeht – die Puppengestalt schaut nach links und nach rechts und begreift, daß sie gefangen ist.

Nun beginnt die Puppe – wie ein Streifen Frühstücksspeck in der Bratpfanne – anzubräunen und sich zu krümmen; sie schrumpelt auf einen verbrannten Knoten zusammen, bevor sie sich in einen winzigen Puff Rauch auflöst.

Und ohne daß du selbst irgend etwas dazutust, schmilzt du ins Bild hinein – durch das Bild hindurch – und bist plötzlich außerhalb, draußen und schwebst über der schwarzen See.

Hier herrscht nach wie vor Dunkel, es ist still wie ein Grab und wüst; dir fällt aber auf, daß die Inseln weniger geworden sind, und die verbliebenen Inseln haben ihre Position geändert. Sie sind einander näher gerückt, so als ob sie kuscheln wollten, bis auch sie unter die Oberfläche versinken.

Du siehst eine Insel, wo die Linien und Kästen des Gemäldes sich verwirklicht haben. Ein konfuses, balkenartiges Gebilde, in grellen Grundfarben gemalt, steht an einem Ufer, und unten zeigt sich eine Öffnung, ein Toreingang.

Du bewegst dich drauf zu, und auf einmal bist du – wie die Papierpuppe – mitten im Gebilde drin, in einem langen, anonymen Gang.

Das mag ich aber gar nicht, denkst du.

Du deutest den Handschuh über den Flur und bewegst dich voran.

Der Flur ist endlos. Du schwebst weiter und weiter, doch die Monotonie bleibt, es gibt keine Seitenflure, nur diesen einen, endlosen Gang. Außerdem ist es dunkel. Kaum hell genug, um die virtuellen Wände auf beiden Seiten zu erkennen; der Blick voraus dringt kaum einen Meter weit.

Dann hörst du Laute. Stimmen, die reden, sich überschneiden. Was sie sagen, wer spricht – es läßt sich nicht ausmachen.

Du bleibst stehen. Die Laute… von links her kommen sie. Du blickst dorthin und bemerkst einen weiteren Flur. Du drehst dich nach rechts und bemerkst noch einen Flur, der in die entgegengesetzte Richtung geht.

Endlich eine Möglichkeit, sich woandershin zu bewegen. Aber wohin führen diese trostlosen Korridore?

Die Stimmen füllen den ganzen Raum, weshalb es ziemlich gleichgültig erscheint, wohin du gehst. Du bewegst die behandschuhte Hand nach links und beginnst in diese Richtung zu gleiten… und dieser Flur mündet in einen Raum mit einem riesigen

Schachbrettfußboden, der von einem Dutzend Türen umsäumt ist. An der Decke brennt eine rote Birne; wie das Blinklicht auf dem Dach eines Streifenwagens. Nur daß es eben nicht blinkt. Also kein Notfall…

Diese vielen Türen…

Und sie sind keineswegs alle identisch. Manche scheinen aus schwerem, vernietetem Metall, von der Art, wie man sie im Aufgang zu einer Loftwohnung finden könnte; während andere eine gediegene Holzoberfläche haben, etwa so wie hier in Oakwood.

Sie erinnern dich an einen Satz von Aldous Huxley: »Die Türen der Wahrnehmung öffnen sich nach allen Seiten.«

Wieviel an Wahrnehmung kannst du ertragen, verarbeiten?

Jede dieser Türen will geöffnet werden. Für welche soll ich mich entscheiden? Du triffst eine rein willkürliche Wahl: eine Tür aus dunklem Holz. Du drückst auf sie mit dem Datenhandschuh. Sie öffnet sich.

Vor dir erstreckt sich ein schwarzer Korridor, ein heftiger Windstoß trägt dich über die Schwelle, den schwarzen Korridor entlang, hinein in…

Ein großer öffentlicher Park.

Sam scheint böse. Liam wendet sich ab.

»Ich hab' dir doch gesagt, Sammi, daß ich so 'n Mist von dir nicht hören will. Du mußt mich nehmen, so wie ich bin und lebe.«

Aber so leicht läßt Sam ihn nicht davonkommen. Sie pflanzt sich vor ihm auf. Sie ignoriert die französischen Mütter, die am frühen Oktobermorgen mit ihren Kindern spazierengehen. Sie ist die ganze Nacht über mit Liam zusammengewesen, die beiden haben sich geliebt, haben Wein getrunken… Der Spaziergang war ihr Vorschlag gewesen.

Und in dieser strahlenden Pariser Sonne hat sie den Entschluß gefaßt, diesen Liam O'Donnell unter die Lupe zu nehmen.

»Ich weiß doch, was mein Onkel über dich erzählt.«

»Was sollte dieser reiche alte Trottel schon über mich wissen?«

»Er ist überhaupt kein Trottel. Er hat mir erzählt, daß nach dir gefahndet wird. Daß du ein Terrorist bist.«

Sam beobachtet Liam, der sich ihr langsam wieder zukehrt. Dort in der hellen Sonne, inmitten all der Mütter mit ihren Kindern, fühlt sie sich sicher genug, um ihn zu beschuldigen. Angesichts seines finsteren Blicks und der zusammengebissenen Lippen verfliegt dies Gefühl der Sicherheit allerdings rasch.
»Gar nichts weiß der. Und du brauchst sowieso nur eins zu wissen, du verrückte kleine Künstlerin…«
»Du sollst mich nicht so nennen!«
Sein eben aufkeimendes Lächeln vergeht.
»Nein? Hast du mich etwa nicht darum gebeten, bei deinem Onkel einzubrechen? Wie? Und was wäre, wenn ich's ihm erzählen würde?«
Sam packt Liam am Arm. »Das würdest du nie tun.«
Das Lächeln auf Liams Gesicht erscheint wieder. Sam spürt, wie sie den Boden unter den Füßen verliert.
»Natürlich nicht. Genausowenig wie du irgendwem was über mich erzählen würdest. Jeder muß seine Geheimnisse hüten. Stimmt's?«
Sam wirft einen Blick nach links und sieht einen Jungen, der einen Ballon in der Hand hält, einen hellroten Ballon. Natürlich… ein gigantischer roter Ballon. Könnte es hier überhaupt andere geben?
Während sie ihn beobachtet, hört sie Liams Stimme, Liams Lippen sind ganz dicht an ihrem Ohr.
»Du mußt nur eins wissen… Ich liebe dich, Sammi. Liebe dich total, echt. Und ich möchte…«
Der Ballon… immer größer wird er, immer leuchtender, das Rot immer intensiver. Unmöglich groß, er schwillt an… aber der Junge… der Junge *ist* gar kein Junge.
Der Ballon platzt, das Rot spritzt über die ganze Szene, es füllt…

Der schwarze Korridor ist jetzt rot, ist eine breite rote Barriere, die sich über das Mondrian-Bild zieht. Ein riesiger roter Korridor.

Der Mistkerl! schreit eine Stimme in dir. *Das hat Liam gemacht! Mein Gott, es ist doch völlig klar.*

Ein anderer Teil von dir glaubt, daß Liam Sammi liebt.

Du drehst dich um, bist plötzlich wieder in dem großen Raum, dem Raum mit all den Türen und den vielen unklaren Alternativen. Du bewegst dich auf eine verbeulte weiße Tür zu, in einer weiter entfernt befindlichen Wand. Das ist nicht der Eingang zu einem gemütlichen Heim... eher von einer Anstalt, oder...

Du berührst die Tür.

Diesmal öffnet sich die Tür langsam. Dahinter wieder ein schwarzer Korridor.

Du trittst ein, eine halbe Minute später begegnest du dir selbst, du sitzt mit gekreuzten Beinen auf dem Kellerfußboden hinter dem Heizraum... Du reißt Streichhölzer an. Du hast immer gern mit Streichhölzern gespielt. Nicht, daß Feuer an sich dich fasziniert hätte. Es war der Reiz des Forschens. Daddy hat dir immer gesagt, für einen Chemiekasten wärst du noch zu jung; deshalb blieb dir nichts anders übrig, als zu improvisieren. Du warst erst fünf Jahre alt, hattest aber bereits gelernt, ein Streichholz anzuzünden, ohne dich zu verbrennen, und das versetzte dich in die Lage, eigene Experimente durchzuführen, um herauszufinden, was Feuer fing und was nicht, was rasch brannte und was langsam brannte. Du bist vorsichtig. Du schließt jedesmal die Schachtel, bevor du das Streichholz anmachst.

Du gehst an dir vorbei und betrittst einen weiteren Raum. Da blendet dich plötzlich grelles Licht.

Der Mann steht an einem langen Labortisch, hinter ihm sind Papiere ausgebreitet. Wichtige Unterlagen. Rühr bloß nicht Daddys wichtige Unterlagen an, Sammi. Niemals.

Und die kleine Sammi fragt sich: Wie kann Papier nur so wichtig sein?

Sie hält die Hand ihrer Mutter. Hält sie ganz fest. Mommy hat keine Papiere. Jedenfalls keine so wichtigen.

Jetzt weint Sammi nicht mehr.

»Nathan...«

Der Mann im weißen Kittel dreht sich um, es ist Daddy. Seine

Augen haben diesen komischen Ausdruck, als ob er ganz weit in die Ferne schaut, über den Raum hinweg, ins Unendliche. Er reibt sich das Kinn.
»Ich habe dir doch gesagt, daß ich arbeite.« Daddys Stimme wird lauter. »Ich habe dir erklärt, daß ich nicht gestört werden will, wenn ich…«
Mommy macht einen Schritt ins Zimmer und zieht dich mit. Du hast keine Wahl: Obwohl du Daddy und seine wichtigen Papiere nicht stören willst, zieht sie dich ins Zimmer hinein. Du willst nicht, daß Daddy böse wird. Du hast Daddy lieb, und du willst, daß er dich auch lieb hat.
»Du mußt endlich damit aufhören, Nathan.«
War das ein Lächeln auf Daddys Gesicht?
»Womit aufhören?«
»Damit, was du den Mädchen antust. Du hast Samantha Angst eingejagt… mit all diesen Bildern, die du ihr gezeigt hast…«
Noch ein Ruck, Mommy zieht Sam dichter zu ihm, zu dem glänzenden Tisch und den Papieren heran. Du schaust zu ihr hoch. Weiß sie denn nicht, daß Daddy nicht…, daß Daddy nicht – wie heißt das Wort?
Gestört. Daß er nicht gestört werden darf.
Und nun scheint er gestört.
»Ich unterweise sie, ich eröffne ihnen die weiten Dimensionen dessen, was ihnen möglich…«
»Schenk dir deine verrückten Ideen, Nathan. Für die interessiert sich doch niemand. Wenn's dafür Interesse gäbe, würdest du doch mindestens ein Forschungsstipendium bekommen haben.«
»Geld? Ist das alles, was dich interessiert?«
Geld ist wichtig. So wichtig wie die Papiere. Wegen Geld brüllen sie sich an. Oft.
Daddy kommt einen Schritt näher. Er hat die Hände zu Fäusten geballt.
»Du machst den Kindern angst«, sagt Mommy.
Nathan bleibt stehen. Mit geballten Fäusten steht er jetzt da, wie ein kleiner Junge, der eine Rauferei anfangen will.

»Ich will ihr Potential maximieren, Lucy. Ist das denn etwas so Furchtbares? Sie sind begabt, hochbegabt sind sie. Bei dem Gedanken, ihre Begabung zu verschwenden …«

»Sie müssen aber doch einfach Kinder sein dürfen!« sagt Mommy. »Sie brauchen Spiel und Spaß!«

»Spaß? Sie haben noch das ganze Leben lang Zeit, um Spaß zu haben! Jetzt aber ist ihr Geist ein durstiger Schwamm, jetzt müssen sie Verhaltensmuster entwickeln, mit denen sie das Leben bestehen können!«

Du blinzelst, bist total verwundert. Ein Blitz und …

Nathan erstarrt, und nun sieht er wie eine Wachsfigur aus, wie ein Museumsexponat. Sam ist fort, Lucinda ist fort. Du hörst einen Laut, ein Knistern, ein Zischen. Die Wachsfigur rührt sich nicht.

Dann, von hinten ein winziger, goldener Finger aus Feuer, der sich um die Tischplatte krümmt. Ein zweiter feuriger Finger springt auf die Platte, wie eine Schlange züngelt er über die Fläche, er berührt ein Stück Papier nach dem andern und züngelt dann weiter. Bald schon hat der Feuerstrom in seinem Kiel eine Spur von rauchenden, geschwärzten Locken zurückgelassen.

Er kriecht den Tisch hinunter, gesellt sich zum anderen Finger, gemeinsam bewegen sie sich zu den Füßen der Wachsfigur und gleiten an Nathans Hosenbein hoch.

Er ist nicht lebendig, denkst du. Sonst würde er doch reagieren. Er ist ja bloß ein Dummy …

Die Flammen steigen zu Nathans Brust hoch, umkreisen dann seinen Hals, winden sich empor zum Gesicht.

Als er spricht, fährst du zusammen.

»Ich habe dich immer am liebsten gehabt …«

Wen denn? Sam? Oder dich?

Die Kiefer bewegen sich auf eine fürchterliche Weise, als sie von den Flammen umhüllt werden. Wie eine Maske. Er will mehr sagen, aber du kannst nichts verstehen, weil …, weil …

Nun beginnt das Gesicht zu tropfen, die wachsigen Fleischteile gleiten herunter, fallen zu Boden, gleich unter der Oberfläche tritt etwas anderes zutage. Aber was?

Du senkst den Blick und bemerkst, wie eine Flammenspur auf dich zuschlängelt. Sie ist nicht einmal einen Meter von dir entfernt. Virtuelles Feuer in einem virtuellen Tollhaus.

Du rührst dich nicht vom Fleck.

Du weißt genau, daß du jetzt von hier weg mußt. Diese Flammen sind kein echtes Feuer, dennoch, du spürst die Hitze. Und wenn du die Hitze schon aus dieser Entfernung fühlen kannst, fragt sich, was geschieht, wenn dich das Feuer erreicht. Hau ab, sagt dir dein Instinkt. Doch was ist mit dem schmelzenden Gesicht los? Es neckt dich, lockt dich, verheißt eine wichtige Enthüllung.

Der Kiefer bewegt sich, auf und ab. Du versuchst, die Wörter auszumachen.

Ich... ja, das Wort kannst du vom Gesicht ablesen. *Ich... hab... dich... lieb.*

Doch wer sagt das? Nathan? Oder Sam? Oder jemand anders?

Die Flammen kommen näher heran. Höchste Zeit, hier zu verschwinden. Dir ist klar, daß du jetzt auf EXIT gehen solltest. Du merkst, daß das WINDOW-Feld wie wild blinkt und piept, und du weißt, wer sich da meldet, und was er dir sagen wird: *Aussteigen! Aussteigen! Aussteigen!*

Du hebst die virtuelle Hand und weichst zurück. Doch deine Bewegung wird gebremst. Die Tür ist zu. Also sind hier doch nicht alle Regeln der normalen Welt aufgehoben. Du mußt immer noch auf- und zumachen. Du bringst den Handschuh ans EXIT-Feld.

Nein. Du bist mit dieser Szene, mit diesem Ort verbunden, mit der Erinnerung deiner Schwester verknüpft. Wenn du jetzt abspringst, könnte alles verschwinden.

Du entscheidest dich schnell.

Du ziehst deine Hand vom EXIT-Feld zurück und drückst die Tür auf.

Landest wieder in dem Riesenraum mit all den Türen.

Du drehst dich, kämpfst gegen ein Schwindelgefühl an. Die Flamme folgt dir, langsam, geduldig, als ob sie unendlich viel Zeit hätte.

Die Türen – durch welche bist du gekommen?

Du wendest dich nach rechts und siehst eine schwarze Tür. Selbstverständlich. Die war's. Wirst du dich an die Abzweigungen des Hinwegs erinnern können?

Du bewegst dich zu der Tür. Das gleichmäßige Zischen und Knistern des Feuers folgt dir auf dem Fuße, es ist inzwischen so laut, als ob es dies Haus der Türen verzehrte.

Die schwarze Tür fliegt auf. Dahinter siehst du die stygische Finsternis. Du stolperst hindurch. Nach dem blendenden Licht im Labor deines Vaters bist du nun wie blind.

Du gleitest durch den Korridor und kommst an eine Gabelung. Welchen Weg nehmen?

Du könntest Dr. S. anrufen und ihn bitten, das Band rasch zurückzuspulen, dafür bleibt dir jedoch keine Zeit. Du schaust dich um – das Feuer wächst, aus dem dünnen Rinnsal ist ein Lavastrom von Feuer geworden, der immer schneller wird und auf dich zu tost.

Du wendest dich nach rechts und spürst sofort, daß es die falsche Richtung ist. Du erreichst eine weitere Abzweigung und weißt nun gar nicht mehr weiter. Du weißt nur noch, daß das Feuer hinter dir ist und daß es dir weh tun wird.

Aber, verdammt, du darfst noch nicht aufgeben. Du bist dir gewiß, daß dieses Labyrinth mehr zu bieten hat, als du bisher gesehen hast. Nur diese Flammen…

Plötzlich fallen dir die Kurse in Verhaltenspsychologie aus den Anfangssemestern an der Universität ein. Wie findet die Maus aus dem Labyrinth? Sie nimmt eine Wandseite und folgt ihr einfach.

Du entscheidest dich für die rechte und hältst dich bei jeder Abzweigung immer rechts.

Das Tosen hinter dir wird lauter und lauter.

Und was ist nun, wenn die Wand dich im Kreis führt, so daß du am Ende wieder bei den Flammen landest?

Das wäre der Zeitpunkt, in dem du auf EXIT gehen würdest.

Dann läßt das Tosen jedoch nach, und deshalb triffst du jetzt keine endgültige Entscheidung, sondern gleitest durch die schwarzen Korridore, du fliegst förmlich davon, läßt das gierige Feuer hinter dir.

Bis sich vor dir eine neue Tür aufbaut und du hindurchrast. Um dich in einem englischen Pub wiederzufinden. Du wirbelst herum und siehst die Trinker an der Bar, riechst den sauren Geruch von verschüttetem Bier und den Dunst von Tabakrauch in der Luft. Vor einem Tisch kommst du zum Stehen und siehst Liam und Sam. Er hält ein Pint Bitter zwischen den Händen, sie nippt an einem Glas Weißwein.

»Ich versteh' immer noch nicht, warum du mich hierhergebracht hast«, sagt Sam. »Ausgerechnet England. Hast du mir nicht mal gesagt, du würdest so schnell ›keinen Fuß auf britischen Boden setzen‹?«
Sie ist mißtrauisch Liam gegenüber, der seit ihrer Ankunft auf ganz untypische Weise verspannt und schweigsam ist. Er ist stundenlang zu irgendwelchen »Treffs« verschwunden, und dann hat er plötzlich darauf bestanden, daß sie zu diesem heruntergekommenen Pub in Knightsbridge fahren und hier vor dem Abendessen ein Bier trinken.
»Ich hab' hier geschäftlich zu tun«, sagt Liam. Er wirft einen Blick auf seine Armbanduhr. »Und ich wollte dich bei mir haben. Zur Gesellschaft. Du fehlst mir, wenn wir nicht zusammen sind, Sammi.«
Sie verdreht die Augen. »Es ist nur ein kleiner Sprung bis Irland. Du könntest ja mal wieder neue Kraft tanken für deine Schmeicheleien.« Sie gibt ihm spielerisch einen Klaps auf die Hand, als er erneut auf die Uhr sieht. Das macht er unablässig. Seit sie das Hotel verlassen haben. »Und was soll dieses ewige Auf-die-Uhr-Schauen? Es ist doch schließlich nicht so, als ob wir den Zug verpassen könnten, oder…«
Ein gewaltiger *Rumms* läßt die Gläser der rückwärtigen Bar scheppern. Die Gäste beginnen zu schreien und drängen, mit ihrem Getränk in der Hand, nach draußen auf den Bürgersteig; Liam und Sam folgen.
»Es ist die Bank!« ruft jemand von der Straßenecke herüber. »Sie brennt lichterloh!«
Die Menge hastet die Straße hinunter, trägt Liam und Sam mit sich. Als sie die Straßenecke erreichen, bleibt Sam stehen,

überwältigt vom Glanz der orangenen und gelben Flammen, die himmelhoch lodern und nach dem Vollmond greifen. Sie spürt eine alte Angst in sich aufsteigen.
Liam zieht sie am Arm. »Komm schon, Sammi«, sagt er, mit Augen, die leuchten wie die Flammen. »Das woll'n wir uns doch aus der Nähe anschau'n.«
Sie reißt sich los. Ausgeschlossen, daß sie auch nur einen Schritt näher herangeht.
»Geh nur. Ich habe nichts mit brennenden Häusern zu tun.«
»Okay«, sagte er. »Ich bin gleich wieder da.«
Sie schaut ihm nach, wie er die Straße hochgeht und sich unter die wachsende Menschenmenge mischt. Er macht einen auffallend gleichgültigen Eindruck; sie kann die Frage nicht unterdrücken: *Ist* er so gleichgültig? Oder ist das ein Zeichen von rein professioneller Neugier?
Ihr wird plötzlich schwach, so daß sie sich auf den Rinnstein setzt, den Kopf auf die Knie legt und ganz tief atmet. Die Flammen… ihr ist so komisch. Als sie den Kopf hebt, sieht sie Liam, eine Silhouette im Glühen des Feuers; er kommt zu ihr zurück, kommt näher.
Und sie möchte nur schreien…

Auch du würdest am liebsten laut schreien. Du weißt nicht warum, aber selbst als die Szene verblaßt und du dich wieder in einem leeren virtuellen Gang befindest, bleibt der Drang zu schreien. Es grenzt an panische Angst. Du möchtest blindlings durch diese leeren Korridore rennen, von den Wänden zurückprallen, doch plötzlich gerätst du in einen Wirbel, du steigst empor – du bist frei, du schwebst in der Luft, und du fliegst fort, weg aus diesem riesigen Mondrian-Gebilde.

Während es zurückfällt, bemerkst du noch, daß einige seiner Linien und Riegel wieder auf die ursprüngliche Anordnung zurückgeführt worden sind. Die Gesamtstruktur hat für dich auch nicht mehr Bedeutung als vorher und dennoch…

Ich habe etwas gelernt, denkst du.

Aber was? Und was hat das eigentlich mit Sam zu tun?

Du kannst das Programm gar nicht rasch genug beenden.

22. Kapitel

Wenn Leute mir gegenüber die Formbarkeit des Gedächtnisses in Frage stellen, erzähle ich ihnen vom »Scheunen«-Experiment. Da wurde freiwilligen Testpersonen die filmische Aufzeichnung eines Verkehrsunfalls vorgeführt, bei dem ein von einer Straßenkreuzung kommender Pkw von einem zweiten gerammt wurde. Die Testpersonen wurden eine Woche später gefragt, mit welcher Geschwindigkeit ihres Erachtens der Wagen B an der Scheune vorbeigefahren sei. 17 Prozent der Personen konnten sich an die Scheune erinnern und Einzelheiten über ihre Form und Farbe angeben. Es ist jedoch so, daß im ganzen Film keine Scheune zu sehen war.

Aus den Notaten Julie Gordons

1

Julie behielt den Datenhelm auf und blieb mit geschlossenen Augen sitzen. Sie konnte hören, daß Eathan irgend etwas sagte; wegen der geräuschdämmenden Kopfhörer waren seine Worte für sie aber unverständlich. Wenn sie doch nur allein wäre! Ihr war gar nicht danach, mit Eathan und Alma in einem solchen Zustand innerer Erregung zusammenzusein. Sie kam sich ihnen gegenüber jetzt so nackt vor. Sie atmete ein paarmal tief durch, rieb sich die feuchten Handflächen an den Jeans trocken und versuchte, sich innerlich zu distanzieren.

» – ohne jeden Zweifel!« sagte Eathan.

Julie schaute zu ihm auf. Er marschierte in dem verbliebenen bißchen freien Platz in Sams Zimmer auf und ab.

»Verzeihung?«

»O'Donnell! *Er* war der Täter. Ohne jeden Zweifel! Samantha hat ihn mit dem Bankenbrand in Verbindung gebracht – sie hat ihn am Schauplatz in der Londoner City erkannt. *Das* war der Grund, warum er sie zum Schweigen bringen mußte.«

»Der Bankenbrand?« fragte Julie. »Die Bank aus der Gedächtnislandschaft?«

»Genau. Im vergangenen Monat ist die Filiale der Branham Bank in Knightsbridge in Brand gesetzt worden. Wegen einer Geschäftsverbindung in Ulster, wenn ich mich nicht irre – ich hab's angesichts der vielen politischen Querelen aufgegeben, mich auf dem laufenden zu halten. Ich kann mich aber erinnern, daß sich eine radikale Gruppe zu der Brandstiftung bekannt hat.«

Ihr wurde übel. Das wollte sie einfach nicht glauben – mit ebendiesem Mann hatte sie doch heimlich in Eathans Wandschrank gesteckt! Andererseits hatte sie Liam vorhin mit eigenen Augen beim brennenden Bankgebäude gesehen ... das heißt: mit Sams Augen.

»Hat es Verletzte gegeben?«

Eathan schüttelte den Kopf. »Meines Wissens nicht. Die Explosion ereignete sich nach der Geschäftszeit.«

Julie blickte zu Alma hinüber, die noch immer kreidebleich vor dem Bildschirm saß. »Was meinen Sie dazu?«

»Ich weiß nicht«, sagte Alma leise. »Ich möchte mir dieses Band noch ein paarmal anschauen. Mir scheint aber klar, daß dieser Liam O'Donnell für diese Brandstiftung verantwortlich ist – beziehungsweise, daß Sam zumindest davon überzeugt ist. Das ist allerdings nicht das Interessanteste an diesem Videoband.« Sie schüttelte betrübt den Kopf. »Das arme Mädchen. So viele Konflikte. Mir ist bewußt geworden, daß ich trotz der zahlreichen Sitzungen kaum an die Oberfläche ihrer Psyche herangekommen bin.«

»Mir ist auch etwas bewußt geworden«, sagte Eathan. »Sam ist genau eine Woche nach dieser Explosion in der Bank bewußtlos aufgefunden worden. Die Brandstiftung hat *nur eine Woche vorher* stattgefunden!«

»Vielleicht sollten wir dieses Videoband Scotland Yard vorführen«, schlug Alma vor.

»Nein«, widersprach Julie. »Das Band liefert keinerlei Beweismittel. Und ich will nicht, daß diese Technologie öffentlich bekannt wird. Wenigstens *noch* nicht. Und nicht auf eine solch sensationelle Art und Weise.«

»Wenn dieser O'Donnell aber doch ein Terrorist ist.«

»Nein. In dem Punkt muß ich Einspruch erheben.«

Alma zuckte mit den Achseln. »Wie Sie wünschen. Die Aufzeichnung ist schließlich Ihr Eigentum. Ich möchte aber darum bitten, sie nochmals ansehen zu dürfen.«

»Bitte... Tun Sie's. Sooft Sie nur wollen. Passen Sie nur auf, daß sie unter keinen Umständen aus dem Haus kommt.«

2

Es war nach dem Abendessen. Eathan stand vor Julies Zimmer im ersten Stock.

»Willst du sicher kein Schlückchen zur Stärkung?«

»Alkohol wäre wirklich das letzte, was ich jetzt brauchen könnte. Ich bin total fertig.«

»Das macht der Streß. Du brauchst Abstand, Erholung von der Anspannung, die du dir selbst angetan hast. Und die beste Erholung ist Schlaf!«

Sie hatten noch nicht über Julies andere Erfahrungen bei der heutigen Memoskopie gesprochen, über das, was sich dort abgespielt und was sie dort erlebt hatte.

Es war ihr wichtig, darüber zu sprechen.

»Ich hatte gar nicht gewußt, daß es zwischen meinen Eltern Probleme gab. Meine Mutter...«

»Du kannst dir hinsichtlich dessen, was du da gesehen hast, nicht sicher sein, Julie. Das ist Erinnerung, Filterung von Ereignissen durch ein sehr junges Mädchen. Und wer vermag zu sagen, mit welch anderen Bedeutungen diese Filterung seither von Sam verbunden wurde?«

»Und was ist mit all den andern Türen?«

Eathan schüttelte den Kopf. »Was sich hinter ihnen verbarg, ist bestimmt mit dem Brand zerstört worden. Weißt du –« Er reckte sich. »Samantha hat den Brand nie verwunden..., das unterscheidet sie von dir.«

Ich weiß nicht, ob *ich* mit dem Brand fertig geworden bin, dachte Julie.

»Ich denke, für heute laß ich's gut sein«, sagte sie. »Morgen will ich aber weitermachen…, mal sehen, ob die übrigen Türen noch da sind.«

Eathan schritt im Kreis, mit gesenktem Haupt, den Blick auf den Läufer gerichtet.

Irgendwas ist da im Busch, dachte Julie.

»Julie – erinnerst du dich an das eine Mal, als ihr auf dem Teich Schlittschuh gelaufen seid…«

»Wir sind oft Schlittschuh gelaufen.«

»Gewiß, aber dies eine Mal seid ihr gestürzt. Sammi kam zur Haustür gelaufen und hat furchtbar geschrien, wegen des vielen Bluts.«

Julie lachte. »Na klar, das hat Sammi bestimmt Spaß gemacht.«

Eathan blieb ernst. »Du hast jedenfalls geweint. Es war eine böse Schnittwunde. Ich bin aufs Eis gerannt, habe dich auf die Arme genommen und ins Haus getragen… ganz nah zum Kamin.«

»Ich kann mich erinnern, daß ich Kakao zu trinken bekommen habe.«

»Ich habe dir das Bein verbunden. Genäht mußte es nicht werden… Du kannst dich daran erinnern?«

»Wie könnte ich's je vergessen.«

»Als ihr klein wart, habe ich immer alles getan, um zu verhindern, daß ihr beiden, Sammi oder du, euch weh tatet. Und daran hat sich bis heute nichts geändert, Julie…« Eathan trat ganz nah an sie heran. »Ich hatte dich gewarnt… ich hatte dir gesagt, daß ich der Sache ein Ende machen würde, falls ich zu dem Schluß käme, daß dir etwas zustoßen könnte.«

»Mir ist nichts zugestoßen.«

Eathan musterte sie. »Willst du mir weismachen, du hättest keine Angst gehabt, als das Feuer auf dich zukam…, daß – daß du keine Angst hattest, verletzt zu werden?« Er holte tief Luft. »Dr. Siegal macht sich bestimmt Sorgen um dich.«

Und wie, dachte Julie. Sie hatte deswegen an diesem Abend bereits eine Auseinandersetzung mit ihm gehabt. Daß er am Ende doch zugestimmt hatte, sie weitermachen zu lassen, war wohl nur möglich gewesen, weil er nie auf den Gedanken gekommen wäre, daß sie sensorisch am Geschehen in Sams Gedächtnislandschaften beteiligt war. Falls er davon erführe, falls einer der beiden auch nur den Argwohn hätte...

Sie hatte damit gerechnet, daß es mit Eathan zu einer ähnlichen Auseinandersetzung kommen würde; zu diesem Zeitpunkt wollte sie sich darauf jedoch nicht einlassen. Es wäre besser, wenn das bis morgen hinausgeschoben würde. Sie war einfach fertig. Total geschlaucht.

»Ich befand mich keinen Moment lang in Gefahr, Eathan. Und selbst wenn Gefahr bestanden hätte – es bedarf nur einer kleinen Handbewegung, und schon bin ich in Sicherheit. Könnten wir uns darüber vielleicht morgen unterhalten?«

»Selbstverständlich. Ich sehe nur keine Notwendigkeit, warum du Sams Gedächtnislandschaft noch mal betreten mußt. Ich meine – es ist doch klar, daß dieser O'Donnell für Sams Zustand verantwortlich ist.«

Klar ist gar nichts, hätte sie ihm am liebsten geantwortet. Und je mehr ich sehe, um so weniger ist mir klar.

»Aber auf welche Weise hat er's getan? Wie stellst du dir das vor?«

»Vielleicht mit Hilfe von Drogen, vielleicht auch durch eine psychologische Methode. Das weiß ich nicht. Ich weiß aber, daß er bei ihr war.«

»Und was meint Alma?« fragte sie.

»Ach, die stochert noch in den Innereien des Videos herum.«

»Ich kann nur hoffen, daß sie etwas herausfindet.«

»Wenn überhaupt wer etwas herauszufinden vermag, dann sie. Doch was dich angeht... du brauchst Ruhe.«

»Genau.« Julie löste sich vom Treppengeländer und schritt auf ihr Zimmer zu. »Gute Nacht, Onkel Eathan.«

Jetzt bin ich wieder ganz das kleine Mädchen von früher, dachte Julie.

»Gute Nacht, Julie. Ach so, noch eins. Ich werde bei Morgengrauen nach Edinburgh aufbrechen. Ich muß mit meinem Abteilungschef eine zusätzliche Freistellung absprechen und Verwaltungskram erledigen. Wir sehn uns dann beim Abendessen.«

3

Auf dem Rückweg vom Duschen lief Julie Alma in die Arme.

»Haben Sie etwas entdeckt?«

»Schwer zu sagen«, erwiderte Alma. »Viele Details und Kleinigkeiten. Ich habe mir aber alle Videokassetten, und insbesondere die letzte, nochmals angeschaut, und, ja, ich glaube schon, daß ich auf eine Spur gestoßen bin.«

Für die Dauer eines Augenblicks war Julies Erschöpfung wie weggeblasen.

»Was denn? Was haben Sie gefunden?«

»Nun ja…« Alma schien zum Zerreißen gespannt. »Da gibt es so viele Aspekte, der Brand, die Probleme Ihrer Schwester, ihre Beziehung zu Eathan, und nun – nun ja, offenbar hat es ja Schwierigkeiten zwischen Ihren Eltern gegeben.«

Julie hatte den Eindruck, daß Alma etwas zurückhielt.

»Ist es Liam gewesen? Ist er für Sams Koma verantwortlich zu machen?«

»Er spielt da zweifellos eine wichtige Rolle. Wie schon gesagt, was Endgültiges habe ich noch nicht beisammen, aber die Mosaiksteinchen ergeben langsam ein Bild. Ich meine, ich habe Dinge beobachtet, die mir weder Samantha noch Eathan je erzählt hätten.«

Alma kreuzte die Arme. Sie rieb sich die Oberarme. Wie konnte ihr nur kalt sein? Es war doch warm im Haus.

»Ich bin überzeugt: Das ist nur der Anfang. Aber Sie« – Alma deutete mit dem Finger auf Julie – »brauchen jetzt wirklich Ruhe. Wir beide, Sie und ich, wir werden zusammenhalten und Ihrer Schwester helfen.«

Julie lächelte. »Gut. Ich bin froh, daß Sie hier sind.«

Sie betrat ihr Zimmer, schloß die schwere Tür hinter sich zu und sank total erschöpft aufs Bett.

23. Kapitel

Wir vergessen weitaus mehr als wir erinnern.
Aus den Notaten Julie Gordons

1

Morgen. Hinter den dünnen Vorhängen wartete ein schmutziger Himmel.

Julie streckte sich. Sie spürte noch immer Müdigkeit und Schmerzen, so als ob sie sich nach einer viel zu langen Pause körperlich total verausgabt hätte. Sie setzte sich im Bett auf und rieb sich die Augen. Sie war hungrig; für eine Tasse Tee, vielleicht mit einem Stück Sandkuchen dazu, hätte sie in diesem Moment alles geopfert.

Julie kroch aus dem Bett. Sie schlüpfte aus ihrem Flanellnachthemd und hastig in Jeans und Turtleneck-Pullover, die sie am Vorabend über einen Stuhl geworfen hatte. Die Kleidungsstücke fühlten sich klamm und kalt an.

Sie machte die Tür auf und ging nach unten.

Eathan war, wie ihr das Dienstmädchen mitteilte, bereits nach Edinburgh abgereist. Nach dem Genuß von zwei Brötchen und drei Tassen Kaffee – ausreichend Koffein, um sich wach und wieder wohl zu fühlen – entschloß Julie sich zu einem Spaziergang.

Die Gärten ließ sie links liegen. Der starke, salzige Wind lockte sie zur See, und so nahm sie den schmalen Pfad zu den Küstenfelsen.

Die Wolken verfärbten sich von Blaßweiß zu Kanonengrau. Der Wind wurde schneidend scharf, als sie bei den Klippen ankam.

Wann war sie wohl das letztemal bis zum Rand der Klippen gelaufen?

Als Teenager vermutlich, sagte sie sich. Möglicherweise in der

Zeit, als sie sich mit dem Gedanken trug, Oakwood für immer zu verlassen, und noch einen letzten Blick auf die Nordsee und die Brandung drunten werfen wollte.

Selbst als Teenager waren sie und Sam von Eathan unablässig ermahnt worden: *Haltet euch von den Klippen fern. Der Stein bröckelt. Irgendwann werden die Klippen ins Meer wegbrechen.*

Und er hatte natürlich recht gehabt. Es war erst zwei Jahre her, daß ein paar Kilometer von hier in Scarborough ein Hotel – ein *komplettes* Hotel – ins Meer gestürzt war.

Doch Julie war immer vorsichtig gewesen, und es war nun einmal ein wunderschönes Fleckchen Erde. Sie hatte es gern, ganz dicht am Rand der Felsen zu stehen, auf die tosenden Wasser hinunterzublicken und von den vielen andern wellenumspülten Küsten zu träumen.

Sie geriet mit dem rechten Fuß auf einen losen Schiefer, der nachgab, so daß sie prompt hinfiel und mit dem Knie gegen ein Felsstück prallte.

»Verdammt!« Sie schaute sich fluchend um, weil sie plötzlich so ein komisches Gefühl empfand, als ob ihr wer nachgespürt hatte.

Ihr fiel wieder ein, wie auf ihrem letzten Ausflug Liam aus dem Nichts aufgetaucht war. Er würde die Gegend bestimmt nicht verlassen haben – warum auch, solange Julie ihr Wissen von seiner Anwesenheit für sich behielt?

Sie spähte den Pfad zurück, den sie genommen hatte, sah aber niemand, nur Dornen, Heide und winzige, kümmerliche Büsche, die sich in den Felsspalten gegen die wilden Kräfte des Windes duckten.

Julie stand auf und rieb sich das Knie. Die Jeans waren nicht aufgerissen. Die Kniescheibe tat vom Aufprall weh.

Noch ein Blick zurück.

»Hier gibt's höchstens Gespenster, aber sonst niemand«, sagte sie laut vor sich hin.

Sie näherte sich dem Felsrand mit noch größerer Vorsicht.

Ich bin doch keine sechzehn mehr, dachte sie.

Dann lag das Meer vor ihr, eine dunkle, riesige Weite mit winzigen weißen Gischtkronen. Einst waren diese Gewässer die

Domäne von Schmugglern und Freibeutern gewesen, und Dracula war in Bram Stokers Roman nur ein Stückchen weiter an dieser Küste gelandet.

Sie trat noch näher, wegen der vollen, unbehinderten Aussicht, und gab sich ganz dem urtümlichen, erhebenden Moment der Begegnung mit dem Wunderbaren hin: Wie ein Wandbild breitete die Nordsee sich vor ihr aus. Das Wunder der Wunder.

Ein paar Meter vor der Kante blieb sie stehen. Als Kind hatte sie Eathans Warnung mißachtet; da war sie mit kleinen Schritten dem Felsrand immer näher gerückt.

Wobei sie im Vergleich zu Sam selbstverständlich einen eher furchtsamen Eindruck gemacht hatte.

Sam war gleich bis zum Rand gelaufen und hatte gekichert, wenn ihr Sand und Schiefer unter den Füßen bröckelten. Wie eine leichtsinnige Hochseiltänzerin, der es völlig egal war, daß sie ohne Netz arbeitete, ruderte sie mit den Armen hin und her – die vielen spitzen Felsbrocken da unten waren sicherlich kein Netz.

Julie konnte Sam fast vor sich sehen, diese Sam, die direkt am Abgrund stand und die vernünftige, vorsichtige Schwester herausforderte: Komm her, komm an den Rand, schau auf die Felsbrocken drunten, auf die Brandung. Komm her – wag's doch, ob dich eine steife Brise vom Rand weht.

Julie trat einen weiteren Schritt auf den Rand zu. Der sandige Untergrund fühlte sich breiig weich an.

Da fuhr ihr ein Windstoß überraschend gegen den Brustkorb, als ob er sie vom Abgrund fernhalten wollte.

Warum mach' ich das eigentlich?

Und sie wußte die Antwort.

Es war wegen der Überdosis von Irrealität, wegen der vielen Zeit, die sie in einer irrealen Welt verbracht hatte, die für sie zunehmend real und gefährlich wurde.

Das hier bildete ein Korrektiv. Ein kräftiges, gesundes Maß echter Erfahrung.

Ein halber Meter noch bis zum Felsrand.

Sie hatte eine wundervolle Aussicht aufs Meer. Ihr war, als ob sie nur die Arme ausbreiten bräuchte und der Wind sie vom Erdboden hochheben würde, so daß sie wie ein menschlicher Albatros auf den Strömungen der Luft dahingleiten würde.

Sie schob sich noch ein paar Zentimeter vor.

Dann erinnerte sie sich an den Eindruck vor wenigen Minuten. An das Gefühl, nicht allein hier zu sein.

Sie drehte sich um. Sie konnte das Obergeschoß von Oakwood sehen, eine dünne Rauchwolke, die aus dem Kamin aufstieg und von der stetigen Brise rasch davongetragen wurde. Es wirkte klein aus dieser Entfernung, wie ein Puppenhaus.

Ähnlich hatte es in Sams Gedächtnislandschaft ausgesehen.

Sie war hierhergekommen, um nachzudenken, um sich die frische Luft ins Gesicht wehen zu lassen, um Abstand zu gewinnen. Doch Erinnerungen an Sam gab es überall – selbst hier.

Arme, im Meer ihrer wirren Erinnerungen gestrandete verlorene Sam.

»Und wer, zum Teufel, weiß schon, was sie zu bedeuten haben?« sagte sie laut.

Sie nahm das Meer wieder wahr. Der Gedanke des Wagnisses, am Felsrand zu stehen, verlor auf einmal an Reiz.

Der Augenblick war vorüber. *Die* Art von halsbrecherischer Tollkühnheit wäre für Sam das richtige. Es war *Sam*, die solche Risiken einging.

Dennoch schaute Julie noch ein wenig hinaus aufs Meer, um sich für die vor ihr liegende Aufgabe zu rüsten – bevor sie sich wieder in die Gedächtniswirrnis hineinbegeben würde.

Obwohl sie nicht ganz an der Felskante stand, konnte sie in die Tiefe schauen, die scharfen Felsspitzen drunten erkennen, die brandenden Wogen und …

Dort unten lag etwas zwischen den Felsen.

Vielleicht ein Stück Treibholz. Oder ein Autoreifen, der sich an einer Felsspitze verfangen hatte. Julie sah nicht mehr als nur ein bißchen farbige Bewegung.

Die Klippe bildete einen Überhang, deren Kante sich wie der Bug eines großen Schiffes in den Wind reckte. Um die restlichen Felsen drunten sehen zu können, müßte Julie noch ein wenig näher an den Abgrund treten.

Sie schob sich zwei, drei Zentimeter weiter vor. Schon solch geringe Bewegung zeigte mehr von dem Ding unten. War wohl doch kein Autoreifen. Nein. Und die Flatterteile da, das waren – waren …

Noch ein bißchen weiter vor.

Der Sand knirschte unter ihren Füßen.

Sie registrierte Farben, Konturen, Formen; erkannte sie und erstarrte.

»O mein Gott. O nein!«

Die beiden dort unten in der Brandung sich bewegenden Formen, die von den Wellen spielerisch hin und her geschlagen wurden – es waren Menschenbeine. Und auf dem gezackten, durch zwei massige Felsbrocken gebildeten V erkannte Julie einen Rumpf mit dem Gesicht zum Wasser; die Arme umfingen die Felsen wie in einer Umarmung.

Sie wandte sich ab. Ihr wurde schlecht. Mein Gott! Wie furchtbar! Irgendeine arme Seele – ein Fischer vielleicht, den das Meer angeschwemmt hatte?

Sie rutschte vom Klippenrand weg. Sie würde in Bay anrufen müssen – dort gab es einen hervorragenden Seenotrettungsdienst. Dann hielt sie jedoch wieder inne, fühlte sich erneut zum Rand hingezogen.

Sie ließ sich auf den Knien nieder – das rechte tat noch immer weh – und beugte sich vor, um einen besseren Blick nach unten tun zu können.

O nein. Das war kein Fischer. Das war eine Frau. Das Gesicht konnte Julie nicht erkennen, aber – ihre Finger krallten sich krampfhaft in den Sand – o mein Gott! Der Tweedrock und die lohgelbe Bluse, die kannte sie doch!

Mit einem Stöhnen kroch Julie rückwärts, sie krümmte sich, vergrub das Gesicht in den Armen. Würgte.

Alma … es war Alma, die dort unten lag.

Ein furchtbarer Gedanke zuckte ihr wie ein Blitz durch den Sinn.

Wer hatte Alma hinuntergestoßen?

Es war ein Gedanke, für den es keinerlei Anlaß oder Begründung gab. Diese Felskante war tückisch. Und vielleicht hatte

Alma sich ja auch im Nebel hierher gewagt. Daher böte sich doch ein Unfall als die wahrscheinlichste Erklärung an.

Aber warum war ihr erster Gedanke, daß es sich um Verbrechen handelte, und warum traf ihr erster Verdacht…?

Julie fuhr hoch und wirbelte herum, sie rechnete halb damit, Liam vor sich zu sehen, einen Liam, der auf dem Sprung war, auch sie von der Klippe in die Tiefe zu stoßen.

Sie war aber allein.

Sie atmete auf.

Und vernahm ein bröckelndes Geräusch. Die Erde begann nach unten zu sinken. Nein, nicht die Erde, nur dieses kleine Stückchen. Der Felsüberhang brach.

Julie reagierte schnell und rollte sich vom einsinkenden Schiefer. Ihr Unteram kratzte nahe der rasiermesserscharfen Bruchstelle vorbei, als der Überhang abrutschte und verschwand. Sekunden später hörte sie ein Krachen, als die Steinmassen unten auf den Felsbrocken schlugen.

Julie lag flach im trockenen Gras. Ihr Atem flog. Sie keuchte wie eine Wahnsinnige. War der herabstürzende Felsen auf Almas Körper gefallen? Das würde jedoch jemand anderer in Erfahrung bringen müssen. Sie würde es jedenfalls nicht tun.

Auf allen vieren kroch sie davon, wie ein erschrockenes kleines Kind.

Als sie wieder auf die Beine kam, war nur mehr die See zu sehen – von den Felsbrocken drunten nichts, nichts von Almas gräßlich verzerrtem Körper. Julie blieb dort stehen, bis ihr Atem sich wieder beruhigt hatte.

»Ich habe Details und Kleinigkeiten entdeckt…«, hatte Alma gesagt.

Und nun war sie dahin. Wie Sam auch, nur definitiv, für immer.

Julie kehrte zum Pfad zurück und rannte taumelnd zurück zum Herrenhaus.

2

Der Polizeiinspektor aus Whitby – ein gewisser Stephens – machte ganz den Eindruck, als ob er zu viele Krimis im Fernsehen gesehen hätte. Er trug einen Trenchcoat mit aufgeschlagenem Kragen und nickte, wenn Julie sprach, unentwegt mit dem Kopf.

Eathan saß auf der Wohnzimmercouch neben ihr. Sie hatte ihn telefonisch in Edinburgh erreicht, und er war sofort zurückgeeilt. Er, sonst so unerschütterlich wie eine Eiche, schien jetzt geistig abwesend, fast schon desorientiert, und seine Augen waren verquollen. Ob er geweint hatte? Julie wußte ja, daß ihn mit Alma mehr verband als nur eine berufliche Beziehung. Aber darüber würde Eathan natürlich nie ein Wort verlieren.

Stephens deutete mit einem Bleistift auf Julie. »Verzeihung, Miss. Entschuldigen Sie, bitte, habe ich eventuell etwas vergessen ... oder *haben* Sie vorhin gesagt, sie wären dort hingegangen, um ...«

»Einfach um mir Bewegung zu verschaffen ... um frische Luft zu schnappen.«

Der Inspektor rieb sich das Kinn. Er hatte es hier potentiell mit einem großen Fall zu tun, der ihm Publicity bringen könnte.

»Zu dem Zeitpunkt war Ihnen aber nicht bekannt, daß Dr. Evans sich dorthin begeben hatte?«

»Nein, das war mir nicht bekannt.«

Ein Polizist betrat den Raum, beugte sich vor und flüsterte dem Inspektor etwas ins Ohr. Der Inspektor hörte kopfnickend zu, wobei er Eathan und Julie fest im Blick behielt.

Nachdem der Polizist weg war, sagte Stephens: »Erzählen Sie mir bitte alles über Ihre Schwester.«

Eathan gab eine kurze Erklärung zu Sams rätselhaftem Koma ab.

Der Inspektor kritzelte in sein Notizbuch. »Und Sie haben den Verdacht, daß hier ... ein Verbrechen vorliegt, wie?«

»Wir wissen es nicht«, erwiderte Eathan.

Stephens erhob sich. »Also gut. Ich werde Ihnen sagen, was wir hier unternehmen werden. Ich werde noch einmal zu den

Klippen zurückkehren und mich vergewissern, daß meine Leute dort nichts übersehen. Unterdessen werden Sie vielleicht einmal darüber nachdenken, ob Dr. Evans irgendwelche Feinde…«

Julie warf einen forschenden Blick zu Eathan hinüber. Er hatte gerötete Augen und wirkte völlig fertig. Und nun – jetzt mußte er sich auch noch anhören, was Julie mitzuteilen hatte.

Aber wie soll ich's sagen? Und was *sollte ich besser auslassen?*

»D-d-da gibt es noch etwas, das ich sagen muß.«

Stephens hatte bereits einen Schritt auf die Tür zu getan und drehte sich mit hochgezogenen Brauen um.

»Ach ja? Und das wäre?«

Almas Leiche war bereits von den Felsen geholt worden und befand sich im Leichenwagen auf dem Weg zur Stadt.

»Es hält sich hier wer auf, jemand, der vielleicht…«

Sie spürte, daß Eathans Kopf ruckte und zu ihr aufblickte.

»Es ist ein, der…, ich glaube« – sie warf Eathan einen unsicheren Blick zu – »ich glaube, er wird steckbrieflich gesucht. Er heißt Liam O'Donnell.«

Sie fühlte sich förmlich durchbohrt von Eathans Blicken.

Der Inspektor nickte. Er überließ Eathan das Wort.

»Julie – was zum Teufel willst du damit sagen?«

Jetzt wandte sie, ganz langsam, den Kopf, und hielt seinem Blick stand. Es ist unumgänglich, dachte sie, und es tut eben weh, wenn Geheimnisse ans Licht kommen.

»Er war da. Vorvorgestern abend, da ist er plötzlich hier aufgetaucht. Er hat mich draußen überrascht… Er hat mir gestanden, wie sehr er Sam liebt.«

Kräuselten Eathans Lippen sich wirklich vor Ekel? Oder bildete sie es sich bloß ein?

»O'Donnell? *Hier?* In Oakwood?«

Julie nickte. »Ich mußte ihm versprechen, es niemand zu erzählen… Er hat mir beteuert, daß er Sam liebt und daß er überhaupt nicht…«

Eathan stand von der Couch auf. Er schritt hin und her und strich sich nervös den Bart.

Julie wandte sich wieder dem Inspektor zu, der einen seiner Leute hereinrief und ihm ein Stück Papier reichte.

»Wir werden nach ihm fahnden, Miss. Aber in welcher Beziehung hat Ihre Schwester zu diesem Mann gestanden?«

Bevor Julie etwas sagen konnte, hatte Eathan schon das Wort ergriffen. Seine Stimme hatte einen hohlen Klang, als er den Inspektor über Sams Beziehung zu O'Donnell ins Bild setzte... und über seinen Verdacht. Dümmer und weniger vertrauenswürdig hätte Julie sich gar nicht vorkommen können. Was hatte sie sich eigentlich gedacht?

Stephens machte sich wie wild Notizen.

»Wenn er sich in unserer Umgebung aufhält, das heißt, falls er immer noch da ist, dann werden wir ihn schnappen.« Er musterte Julie. »Obwohl, Miss, es mir völlig unverständlich ist, daß Sie niemand verständigt haben, Miss.«

Mir auch nicht, dachte Julie.

Vor ihrem inneren Auge tauchte immer wieder Almas Leiche auf, die von den Wellen hin und her bewegt wurde.

Es kam ihr so vor, als ob Eathan auf Distanz zu ihr ginge.

Mein Gott, ich sollte hier abreisen, dachte Julie. In Anbetracht der Konsequenzen meines Tuns sollte ich wirklich das nächste Flugzeug nehmen und verschwinden. Nur weil ich so blöd war, hat möglicherweise ein Mensch sterben müssen.

Und weil ich obendrein betört war. Was für einen Zauber hatte Liam eigentlich über sie geworfen?

Sie vermutete, daß er sie irgendwie – über Sam – berührt hatte. Er vermittelte ihr ein Lebensgefühl, das... das sie zuvor nie erfahren und das ihre Urteilskraft beeinträchtigt, sie verwundbar gemacht hatte.

Aber wieso konnte es nicht schlicht ein Unfall gewesen sein, so wie er beinahe mir selbst zugestoßen wäre?

Der Inspektor schlug sein Notizbuch zu. »Da gibt es für uns einiges zu tun, wie? Wir werden Sie auf dem laufenden halten.«

Eathan nickte abwesend, als Stephens die Hand an die Schläfe hob, auf dem Absatz kehrtmachte und das Zimmer verließ.

In der sich hinziehenden Stille stand Julie mit gesenktem Blick da; ihr fehlte der Mut, Eathan in die Augen zu sehen. Sie wünschte sich, daß er sie anbrüllen, ihr etwas an den Kopf werfen würde. Die Stille brachte sie um.

Sie wußte, daß Eathan zornig werden konnte; mehr noch als seinen Zorn aber fürchtete sie, ihn enttäuscht zu haben. Julie wollte ihm keine Enttäuschung bereiten, nie und nimmer; Enttäuschungen hatte er schon von Sam zu viele verkraften müssen.

Sie hörte Schritte. Eathan, der entweder davonging oder …

Er stand vor ihr. Sie biß die Zähne zusammen.

Jetzt geht's los.

»Aber warum, Julie?« Seine Stimme klang leise, schwer, leidvoll. Viel schlimmer, als wenn er sie angebrüllt hätte. »Warum hast du mir nichts von O'Donnell gesagt?«

»Ich – ich wünschte, darauf hätte ich eine Antwort«, sagte sie mit ebenso leiser Stimme.

»Warum, um Gottes willen, solltest du mir so etwas verschweigen? Ein als Terrorist bekannter Mann, der eine Bedrohung für meine Nichte, deine Schwester darstellt und sich auf meinem Besitz aufhält!« Die Stimme steigerte sich. »Was hast du dir eigentlich dabei *gedacht*?«

»Ich habe eben nicht drüber nachgedacht. Es war absolut dumm von mir, es dir nicht zu sagen, ich …«

»Was hast du mir sonst noch verschwiegen?«

Sie drehte sich zu ihm und öffnete den Mund. »Ich …«

Nein. Es schien ihr unmöglich. Angesichts dieses wunden Ausdrucks in seinen Augen. Er hatte heute schon genug Schläge einstecken müssen.

Oder war das wieder bloß eine Ausflucht ihrerseits?

»Wenn ich all das, was wir gestern gesehen haben, doch nur früher gewußt hätte, ich hätte ihn bestimmt sofort angezeigt. Doch Sam schien ihm zu vertrauen und …«

Eathans Züge verzerrten sich. »Ob er gewußt hat, was wir gestern in der Memoskopie beobachtet haben? Was meinst du?«

»Ich wüßte nicht, wie er's hätte wissen können.«

»Hast du es ihm *gesagt*?«

»Nein. Selbstverständlich nicht!«

»Warum ist Alma dann tot?«

O mein Gott! Wenn ich das doch nur wüßte. Sie suchte tastend nach einer Antwort.

»Es könnte sich um einen Unfall handeln. Die Klippen *sind* heimtückisch – das hast du uns als Kinder ja selbst immer wieder eingetrichtert.«

»Gewiß. Möglich wäre es. Aber die Antwort scheint mir ein bißchen *zu* bequem.« Er rannte plötzlich zur Tür. »Ich frage mich…«

Im Nu befand er sich im Foyer und steuerte aufs Wohnzimmer zu. Julie sah ihm nach.

Als sie dort ankam, fand sie ihn beim Durchwühlen des Videokassettenstapels.

»Was machst du da?«

»Ich suche nach der Videoaufnahme von der letzten Sitzung – das Band, wo wir ihn zum Zeitpunkt des Brandausbruchs in der Branham Bank in London sahen. Wo ist sie?«

»Sie müßte sich dort befinden. Alma hat sie zuletzt…«

Eathan schleuderte eine Kassette durchs Zimmer. »Sie ist fort! Er hat sich auf meinem Grundstück aufgehalten, er ist sogar in mein *Haus* eingedrungen! Soll ihn der Teufel holen!« Er wirbelte herum und deutete mit dem Finger auf sie. »Und das ist jetzt *deine* Schuld!«

Er marschierte zurück ins Foyer. Julie, die sich wie an einer Leine vorkam, lief ihm hinterher.

»Wo gehst du hin?«

»Ich muß nach Bay fahren und dafür sorgen, daß die Leiche…, damit« – ihm versagte die Stimme, womit er ein wenig von seinem Schmerz zu erkennen gab – »das Notwendigste für Alma veranlaßt wird. Sie hat einen Sohn, der in London wohnt. Ich muß ihn benachrichtigen. Ich habe keine Ahnung, wann ich wieder zurück sein werde.«

So verärgert hatte sie ihn noch nie erlebt.

Er öffnete einen Schrank und nahm eine Wildlederjacke heraus. Sie entsprach ganz und gar nicht seinem Stil. In dieser Jacke sah er überhaupt nicht wie Eathan aus.

Er verließ das Haus ohne ein weiteres Wort.

Julie stand allein im Foyer, gequält von Schuldgefühlen wegen Alma, verloren, verwirrt… und einsam.

Es war ein merkwürdiges Gefühl, einsam zu sein. Sie konnte

sich gar nicht erinnern, sich je einsam gefühlt zu haben. Nie. Sie war stets stolz gewesen auf ihre Fähigkeit zur Selbstgenügsamkeit, Eigenständigkeit. Sie hatte oft genug darüber gewitzelt: »Ich bin nie einsam, wenn ich allein bin – ich bin ja bei mir.«

Sie hörte Eathan wegfahren. Sie trat ans Fenster und zog den dünnen Vorhang beiseite. Die Autos der Polizei waren seitlich geparkt. Stephens hatte sich aufgemacht, um Almas Spaziergang zu rekonstruieren; um in dem Sand eventuell noch andere Fußspuren sicherzustellen.

Allein … und einsam. In diesem Moment verspürte sie keinen Wunsch, mit Julie allein zu sein. Sie brauchte Gesellschaft.

Und sie wußte auch, wessen Gesellschaft sie jetzt brauchte.

Julie begab sich nach oben. Als sie in Sams Zimmer eintrat, hob die Krankenschwester den Kopf.

»Sie können eine Pause machen«, sagte Julie.

Die Krankenschwester, die mittlerweile Julies Besuche gewohnt war, verließ still und unauffällig den Raum.

»Hallo, Sam«, sagte Julie, als der Computer die Funktion der Satellitenverbindung anzeigte und die diagnostischen Vorlaufprogramme durchlief. »Ob's dir gefällt oder nicht, deine Schwester kommt auf einen weiteren Besuch bei dir vorbei. Diesmal ohne Eathan und ohne Dr. S.« *Und, mein Gott, auch ohne Alma.* »Wir sind diesmal unter uns.«

Julie mußte sich gestehen, daß die Memoskopie ihr Sorge bereitete. Sie schien ihrer Kontrolle zu entgleiten und sie zunehmend als aktive Teilnehmerin einzuspannen; sie war nicht mehr nur Beobachterin. In ihren Ohren klangen die Warnungen von Dr. S.

Doch die Gedächtnislandschaft war wie Sirenengesang. Die Trennlinie zwischen Sams gebrochenen Erinnerungen und Julies Wirklichkeit wurde zunehmend dünner.

Selbst wenn ich draußen bin, komme ich nie mehr ganz davon los.

Was, dessen war sie sich durchaus bewußt, bedeutete: Sie würde nicht aufgeben, sondern weitermachen; bis an die Grenzen des Möglichen würde sie gehen.

Sie zog sich den Datenhelm über; während des anlaufenden Programms war nur das leere Blau des Videoschirms zu sehen.

Das Gefühl der Einsamkeit verblaßte. Sams Tür begann sich zu öffnen…

Und was sie da sah, raubte ihr den Atem.

24. Kapitel

Ich wurde gebeten, mit einer Gruppe von Therapeuten, die auf dem Gebiet der Gedächtnisrestitution arbeiten, an einem Diskussionsforum teilzunehmen. Normalerweise halte ich mich von solchen Veranstaltungen fern, diesmal ging ich hin – und habe ihnen Zunder gegeben! Gedächtnisrestitutionstherapie – ich könnte die Wände hochgehen! So ein Hokuspokus habe ich mein Lebtag nicht gehört. Und diese Therapeuten versuchen, sich als Wissenschaftler auszugeben? Eingesperrt sollten sie werden. Sie restituieren keine Erinnerungen – sie fabrizieren sie!

Aus den Notaten Julie Gordons

Sams Atelier ist beinahe leer. Die virtuelle Wand kahl. Der Löwe in der Gondel ist verschwunden. Ebenso der falsche Mondrian. Die große, unvollendete Leinwand ist geblieben, außerdem ein paar andere, die willkürlich herumliegen.

Eine nimmt deinen Blick gefangen: das Bild einer hölzernen Strandpromenade unter einem erregten, feurigen Himmel, neben ihr das Blau eines Gewässers, ein See oder das Meer…

Jedoch keine Menschen.

Eine Strandpromenade. Sie hat etwas, das dich anlockt, trotzdem zieht's dich zu der Tür, weil du sehen möchtest, was über Nacht mit der Wasserwüste geschehen ist.

Als du in die Finsternis hinausgleitest, fallen dir größere Veränderungen auf. In der Reflexion des Mondscheins durch das schwarze Wasser erkennst du, daß die Mondrian-Insel verschwunden, von der See geschluckt worden ist. Du wirst die Räume hinter den übrigen Türen also nicht mehr erkunden können. Und die Nighthawks-Inseln – ebenfalls nicht mehr da.

Du empfindest wachsende Angst, als dir aufgeht, daß nur drei Inseln bleiben… sie rücken enger zusammen. Es sieht fast so aus, als ob sie bald eine gemeinsame Landmasse bilden würden.

Als du über die zusammenwachsenden Inseln dahingleitest, entdeckst du auf einer Insel die hölzerne Strandpromenade, einen zeichentrickartigen Plankenweg, wie in Kreidefarben. Eine Kinderzeichnung fast – nur daß du dieses Bild *kennst*. Es hat etwas ungemein Vertrautes, doch irgendwie fehlt ein entscheidendes Identifikationsmoment.

Du wunderst dich kurz über das Ding, das unter der Oberfläche schwebt, aber möglicherweise befinde ich mich ja noch über der Gegend von Venedig.

Du landest auf der Strandpromenade. Die Holzplanken leuchten in einem glänzenden Orange.

Eine menschenleere Promenade. Komisch, das sieht ganz anders aus als die Strände in der Nähe von Brighton, wo Eathan mit Sam und dir zusammen in die Sommerferien fuhr. Bezieht diese Erinnerung sich auf die Zeit, als Sam sich an der Cote d'Azur aufhielt? Gibt es an der Riviera überhaupt solche Plankenstege?

Du drehst dich um, suchst nach Menschen, nach Gegenständen…

Da steht, mit dem Rücken zum Meer, mutterseelenallein, ein Wahrsageraautomat. Die schwach beleuchtete Glasvitrine strahlt wie ein Leuchtturm. Aus dem Innern mustert dich eine Plastikzigeunerin mit dunklen Augen. Unheimlich… doch du gehst näher heran.

In dem Moment, als du die Zigeunerin erreichst, beginnt ihr rechter Arm sich zu bewegen, ganz steif, wie ein echter Wahrsager im Säulengang, der eine Karte austeilt.

Es wird aber keine Karte ausgeteilt.

Die Glasaugen der Zigeunerin funkeln. Die Gipslippen bewegen sich.

Hören tust du nichts, aber auf der Maschine leuchtet vorn ein kleines Schild auf.

WELCHE GEHEIMNISSE SOLL MADAM HANAMSAT IHNEN OFFENBAREN?

Unterhalb des Schilds beginnen drei Themenfelder zu blinken: LEBEN…LIEBE…GLÜCK.

Unter jedem Feld wartet eine Taste.

»Okay«, sagst du laut, »verrate mir mein…«

Du streckst die Hand aus und drückst LIEBE.

Der Arm der Zigeunerin bewegt sich; eine Karte fällt in den Schlitz. Du nimmst sie heraus und liest: *Wie kannst du nach Liebe fragen, wenn du keine hast?*

Die Karte verschwindet.

Die Leuchtfelder blinken erneut auf: *Stellen Sie eine weitere Frage.* Du spürst Verärgerung über die Glasaugenzigeunerin.

Du drückst LEBEN.

Der Arm bewegt sich. Eine neue Karte fällt heraus.

Leben vor… oder nach?

Vor oder nach was? Diese Maschine verhält sich so, daß sie von Liam programmiert worden sein könnte. Sie beantwortet jede Frage mit einer Gegenfrage.

Und jetzt leuchten zwei neue Begriffe auf, zwei Tasten warten: VORHER und NACHHER.

Und du drückst die Taste unter dem Wort VORHER.

Und wieder bewegt sich der Arm, und es fällt eine Karte heraus.

Diese Karte fragt: *Der Mond, das Haus oder die Maske?*

Fantastisch. Du bist auf den Zen-Mönch unter den Wahrsageautomaten gestoßen. Aber diese Karte gibt dir wenigstens einiges mehr an Auswahl. Der Mond, das Haus und die Maske…

Drei Alternativen, drei Tasten.

Von allen bisherigen Erfahrungen in Sams Gedächtnislandschaft liefert diese Maschine dir den überzeugendsten Hinweis darauf, daß Sam Kontakt herzustellen sucht.

Du streckst die Hand aus und drückst die Taste unter dem Wort MASKE.

Die Gipszigeunerin schaut hoch. Und es ist das erstemal, daß sie lächelt, ein wissendes Grienen, eine Todesgrimasse, wobei das Glasauge den starren Ausdruck beibehält.

Der Kopf bricht auf.

Und drinnen ist Nathan, er sitzt dir an einem Tisch gegenüber, du bist vier Jahre alt…

Daddy möchte das Spiel noch mal spielen, jeden Tag das gleiche Spiel. Und es macht Spaß… meistens.
»Bist du bereit, Julie?«
Sie nickt. »Ja, Daddy.«
Er holt die Karten hervor.
Multiplizieren und dividieren. Leichtes Zeug. Ganz einfach. 3 × 3, 8 × 8, 7 × 6…, nur, daß er die Aufgaben schnell stellt, dann noch schneller.
»Komm schon, komm Julie. Du zögerst. Los, komm. Das *kennst* du doch schon.«
Julie legt die Beine ganz fest umeinander. Sie stößt die Lösungen hervor, so rasch sie kann.
»24…, 51…, 63…«
Doch Daddy schüttelt den Kopf und macht anscheinend noch schneller weiter.
»Komm…, nun komm schon… Das sind auswendig gelernte Sachen, nur Erinnertes, Julie. Das erfordert überhaupt kein Denken.«
Schneller, immer schneller, bis Julie zumute ist, als ob sie auf einem Pony reitet und sich an seiner Mähne festklammert, und so galoppiert sie über die Zahlenkarten, als ob es Hürden wären.
Sie sieht ihn lächeln. Sie macht ihre Sache gut. Reitet das Pony gut.
Bis er plötzlich aufhört, und sie ist ganz enttäuscht. Vielleicht hat er andere Aufgaben für sie, etwa Bauklötzchen ordnen oder die Dreiecke anschauen und sie zählen, all die vielen unterschiedlichen Größen.
»Das reicht für heute, Julie. Ich muß zu einem wichtigen Termin.«
Er steht auf. Er ist ja so groß. Er steckt sich die Karten in die Tasche. Er tut einen Schritt von dem einfachen Tisch weg.
»Daddy…«
Er bleibt stehen.
»Darf ich dir nicht eine Aufgabe geben?«
»Ich bin wirklich sehr…«
»Ich darf dir doch immer eine geben. Nur eine einzige Aufgabe.«

Er lächelt, es ist ein freundliches Lächeln, ein liebes Lächeln. Er hat sie lieb; dessen ist sie gewiß.
»Okay. Schieß los, Missy.«
»Okay, okay…« Jetzt muß sie eine Aufgabe suchen, eine richtig schwere Aufgabe. Die Lösung muß sie selbst wissen…, so lautet die Spielregel. Daddy wird dagegen nicht überprüft. Nie.
»Neunundneunzig mal« – sie schließt ihre Beine noch fester umeinander – »sechzehn.«
Seine Augen verengen sich zu Schlitzen. Da hat er aber schwer nachzudenken. Dann kommt die Antwort.
»Eintausendfünfhundertundvierundachtzig.« Jetzt lächelt er nicht mehr. »Ist das die richtige Antwort, Julie? Stimmt die Zahl?«
»Ich…, ich…«
Sie weiß es nicht. Plötzlich ist das Spiel aber kein Spaß mehr. Was geht hier vor? Das Spiel macht immer solchen Spaß, doch jetzt…«
»*Ist* das die richtige Antwort, Julie?«
Und dann passiert's. Du siehst eine schmale Falte, die sich auf Daddys Kopf bildet, eine Linie, die genau durch die Mitte seines Gesichts läuft, vom Haaransatz zur Nase, bis hinunter zum Mund, zum Kinn. Eine ganz dünne Linie. Sie will ihm etwas sagen, als…
Die Linie verbreitert sich…, ein Knistern, ein reißendes Geräusch: Die Linie bricht auf.
»Ist das die richtige Antwort, Julie?«
»Daddy, Daddy, ich weiß es nicht…« Sie weint, als sie sieht, wie die Linie immer breiter wird, wie sein Gesicht auf- und auseinanderbricht wie Weihnachtsnüsse, wie es sich öffnet…
Und plötzlich wird drinnen Onkel Eathan sichtbar, mit einem nicht so vollen Bart wie jetzt, mit funkelnden Augen, und wiederholt im gleichen Ton mit der gleichen Stimme die gleichen Wörter… wie Daddy.
»Du darfst mir nie eine Aufgabe stellen…, wenn du nicht die Antwort weißt.«
Julie nickt. Der abgespaltene äußere Kopf hat sich wegge-

schlängelt wie eine abgelegte Schlangenhaut. Onkel Eathan dreht sich um und geht davon.

Dann ist das Mädchen verschwunden.

Dein erster Gedanke: Das ist doch keine Erinnerung von Sam. Das ist doch deine Erinnerung. Mein Gott, du hast eben deine *eigene* Erinnerung beobachtet. Nicht nur das: Du kannst dich bewußt kaum an das Spiel mit den Zahlen erinnern, das du mit deinem Vater gespielt hast. Du weißt nur noch, daß er dich gedrillt hat, daß er dir zur Übung Rätsel und Aufgaben gestellt hat.

Was du eben gesehen hast, war dem Anschein nach aber doch kein Spiel.

Dann wirst du dir des Ortes bewußt, wo du dich befindest – auf der hölzernen Strandpromenade, die sich bis zum Horizont erstreckt. Am unmöglich fernen anderen Ende fällt dir ein weißer Punkt auf. Den Punkt hast du vorher gar nicht bemerkt, und vielleicht solltest du ja der Sache nachgehen, du bist jedoch viel zu durcheinander, um noch etwas zu tun.

Du drehst dich um…

Der Plankenweg hinter dir ist verschwunden. Er endet, als ob der Rest von einem großen Sturm weggeschwemmt worden wäre. Du bemerkst etwas in der Nähe des Endes, unmittelbar hinter der Stelle, wo die abgebrochenen Planken wie Speere in die Höhe stechen. Aus dem schwarzen Wasser ragt aufrecht ein Stein.

Du bewegst dich zu ihm hin.

Und während des Gleitens kommt dir ein weiterer Gedanke, der dich verwirrt, ängstigt…

Eathan und Nathan…, sie waren sich vorhin so ähnlich. Die Augen. Die Stimmen. Natürlich, sie waren ja Brüder, aber diese Ähnlichkeit in der Sprechweise, der Augen…, *so* eine Ähnlichkeit.

Du bist bei dem Stein angekommen, ein schlichtes Felsstück, ohne jede Bedeutung.

Gibt es denn in dieser Gedächtnislandschaft überhaupt etwas, das ohne Bedeutung ist?

Du beugst dich über den Rand, schaust aufs Wasser. Das schwarze, ölige Wasser unmittelbar unter dir ist wie ein dunkler Spiegel und…

Du erkennst dein Ebenbild. *Dich selbst.* So wie du heute früh ausgesehen hast. Du entdeckst dein beim Erkennen des eigenen Spiegelbilds erschrockenes Gesicht.

»O… mein… Gott!«

Der Spiegelmund formt die Worte zeitgleich mit.

»Was zum Teufel geht hier vor?«

Du denkst das Naheliegende. Daß du den Verstand verlierst. Die Technologie, die das Gedächtnis aufzeichnet, klappt hervorragend, bis auf einen einzigen kleinen Punkt: Sie treibt dich in den Wahnsinn.

Es ist doch gar nicht möglich, daß sich hier ein Spiegelbild von dir bildet. Es sei denn…

Ein Platscher. Du zuckst sofort zusammen und blickst auf, schaust dich verwundert um. Eigentlich dürfte hier doch überhaupt nichts platschen.

Ein weiteres Aufplatschen – lauter diesmal. O nein. Du schaust hinunter, und just in diesem Moment schießt das dicke, lebende Fangarmkabel aus dem Wasser hoch – aus dem weit geöffneten Mund deines angstverzerrten Spiegelbilds.

Du schreist auf und weichst zurück, doch der Fangarm ist blitzschnell und windet sich um deinen Fußknöchel. Gott, ist der kalt – und glitschig. Seine Sauger haben Haken, und die Haken graben sich ins weiche Wadenfleisch ein. Seine Umklammerung wird ärger, du spürst *Schmerz*. Das darf doch wohl nicht wahr sein. Du bist doch nicht Teil von Sams Gedächtnislandschaft, du bist doch nur hier als Geist, hier *kann* dich doch gar nichts schnappen.

Es *hat* dich aber was geschnappt, es zerrt an deinem Körper, es zieht am Knöchel, den es umschlungen hat, und zerrt dich zum Wasser hin.

Das EXIT-Feld. Jetzt mußt du es drücken.

Als ob der Krake deinen Gedanken ahnte, versetzt er deinem Knöchel eine scharfe Drehung, so daß es dich vom Rand des Plankenstegs hinunter ins Wasser wirft. Es fühlt sich kalt und ölig an. Du stößt gegen den Fels und die Tentakel unter der Oberfläche, der Krake – er will dich auf die See hinausschleppen.

Das EXIT-Feld – *jetzt*!

Als du die Hand zum EXIT-Feld ausstreckst, läßt der zunehmende Schraubdruck an deinem Knöchel jedoch plötzlich nach. Der Fangarm löst sich und gleitet davon. Du bleibst zurück und trittst auf der anderen Seite des Felsstücks im Wasser.

Du hebst den Kopf.

Der Stein ist nur eine Armlänge entfernt, bei ihm handelt es sich, wie du jetzt feststellst, um einen riesigen Grabstein. Du liest die eingravierten Namen: NATHAN UND LUCINDA GORDON. Der Grabstein deiner Eltern. Unter ihren Namen Daten – das Datum des Brandes und die Geburtsdaten, Lucindas – 17. Mai 1943 – und Nathans …

1. Dezember 1941.

Er hat das gleiche Geburtsdatum wie Eathan.

Sie waren sich ja so ähnlich. Die Augen, die Stimmen …

Der Tentakel hat dich bis hierhier ins Gewässer geschleppt und dann losgelassen. Es scheint fast, als ob der Krake dich hergezerrt hätte, damit du dies hier lesen konntest.

Du streckst die Hand aus und berührst den schweren Grabstein. Von deinen Fingern tropft Wasser auf die gemeißelte Oberfläche und setzt sich in die Gravur eines Datums.

1. Dezember 1941.

Trifft es zu? Daß Nathan und Eathan Zwillinge sind – wie du und Sam? Wieso hast du das eigentlich nicht gewußt? Aber sie haben sich ja auch nicht ähnlich gesehen, vor allem nicht, seit Eathan sich den Bart wachsen ließ. Und ihr habt ja nie den Geburtstag eurer Eltern gefeiert …

Die Möglichkeit von Zwillingen ist in einer Familie erblich, oder?

Du drehst dich um, schaust dich um. Der Krake lauert, abgetaucht, in dem schwarzen Wasser unter dem schwarzen Himmel, von den glühenden Augen ist nur eins über der Wasseroberfläche und beobachtet dich.

Du zitterst. Ist es das kalte Wasser oder etwas anderes?

Was auch immer: Du mußt zurück in die Realität. Sofort.

25. Kapitel

Aus Macbeth: »Erinnerung, die Hüterin des Verstands.«

Aus den Notaten Julie Gordons

1

Julie schlürfte den heißen Tee und atmete das Aroma von Zitrone und Honig begierig ein. Sie saß im Schneidersitz und hatte sich, um wieder warm zu werden, eine Decke über die Schultern gezogen.

Sie fühlte sich überfordert. Wenn sie die jüngste memoskopische Reise doch nur mit Dr. Siegal teilen könnte! Falls sie ihm davon berichten würde, wäre es jedoch mit Sicherheit ihre letzte gewesen. Er würde sofort Schluß machen. Er brauchte ja nur die Satellitenverbindung kappen – schon wäre Julie von jeglicher Memoskopie abgetrennt.

Verflixt – wenn sie ihm doch nur erzählen könnte, daß sie in Sams Gedächtnislandschaft eine virtuelle Körperpräsenz entwickelt hatte. Was er dazu wohl zu sagen hätte? Es war ein unglaubliches Phänomen, so etwas hatte sie nicht einmal im Traum für möglich gehalten – auf irgendeine Art und Weise war das System jedoch interaktiv mit ihren eigenen Gehirnwellen und Erinnerungen, die es zur Erzeugung eines virtuellen Körpers für sie einsetzte.

Was wiederum bedeutete, daß sie in einem weit umfassenderen Sinn in Sams Bewußtsein gegenwärtig war, als sie je für möglich gehalten hätte.

So ließe sich möglicherweise auch die Erinnerung an das Zahlenspiel erklären, bei der es sich ja um ihre, Julies Erinnerung handelte. Sollte sie zumindest sein; denn wenngleich Julie sich vage erinnerte, daß der Vater Sam auf solche Weise gedrillt hatte, so bezweifelte sie doch, daß er mit Sam jemals Rechnen geübt hatte.

Sam hatte er vermutlich Rothko-Gemälde gezeigt.

Andererseits mußte Sam Hunderte von Malen das Zahlenspiel mit angesehen haben, so daß sie darüber voll Bescheid wußte.

Warum war es ausgerechnet heute dort auf dem Plankensteg aufgetaucht...

...bei dem Grabstein?

Das war der echte Schock. Nathan und Eathan *Zwillingsbrüder*. Wirklich? Wenn's aber stimmte, wieso hatte dann Sam es gewußt und sie selber nicht?

Sie warf einen Blick zu ihrer Schwester hinüber. Sam sah wunderschön aus, so ganz im Frieden mit sich selbst, wie sie da schlief, auf eine Weise, wie sie es sonst im ganzen Leben nie gewesen war. Keinerlei Anzeichen von bösen Wahrsagern, Kraken und verwüsteten Bewußtseinslandschaften. Nur diese blasse Schönheit und das sanfte Auf und Ab der Brust mit jedem Atemzug.

Julie leerte ihre Tasse. Der Tee war längst kalt.

Geheimnisse, überlegte Julie. Das ist es, worum sich alles dreht.

Sie beugte sich vor, rieb sich das rechte Bein, weil es weh tat. Als sie die Manschette ihrer Jeanshose hochzog, stockte ihr plötzlich der Atem. Sie sah etwas, das gar nicht dort sein durfte – gar nicht dort sein *konnte* – und trotzdem da war: Ihr Knöchel war durch eine kreisförmige Quetschung markiert. Ebenso die untere Wade.

Nein! Eine Körperverletzung! Durch die Memoskopie!

Wenn sie mich physisch verwunden kann, was kann sie mir dann sonst noch alles antun?

Mich töten?

Sie rieb die Stelle. *Vielleicht sollte ich doch aufhören?*

Auf der gepflasterten Einfahrt fuhr ein Wagen vor.

Eathan. Onkel Eathan. Dads Zwillingsbruder. Oder war das nur eine memoskopische Fantasievorstellung?

Julie rechnete damit, daß Eathan nach oben käme, um nach Sam zu schauen. Er blieb jedoch im Erdgeschoß.

Es kam die gewohnte Essenszeit, aber niemand rief sie zum Essen nach unten. Vielleicht hatte Eathan ja der Köchin gesagt, die Abendmahlzeit zu überspringen.

Julie fand es jedoch unerträglich, die Konfrontation noch länger hinauszuzögern. Sie begab sich nach unten, schaute ins leere Wohnzimmer. Von dort konnte sie bis in die Küche sehen, und dort war alles dunkel und still. Komisch. Er war daheim, aber...

Von der anderen Seite des Foyers drang ein Laut herüber. Sie ging ihm nach und spähte in die Bibliothek.

Diesen von oben bis unten mit Büchern gefüllten Raum hatte sie immer besonders gern gemocht – Eathans Zufluchtsort, eine Welt mit der Aura von kostbarem Leder und altem Papier –, doch nun kam sie sich hier wie ein Fremdling vor.

Eathan saß im Lichtkreis einer einzigen Lampe in einem ledernen Ohrensessel. Ohne Buch in der Hand. Er betrachtete die Muster des Orientteppichs zu seinen Füßen. Er machte einen merkwürdigen, geradezu morbiden Eindruck.

»Eathan...«

Er hob langsam den Kopf, so langsam, als ob er seit dem Morgen plötzlich gealtert wäre.

»Julie..., ich hatte vor, zu dir hochzukommen. Um mich für meine Überreaktion heute morgen zu entschuldigen. Es ist nur so, daß ich ganz irritiert war...«

»Und dazu auch allen Grund hattest. *Ich* müßte mich bei dir entschuldigen. Es tut mir wirklich leid.«

Er nickte nachdenklich. »Ich nehme deine Entschuldigung an. Wir wollen es hinter uns lassen und vorwärts schauen, ja? Versprich mir bitte nur eins..., daß du von nun an keine Geheimnisse mehr vor mir hast.«

Keine Geheimnisse mehr? wollte sie sagen. Denk mal, was *du* mir alles verheimlichst.

»Du siehst müde aus«, sagte sie.

»Ich *bin* müde. Die Begräbnisvorbereitungen von Alma, und dann hatte ich ihren Sohn zu trösten...«

Sie trat näher.

Er behielt sie im Auge. »Ich nehme an, daß du etwas zu Abend gegessen hast. Ich hatte der Köchin gesagt, sie solle sich keine Mühe machen, etwas für mich anzurichten.«

Ihr fiel das halbleere Cognacglas auf, das rechts neben einem Kristalldecanter auf dem Tisch stand. Ihr fiel auch auf, daß er die

Wörter – ganz leicht – schleifend aussprach. Hatte sie Eathan eigentlich je unter Alkoholeinfluß erlebt? War er je auch nur leicht beschwipst gewesen? Ihres Wissens nicht.

»Irgendwelche Neuigkeiten über O'Donnell?« fragte sie.

»Neuigkeiten? Du meinst, ob sie ihn geschnappt haben? Nein, und ich bezweifle auch, daß sie ihn fassen werden. So wie ich auch bezweifle, daß er noch einmal hierher zurückkommen wird.«

»Du glaubst nicht, daß es sich bei Alma um einen Unfall gehandelt haben könnte?«

»Ist das, was deiner Schwester zugestoßen ist, etwa auch ein Unfall?« brummte Eathan verächtlich.

Sie kam noch einen Schritt näher.

»Ich muß dir etwas sagen ..., dich um etwas bitten.«

Eathan starrte wieder vor sich hin. Er nickte. »Noch mehr Geheimnisse?«

»In der Tat, ja. Nach deiner Abfahrt ... habe ich eine weitere Memoskopie durchgeführt.«

Eathan nickte, noch immer mit ausdrucksloser Miene, die keine Überraschung verriet.

»Und?«

Sie wollte ihm schon von der erinnerten Szene des Spiels berichten, das sie als Kind mit seinem Bruder gespielt hatte, von dem Drill, dem er sie im Rechnen unterzogen hatte, hielt sich dann aber zurück. Das war hier nicht der entscheidende Punkt.

»Ich habe einen Grabstein gesehen ..., einen Grabstein für meine Eltern.«

Sie wartete, daß er etwas sagen würde, doch er saß nur schweigend da und starrte vor sich hin, was es ihr nicht leichter machte.

»Ich habe das Geburtsdatum meines Vaters gesehen.«

Immer noch keine Reaktion. War Eathan überhaupt noch wach?

»Und es war das gleiche wie deins. In der Memoskopie hattet ihr das gleiche Geburtsdatum, was bedeuten würde, daß ...«

Jetzt drehte Eathan den Kopf herum, genauso wie der Wahrsager. »Daß dein Vater und ich Zwillingsbrüder waren. Na und?«

»Willst du damit sagen, daß es wahr ist?«

»Natürlich ist es wahr. Eineiige Zwillinge. Genauso wie Sam und du. Warum tust du so überrascht?«

»Ich ... also, das war mir gar nicht bekannt.«

»Natürlich war es dir bekannt. Das hat doch jeder gewußt. Wenigstens in der Zeit, als es noch von Belang war – als wir beide am Leben waren.«

»Also, ich habe es jedenfalls *nicht* gewußt. Warum hast du es mir nicht gesagt?«

Er stierte sie an. Die Lippen unter dem Bart zuckten vor Ungeduld. Seine Stimme wurde scharf.

»Aus dem gleichen Grund, warum ich nicht herumlaufe und alle dran erinnere, daß du Sams Zwillingsschwester bist. Warum sollte ich dir etwas sagen, das du nach meinem Dafürhalten schon weißt?«

Die Bibliothek schien ihr unglaublich fern und fremd. Da stand sie nun zwischen den hohen Wänden und unzähligen Buchrücken. Mittendrin saß ihr Onkel. Und sie fragte sich ..., ob er, falls er seinen Bart abrasierte, wohl so aussähe wie ihr Vater? Ob sie dann wohl das Gefühl hätte, ihren Vater wiederzusehen?

Sie atmete einmal tief durch. Die Luft war muffig.

»Du hättest es mir sagen müssen.«

Und daraufhin sagte Eathan verbittert, wobei seine Zunge kaum merklich über die Wörter stolperte. »Und du hättest mir das mit Liam sagen müssen.«

Julie, tief getroffen, drehte sich um und verließ den Raum.

2

Julie hatten einen unruhigen Schlaf. Sie wachte zwischendurch mehrmals auf und konnte sich dann jedesmal an Bruchstücke eines verrückten Traums erinnern. Einmal befand sie sich in einem Eisenbahnzug und konnte nicht mehr aussteigen. Danach befand sie sich, weil sie irgend etwas kaufen wollte, in einem Geschäft, wo alle Verkäuferinnen und Kassiererinnen anonyme Gesichter ohne Mund und Augen hatten.

Einmal setzte sie sich, vor Angst zitternd, im Bett auf wie ein kleines Mädchen, das aus einem Alptraum erwacht und etwas Gefährliches auf sich zukommen sieht.

Sie wäre am liebsten aufgestanden und in Sams Zimmer gerannt, weil dort wenigstens noch jemand wäre, eine Krankenschwester, die am Bett saß und im Schein eines schwachen gelblichen Lichts in einem Buch las.

Komisch, im Leben hatte sie nie etwas mit Sam anfangen können, und nun hatte sie plötzlich das Gefühl, Sam zu brauchen.

Im Leben ...

Aber sie ist doch nicht tot, dachte Julie. Sam ist ja nicht tot.

Wenn ich nichts unternehme, könnte sie aber bald tot sein. Bei ihr bricht alles auseinander. Degeneration. Entropie. Ich muß eine Antwort finden, bevor ihre Gedächtnislandschaft zu einem platten, ereignislosen, leblosen Meer wird.

Schließlich schlief Julie wieder ein.

26. Kapitel

Dr. Elizabeth Loftus leistet in der Erforschung von Pseudoerinnerungen faszinierende Arbeit. Ihr ist es gelungen, bei Erwachsenen im Alter zwischen 18 und 63 Jahren »falsche« Kindheitserinnerungen zu erzeugen. Ihre Probanden wurden überzeugt, daß sie sich in einem bestimmten Alter in einem bestimmten Kaufhaus verloren hatten; alle Testpersonen schmückten die falsche Kindheitserinnerung mit einer Fülle persönlicher Details und Empfindungen aus; das Ereignis hatte jedoch nie stattgefunden. Manche waren von der Wahrheit der Erinnerung so fest überzeugt, daß sie bereit waren, darauf viel Geld zu verwetten.

Aus den Notaten Julie Gordons

1

Morgenlicht füllte den Raum. Einen Moment lang schien es wie im Traum, dann spürte Julie jedoch die kalte, feuchte Morgenluft und das blendende Licht in den Augen. Wie spät mochte es sein?

Sie schaute zum Nachttischchen und sah die Digitaluhr. 10.30 Uhr. Viel zu spät.

Ich schlafe zuviel, träume zuviel …, jage Phantomen und Geheimnissen nach.

Ich glaube, ich verliere die Kontrolle.

Sie stand rasch auf. Sie brauchte eine Dosis Realität, hatte das Bedürfnis nach einem längeren Gespräch mit Eathan. Da war noch einiges an Verstimmung zu bereinigen.

Als sie nach unten kam, teilte das Hausmädchen ihr mit, daß Dr. Gordon fortgefahren sei; er hätte Dinge in Whitby zu erledigen.

Julie begab sich ins Eßzimmer und hoffte, eine Nachricht von Eathan vorzufinden; auf dem Tisch warteten aber nur ein Berg

Semmeln und eine Kanne Kaffee. Sie nahm eine Semmel, biß hinein und genoß den Geschmack, als sie im Mund zerbröselte. Wie gut ihr eine echte sinnliche Erfahrung tat! Sie goß sich Kaffee ein, gab einen Schuß Milch und Zucker in die Tasse, leerte sie in einem Zug und schenkte sich eine zweite Tasse ein.

Sie mußte unbedingt an die frische Luft.

Sie aß die Semmel auf und fand im Garderobenschrank im Flur eine warme Jacke. Sie trat durch den Haupteingang und bewunderte die sanft rollenden Hügel, die zu den Hochmooren führten. Es war ein frischer, feuchter Morgen, ein Vorgeschmack vom englischen Winter. Von der Polizei war an diesem Morgen nichts zu sehen.

Sie ging die Eingangsstufen hinunter und bog in die Richtung der Küstenfelsen.

Sie ging mit langsamen Schritten, indem sie forschend nach links und rechts spähte. Wonach halte ich eigentlich Ausschau? fragte sie sich. Nach einem Fetzen Stoff an einem Dornenstrauch? Nach einer halbgerauchten Gauloise? Einem Fußabdruck?

Und überlegte die ganze Zeit: Wenn Liam nun gar nichts mit Alma Evans' Tod zu tun hätte? Was wäre, wenn sie einfach hinabgestürzt ist? Ich meine, wenn ein ganzes Hotel von einer solchen Küstenklippe stürzen kann, warum dann nicht eine einsame Frau? Um ein Haar wäre es ja schließlich auch ihr selbst widerfahren.

Warum, zum Teufel, konnte sie es nicht einfach akzeptieren, daß es Liam getan hatte? Er hatte doch sogar ein Motiv: Das fehlende Video von Sams Memoskopie zeigte ihn am Schauplatz des Brandattentats an der Branham Bank. Gelegenheit zur Tat hatte er ebenfalls gehabt: Er hatte sich ja in Oakwood aufgehalten; vielleicht hatte Alma ihn ja beim Diebstahl der Videokassette überrascht, woraufhin er sie beseitigt hatte. Das war doch alles in allem plausibel.

Sich dem Offenkundigen zu verschließen war irrational – das sah ihr doch gar nicht ähnlich, das paßte eher zu Sam.

Vielleicht bin ich nicht mehr die Frau, die ich war.

Sie suchte weiter, spähte in die winzigen Felsklüftungen, obwohl, wie sie sich sagte, der tüchtige Inspektor Stephens und seine Leute bestimmt jede Spur eines Hinweises entdeckt hätten. Aber es war Julie wichtig, sich persönlich zu vergewissern.

Der Wind blies ihr in die offene Jacke. Die Haut wurde feucht vom Nebel.

Plötzlich fiel ihr etwas auf: Da lugte aus einer winzigen Spalte zwischen zwei Steinen etwas hervor. Etwas Weißes. Als sie sich aber danach bückte, fand sie eine winzige Blume mit drei weißen Blütenblättern, sehr, sehr schön, und in dem Spalt vor Wind geschützt.

Anschließend ging Julie ohne Zwischenhalt bis zu den Klippen weiter.

Kein Anlaß, bis an den Rand heranzutreten, dachte sie. Außer, daß jemand anders unten auf den Felsspitzen läge.

Das war ein finsterer Gedanke.

Es war erst einen Tag her, daß sie hergekommen war, um einen klaren Kopf zu kriegen und aufs weite Meer zu schauen – und seither war die Hölle los.

Arme Alma.

Sie blickte aufs Wasser und sah die Meeresunruh, wie die Einheimischen den mit der Flut kommenden Nebel nannten, auf die Küste zukriechen. Schön… und gespenstisch. Die Nebelbank wirkte fast lebendig, sie bewegte sich wie ein lebendes Geschöpf.

Sie drehte sich um.

Und sah, daß sie keinesfalls allein war.

Auf dem Pfad stand Liam, der sie feindselig musterte. Julie war sich des Abgrunds hinter ihr, war sich der Tatsache nur zu bewußt, daß drunten die Felsen lauerten, die schon Almas Leib auf solch grausame Art aufgenommen hatten. Sie fühlte, wie sich ihr Magen zusammenzog.

»Du hast mir die Hölle heiß gemacht«, stieß Liam mit blitzenden Augen hervor.

Julie hatte Mühe, ruhig zu bleiben und ihre Stimme unter Kontrolle zu halten. »Weißt du, d-d-daß wir hier wahrscheinlich von der Polizei beobachtet werden…«

»Verschon mich mit solchem Quatsch! Die blöden Dorfbullen würden nicht mal die eigenen Schnürsenkel finden. Nur weiß jetzt eben Scotland Yard, daß ich hier bin. Ganz England weiß es!«

Julie warf einen Blick über die Schulter. Sie konnte das Branden der Wellen an den Felsen hören drunten... tief drunten.

»Was hast du denn erwartet? Alma Evans ist tot.«

Liam wandte den Blick ab, hob die Hände zum Himmel. »Aha. Und du glaubst, daß ich daran schuld bin? Eher das Miststück von deinem Onkel. Oder vielleicht war's ja auch ein Unfall – ein klitzekleines Vielleicht. Der simple Gedanke ist dir wohl nicht in den Sinn gekommen.«

Die krachenden Wellen. Ein konstantes Donnern.

»Ich...«

»Aber klar, du hast keine Zeit verschwendet, du hast sie gleich über mich informieren müssen. Natürlich.«

»Sie ist tot. Eathan dachte...«

Liam tat einen Sprung und packte Julie. »Ich sollte *dich* von der verflixten Klippe hinunterstürzen!«

Sie stieß einen Schrei aus, doch der Wind schluckte den Schrei, und sie war viel zu verängstigt, um noch einen Laut von sich zu geben, als er sie zurückdrängte, immer näher dem Abgrund zu, so weit, bis ihre Absätze auf dem Rand standen und sie spüren konnte, wie der Sand und der Schiefer unter ihr nachgeben.

»Warum biete ich ihnen nicht gleich noch 'ne Leiche, die sie von den Felsen kratzen können?« Er schüttelte sie. »*Hä?*«

Dann riß er sie jedoch zurück und schubste sie mit einem unsanften Stoß vom Felsrand weg.

»Gar nix hab' ich getan, Schätzchen«, sagte er und war beinah atemlos vor Zorn. »Überhaupt nix. Ich wollte Sammi helfen. Herrgott noch mal, ich wollte dir *helfen*, aber jetzt...«

Er trat mit einem Schritt vom Pfad weg.

»Also, du hast's geschafft, daß es besser ist, wenn ich abhaue. Zu schade. Ich liebe deine Schwester... und« – er warf ihr noch einen Blick zu, ein kurz aufleuchtendes Lächeln – »dich habe ich gern.«

Julie glaubte ihm. Er hätte sie in den Abgrund stürzen können. Und er hätte sich inzwischen mühelos in Oakwood einschleichen und Sam etwas antun können. Und hatte beides eben *nicht* getan.

»Ich sag' dir was«, rief er. »Dieser Onkel von dir hat mehr Geheimnisse als bloß die Souvernirs aus eurer Kindheit. Sammi hatte einen Verdacht. Aber jetzt hat Sammi nur noch dich. Paß gut auf sie auf, Schwester Julie. Tu's auch für mich, ja?« Er sah Julie fest in die Augen. »Falls sie je aus der Bewußtlosigkeit erwacht, dann sag ihr, daß ich sie nie abgeschrieben habe.« Ein erneutes kurzes Lächeln. »Und sag ihr auch: Wenn's eine Möglichkeit gibt, komm' ich zurück.« Seine Miene verfinsterte sich. »Und was dich angeht, Schwester Julie – gibt acht auf dich.«

Und damit rannte Liam den Pfad hinunter.

2

Wie die Motte von der Flamme, so wurde Julie von neuem zu Eathans Arbeitszimmer hingezogen.

Sie wäre gern länger mit Liam zusammengewesen, um über den Schreck seines plötzlichen Auftauchens hinwegzukommen und um ihn nach der fehlenden Videokassette fragen zu können. Hatte er ihren Inhalt gesehen? Hatte er durchs Fenster mitgeschaut, als Alma sich die Videokassette ansah?

Ihr schoß ein Gedanke durch den Kopf: Wenn er imstande gewesen wäre, etwas aus dem Wohnzimmer zu stehlen, wieso hätte er dann nicht auch das Arbeitszimmer erreichen können? Für den Wandschrank dort hatte er schließlich ein äußerst lebhaftes Interesse bekundet!

Julie trat an Eathans Schreibtisch heran und öffnete die oberste Schublade.

Der Schlüssel war fort. Verdammt! Liam *war* also auch hier gewesen.

Sie rannte zum Wandschrank und schloß ihn mit ihrem Duplikatschlüssel auf. Sie hörte den eigenen Atem, er klang tiefer, rauher..., fast schon nach Hyperventilation. Ich muß die Ruhe bewahren, ermahnte sie sich.

Sie zog die Türen auf und legte das Selbstbewußtsein eines erprobten Safeknackers an den Tag, als sie die Kombination für das Aktenkabinett einstellte, wobei sie sich aber vertat, so daß sie einen angsterfüllten Augenblick befürchtete, daß die Zahlenkombination vielleicht geändert worden wäre. Doch beim zweitenmal ging das Schloß auf.

Drinnen hingen sämtliche Hängeakten fein säuberlich in geraden Reihen, ziemlich so, wie sie sie beim letztenmal angetroffen hatte. Sie ging die Akten durch, sah die Briefe, die amtlichen Schreiben, die vergilbten, zerschlissenen Ausschnitte von Zeitungen, die vor Jahrzehnten erschienen waren.

Sie kamen ihr vor wie aus einem anderen Leben.

Sie trat ans Fenster. Auf der Einfahrt kein Auto, kein Mensch. Da könnte mir alle Zeit der Welt zur Verfügung stehen, dachte sie, oder auch bloß ein paar Minuten. Eine Szene aus Sams Gedächtnislandschaft von vor zwei Tagen hatte sie seither unterschwellig verfolgt. Jetzt stand sie ihr voll vor Augen: das Spielen der kleinen Julie mit Streichhölzern hinter der Heizung.

Sie blätterte die Hängeakte bis zum hinteren Ende durch und zog einen alten Zeitungsausschnitt heraus. Er trug ein späteres Datum als die Ausschnitte im unverschlossenen Kabinett. Sie überflog das vergilbte Papier, zwang sich, jedes einzelne Wort gründlich zu lesen, stählte sich gegen die grausigen Details des Brandes: Wie die Leichen von Lucinda und Nathan Gordon ganz dicht beieinander aufgefunden worden waren – »als ob er versuchte, seine Frau aus dem Feuer zu retten«, wie ein Polizist bemerkte – ein Feuer unbekannten, wahrscheinlich aber elektrischen Ursprungs, das zuerst im Keller ausgebrochen war und sich rasch durch das ganze alte Gebäude ausbreitete.

... zuerst im Keller ausgebrochen ...

Julie wurde übel. Sie lehnte sich gegen das Aktenkabinett.

O mein Gott. War es meine Schuld? Eathan hatte immer behauptet, das Feuer sei durch Elektrizität verursacht worden und habe dann im ganzen Haus gewütet. *Aber bin ich's gewesen, die das Feuer ausgelöst hat? Habe ich den Brand verursacht, in dem meine Eltern ums Leben gekommen sind?*

Sie machte die Augen zu und fühlte den Schrecken, den verzehrenden Schrecken angesichts des erstickenden Rauchs und der sengenden Hitze... eine ausweglose Situation inmitten gieriger Flammen.

Sie gab sich einen Ruck und versuchte, den Eindruck von sich abzuschütteln. *Ich weiß es nicht. Ich werde es nie erfahren. Und ich kann mich doch nicht wegen so einer Sache so erregen, mit der ich möglicherweise gar nichts zu tun hatte.*

Sie machte sich wieder ans Lesen.

Die Leichen waren so verkohlt, daß sie nicht identifiziert werden konnten. Eathan Gordon, Nathans Bruder, war außerstande, auch nur eine der beiden Leichen zu identifzieren.

Das waren sie zu jenem Zeitpunkt geworden. Leichen. Keine menschlichen Personen mehr.

Die Unterlagen des Zahnarztes zum Gebiß hatten dann jedoch die Identität der Leichen bestätigt.

Damit war alles geklärt. Zwei Menschenleben waren dahin, zwei zu Kohle reduzierte menschliche Körper anhand des Gebisses identifiziert und begraben. Geblieben war nur ein Grabstein. Und einige vergilbte Zeitungsausschnitte.

Und natürlich die Kinder der beiden. *Sam … und ich.*

Von denen eins möglicherweise den Brand ausgelöst hat.

Ihr zitterten die Hände, als sie den Zeitungsbericht wieder zurücklegte. Beim Schließen der Hängeakte fiel ihr dann aber noch etwas auf, das sie vorher nicht bemerkt hatte: ein flaches Kästchen, das in dem tiefen Kabinett ganz hinten steckte.

Sie zog es heraus, was aufgrund der bauchigen Akten gar nicht so leicht war.

Ein Metallkästchen in der Größe eines Briefes – abgeschlossen.

Sie versuchte, den Deckel aufzubrechen, aber das robuste kleine Schloß hielt. Sie legte das Kästchen auf den Tisch, der hinter ihr stand, und griff noch einmal in die Schublade, um den Boden nach einem Schlüssel abzusuchen. Umsonst.

Julie drehte sich um und musterte das Kästchen auf dem Tisch. Ihr kamen die Matroschka-Puppen in den Sinn, all diese Nestpuppen in Sams Gedächtnislandschaft. Und vor ihren Augen in der realen Welt, so sagte sie sich dann, stand ein abgeschlossener Wandschrank, in dem sich ein abgeschlossener Aktenschrank befand, und in dem abgeschlossenen Aktenschrank lag ein verschlossenes Kästchen.

Und was befindet sich wohl in *dem*?

Sie hob es auf und musterte das Schloß noch einmal gründlicher. Sie würde es aufbrechen können. So stark und stabil sah es am Ende gar nicht aus.

Sie legte es wieder auf die Tischplatte. *Was für ein Gedanke!* Hatte sie Eathan nicht bereits genug Leid zugefügt? *Wann werde ich damit endlich aufhören?*

Sie müßte das Kästchen zurücklegen.

Sie wollte gerade danach greifen, als sie Schritte draußen im Flur hörte. Sie hastete zur Tür und lugte in den Korridor. Clarice kam auf das Arbeitszimmer zu.

Julie schoß zurück zum Aktenkabinett und schob es zu. Sie drehte die Zahlen auf dem Kombinationsschloß. Dann machte sie die Türen des Wandschranks zu und schloß sie ab.

Als sie sich wieder umdrehte, bemerkte sie auf dem Tisch hinter sich das Metallkästchen. Verflixt! Das hatte sie total vergessen. Oder auch nicht? Für ein erneutes Öffnen des Wandschranks war es mittlerweile zu spät. Ihr blieb nur mehr eins.

Julie eilte zum nächstliegenden Bücherregal und zog den erstbesten großformatigen Band heraus, mit dem ihre Hand in Berührung kam. Sie nahm ihn unterm Arm und das Kästchen dahinter. Sie erreichte die Tür in just dem Moment, als das Hausmädchen eintrat.

Clarice fuhr beim Anblick von Julie zurück. »O mein Gott, Ma'am, haben Sie mich aber erschreckt!«

»Entschuldigung«, sagte Julie und eilte – mit dem hinterm Buch verborgenen Kästchen unter dem Arm – an ihr vorbei auf den Flur.

Als Julie in Sams Zimmer eintrat, erhob sich die Krankenschwester sofort, um zu gehen.

Julie begab sich zum Schrank ihrer Schwester – in dem sich nur Bettzeug und Arzneivorräte befanden – und schob das Kästchen auf dem obersten Regal unter eine Steppdecke. Sie wollte es dann später, wenn Clarice Eathans Arbeitszimmer wieder verlassen hatte, in den Wandschrank zurückbringen.

Sie wandte sich ihrer Schwester zu und trat ans Bett.

»Was befindet sich in dem Kästchen, Sam? Hast du eine Idee?«

Sie drehte sich zum Terminal und dem Datenhelm um, der nun bedrohlich wirkte, jetzt, da die von ihm erzeugte virtuelle Realität immer weniger virtuell … und zunehmend realer wurde.

Sie ließ sich in dem Sessel mit der verstellbaren Rückenlehne nieder.

»Werde ich dir noch mehr weh tun, Sam?« Sie warf ihrer Schwester einen letzten Blick zu, bevor sie den Datenhelm aufsetzte. »Ich möchte mehr über den Brand in Erfahrung bringen, Sam. Ich möchte gern wissen, ob ich etwas mit der Brandursache zu tun habe. Weißt du etwas? Kannst du mir helfen?«

Sie rückte den Datenhelm zurecht, atmete einmal tief durch und setzte das Programm in Gang.

27. Kapitel

Eine Amnesie der Quelle ist der Ausgangspunkt für die meisten Pseudoerinnerungen. Die Erinnerungsquelle – ihre Verankerung in Zeit und Raum – ist das am meisten gefährdete Moment der Erinnerung und verfällt oft als allererstes. Und wenn dies erst einmal fehlt, gerät die Erinnerung sozusagen ins Wanken und das Gehirn vermag nicht mehr zu unterscheiden, ob das kodierte Ereignis Realität oder Einbildung war.

Aus den Notaten Julie Gordons

Du drehst dich in dem fast leeren Atelier ganz langsam um, und dein Blick wird aufs neue gefangen von dem quälend vertrauten Gemälde mit der hölzernen Strandpromenade. Du erinnerst dich an den weißen Fleck am Ende, der dir nach der Begegnung mit dem Meeresungeheuer auffiel.

Dort wartet noch etwas auf dich.

Aber vor dem Kraken hast du jetzt keine Angst, zumindest keine so große Angst mehr. Er gab dich ja wieder frei, als er dich in den Fängen hatte.

Du findest, hinter dir, ein chaotisches Bild, das sich von allen andern, die du bisher gesehen hast, total unterscheidet; es sieht aus wie ein zertrümmerter goldener Spiegel, der ungeschickt wieder zusammengeklebt worden ist. Die Goldsplitter sind so angeordnet, daß du an die *Nackte, die eine Treppe heruntersteigt* erinnert wirst. Du kannst in der Zusammenstoppelei nicht dein eigenes Spiegelbild erkennen, erahnst in dem durcheinandergewürfelten Zeug aber ein Bild, eine Gestalt.

Du schaust genauer hin. Hat dieses Gemälde dich angezogen? Oder ist es bloß ein Kuriosum unter andern? Die Goldfarbe – könnte sie Feuer darstellen, den Brand, nach dem du forschst? Herrscht hier Methode vor? Oder purer Wahnsinn?

Du mußt es mit eigenen Augen sehen. Du gleitest aus der Galerie heraus und in die mondhelle Nacht über den dunklen Inseln von Sams Gedächtnis.

Als du die Leere der Gewässer siehst, vergeht dir der Mut. Da sind nur noch zwei Inseln zu sehen. Die eine zeigt das vertraute orange und gelbe Streifenmuster des Plankenstegs, den Schauplatz deiner Begegnung mit dem Kraken, der nun allerdings kleiner scheint.

Du bist von einem Drängen erfüllt: Morgen um diese Zeit wird hier *alles* verschwunden sein.

Du schießt voraus, und als du einer der beiden Inseln näher kommst, da erkennst du, daß die goldenen Scherben willkürlich auf der Leinwand verstreut sind und den von der schwarzen Oberfläche reflektierten Mondschein widerspiegeln.

Zu welcher der beiden Inseln sollst du dich nun begeben?

Die goldenen Scherben sind näher, sie leuchten wie Feuer. Du gehst tiefer und steuerst auf die größte Scherbe zu.

Beim Näherkommen erkennst du auf der Scherbe Gesichter, verschwommene Bilder, wie durch Eis. Deine Mutter…, du erkennst sie wieder. Und ganz in der Nähe versteckt ist die kleine Samantha. Plötzlich *bist* du die Schwester…

Sammi spielt mit Mommy gern »Buuh«. Klettert schrecklich gern hinter den hohen Lehnstuhl und wartet mucksmäuschenstill, um am Ende vorzuspringen und *»Buuh!«* zu rufen.

Als Mommy die Treppe herunterkommt, ist Samantha sprungbereit. Nur daß Mommy dann am Wohnzimmer vorbei zur Haustür geht, sie öffnet und draußen Onkel Eathan steht. Mommy sagt das gleiche wie immer, wenn sie Onkel Eathan begegnet.

»Ist was, Doc?«

Onkel Eathan ist ein Arzt, der erwachsene Menschen behandelt, anders als Dr. White, zu dem Sammi und Julie gehen.

Es ist schon komisch, Onkel Eathan zu einer Tageszeit hier zu sehen, wenn Mommy gewöhnlich putzt oder einkaufen ist.

Er kommt ins Wohnzimmer und macht die Tür hinter sich zu.

Samantha mag Onkel Eathan. Er hat immer ein Lächeln für sie übrig und stellt nicht dauernd Fragen und zeigt ihr nicht dauernd Bilder und zwingt sie nicht dauernd zu malen, so wie es Daddy tut. Und sein Bart kitzelt, wenn er ihr einen Kuß gibt.

»Das hätte ich gern *von dir* gewußt«, sagt er. »Ist was? Du klangst am Telefon so besorgt. Was hat er diesmal angestellt?«

Sammi beobachtet, wie ihre Mommy sich umschaut und nach ihr sucht. Sie bleibt in ihrem Versteck. In diesem Moment kann sie doch unmöglich springen.

»Nichts«, nur wieder eine von unseren dummen Auseinandersetzungen wegen Geld, wegen der beiden Mädchen…«

»Wegen der Kinder…?«

Sammi spürt Staubkörnchen in der Nase, gleich wird sie nießen müssen…

Wenn ich jetzt nieße, werden sie wissen, daß ich da bin und daß ich sie belauscht habe.

Der Staub kitzelt sie weiterhin in der Nase.

»Immer derselbe Wahnsinn; Julie quält er mit Rechenaufgaben und Sam mit Farben und Kreiden. Ich wünschte, du würdest mit ihm reden.«

»Seit wann hört Nathan auf jemand, wenn es um seine Töchter geht? Ich glaube aber nicht, daß er ihnen schadet.«

Mommy verkrampft sich sichtlich und sieht Onkel Eathan an. Es wird ganz still im Raum.

»Wenn ich das auch nur für eine Sekunde annehmen müßte – auch nur den Verdacht hätte –, wäre ich sofort aus dem Haus. Und zwar *mit* den Mädchen.«

Es wird noch stiller.

»Also«, sagt Onkel Eathan, »du weißt ja, wo du immer eine Bleibe findest.« Er legt eine Hand auf ihren Arm. »Dann wär's mit uns wieder wie in den alten Zeiten.«

Mommy entzieht ihm den Arm. »Wir haben uns gegenseitig versprochen, nie mehr an die ›alten Zeiten‹ zu denken. Okay? Wir wollen unser Wort halten.«

Und just in diesem Moment wird das Kitzeln in Sammys Nase schlimmer, so als ob ihre Nase genau Bescheid wüßte, daß dies jetzt ein besonders schlechter Moment ist. Das Kitzeln scheint ihre Nase plötzlich mit Luft zu füllen, und obwohl

Sammi mit der Hand nach der Nase faßt, um sie zuzudrücken, sie ganz fest zuzudrücken, explodiert die Nase trotzdem.

Onkel Eathan, Mommy... sehen sie entsetzt an.

Sammi springt auf und schreit das Wort, das sie dann immer herausschreit.

»Buuuuh!«

Auf einmal bist du wieder draußen hoch über der Insel. Du bist enttäuscht – du hast gar nichts über den Brand erfahren. Die Scherben drunten leuchten in einem kräftigen Bernsteinlicht. Du siehst gebannt zu, wie sie zusammenfließen, sich wieder zusammenfügen, bis dir klar wird, was die Glascollage in der Galerie ursprünglich war...

Ein Familienbild: Mom, Dad, Sam und du – zersplittert.

Wodurch zersplittert? Durch eine Affäre?

Eathan und Mom – war da was zwischen den beiden? Oder *hatten* sie ein Verhältnis gehabt? War das der Sinn des Hinweises auf die »alten Zeiten«?

Das würde, wenn es stimmte, alles verändern.

Du blickst dich um.

Unten lockt nach wie vor die Insel mit dem Plankensteg. Könnte ja sein, daß der Krake nicht mehr dort ist. Er hat schließlich seine Aufgabe erfüllt.

Du hast beinah Angst zu gehen. Falls du hier keine Antwort, keine Lösung findest – was dann? Wo kannst du dann weitersuchen? Was von Sam noch da ist, wird unter den Wellen versinken so wie einst das Land Atlantis..., es ist für immer versunken.

Du eilst zur Strandpromenade, zu dem menschenleeren Laufsteg mit seinen polierten Planken, die sich auf der versinkenden Insel unendlich weit erstrecken. Und am Ende, in unmöglich weiter Ferne, weit hinter der Stelle, wo der inzwischen verschwundene Wahrsager saß, ein weißer Punkt.

»Dort soll ich mich vermutlich hinbegeben«, sagst du laut. »Bitte, gib, daß ich dort eine Antwort finde.«

Wegen Selbstgesprächen wird dir *hier* bestimmt niemand einen Vorwurf machen.

Falls du keine Antwort findest, drehst du durch.

Du bewegst dich über die Planken, vermißt das Knarren des Holzes und das sommerliche Gekreisch – die fernen Leute von Menschen, die am schrumpfenden Strand spielen, die im Wasser der nahenden Flut tollen. Dieser Plankensteg ist totenstill; die einzigen Laute, die du hier eventuell hören könntest, wären deine eigenen.

Du schaust hoch. Der Himmel ist genau wie beim letztenmal, ein Wirbel greller Streifen, als ob dieser Laufsteg sich auf dem Planeten Jupiter befände.

Du blickst voraus und merkst, daß der weiße Fleck jetzt viel näher liegt und keineswegs mehr ein bloßer Fleck ist. Es paßt irgendwie, daß er sich als Kiosk entpuppt. Hot dogs und ähnliches mehr. Schließlich kannst du das Schild lesen.

NATHAN'S BUDE.

Klar, du befindest dich ja an einem Strand, vielleicht in Coney Island, insofern ist es doch natürlich, daß ein Nathan einen Verkaufsstand unterhält.

Nur daß Sam deines Wissens nie in Coney Island gewesen ist. Eathan hat euch die Sommerferien über gelegentlich an die englische Südküste mitgenommen, in Brighton habt ihr aber nie so etwas gesehen – Nathan's Bude.

Von neuem die Frage: Um wessen Erinnerung handelt es sich hier eigentlich?

Näher. Am Kiosk steht jemand, wird jemand bedient. Auf dem Schild sind bunte Bilder von herrlichen Fressalien zu erkennen, knusprige Pommes, vor Butter triefende Maiskolben, halbgeöffnete Muscheln.

Du kriegst Hunger.

Du fragst dich: Wie schmeckt denn virtuelle Nahrung?

Die Person vor dir ist klein und trägt einen langen, dunklen Mantel. Du hast während des Wartens Zeit, den Mantel zu betrachten. Er ist so schwarz wie das Wasser, aber mit Farbmustern besprenkelt, mit Streifen, wie das Holz, der Himmel, der Plankensteg.

Den Mann im Kiosk kannst du nicht sehen, du hörst nur seine Stimme.

»Bitte sehr, mein Herr, bitte sehr…«

Und in dem Moment dreht der Mann vor dir sich um, mit einer Bewegung wie in Zeitlupe, und als er dir gegenübersteht, hält er sich den Kopf, er preßt die Hände an die Schläfen, und er…

SCHREIT!

Der Schrei ist ein tierisches Gebrüll, es dringt aus einem ovalen Mund in einem zwiebelförmigen Kopf mit zwei Daumenfurchen als Augen.

Er hastet weg, sein gellender, pfeifender Schrei hallt ihm nach.

Als er fort ist, wird dir bewußt, daß du den Mann *kennst.* Den kennt doch jeder, diesen Mann aus dem Bild *Der Schrei.* Du hattest Gelegenheit, ihn zu fragen, warum er schreit und hast sie vertan.

Wird Sam an diesem Punkt etwa launig? Treibt sie Spielchen mit dir?

Dein Bewußtsein vergeht, Sam. Deine Zeit läuft ab. Für Spielchen bleibt dir keine Zeit mehr.

»Wie geht's 'n heut' so?«

Du siehst den Mann im Kiosk an. Es ist Nathan.

Dein Vater.

»Alles okay?«

Er hat Kaugummi im Mund, kaut, spuckt aus, benimmt sich wie ein richtiger Kioskmann und trägt auch so eine alberne weiße Mütze.

Du fragst dich, ob dein Ebenbild in der Memoskopie sprechen kann.

Du sagst: »Dad… Daddy. Ich…«

Und bist auf einmal wieder ein kleines Mädchen.

»Daddy…«

Der Kioskverkäufer grinst. »Was darf's sein? Das Spezielle?«

Was ist los? denkt Julie. Hört er mich denn nicht? So wie er sich verhält, scheinen meine Worte unterzugehen, vom Winde verweht.

»Daddy, hier ist Julie. Ich bin – ich bin deine…«

Doch der Kioskverkäufer dreht sich weg. »Okay, richtig – du

möchtest das Spezielle, mit allem Drum und Dran. Du wirst's bestimmt mögen.« Ein rascher Blick über die Schulter. »Aber nein, *lieben* wirst du's.«

Wie der redet – das ist schrecklich verwirrend, so wie er spricht, klingt's, als ob er aus Brooklyn käme. So redet dein Vater doch gar nicht.

»Daddy, ich bin's. Siehst du denn nicht, wer ich bin? Bitte, ich bin…«

Aber er macht ›das Spezielle‹ fertig, nimmt etwas vom Grill und wendet sich dann langsam erneut Julie zu.

»Hier, da hastes.«

Er reicht ihr etwas, Julie streckt die Hand aus und nimmt es entgegen.

»Daddy…«

Irgendwas in einem Brötchen. Etwas, das schwerer ist als ein Hot dog. Sie blickt auf ihre Hand.

In dem Brötchen steckt eine Hand – eine gegrille verbrannte Hand mit zuckenden Fingern.

Und jetzt ist *sie* es, die schreit…

Dein Schrei gellt so laut, daß er durch das ganze Herrenhaus dringen muß. Es ist dir aber völlig egal.

Schon wieder eine abgetrennte Hand – was, zum Teufel, hat das nur zu bedeuten?

Du siehst, wie dein Vater dich ansieht und grinst.

»Willste Senf dazu? Schmeckt echt gut mit Senf.«

Dir dreht sich vor Ekel der Magen, du schmeißt das Zeug auf die Theke und weichst zurück. Die Hand fällt aus dem Brötchen heraus und bleibt auf der Kiosklade liegen. Es würde dich nicht überrascht haben, wenn die Hand von allein wegrennen würde.

Dein Vater steckt die Hand wieder zurück ins Brötchen und sagt: »Haste denn keinen *Hunger*?«

Er hebt es zum Mund, beißt einen großen Happen ab, macht die Augen zu und murmelt verzückt: *»Mmmmmmm! Köstlich!«*

Du weichst zurück, bis dir das Geländer des Plankenstegs ins Kreuz stößt. In der Brandung hinter dir hörst du ein Platschen.

Etwas anderes berührt dich am Rücken. Etwas Feuchtes.

Du machst einen Satz, doch auf einmal ist dein Körper umfangen, werden dir die Arme seitlich festgehalten. Das, was dich gepackt hat, ist kalt, schleimig und äußerst stark. Du mußt dich gar nicht umdrehen, um zu wissen, was es ist; du drehst dich aber trotzdem nach hinten.

Es ist der Krake, der wieder aus dem schwarzen Wasser emporsteigt. Die Tentakel bewegen sich über den Sand hin und her, vor und zurück. Du bemerkst ein leuchtendes, riesiges Auge, das dich mit kalter Gleichgültigkeit fixiert.

Das letztemal hat die Krake dich wieder freigegeben. Trotzdem...

Das EXIT-Feld – du versuchst, das EXIT-Feld zu erreichen, doch deine realen Arme sind ebenso gefangen wie ihre virtuellen Entsprechungen.

Du schlägst um dich, dein Herz rast wie wild, du spürst das Hämmern des Pulses im Kopf, als der Schreck dich nicht minder heftig packt wie der Fangarm. Und an dieser Angst ist gar nichts virtuell oder simuliert. Dieses Erlebnis ist absolut authentisch.

Du spürst die schleimigen Saugnäpfe auf deiner Haut; sie öffnen ihre mundartigen Fortsätze, deren winzige Widerhaken freigesetzt werden. Hunderte von Nadeln pieken dir in die Haut, langsam, sie graben sich ein, du heulst auf vor Schmerz, es ist aber keiner da, der dich hört. Du bist mit diesem Ding allein.

»Sam..., o mein Gott, Sam...!«

Und dann gerätst du in Bewegung, wirst du über den Sand geschleift. Du willst die Hacken in den Sand drücken, der Sand hält aber nicht. Du hörst ein lautes Platschen hinter dir und weißt: Das schwarze Wasser kommt näher. Du verdrehst den Hals und siehst, wie der Krake quallenartig vom Strand in die Tiefen gleitet.

»Sam!« Du schreist. »Ich versteh' ja, daß du mich manchmal gehaßt haben mußt. Aber jetzt bin ich doch da, um dir zu helfen! Tu mir das nicht an, Sam! Bitte!«

Du fühlst das eisige, ölige Wasser, das deine untere Körperhälfte umfängt, dann deinen Brustkorb und – das geht alles viel zu schnell – deinen Kopf.

Vor dem schleimigen Wasser an deinem Gesicht schließt du die Augen. Du versiegelst die Lippen und kannst trotzdem die dickliche Fäule dieses Wassers schmecken.

Und du kannst nicht mehr atmen!

Tiefer, tiefer, tiefer nach unten. Der Druck wächst.

Du wirst ertrinken! Natürlich ist dir irgendwie noch bewußt, daß du ja in Sams Zimmer und deshalb von Luft umgeben bist. Du kriegst aber keine Luft! Dich packt panische Angst. Dein Herz rast und pocht in der Brust, als der Druck des Wassers dir in den Ohren dröhnt. Du würdest ja um Hilfe schreien, aber wenn du den Mund aufmachst, hast du den Mund voll mit dem schmutzigen Wasser.

Du öffnest die Augen. Du siehst die phosphoreszierenden Ketten an der Flanke des Kraken, die in komplizierten Mustern wirbeln, während der Krake dich immer tiefer nach unten zieht. Der Anblick ist beinah schön.

Du schaust zurück, zur Oberfläche empor – alles finster –, dann hinab. Drunten ein Schein, ein heller Schein, der laufend größer wird und brennt wie ein Quasar. Der Krake zerrt dich diesem Lichtschein entgegen, schiebt dich darauf zu, stößt dich in die Hitze, in die unerträgliche Helle hinein.

Und dann ist das Wasser plötzlich verschwunden. Du ringst nach Luft, keuchst, saugst Luft ein. Du kannst wieder atmen.

Und das schwarze Wasser schwindet von deinen Augen. Die Umgebung nimmt wieder Konturen an. Kein Krake mehr. Kein schwarzes Meer.

Du wirst durch die Luft getragen.

Du bist auf eine neue, eine tiefere Ebene gestoßen worden, die eine noch größere Verwüstung zeigt als die beiden vorausgegangenen Schichten.

Unter dir dehnen sich die Überreste eines endlosen Waldes, der einst grün und wunderschön gewesen sein muß. Nun aber sind die Bäume – *alle* Bäume – plattgedrückt. Sie sind jeglichen Grüns beraubt und liegen in konzentrischen Kreisen; ihre entlaubten Kronen weisen vom Mittelpunkt dieser Kreise weg.

Du hattest gemeint, mittlerweile an Verwüstung gewöhnt zu sein; das hier ist jedoch wahrhaft furchterregend. Sie erinnert dich an Fotos von der rätselhaften Explosion im sibirischen Tunguska-Becken zu Jahrhundertbeginn oder an Fotos von den Hügeln um den Mount St. Helena nach der Explosion.

Und in der Mitte dieser unzähligen Kreise aus Millionen von toten, entwurzelten Bäumen erhebt sich ein Berg. Oder, besser gesagt, ein halbierter Berg. Der Gipfel ist verschwunden, weggeblasen durch eine Explosion von unvorstellbarer Gewalt. Von der mit Kratern übersäten Platte steigt eine Rauchwolke auf; und an der zerklüfteten Flanke des Bergs rinnt ein kleiner, ominöser Lavastrom in die Tiefe, der sich farblich nicht stark von dem Plankensteg unterscheidet, über den du vor wenigen Augenblicken gegangen bist. Und über dem allen schwebt ein bleicher Vollmond.

Das ist es – dir wird bewußt, daß du hier die letzte Schicht erreicht hast. Vor dir liegt der Quell und Ursprung allen Schadens. Du siehst einen steinigen Weg zum Kraterplateau hochführen.

Dort oben wirst du alle Antworten finden.

Sam hat dich hergeführt. Sie hat dich auf diese letzte Ebene gebracht, zu den rauchenden Überresten eines Berges, der erklommen werden muß. Das wird dir ganz klar. Und du bist bereit.

Du beginnst den Gleitflug, dem Berg entgegen, als du ein Zerren an deiner Schulter spürst. Du erschrickst und wirfst dich herum. Niemand da. Erneutes Zerren. Dann eine kaum vernehmbare, durch deine Kopfhörer gedämpfte Stimme.

Da braucht dich jemand in der Welt der Realität.

Du bist frustriert und drückst verärgert auf das EXIT-Feld.

28. Kapitel

Oliver Goldsmith: »Gedächtnis, ach, du lieber Trug!«
Aus den Notaten Julie Gordons

1

Julie schob das Sichtvisier hoch, blickte sich suchend um und sah Eathan, dessen Gesicht grimmig über ihr war und den Eindruck erweckte, als ob er geschlafen hätte. Die Augen waren blutunterlaufen, sein sonst so gutaussehendes Gesicht wirkte hager und abgespannt.

Wie lang war er schon im Raum? Hatte er sich in dem einen Erinnerungsbild beobachtet? Hatte er seine Schwägerin gesehen?

»Verzeihung. Aber ich fand es wichtig, dich zu informieren, daß Liam O'Donnell beinah gefaßt worden wäre.«

»Liam?« stieß sie hervor, korrigierte sich aber sofort. »Liam O'Donnell?«

»Genau der. Er war bei Fylingdales Moor gesehen worden, konnte aber entkommen.«

»Dann hält er sich also immer noch in der Umgebung auf.« Er hatte sie belogen. Er war gar nicht abgehauen.

»Jawohl. Ich fahre jetzt zur Polizeistation in Bay, um eine Belohnung für die Festnahme des Mistkerls auszusetzen. Wenn ich ihn doch nur für zwei Minuten in die Finger kriegen würde…«

Julie legte eine Hand auf seinen Arm. »Ich weiß, wieviel Sam dir bedeutete.«

Er nickte. »Außer Samantha und dir haben mir in meinem Leben nicht viele Menschen etwas bedeutet. Aber nachdem ihr weggezogen seid, bin ich…« Er schaute weg. »Alma war etwas ganz Besonderes.«

»Es tut mir leid.«

Er richtete sich auf. »Begleitest du mich nach Bay?«

»Nein. Nein – ich denke, nicht.«

»Wir werden ihn schnappen«, sagte Eathan, bevor er die Tür erreichte. »Ich wünsche mir nichts so sehr wie diesem Kerl in die Augen zu sehen und ihn zu fragen, was er Alma angetan hat – oder auch Samantha.«

Das habe ich ihn schon gefragt, dachte sie, nickte dann aber nur mit dem Kopf, als Eathan aus dem Zimmer ging.

Julie lehnte sich zurück und ließ ihren Blick auf Sams regungsloser Gestalt ruhen. Liam war noch immer auf freiem Fuß und befand sich ganz in der Nähe. Oberflächlich gesehen bedeutete es für Sam eine zusätzliche Gefahr.

Doch das eigentlich Gefährliche für Sam lag in ihr drinnen, es zerfraß sie von innen her.

2

Nachdem Julie Sams Physiotherapeutinnen Platz für deren tägliche Routineaufgaben gemacht hatte, zog sie sich in ihr Zimmer zurück und überlegte, auf ihrem Bett ruhend, die nächsten Schritte.

Je länger sie nachdachte, desto stärker wurde ihre Überzeugung, daß in Sams Gedächtnislandschaft etwas verschüttet – möglicherweise sogar hoffnungslos verschüttet – war. Offenbar streckte Sams Unterbewußtsein Fühler aus, um sie, Julie, tiefer und tiefer hineinzuziehen.

Vielleicht war die Antwort in einem der vulkanischen Krater zu finden.

Die Erinnerung mußte so tief liegen, daß Julie sie durch Zufall wohl nie entdecken würde. Sie müßte schon genau wissen, an welcher Stelle sie zu suchen hätte.

Worum könnte es da wohl gehen? Welche Erinnerung könnte so gräßlich sein, daß sie die dermaßen tief im Innersten vergraben würde? Würde sie ans Licht bringen, was Liam Sam angetan hatte – falls er ihr etwas angetan hätte? Oder betraf diese Erinnerung etwas völlig anderes?

Julie ging noch einmal der Zeitungsbericht durch den Sinn,

demzufolge das Feuer im Haus ihrer Eltern im Keller ausgebrochen war.

Hatte sie an jenem Abend mit Streichhölzern gespielt?

Oder war es vielleicht so gewesen, daß Sam versucht hatte, dem Herumexperimentieren ihrer Schwester nachzueifern und auf die Weise den Brand auslöste? War es das, was sie verdrängte?

Es war ein Gedanke, der Julie elektrisierte. Sie sprang vom Bett auf und rannte zur Tür, trat auf den Flur hinaus, schaute nach rechts und nach links und wußte nicht, wohin sie sich wenden sollte. Sie spürte das Bedürfnis zu laufen. Wenn sie doch nur eine durchtrainierte Joggerin wäre, dann hätte sie jetzt an die frische Luft und auf einem Pfad quer durch die Fylingdales rennen können, bis solche beunruhigenden Gedanken verschwänden. Sie wußte aber genau, daß ihre Lungen längst aufgegeben hätten, bevor ihre Endorphine einsetzten.

Sie dachte an das Kästchen in Sams Schrank. Sie wollte den Inhalt unbedingt sehen; zum Öffnen würde sie aber einen Schraubenzieher oder ähnliches benötigen. Sie fühlte den Schlüssel in ihrer Tasche und spähte über den Flur zur verschlossenen Tür von Eathans Arbeitszimmer.

Warum nicht? Was mochte in dem abgeschlossenen Aktenkabinett sonst noch an Schätzen liegen?

Vielleicht weitere Mitteilungen über den Brand..., vielleicht etwas, das ihre nagende Angst beruhigen würde. Eathan weilte noch im Dorf; sie würde seinen Wagen hören, wenn er zurückkäme.

Wenige Minuten später steckte ihr Kopf in der zweiten Schublade, die vor allem Korrespondenz aus den 70er Jahren barg: Korrespondenz aus der Zeit nach dem Brand mit den Lebensversicherungsgesellschaften und mit der Brandversicherungsgesellschaft, Korrespondenz über die Auflösung der Hypotheken und dem Verkauf des Grundstücks, auf dem das Haus gestanden hatte.

Die kompletten Unterlagen über die materiellen Folgeerscheinungen der Tragödie. Aber wieso unter Verschluß?

Außer er hätte sonst nirgends Platz dafür gehabt.

Julie blätterte rasch durch die restlichen Hängeakten. Weitere

Korrespondenzen, die rund zwanzig Jahre zurücklagen. Mein Gott, warf Eathan denn überhaupt nichts weg? Ein kurzer Blick in die letzte Akte – sie war so schmal, daß Julie es bereits für möglich hielt, daß sie leer war –, bevor sie sich der dritten und letzten Schublade zuwenden wollte. Etwas Weißes zuunterst der Mappe fesselte ihren Blick. Sie griff hinein und zog ein gefaltetes Stück Papier hervor, das mit einem uralten, verblichenen Klebeband versiegelt war.

Sie zögerte nicht eine Sekunde. Das Band fiel fast von selbst herab.

Beim Aufschlagen des Papiers bemerkte sie als erstes den Briefkopf: Millburn Valley Community Hospital. Dann, gleich darunter, das Wort *Laborbericht*, darunter wiederum den Namen Nathan Gordon und die Spezifikation »Sperma-Analyse:

Spermienzahl:	14 000 000 Sperma pro ccm
Beweglichkeit:	20 %
Lebensfähigkeit:	20 %
Morphologische Formen:	30 % normal
Diagnose:	funktionell steril

Steril? Wie könnte denn Nathan steril sein? Er war Vater von Zwillingen. Das konnte einfach nicht stimmen. Man vergewissert sich nicht über die eigene Spermienzahl, außer man macht sich Sorgen um die Fertilität oder hat gerade eine Vasektomie hinter sich. Sie suchte nach einem Datum. Und erstarrte vor Schreck, als sie das Datum sah.

Einen Monat vor unserer Geburt!

Ihr Vater wußte doch, daß er nicht steril war: Seine Frau war mit dem ersten Kind – das heißt, in diesem Fall, mit den ersten Kindern – schwanger. Andererseits: Warum hätte er sich vor ihrer Entbindung einer Vasektomie unterziehen sollen?

Das hätte er bestimmt nie getan. Er hätte gewartet, bis die Schwangerschaft vorbei und das Kind heil und gesund geboren war, und sich *anschließend* operieren lassen. Aber nie und nimmer *während* der Schwangerschaft.

Außer…

Fast wäre ihr der Bericht aus der Hand gefallen.

Außer er hegte Verdacht, daß ein anderer Mann der Vater des Kindes war.

O mein Gott. Nein!

Wenn aber Nathan nicht ihr Vater war – wer war es dann?

Ihr schoß sofort ein Name durch den Kopf.

3

Beim Anblick des Blattes Papier vor ihm auf dem Schreibtisch wurde Eathan kreidebleich. Als er schließlich den Kopf hob und Julie anschaute, war seine Stimme kaum hörbar.

»Wo… hast… du das her?«

Julie, die innerlich zitterte, stand am anderen Ende des Schreibtisches. Den ganzen Nachmittag lang hatte sie sich mit der Frage abgequält, wie sie das Thema ihm gegenüber anschneiden sollte. Es kam einem Geständnis gleich, daß sie in seinen intimsten Bereich eingebrochen war; sie mußte die Sache aber ans Licht bringen. Sie mußte *Klarheit* haben.

Sie deutete auf den abgeschlossenen Wandschrank.

»Von dort.«

»Nein!« Eathan schlug so heftig mit der Faust auf den Tisch, daß die Schreibtischgarnitur klapperte und Papierklammern durch die Luft flogen. Und anschließend gleich noch einmal mit beiden Fäusten. »Nein!« Seine Augen blitzten. »Wie konntest du nur? Wie konntest du mein Vertrauen nur so mißbrauchen? Dich hier hereinschleichen und meine Privatakten durchwühlen wie ein gewöhnlicher Dieb? Ich…«

Seine Finger bogen sich zu Klauen. Julie bekam Angst, daß er sie anspringen würde. Sie wand sich und wich einen Schritt zurück.

»Entschuldigung«, sagte sie. Es klang hohl und lahm, doch zu mehr war sie momentan einfach nicht imstande.

»Entschuldigung? Du nimmst dieses Wort in letzter Zeit ziemlich oft in den Mund. Nun, mit ›Entschuldigung‹ ist es nicht getan, Julie. Offen gesagt: Du kannst sagen, was du willst – eine so bodenlose Mißachtung meiner Privatsphäre kann überhaupt nicht wiedergutgemacht werden. Ich verlange, daß du von hier verschwindest. Aus Oakwood verschwindest. Und zwar heute abend.«

»Nein, Eathan. Das kann nicht dein Ernst sein. Wir verlieren Sam. Und wenn du diese Sachen vor uns verheimlichst, dann, so meine ich…«

Er schlug von neuem mit der Faust auf die Schreibtischplatte. Die weiße Farbe war aus seinem Gesicht gewichen: Er war zornrot angelaufen.

»Es ist mein voller Ernst. Ich werde mein Haus nicht mit einem Menschen teilen, dem ich nicht vertrauen kann! Hinaus mit dir!«

»Eathan…«

»Hinaus mit dir!« Er deutete auf die Tür. *»Hinaus!«* So zornig hatte sie ihn noch nie erlebt. Seine Wut war erschreckend.

Aber was hatte ich eigentlich erwartet?

»In Ordnung«, sagte Julie und ging zur Tür. »Ich reise ab. Aber eine Frage habe ich noch.«

»Nein. Verschwinde!«

Er wich ihrem Blick aus. Ahnte er, was sie ihn fragen wollte? War das der Grund?

»Bist du mein Vater?«

Eathan stierte auf die Schreibtischplatte. Dann sank er im Sessel zusammen und vergrub das Gesicht in seinen Händen.

Julie beobachtete ihn einen Augenblick lang. Er war wie versteinert. War die Antwort denn wirklich so entsetzlich? Und die Antwort würde ja so vieles erklären.

Als er sich weder rührte noch ein Wort sagte, tat sie einen Schritt auf ihn zu.

»Eathan? Geht es dir nicht gut?«

Regungslos saß er da, mit dem Gesicht zwischen den Händen. Julie kam um den Schreibtisch herum und stellte sich hinter ihn.

»Ist es wahr, Eathan? *Bist* du mein Vater?«

Eine lange, quälende Stille, dann nickte er mit dem Kopf in die bergenden Hände.

Julie empfand ein plötzliches Schwächegefühl. Sie suchte am Schreibtisch Halt. Sie hatte es geahnt, sie hatte es im Innersten gespürt, als ihr die Implikationen der Spermienuntersuchung klar wurden; doch jetzt hier stehen und zu erleben, wie Eathan es offen zugab …

Mein Onkel verheimlicht etwas …

Du hattest recht, Sam, dachte sie. Und den Leuten ist immer wieder aufgefallen, daß er uns erzog, als ob wir seine eigenen Kinder wären …

Sie streckte eine zitternde Hand aus und legte sie sie ihm zart, beinahe verlegen auf die Schulter.

»Hallo … Dad.«

Eathan holte tief und erschauernd Luft und nahm die Hände vom Gesicht. Ohne Julie anzusehen, griff er nach oben und bedeckte ihre Hand mit seiner Hand.

»Julie … Ich werde dir alles erzählen«, sagte er heiter. »Aber komm, laß uns nach unten gehen. Ich brauche einen Drink.«

4

»Wie kann ich dich wegen eines Vertrauensbruchs vor die Tür setzen, nachdem ich meinen eigenen Bruder auf diese Weise verraten habe?«

Sie saßen sich im Wohnzimmer gegenüber und tranken ein Glas von Eathans 50jährigem Scotch. Julie rührte das Glas kaum an. Sie war ohnehin ganz benommen. Sie brauchte kein zusätzliches Betäubungsmittel.

»Du und meine Mutter … Ich sah es in Sams Memoskopie …, ich habe Mühe, es zu glauben. Wie …?«

Eathan verzog die Lippen auf seltsame Art, so als ob der Gedanke, daß Julie ihn mit ihrer Mutter zusammen gesehen hatte, ihn geniere. »Ehrlich gesagt: Ich hatte eine Art Verhältnis mit Lucy, bevor Nathan sie überhaupt kennenlernte. Nichts furchtbar Ernsthaftes. Als ich dann zum Medizinstudium nach Stanford ging, ist unsere Beziehung …, nun ja, man könnte sagen, daß sie von selbst zu Ende ging. Und an diesem Punkt kommt

Nathan in die Geschichte. Er machte damals gerade seinen Doktor an der Cornell University und war deshalb dauernd da. Die beiden haben schließlich geheiratet, und allem Anschein nach paßten sie ja auch gut zusammen. Mir lag noch immer an Lucy, aber es hat mir nichts ausgemacht.«

Er nahm einen Schluck. »Oder so kam es mir damals vor. Es machte mir so lange nichts, bis Nathan völlig in seiner Arbeit aufging, so sehr, daß er finanzielle und berufliche Rückschläge hinnehmen mußte, und er hat Lucy vernachlässigt. Und nicht nur sie, auch ich war einsam. Wir telefonierten miteinander, und ich habe sie oft zu trösten versucht. Die alten Gefühle wurden wieder lebendig. Wir besuchten uns, wenn wir in der Nähe waren, wir hatten eine gemeinsame Vergangenheit, und bevor wir uns versahen...«

Er nippte an seinem Scotch und wandte den Blick ab. Er schien sich noch immer zu schämen.

Julie stellte sich Eathan und ihre Mutter im Banne der Leidenschaft vor. Nicht nur beim Küssen, nein, wie sie einander liebten. Und auf einmal tat ihr Vater ihr leid – nein, dieser Nathan Gordon tat ihr leid, der Mann, den sie immer für ihren Vater gehalten hatte, aber eigentlich gar nicht kannte. Er war kaum mehr als eine Folge lang vergangener Erinnerungen.

Eathan dagegen – Eathan war die Leitfigur ihres Lebens, er war immer für Sam und Julie dagewesen, wenn sie ihn brauchten. Ein richtiger Vater.

»Wie lang hat das Verhältnis gedauert?« fragte Julie.

»Ach, nicht lang genug, um wirklich als Verhältnis gelten zu können. Wir waren beide viel zu schuldbewußt, um es fortzusetzen, und haben es schnell wieder beendet und haben uns geschworen, nie wieder davon zu sprechen.«

»Hast du gewußt, daß Sam und ich...«

»Daß ihr meine Kinder wart?« Er schüttelte den Kopf. »Nein. Lucy hat es gewußt, glaube ich – sie muß es gewußt haben –, sie hat es mir aber nie gesagt. Wahrscheinlich weil sie wußte, wie sehr es mich getroffen hätte. Nein, ich hatte keinen Schimmer, bis nach dem Brand, als ich eines Tages durch Nathans Unterlagen blätterte. Ich bin fast ohnmächtig geworden.«

»Du hast aber doch immer behauptet, daß alle Unterlagen im Feuer vernichtet worden seien. Wie bist du dann an diese Papiere gekommen?«

Eathan seufzte. »Nathan hat mich überredet, ihm zu gestatten, einen Schrank mit Hängeakten in meinem Keller unterzustellen. Er hätte in seinem Haus nicht genug Platz, hat er behauptet, und ich habe ihm geglaubt. Er hatte ein kleines Haus, und mit zwei kleinen Kindern war da wirklich nicht sehr viel Platz. Ich bin nie drauf gekommen, daß der wahre Grund darin bestand, daß er die Unterlagen aus dem Hause haben wollte, damit eure Mutter sie nie zu Gesicht bekäme. Als ich sie dann nach dem Brand durchging, da… ich war schockiert.«

»Aber, mein Gott – das heißt ja, er hat's gewußt. Er hat von Anfang an gewußt, daß wir gar nicht seine Kinder waren. Und das hat er dir gegenüber nie erwähnt?«

»Mit keiner Silbe.«

»Vielleicht hat er nicht gewußt, wer der richtige Vater war.«

Eathan machte einen ziemlich unglücklichen Eindruck. »Ach, meiner Meinung nach hat er's gewußt. Er hat nur Stillschweigen gewahrt und hat euch eben als seine Kinder großgezogen.« Er stöhnte, wie wenn er Schmerzen hätte. »Wenn ich an die unzähligen Male denke, als ich vorbeigekommen bin und euch beide als kleine Mädchen auf den Knien gehalten habe und er hat uns zugeschaut, wohlwissend, daß…«

Es war eine Vorstellung, die Julie erneut peinigte.

»Aber wieso hat er nie etwas gesagt? Du warst doch sein Bruder.«

»Er hatte manchmal komische Ideen. Ich habe so eine Ahnung, daß er sich irgendwie überredet hat, daß ihr *seine* Kinder wart.«

»Mach keine Witze.«

»Nein. Ich meine es ernst. Weil ihr doch in gewissem Sinne auch *seine* Kinder wart. Zumindest rein genetisch betrachtet.«

Julie verstand sofort. »Weil ihr zwei eineiige Zwillinge wart?«

»Genau. Ich habe die gleichen Gene wie er. Und da er steril war, wart ihr beide für ihn die einzige Möglichkeit, um eigene Kinder zu haben.«

»Merkwürdig...«, sagte Julie gedehnt. »Erstaunlich, daß ein Mensch bis zu diesem Maße rationalisieren und damit leben konnte.«

»Euer Vater...« Er korrigierte sich. »Mein Bruder war ein erstaunlicher Mensch.« Er leerte sein Glas und beugte sich vor. Er blickte ihr in die Augen. »Und jetzt muß ich dich etwas fragen.«

»Frag's.«

»Dein Schlüssel zu meinem Wandschrank. Ich nehme doch an, daß du dir ein Duplikat hast machen lassen.«

Julie zog ihn aus ihrer Tasche und überreichte ihn ihm.

»Und jetzt«, sagte sie, »gestatte, daß ich meinerseits dich um etwas bitte: nämlich um den Schlüssel zu dem Kästchen, den du in der untersten Schublade des verschlossenen Schranks mit Hängeakten aufbewahrt hattest.«

»Wieso ›aufbewahrt hattest‹? Warum die Vergangenheit?«

»Weil ich es habe.«

Er sprang auf. »O nein! Das kannst du nicht haben! Du mußt es mir zurückgeben.«

»Ich muß sehen, was drinnen ist, Eathan. Keine Geheimnisse mehr, bitte. Ich werde schon mit allem fertig, was ich da drinnen finde. Ich muß es wissen. Es hat zwanzig Jahre gedauert, bis ich erfahren habe, wer mein richtiger Vater ist...«

»Das Kästchen ist leer! Glaub mir!«

»Nein. Du mußt *mir* vertrauen. Ich muß wissen...«

Er stürmte plötzlich aus dem Raum. Julie folgte ihm, als er die Treppe hoch und zu ihrem Zimmer rannte. Er riß die Tür auf und verschwand drinnen.

Als Julie das Zimmer erreichte, hatte er ihre Kleiderschubladen schon zur Hälfte herausgerissen. Er durchwühlte die oberen Laden.

»Eathan – bitte! Dort ist das Kästchen nicht!«

Er ignorierte sie. Er hatte die Beherrschung verloren. Sie wurde an die Szene erinnert, in der Charles Foster Kane das Schlafzimmer seiner Frau durchstöbert.

»Eathan, hör auf..., bitte!«

Als er mit den Schubladen fertig war, machte er sich an den

Schrank und durchwühlte die paar Sachen, die dort hingen. Er untersuchte die Erkerbank – leer – und ließ sich dann auf den Knien nieder, um unterm Bett nachzusehen.

»Verschaff mir das Kästchen, Julie! Gib's mir wieder. Du hast schon genug in der Vergangenheit herumgestochert.«

»Es ist *meine* Vergangenheit, Eathan – die Vergangenheit von Sam und von mir.«

Als er unter dem Bett nichts fand, ließ er seine Wut am Bett aus. Er riß die Decken und Laken herunter, schleuderte sie auf den Fußboden und zog die Matratze vom Holzrost.

Dann stand er inmitten der Zerstörung und drehte sich langsam im Kreis. Seine Stimme wurde weinerlich.

»Wo ist es, Julie? Bitte... gib's mir zurück.«

»Sobald ich herausgefunden habe, was sich drinnen befindet.«

Sein Gesicht verzerrte sich, ganz kurz nur, doch immerhin so, daß sie einen neuerlichen Angriff befürchtete – sie mußte verrückt sein, ihm so heftig zuzusetzen. Dann schloß er jedoch die Augen und atmete tief durch. Anschließend hatte er seine Stimme unter Kontrolle. Sie klang ruhig und kalt.

»Das ist inakzeptabel. Der Schlüssel gehört mir, und ich werde ihn dir nicht geben. Ich erwarte von dir, daß du mir das Kästchen vor meiner morgigen Abreise nach London zurückgibst – zur Totenwache für Alma«, bemerkte er spitz. »Andernfalls werde ich dich für immer aus diesem Haus verstoßen. Ob du meine Tochter bist oder nicht, ganz gleich – ich werde dafür sorgen, daß du und dein ganzer elektronischer Müll vor meiner Abreise nach London draußen auf der Einfahrt landet. Ist das klar?«

O nein. Sollte sie ihren wirklichen Vater an ein und demselben Abend gefunden und gleich wieder verloren haben? Der Gedanke war unerträglich.

»Eathan, nimm doch Vernunft an. Ich habe ein Recht darauf –«

Er stieß mit dem Finger nach ihr. »Nein! Du hast *kein* Recht. Was sich in dem Kästchen befindet, ist meine Privatangelegenheit und geht dich gar nichts an. Ich will es wiederhaben. In meinem Arbeitszimmer. *Sofort!* Sonst fang ich an, deine Sachen auszuräumen.«

Er stapfte an ihr vorbei und ließ sie in ihrem verwüsteten Zimmer allein.

Julie war klar, daß er nicht bluffte. Eathan bluffte nie. Wenn er einmal einen Entschluß gefaßt hatte, blieb er dabei. Falls sie ihm das Kästchen nicht zurückgab, würde er sie bestimmt vor die Tür setzen.

Und Sam wäre dann verloren… auf immer.

5

Julie zog die Tür des Geräteschuppens hinter sich zu und knipste die Taschenlampe an. Sie zog den Mantel enger. Es war plötzlich kalt geworden.

Gar nicht so einfach, sich an diesem Abend aus dem Herrenhaus zu schleichen. Eathan hatte sich, als ob er Wache halten müßte, in seinem Arbeitszimmer verschanzt, war dann am Ende aber doch nach oben gekommen. Als sie ihn duschen hörte, hatte sie sich in Sams Zimmer verzogen und war anschließend durch den Küchenausgang ins Freie gegangen.

Sie durchquerte den Schuppen und leuchtete ihn mit dem Strahl der Taschenlampe ab, bis sie die alte Werkbank entdeckte. Sie legte das verschlossene Kästchen auf die verschrammte Oberfläche und musterte das Werkzeug. An einem Gestell hinter der Werkbank hing ein schwerer Hammer. Sie holte ihn herunter. Zu ihrer Linken hing eine Reihe von Schraubenziehern. Sie nahm sich den größten heraus.

Sie brauchte lange, und es machte erheblichen Krach, doch es gelang ihr schließlich, den Deckel des Kästchens aufzustemmen.

Das wird er mir nie verzeihen, dachte sie.

Langsam hob sie den Deckel.

Drinnen befand sich ein dünner brauner Umschlag. Ihr zitterten die Hände, als sie ihn herausnahm. In dem Umschlag lag ein Gutachten des Leichenbeschauers von Putnam County zum Tod von Lucy Gordon und Nathan Gordon. Sie überflog die Papiere; auf die Autopsieberichte und die Zahnvergleiche warf sie nur einen flüchtigen Blick; doch als das Schwarzweißfoto einer verkohlten Leiche ins Licht rutschte, stockte ihr der Atem. Es waren die leeren Augenhöhlen Nathan Gordons, die ihr entgegenstarrten. Sie hatte den Eindruck, daß seine geschwärzten, halb herunterhängenden Kiefer höhnisch grinsten.

Sie sagte sich: Das ist nicht mein Vater.

Julie machte den Umschlag wieder zu. Ihr schauerte. Mein Gott! Warum sollte Eathan so etwas aufbewahren? Als sie den Umschlag zurücklegte, entdeckte sie auf dem Boden des Kästchens drei kleine Notizhefte.

Könnte es möglich sein? Waren das etwa Nathans Arbeitsjournale?

Ihr Herz schlug wie wild, als sie das oberste Heft aufschlug und die kritzelige Handschrift zu entziffern begann.

29. Kapitel

Damit eine Erinnerung frisch und lebendig bleibt oder eine falsche Erinnerung verstärkt wird, ist es notwendig, daß die synaptischen Verbindungen von Zeit zu Zeit aktiviert werden, d. h. die Erinnerung muß auf eine übliche Art überprüft werden. Es ist so etwas wie das neurologische Äquivalent gegenüber dem Wühlen in Erinnerungsstücken in den verschiedenen Behältnissen und ihrem Entstauben und Blankputzen – damit sie so aufpoliert wieder ins Regal gestellt werden.

Aus den Notaten Julie Gordons

1

Julie war sich ihrer Umgebung kaum bewußt, doch vollständig über ihr Ziel im klaren, als sie in der Morgendämmerung durch den schwach beleuchteten Flur im ersten Geschoß stolperte.

Sie war innerlich wie tot, physisch wie emotional total ausgelaugt.

Sie wollte nur noch ins Bett kriechen, die Decke über den Kopf ziehen und nie mehr das Tageslicht sehen – nie wieder *nachdenken* müssen. Ihr Körper und Verstand schrien nach Ruhe, nach Entkommen und Flucht; dem wollte und dem durfte sie jedoch nicht nachgeben.

Und deshalb zwang sie sich, mit Nathan Gordons Arbeitsjournalen unter dem Arm, Schritt für Schritt voran, bis sie ihr Ziel erreichte.

Sie hatte die ganze Nacht mit dem Studium der Journale verbracht. Zunächst in einem Zustand ungläubigen Staunens, als sie im vergeblichen Suchen nach Widersprüchen, nach Hinweisen, daß es sich hier um einen grausamen Scherz handele, vor- und zurückgeblättert hatte; später dann mit langsam wachsender Erkenntnis, deretwegen ihr ganz übel wurde, daß dies alles… *es war alles tatsächlich wahr.*

Es war erst wenige Tage her, daß sie beschuldigt worden war, das Unvorstellbare zu denken – beschuldigt von einem Menschen, der immer gewußt hatte, daß es die Wahrheit war.

Julie trat ohne Anklopfen in Eathans Schlafzimmer. Sie stieß die Tür so heftig auf, daß sie laut gegen die Wand knallte.

Eathan regte sich in seinem Bett. »Was? Wer ist dort?«

Beim Klang seiner Stimme zündete in Julie ein Funke. Zorn, Widerwillen, Wut – die Empfindungen gaben ihr Nahrung und neue Kraft. Sie mußte wie ein Schreckgespenst aussehen, wie sie da im Morgengrauen auf sein Bett zukam; denn er rappelte sich in seinem Bett zu einer sitzenden Stellung hoch und hob eine Hand.

»Stehenbleiben! Wer *sind* Sie?«

Und wiederum belebte der Klang seiner Stimme ihre Lebensgeister. Sie hob die Journale hoch, um sie mit aller Kraft auf ihn zu werfen. Er schrie erschrocken auf, als sie ihm gegen Brustkorb und Schultern flatterten und prallten.

Es war ihr völlig schnuppe, ob sie aus Oakwood verbannt würde oder nicht. Inzwischen war Eathan ihr total schnuppe.

»Lügner!« schrie sie ihn an. »Du *Lügner*! Du hast all die Jahre davon gewußt und es uns verschwiegen! Mein Gott, wie *konntest* du uns das bloß verschweigen!?«

Eathan rollte sich von ihr weg und suchte die Nachttischlampe. Sie hörte den Schalter klicken. Für einen Moment wurde sie von dem plötzlich aufflammenden Licht geblendet.

Als sie wieder sehen konnte, saß Eathan aufrecht im gestreiften Pyjama mit den alten Journalen in der Hand im Bett. Er machte einen irgendwie lächerlichen Eindruck; Julie war aber gar nicht nach Lachen zumute.

»Nein, Julie! O nein, das darf nicht wahr sein! Bitte, sag mir, daß du's nicht getan hast!«

»*Was* nicht getan habe?« gab sie zurück. »Daß ich nicht hinter die Wahrheit gekommen bin, die du mir mein Lebtag lang verheimlicht hast? Hattest du vielleicht vor, mich ins Grab sinken zu lassen, ohne Wissen, daß dein Bruder Nathan Sam und mich als Laborratten benutzt hat?«

Eathan hielt den Kopf gesenkt, das Gesicht abgewandt. Er

schien nach Fassung zu suchen. Als er den Kopf schließlich hob, wirkte er wie ein Häufchen Elend.

»Wie hätte ich es dir sagen sollen, Julie?«

»Wie konntest du's fertigbringen, es mir *nicht* zu sagen?«

»Dann sag *du* mir's doch«, bemerkte er, und in seine Stimme schlich sich ein Ton von Verbitterung. »Sag du mir, mit welchen Worten ich dir hätte erklären sollen, daß dein Vater – oder zumindest der Mann, den wir alle für deinen Vater hielten – während eurer ersten Lebensjahre mit euren Gehirnen experimentierte, indem er die Bildung bestimmter Neurohormome hemmte, während er andere im Übermaß zuführte. Nur wie ...«

»Er hatte es fertiggebracht, daß bei mir nur die linke und bei Sam nur die rechte Hirnhälfte entwickelt ist. Er hat unseren Verstand, er hat unsere Persönlichkeit verzerrt. Er hat es – *mit Absicht* – so eingerichtet, daß wir Schlagseite haben!« Sie hätte es am liebsten herausgebrüllt.

»Und wie soll man das gegenüber einem Kind, einem Teenager, einer jungen erwachsenen Frau, die in die Welt hinausgeht, in Worte fassen? Wie könnte man die richtigen Worte finden, um zu verhindern, daß sie sich wie ein schräger Karnevalstyp, wie ein Opfer, wie – du hast den Ausdruck vorhin selbst gebraucht – eine Laborratte vorkommt? Sag mir doch, wie *du* so etwas mit Worten ausdrücken würdest, Julie.«

»Aus uns sind längst erwachsene Menschen geworden. Wir hatten ein Recht darauf, die Wahrheit zu erfahren«, wiederholte Julie stur. »Es hätte uns ja so vieles verständlich gemacht.«

»Und was hätte die Wahrheit bewirkt – hätte sie euch frei gemacht, Julie? Fühlst du dich etwa jetzt wohler? Hat sie dein Selbstbewußtsein gestärkt? Bist du nun besser gerüstet, um deine Karriereprobleme in Angriff zu nehmen? Bist du nun, da du die Wahrheit weißt, ein *glücklicherer* Mensch?«

Julie schloß die Augen und stieß mit zusammengebissenen Zähnen hervor: »Ich setze mich lieber mit der Wahrheit auseinander, als daß ich mit einer Lüge leben muß. Muß ich mich noch deutlicher ausdrücken?«

»*Du* könntest ja vielleicht damit zurechtkommen. Doch was ist mit Samantha? Wie hätte sie deiner Meinung nach reagiert?

Du kennst doch deine Schwester. Denk doch nur, wie die Wahrheit sie getroffen haben würde ...«

»Vielleicht hätte sie ihr ein bißchen mehr Lebenserkenntnis ermöglicht«, erklärte Julie. »Und mir ebenfalls. Ich habe immer alles zu Tode analysiert – alles, von mathematischen Aufgaben bis zu menschlichen Beziehungen. Jetzt kenne ich den Grund. Sam dagegen hat nie etwas analysiert. Sie ist alle Entscheidungen *gefühlsmäßig* angegangen. Dann hätte sie zumindest verstehen können, wieso es dazu gekommen ist, und sich eventuell sogar ändern können. Bevor es, verdammt noch mal, dafür zu spät war.«

Eathan legte das Journal weg. Er holte tief Luft und seufzte laut.

»Gewiß. Vielleicht hätte die Wahrheit sie aber auch veranlaßt, beim nächsten Selbstmordversuch ein bißchen effizienter vorzugehen.«

»Wir haben nie die Chance eines normalen Lebens bekommen, nicht wahr?« sagte Julie leise. »Das ist doch nicht fair.«

»Nein, das ist nicht fair. Und, um es freiheraus zu sagen, diese ganze Geschichte ist auch nicht fair gewesen, was mich betrifft. Ohne Wissen um diese Dinge hätte ich bis an mein Ende glücklich leben können. Statt dessen hatte ich die Bürde des Wissens um den Mißbrauch *meiner* Töchter durch meinen leibhaftigen Bruder zu tragen und mußte dann auch noch die Auswirkungen seiner Experimente auf ihr Leben mit ansehen. Du bist relativ gut damit fertig geworden. Deine Schwester dagegen hat stets am Rand des Abgrunds geschwebt.«

»Aber warum hast du das Wissen für dich behalten?«

»Ich hätte es mit Sicherheit nie geduldet, daß etwas an die Öffentlichkeit gedrungen wäre! Herrgott, da wäret ihr beiden ein Fraß für die Sensationspresse geworden. Und Nathan hätten sie als Ungeheuer dargestellt.«

»Er *war* ein Ungeheuer, verdammt.«

»Das habe ich zuerst auch gemeint. Kein Mensch ist aber nach eigenem Empfinden ein Ungeheuer. Und beim wiederholten Durchlesen dieser Journale wuchs in mir die Überzeugung, daß Nathan nie die Absicht hatte, euch zu schaden. Er schien, zumindest diesen Papieren zufolge, fest überzeugt, daß die positiven Auswirkungen die Risiken bei weitem überwogen. Und ich bin der Meinung, daß das Experiment seine kühnsten Erwartungen übertroffen hat. Seine neurohormonische Behandlung von euch war *zu* erfolgreich.«

Julie starrte ihn an. »Das nehme ich dir nicht ab! Dieser Mensch – und für mich macht es keinen Unterschied, ob er dein Zwillingsbruder ist oder nicht – benutzt *deine* Kinder als Versuchskaninchen, und du empfindest *keinen* Haß für ihn? Er wußte, daß wir deine und nicht seine Kinder waren – deshalb hat er uns als disponibel betrachtet. *Abscheu* müßtest du für ihn empfinden, Eathan! Du müßtest das Verlangen spüren, jede Spur seines Daseins von der Erde zu tilgen und seinen Namen nie mehr auszusprechen!«

Eathan wandte den Blick ab und dem schummrigen Licht des Morgengrauens am Fenster zu.

»Mag sein. Und so habe ich ja zunächst auch empfunden. Als ich dann aber seine Absichten in Erwägung zog...«

»Ich gebe einen feuchten Dreck auf seine Absichten. Wichtig ist nur, was er tatsächlich getan hat. Und was er mit uns getan hat, war ungeheuerlich.«

Eathan nickte schweigend mit dem Kopf. Sein Blick ruhte auf den Journalen in seinem Schoß.

»Du mußt verstehen, daß ich nur versucht habe, euch zu beschützen«, sagte er. »Du hast mir seit Kindertagen vorgeworfen, daß ich zu fürsorglich war. Jetzt weißt du warum. Es war nicht nur, weil ich wußte, daß ihr beide mein eigen Fleisch und Blut seid, sondern weil ich wußte, daß Nathan mit euren Gehirnen experimentiert hatte. Ich habe deshalb immer nach irgendwelchen Anzeichen von Labilität Ausschau gehalten, nach Warnsignalen eines bevorstehenden Verfalls. Bei dir hatte ich nie Sorgen. Du hattest zwar Schwierigkeiten, was menschliche Beziehungen anging, aber...«

»Ich *habe* keine Beziehungen«, widersprach Julie.

»Möglich. Aber du warst lebensfähig. Mehr noch – du bist aufgeblüht, du bist auf deinem Gebiet mit Riesenschritten vorangekommen. Aber Samantha... Samantha hatte ein wunderbares Potential, befand sich jedoch leider stets am Rand der Selbstzerstörung. Ich habe es zu meiner Lebensaufgabe gemacht, darauf zu achten, daß sie lang genug lebt, um ihr Potential zu verwirklichen.«

»Also, das ist dir mißlungen.«

Die harten Worte taten ihr sofort leid. Eathan traf keine Schuld, er war nur ein unschuldiger Zuschauer dieser Entwicklung gewesen. Soviel war ihr mittlerweile klargeworden. Er hatte geglaubt, zwei Nichten zu erben, um dann erfahren zu müssen, daß sie seine Töchter waren. Erst *danach* hatte er begrifffen, daß sein leibhaftiger Bruder das Gehirn der beiden Mädchen manipuliert hatte. Er hatte miese Karten bekommen und gespielt, so gut er konnte. Er hatte ihren Zorn nicht verdient. Sie konnte nicht mit Sicherheit behaupten, daß sie an seiner Stelle sich anders verhalten hätte.

Er hob den Kopf. »Was hast du gesagt?«

»Ich sage, sie hat kaum Chancen, ihr Bewußtsein wiederzuerlangen. Und das ist Nathans Schuld.«

»Wie kannst du so etwas sagen?«

»Weil es stimmt. Er hat sie mit nur einem Arm und einem Bein, und die obendrein auf der gleichen Körperseite, in die Welt hinausgeschickt. Sie ist ohne Gleichgewicht. Sie kippt schon beim kleinsten Luftzug um. Es wäre durchaus vorstellbar, daß sie ohne jeden äußeren Anstoß in ihr schwarzes Loch hineingefallen ist.«

»Aber was ist mit dir?«

Julie musterte Eathan. Und hielt seinem Blick ein paar schreckliche Sekunden lang stand, bevor sie ganz leise sagte: »Vielleicht werde ich ja die nächste sein.«

Ihr schauderte beim Gedanken an die Vorstellung, daß sie selbst reglos im Bett läge und ihre Gedanken wie Eis in der Sonne schmölzen, bis nichts mehr übrig wäre.

Ein schauerlicher Gedanke, doch Julie wollte sich nicht davor drücken. Er zeigte eine echte Möglichkeit an.

»Das kann ich nicht glauben. Dafür bist du viel zu vernünftig.«

»Wirklich? Wer weiß denn, was kommen und meine unausgewogenen Schaltkreise ausbrennen wird? Da liegt doch, wie ich inzwischen erkannt habe, Sams Problem. Die Beschädigung ihres Lebens ist nicht von außen gekommen. Es war innerlich bedingt. Sie hatte eine Ursache, die sie gar nicht in den Griff bekommen konnte. Das Ungleichgewicht, das dein Bruder in ihr erzeugte, hat sie der Instrumentarien beraubt, um mit dem Leben fertig zu werden.«

Eathan rieb sich die Handteller am Gesicht. »Verdammt.«

»Oder...«

»Oder was?«

»Oder da gibt es noch etwas anderes, mit dem sie innerlich nicht umgehen kann.«

»Was soll das heißen?«

»Ich bin mir nicht sicher«, sagte Julie. Sie stand auf und begann ziellos im Raum umherzuwandern. »Ich gewinne allerdings langsam den Eindruck, daß Sam etwas vor mir verbirgt *und* mich tiefer in sich hineinzieht. Die meisten Erinnerungen Sams kommen mir wie Ablenkungsmanöver vor, wie Köder, um mich daran zu hindern, eine andere Art von Erinnerung anzuzapfen. Etwas, das ihr angst macht..., etwas, das sie verdrängt hat.«

»Verdrängt? Was könnte es bei Samantha zu verdrängen geben?«

»Ich weiß nicht«, sagte Julie, die sich umdrehte und ihn fixierte. Sie war bereit gewesen, die Möglichkeit zu erwähnen, daß sie das Feuer im Haus in Milburn ausgelöst haben könnte; jetzt hatte sie es sich anders überlegt. »Was unsere Mißhandlung betrifft, so könnte es ja auch sein, daß die Injektionen von Neurohormonen nur die Spitze des Eisberges sind. Vielleicht hat der alte Nathan ja auch noch auf ganz andere Weise mit uns gespielt.«

Sie wollte Zorn in ihm entfachen, sie wollte es erleben, daß er aufschrie und brüllte und mit Gegenständen gegen die Wand warf.

Doch Eathan blieb ruhig sitzen und schaute sie nur an.

»Nun hör mir mal gut zu, junge Dame. Es mag ja sein, daß Nathan bei seinen Forschungen die Orientierung verlor. Aber ich habe meinen Bruder gut gekannt – und er war nicht... er war nicht pädophil.«

Julie spürte, wie ihr die Galle hochkam, und sie machte nicht einmal den Versuch, sie zu unterdrücken. Sie ließ die Wut hochkommen und ließ ihr freie Bahn.

»Bei allem Respekt, Eathan, aber einen feuchten Dreck hast du deinen Bruder gekannt.« Sie spuckte es förmlich aus. »Woher willst denn du wissen, daß er unsere jungen Körper nicht malträtiert hat, während er mit unseren kleinen Hirnen herumgemacht hat?«

»So darfst du nicht reden. Nathan mag vieles gewesen sein, aber sexuell pervers war er nicht.«

»Verdammt!« schrie sie. »Dein Bruder war zu *allem* fähig! Warum dann nicht auch dazu? Und warum macht dich eigentlich gar nichts zornig?«

Eathans Blick wich ihr erneut aus. »Vielleicht – weil ich damit ein Vierteljahrhundert lang gelebt habe.« Seine Stimme klang beinahe tot. »Es hat Jahre gedauert, aber inzwischen ist der Zorn verraucht. Seither bin ich mehr um die Folgen besorgt. Und vergiß bitte nie, daß er sein Leben aufs Spiel gesetzt hat, um euch aus dem Brand zu retten, und das, obwohl er wußte, daß ihr eigentlich nicht seine Kinder wart. Das war heldenhaft. Das habe ich ihm nie vergessen. Und denk auch mal daran: Sein Opfertod schenkte mir die Chance, meine beiden Töchter aufzuziehen.«

Der Brand ... Den Brand hatte Julie im Schock und Zorn nach der Lektüre der Arbeitsjournale fast vergessen. Vielleicht war ja kein menschliches Wesen durch und durch schlecht; aber Nathan war ziemlich nah dran gewesen.

»Da gibt es noch einen Punkt«, sagte Julie, »und danach werde ich dich in Ruhe lassen. Wie bist du an eine Abschrift aus der Akte des Leichenbeschauers gekommen?«

»Das war gar nicht leicht. Doch erinnere dich: Ich war ja als praktizierender Arzt in der Gegend tätig. Da hat man Beziehungen.«

»Und warum hättest du solch ein gräßliches Dokument haben wollen?«

»Ich schau's mir von Zeit zu Zeit immer wieder an.«

»Aber warum?«

Eathans Augen blitzten, als sein Blick sie durchbohrte, doch seine Stimme war eisig kalt. »Um mich zu vergewissern, daß er auch wirklich tot ist. Wenn Samantha wieder einmal etwas Selbstzerstörerisches getan hatte, hab' ich's jedesmal hervorgeholt und mir die Fotos angeschaut, um mich zu vergewissern, daß der Kerl, der das Gehirn meiner Töchter manipuliert hatte – das Gehirn *meiner* Töchter, nicht seiner –, nicht mehr in der Welt herumlief und sich über mich lustig machte.«

Julie nickte schweigend mit dem Kopf. »Ich – ich muß über alles nachdenken.«

»Wir werden weiter drüber sprechen«, sagte Eathan, doch Julie hastete aus dem Raum.

Und beim Laufen durch den langen Korridor dachte sie: Eathans Zorn ist längst nicht so verraucht, wie er meint.

Es half ihr, die eigene Last zu tragen. Es war irgendwie tröstlich, die Wut mit einem anderen Menschen zu teilen.

Sie war jedoch viel zu aufgebracht, um lange an so etwas zu denken. Sie hatte in Nathans Zimmer eine Art von Erleuchtung gehabt.

Sams Unterbewußtsein schützte tatsächlich eine blockierte Erinnerung – die Erinnerung an Mißhandlung. So einfach und so schmutzig war das.

Julie mußte an den Kraken denken; in Sams Bewußtsein war etwas noch Schrecklicheres als der Krake verborgen. Eine so furchtbare Erinnerung, daß Sams Unterbewußtsein sie eingemauert hatte, damit ihr Bewußtsein davon befreit und erleichtert wäre und sich nie mehr damit befassen mußte.

Und wenn Sam nun auch um ihr Unterbewußtsein einen Zaun gezogen hätte, so wie es bei ihren Erinnerungen inzwischen der Fall zu sein schien? Und wenn sie zu dieser Erinnerung nun durch ihre Kunst einen Zugang gefunden hätte und dann…

O mein Gott, so mußte es gewesen sein.

Darum kam sie mit Sams Memoskopie nur so langsam voran.

Die Kernerinnerung war ihr ganzes Leben lang unterdrückt und verdrängt worden, so daß sie selbst jetzt, nachdem ihr Bewußtsein zerstört worden war, noch immer durch Sams Unterbewußtsein eingesperrt war und auch Julie aussperrte, indem sie Julie andere Erinnerungen zur Ablenkung entgegenschleuderte.

Aber wovon mochte solche Erinnerung handeln? Was könnte bloß geschehen sein, was könnte so entsetzlich sein, daß schon ein erneutes Erwachen der Erinnerung Sams Bewußtsein so vehement zerstören konnte? Möglicherweise handelte es sich um eine Kombination dieser Erinnerung und einer Instabilität in Sams Gehirn infolge von Nathans Experimenten.

Da mußte das Problem liegen. Wenn Nathan nicht mit Sams inneren Drähten herumgespielt hätte, wäre sie wahrscheinlich in der Lage gewesen, mit der verdrängten Erinnerung zurechtzukommen. Sie hätte dann durchaus unter anderen Folgen leiden können, aber ohne sich jetzt im Koma zu befinden.

Zur Hölle mit Nathan Gordon! Hatte er noch etwas Schlimmeres verbrochen, als Sam und sie selbst mit Neurohormonen zu dosieren? Sam hatte eine tief verschüttete Erinnerung. Die meisten sogenannten verdrängten Erinnerungen waren Einbildung; diesmal, da war Julie sicher, hatte sie es jedoch mit dem genuinen Phänomen zu tun. Und welche verdrängte Erinnerung würde wohl am tiefsten verschüttet sein?

Die Erinnerung an sexuellen Mißbrauch.

Julie wurde von einer Woge des Ekels ergriffen. Gab es hier denn überhaupt kein Ende?

Sie wünschte, sie könnte weinen. Es würde ihr Erleichterung verschaffen. Sie konnte aber nicht weinen. Dafür hatte Nathan Gordon gesorgt.

Ihr blieb nur eins. Wieder eine Memoskopie durchzuführen und jene dritte Ebene nach einem Hinweis auf die verborgene Erinnerung zu durchforschen. Da würde sie die Antwort auf alle offenen Fragen und vielleicht ja sogar den Schlüssel zu Sams Genesung finden können.

Momentan war sie dazu allerdings viel zu erschöpft. Jetzt brauchte sie Ruhe.

Sie begab sich zu ihrem Schlafzimmer. Nur ein paar Stunden Schlaf, und sie würde wieder obenauf sein…

2

Als Julie die Augen aufschlug, stand die Sonne hoch oben am Himmel. Sie fuhr erschrocken zusammen und griff nach dem Wecker. Elf Uhr. Sie hatte doch nur ein paar Stunden schlafen wollen. Nun war der Morgen praktisch schon vorbei. Sie sprang aus dem Bett und rannte zum Korridor. Sie brauchte sich nicht anzukleiden – hatte sie sich ja nicht mal mehr auszuziehen vermocht. Es wäre himmlisch, sich jetzt zu duschen, doch dafür war keine Zeit.

Sie entdeckte Clarice im Foyer.

»Wo ist mein Onkel?«

»Ach, der is' schon fort, Ma'am«, sagte das Hausmädchen. »Ganz früh.«

Julie eilte zum Eßzimmer und fand eine Nachricht auf dem Tisch vor:

Julie,
mußte zur Totenwache nach London. Bin heute abend zurück. Unternimm nichts mit Sam, bis ich zurück bin. Sehr wichtig, daß ich vorher mit dir spreche.
Alles Liebe,
Eathan

Die Memoskopie Sams bis zum Abend hinausschieben? Nie im Leben.

Julie holte sich aus der Küche eine Tasse Kaffee und rannte wieder nach oben. Perfekt! So hatte sie Zeit für zwei memoskopische Erkundungen bis an Eathans Rückkehr. Vielleicht hätte sie dann ja genügend Beweismaterial gefunden, um selbst Eathan davon zu überzeugen, daß sein Bruder ein Ungeheuer gewesen war.

Und vielleicht hätte sie dann sogar die Antwort auf die Frage nach der Ursache für Sams Zustand.

30. Kapitel

Kinder unter acht Jahren sind für Pseudoerinnerungen besonders empfänglich, weil ihre Stirnlappen unreif sind, und genau dort werden Raum und Zeit einer Erinnerung – also ihr Ursprung, ihre Quelle – gespeichert.

Aus den Notaten Julie Gordons

Du betrittst die Gedächtnislandschaft und findest dich in der Galerie wieder, diesmal allerdings einer sehr fremdartigen Galerie, im Inneren eines ausgehöhlten Stamms eines zertrümmerten Rotholzbaums. Sie ist leer, bis auf die große Leinwand – Sams letztes Werk. Es enthält neue Details. Jetzt erkennst du, daß das grelle gelb-orangefarbene Licht, das in der Mitte der Leinwand, hinter der Finsternis, aufstrahlt, ein Feuer ist, es sind Flammen, die in die Nacht hinein lodern und nach dem Vollmond greifen. Und die Finsternis in der Mitte hat nun eine Form. Zweifelsohne die Gestalt eines Menschen. Doch wessen?

Liam? In Sams Erinnerung war Liam eine Silhouette gegen die Flammen des Brandes der Branham Bank.

Möglich…, es könnte aber auch ein anderer sein.

Du begibst dich nach draußen und musterst die Vulkanwand. Vom gezackten Rachen steigt schwarzer, giftiger Rauch auf, dessen feurige Unterseite die Wolken rot streift. Die toten Bäume, die den Hang gestern bedeckten, die letzten Zeichen von Leben, sind inzwischen verschwunden, abgeschnitten wie Bartstoppeln, mit einem riesigen Rasierapparat.

Du schaust hoch. Der Mond…, nein, er ist gar kein Mond mehr, bloß noch ein Häufchen glühender Felsen, das am Himmel treibt – zertrümmert. Nicht einmal der Mond ist vom fortschreitenden Verfall des Verstandes von Sam sicher. Die Bruchstücke bieten kaum Helligkeit.

Es ist der deprimierendste Schauplatz, den du je gesehen hast.

Hoffnugnslos…, weil dir bewußt wird, daß dir nicht viel an Zeit mehr bleibt – daß Sam nicht mehr viel Zeit bleibt.

Aber hier muß es doch etwas geben, auf dem Hang zwischen der Ebene und dem Feuer oben muß doch etwas gepflanzt sein. Irgendein Hinweis auf die letzte Erinnerung…

Getrieben von der wachsenden Furcht, daß du Sam verlieren wirst, wenn du nicht irgend etwas findest, beginnst du suchend den Hang hochzugleiten. Was sonst sollst du machen?

Dein Blick entdeckt nichts, rein gar nichts. Hier ist alles erstorben.

Dann bemerkst du zu deiner Rechten, auf halber Höhe der Vulkanflanke, einen winzigen Lichtstreif.

Du eilst drauf zu und entdeckst in der mit Glut und Asche übersäten Kruste einen Riß. Ein vulkanischer Nebenauslaß ist das nicht; da wallt nämlich keine Hitze hoch. Eher eine Höhle oder ein alter Tunnel, der durch die Eruption wieder geöffnet worden ist. Das schwache Licht sickert von innen her durch. Von ganz tief drinnen.

Du begibst dich hinein und schwebst auf das Licht zu.

Vielleicht wäre der Plural – »Lichter« – angemessener. Du siehst sie weit, weit vor dir. Sie scheinen in Bewegung zu sein, sie flattern wie Glühwürmchen auf einer mittsommerlichen Wiese.

Dein Herz tut einen Sprung. Ist das der Weg zu der verschütteten Erinnerung, nach der du suchst? Denn was immer sich hier befindet, ist ganz offensichtlich vergraben, versteckt.

Der Tunnel findet ein abruptes Ende. Du befindest dich in einer riesigen, dem Anschein nach unendlichen Höhle. Es hat den Eindruck, als ob du durch den Vulkan gekommen und auf der andern Seite gelandet wärest. Du ahnst jedoch, daß dies hier ein Mikrokosmos ist, ein Bereich, der vollständig im Felsen eingekapselt ist, obwohl der gewachsene Fels einem goldenen Kornfeld mit dunkelgrünen Zypressen Platz macht, die sich kurvig wellen, während sie nach den Sternen greifen.

Und mein Gott – was für Sterne das sind! Sie drehen sich ganz wunderbar über dir, wie glühende Windrädchen sind sie. Die Nachtluft ist voller Leben und wirbelt mit Lichtern. Du lachst. Diese Szene ist dir vertraut. Es ist van Goghs *Sternennacht.*

Wegen diesem Bild hast du jahrelang mit Sam gestritten, weil Sam behauptete, diese phantasmagorische Szene sei Vincents Vorstellungskraft entsprungen und du sie in Rage versetzt hast mit der Gegenbehauptung, es handle sich vielmehr um eine neurochemisch bedingte Verwirrung, das sei gar keine künstlerische Vision, sondern eine Psychose – genau diese Szene habe der arme, wahnsinnige Künstler tatsächlich vor sich *gesehen.*

Herrje, wie habt ihr euch gegenseitig verrückt gemacht.

Jetzt aber in diesem Bild zu *leben*, die Sterne flimmern und die Zypressen tanzen zu sehen, das ist..., es ist wundervoll.

Doch wo sind das Dorf und der Kirchturm des Gemäldes? Die Landschaft ist anscheinend unbesiedelt.

Nein, nicht gänzlich unbesiedelt. Dort steht ein vereinzeltes Haus, dort, zwischen den Bäumen im Hintergrund. Es sieht aus wie...

O nein. Nicht schon wieder *das* Haus. Nicht schon wieder das Haus in Milburn. In das Haus möchtest du nie wieder hinein. Das tut zu weh. Du wendest dich ab, hältst dann aber mitten in der Bewegung inne.

Warum sonst bist du hier? Doch gewiß nicht, um Trost zu finden. Du solltest alle Erinnerungen erkunden, die du nur finden kannst. Geht es nicht darum? Und du hast doch die Erfahrung gemacht, daß der mit einer Erinnerung gekoppelte Schmerz direkt dem Grad ihrer Bedeutung entspricht.

Erkennen und Erfahren haben bei dieser Memoskopie ihren Preis.

Dir dreht sich vor Entsetzen der Magen, als du umkehrst und auf das Haus zugehst.

Du gibst dir Mühe, nicht daran zu denken, was du im Innern des Hauses finden magst; du betrachtest die sich biegenden Zypressen, die eher aus grünlichen Flammen als aus Vegetation zu bestehen scheinen, und du wunderst dich über die verzerrten Schatten im Sternenschein; trotzdem vermagst du die hellen, zornigen Stimmen nicht auszuschalten, die von irgendwo nahebei durch die nächtliche Luft dringen. Männerstimmen. Du folgst den Lauten, biegst um die Ecken des Hauses in Milburn.

Und dort...

Dort stehen sich Nathan und ein junger Eathan wie zwei Boxer gegenüber, die auf die Glocke zur nächsten Runde warten; sie stehen rund drei Meter und durch einen Picknicktisch aus Rotholz voneinander getrennt. Du spürst die wachsende Spannung, die zwischen ihnen herrscht. Nathan hält ein Paar Arbeitshandschuhe in den Fingern seiner Rechten. Sechs bis sieben Meter weiter liegt ein Gemüsegarten mit Reihen von Mais, Tomaten und Auberginen. Ein Rechen und eine Hacke liegen auf dem Boden; Nathan muß sie dort bei Eathans Ankunft fallen gelassen haben.

Du vermagst selbst in dem schwachen Licht der Sterne erkennen, daß Nathans Wangen vor Zorn gerötet sind, daß sein Schnurrbart vor Speicheltropfen funkelt; Eathan wirkt ruhiger, nur marginal ruhiger allerdings. Wegen des Bartes ist sein Gesichtsausdruck schwer zu erkennen; er hat seine Wut jedoch allem Anschein nach unter Kontrolle.

Du schaust dich um. Kinder sind nirgends zu sehen. Wie könnte…? Du hebst den Kopf und siehst im ersten Stock ein Kindergesicht, es schaut durch ein Fenstergitter und schaut mit großen, erstaunten Augen zu. Es ist Sam, sie spielt wieder ihr Spielchen, andere plötzlich zu überraschen und dann »Buuh« zu rufen.

Plötzlich verändert sich deine Perspektive. Du siehst von oben auf das Schauspiel herab, durch die Aluminiumjalousie deines Schlafzimmers. Du bist Sammi, und du fragst dich, warum dein Vater und dein Onkel so erregt sind. Du weißt inzwischen, daß Nathan nicht dein Vater ist, doch für die kleine Sammi ist Nathan Daddy – und solange du hier stehst und zuschaust, kannst du Sammis Empfindungen nicht von deinen unterscheiden. Da herrscht ein fürchterliches Durcheinander.

»Dazu hattest du kein Recht!« schimpft Daddy. »Überhaupt kein Recht!«

»*Ich* hatte dazu kein Recht!« Onkel Eathan deutet auf die Arbeitsjournale, die über den ganzen Picknicktisch verstreut liegen. »Da spielst du den lieben Gott und hast dann auch noch die Chuzpe, dich aufzuplustern und zu beschweren, daß jemand deinen Aktenschrank durchgestöbert hat?« Er streckt die Arme zum Himmel. »Es hat keinen Sinn, mit dir zu reden, Nathan. Du bist nicht bei Verstand!«

»Ich habe dir diese Unterlagen zum Aufbewahren gelassen. Ich hatte erwartet, daß du meine Privatsphäre respektierst. Ich hatte damit gerechnet, meinem eigenen Bruder vertrauen zu können, daß er meine Akten nicht durchwühlen würde!«

»Vertrauen!« sagt Onkel Eathan. »Wie kann dieses Wort dir überhaupt über die Lippen kommen?«

Daddy macht den Eindruck, als ob er im nächsten Moment platzen würde. Er hebt den Finger gegen Eathans Gesicht. »Und wie kommt es *dir* über die Lippen, Bruderherz? Wenn du dich in der Gegend umtreibst, scheint gar nichts, was mir gehört, vor dir sicher. Hab' ich nicht recht?«

»Was ...?« Über Onkel Eathans Gesicht huscht ein Ausdruck von Schuldbewußtsein. Plötzlich wirkt er defensiv. Er hält dem Blick seines Bruders nicht stand. »Ich versteh' gar nicht ...«

»Du weißt *verdammt* gut, wovon ich spreche ...« Sein Blick ist voller Bitterkeit und Zorn. »Oder etwa nicht?«

Onkel Eathan beißt nicht an. Er richtet sich auf und erwidert den feindlichen Blick des Bruders.

»Versuch nicht, das Thema zu wechseln. Und nur für die Nachwelt: Ich habe deinen Schrank nicht aufgebrochen. Du hattest ihn nicht abgeschlossen.«

Daddy versetzt dem Picknicktisch einen Fußtritt. Die Journale fliegen in die Luft. Eins fällt ins Gras.

Diese Journale – sie gehören Nathan. Es sind die Journale, mit deren Studium du eine ganze Nacht verbracht hast. Was hatten sie dort auf dem Tisch zu suchen? Eathan hat dir doch noch am Morgen erklärt, daß er sie erst *nach* dem Brand kennengelernt habe. Trotzdem – da steht er und macht Nathan ihretwegen Vorhaltungen.

Die laute Auseinandersetzung lenkt deine Aufmerksamkeit wieder zum Tisch.

»Zum Teufel mit dir, Eathan! Du hättest *deine* Papiere bei mir auf dem Fußboden verstreuen können, und ich hätte sie nicht einmal eines Blickes gewürdigt!«
»Also, *diese* Unterlagen habe ich eines Blickes gewürdigt. Ich war einfach neugierig zu sehen, in welche Richtung deine Forschungen sich bewegen. Ich … war entsetzt. Was du da gemacht hast, finde ich unerhört. Es ist kriminell!«
»Und ich konnte nicht fassen, was du getan hast!«
»Nathan, du bist unglaublich! Du kannst es dir wirklich ersparen, hier den Moralapostel spielen zu wollen. Du bist ein Ungeheuer. Ich …, wie hast du so etwas nur tun können? Mit deinen eigenen Töchtern, Nathan!«
»Skinner hat sein eigenes Kind gebraucht …«
»Er hat seinem Kind aber keine Drogen verabreicht!«
Daddy macht eine Bewegung mit der Hand. »Halt's Maul! Du tust niemand etwas Gutes, wenn du dich zu dieser Sache äußerst.« Er senkt die Stimme und nimmt einen versöhnlichen Ton an. »Ich habe einen Fehler gemacht, Eathan. Ich habe unüberlegt gehandelt und bedaure, was ich getan habe. Ich kann es aber nicht ungeschehn machen. Ich kann die Uhr nicht wieder zurückstellen. Und wie du siehst, ist kein Schaden entstanden. Die beiden Mädchen sind kerngesund und normal. Absolut normal. Laß die Sache also zwischen uns beiden bleiben – um der Mädchen willen.«
Das kauft ihm Onkel Eathan aber nicht ab. Er schüttelt den Kopf. »Zu spät, Nathan. Ich habe es Lucy nämlich schon erzählt – im Interesse der beiden Mädchen.«
Im Handumdrehen schlägt Daddys Zornesröte um in aschfahles Entsetzen. Seine Stimme ist heiser und kaum hörbar; er schwankt und hält sich an der Tischplatte fest.
»Nein! Du lügst! Du würdest ihr doch nie weh tun!«
Onkel Eathan schüttelt angewidert den Kopf, sammelt die Arbeitsjournale vom Tisch, hebt das Journal auf, das im Gras liegt, und drückt sie alle seinem Bruder in den Arm.
»Vielleicht solltest du sie dir noch einmal durchlesen – und danach mit mir darüber sprechen, was weh tut.«
Er verschwindet um die Ecke des Hauses. Daddy rennt ihm

nach. Im nächsten Moment sind sie um die Ecke verschwunden.

Und plötzlich hält Mommy deine Hand und rennt treppab. Auf der Vorderveranda hörst du Daddys Stimme.

»Bleib draußen, Eathan«, sagt er mit leiser Stimme. »Du bist hier nicht willkommen. Du kannst nicht eintreten. Ich will dich nie wieder auf meinem Grund und Boden sehen. Wenn du auch nur…«

»Zu spät, Nathan!« sagt Mommy, als ihr beide unten ankommt.

»Lucy!« Daddy läuft zu ihr ins Haus. »Du kannst ihm doch nicht Glauben schenken!«

Langsam, zögerlich folgt Onkel Eathan ihm ins Haus.

Die kleine Julie kommt vom hinteren Teil des Hauses. Mommy nimmt auch sie bei der Hand.

Jetzt bist du wieder ganz Zuschauerin. Du siehst deine Mutter am Fuß der Treppe in der inneren Diele stehen. Sie wird von ihren Töchtern flankiert, hält sie fest an der Hand. Dieser Blick ihrer Augen…

So hast du deine Mutter noch nie gesehen. Auf den Fotos, die du von ihr hast, sieht man sie immer nur lächeln, da macht sie einen milden, weichen Eindruck. Aber die Frau, die du hier siehst…, die kalte Wut in ihren Augen macht dir richtig angst. Du bleibst wie angewurzelt stehen. Jetzt ist sie nicht bloß deine Mommy mehr. Jetzt ist sie die Mutter aller Mütter, und einer hat ihren Kindern ein Leid getan.

Und gnade Gott dem, der das getan hat.

Plötzlich verschwimmt der Ausblick, die Perspektive wechselt erneut, jetzt bist du wieder die kleine Julie, die sich an Mommys Hand klammert und ganz verwirrt ist. Mommy ist böse auf Daddy, und die kleine Julie versteht nicht warum.

»Ich muß ihm gar nicht glauben«, sagt Mommy mit einer kalten, angstmachenden Stimme. »Er hat mir gar nichts sagen müssen.« Sie deutet auf die Journale, die Daddy im Arm hält. »Deine eigenen Worte, deine eigene Handschrift, das war mehr als genug.«

»Aber das ist doch nur ein Mißverständnis.« Er streckt die Journale weit von sich. »Das … das ist doch alles nur Fantasie. Ein Roman, an dem ich schreibe.«

Da wird Mommys Blick noch eisiger. »Halt mich nicht für dümmer, als ich bin!«

»Lucy!« Daddys Stimme klingt, als ob er weinen wollte. »Du wirst doch nicht glauben, daß ich meinen eigenen Töchtern Schaden zufüge!«

Sie durchbohrt ihn mit ihrem Blick. »Das wissen wir nun beide besser, nicht wahr, Nathan. Und dein Bruder wird es ebenfalls bald erfahren.« Sie setzt sich in Bewegung, in Richtung Tür, zieht Julie und Sammi hinter sich her. »Ich verlasse das Haus. Die Mädchen nehme ich mit. Und so wahr mir Gott helfe, wenn ich dich auch nur in ihrer Nähe sehe, werde ich dich abknallen!«

»Nein!« Daddys Stimme wird zum Schrei, als er die Arbeitsbücher gegen die Wand schleudert und ins Innere des Hauses rennt. *»Nein!«*

Da kauert sich Julie gegen Mommys Bein. Sie bemerkt, wie Sammi es auf der andern Seite von Mommy genauso macht. Es ist schon spät, sie ist müde, und so einen Laut hat sie in ihrem Leben noch nicht gehört, schon gar nicht von Daddy. Wo ist er hingelaufen? Sie ist völlig durcheinander … und sie hat Angst.

Am Eingang, gleich bei der Haustür, steht Onkel Eathan. Er ist wie betäubt.

»Welche Wahrheit?« fragte er. »Was redest du da, Lucy?«

Mommy versucht ein Lächeln. Es mißlingt. Es sieht aus, als ob sie gleich in tausend Stücke bricht.

»Ich … Das erzähle ich dir später. Jetzt will ich erst mal von hier weg. Eathan – wirst du mir helfen?«

Er nickt. »Selbstverständlich.«

»Oben im ersten Stock steht mein Gepäck …«

»Ich hol's.«

Als Onkel Eathan die Treppe hochläuft, blickt die kleine Julie zu ihrer Mutter auf. »M-Mommy, machen wir eine Reise?«

»Ja. Eine lange Reise.«

»Und Daddy kommt nicht mit«, erklärt Sammi, die darüber gar nicht unglücklich scheint. »Daddy und Onkel Eathan, die haben sich gar nicht mehr lieb. Ich hab's gesehen … ich habe gesehen, wie sie sich geschlagen haben.«

»Warum denn?« fragt Julie.

Doch ehe Mommy oder Sammi darauf antworten können, kommt Onkel Eathan wieder in den Blick. Er müht sich auf der Treppe mit einem riesigen Koffer ab.

»Was ist bloß drin? Dein ganzes Hab und Gut?«

»So in etwa.«

Während Onkel Eathan den Koffer zum Ausgang hievt, sind plötzlich alle wie erstarrt …

Dann löst sich alles auf, du stehst plötzlich wieder für dich allein.

Du befindest dich jetzt in einem menschenleeren Haus. Du läufst von Zimmer zu Zimmer, aber da ist niemand. Du stürzt wieder hinaus, in die Van-Gogh-Nacht, du suchst im Hof. Du schaust sogar unter den Maisstengeln im Garten nach.

Niemand.

Nach einem letzten Blick auf das verlassene Grundstück entfernst du dich vom Haus. Du hältst Ausschau nach dem Tunnel, der zur Oberfläche führt.

Du bist jedoch unruhig geworden. Warum ist dir von alldem nichts im Gedächtnis geblieben? Du warst damals doch anwesend. Deine Eltern haben sich nicht getrennt. In der Erinnerung von damals, vorhin, warst du dabei – zumindest im Bewußtsein von Sam. Da müßtest du dich doch erinnern. Oder …

… ist ebendiese Erinnerung in deiner eigenen Gedächtnislandschaft in einer Felsennische verschüttet?

Ist das, was du gerade gesehen hast, im Grunde nicht zu harmlos, um verdrängt werden zu müssen? Da gab es doch nichts wirklich Traumatisches, sondern bloß Geschrei und Trugschlüsse.

Und wann hätte das eigentlich sein sollen? Ihr beiden, Sam und du, saht wie fünf aus, hättet aber auch viereinhalb Jahre alt sein können.

Vor dir entdeckst du die weite, dunkle Mündung des Tunnels

zur Oberfläche. Und, weiter rechts, eine zweite, engere, dunklere Öffnung. Wohin wird die führen? Ihrer Lage nach anscheinend mitten ins Herz des Vulkans.

Für welchen von beiden Wegen du dich auch entscheiden magst – es wird Zeit, diese sternennächtliche Grotte zu verlassen.

Du wirfst einen letzten Blick über die Schulter, und während du noch schaust, ringelt sich aus einem der Sterne eine Feuerranke, schlängelt auf das Haus zu und plötzlich …

Aus den Fenstern, durch die Haustür schießen Flammen.

»O nein!« Du schreist es heraus.

Nicht der Brand! Den Brand zu beobachten wäre unerträglich. Den hast du schon so oft im eigenen Bewußtsein nacherlebt, warum solltest du ihn nun auch noch in Sams Gedächtnislandschaft durchleiden? Das hältst du nicht aus.

Moment mal… in *Sams* Gedächtnislandschaft? Sam könnte doch eine ganz andere Aufnahme der Tragödie gespeichert haben. Sie hat vielleicht etwas gesehen, was du nicht sahst – oder erinnert etwas, das du nicht erinnerst. Du hattest schließlich auch keine persönliche Erinnerung von dem, was du gerade im Innern des Hauses gesehen hast, und in der Szene hast du übrigens, Gott sei Dank, nicht mit Streichhölzern gespielt…

Du eilst wieder zurück. Aus den Zypressen werden Eichen, Ahornbäume und Ulmen. Auch der Himmel verändert sich, die Sterne schrumpfen zu lichten Nadelspitzen, der Mond wird voll und rund und schaut dir zu.

Du schießt allzu dicht ans Haus heran, so daß du vor der plötzlichen Hitze zurückweichen mußt.

Drinnen hat das Feuer die Oberhand gewonnen, aus den Kellerfenstern schießen die Flammen, sie jagen durch das Erdgeschoß, lecken an den Fenstern im oberen Stock. Das Feuer ist windschnell, lebendig, furchterregend.

Und dann steht dort, im Eingang, eine Silhouette in den Flammen, eine menschliche Gestalt, mit zwei Bündeln auf den Armen, springt von der vorderen Veranda und stürzt über den Rasen. Er rennt direkt auf dich zu, bleibt erst stehen, als er einen halben Meter vor dir ist. Nathan. Er sinkt auf die Knie und legt die kleine Sam und Julie ins Gras.

Die nächsten Worte kennst du.

»Ihr bleibt hier. Ich geh' wieder ins Haus, eure Mom holen.«

Und sie ergreift dich nach wie vor, diese Szene, so sehr du diesen Mann auch haßt für das, was er dir und auch was er deiner Mutter angetan hat – indem er Sam und dich wider besseres Wissen als seine Töchter ausgab und euch aus Rache als Versuchskaninchen benutzte: Du kannst dir nicht helfen, du wirst auch diesmal wieder von einer Woge der Liebe und des Vertrauens zu ihm erfaßt wie noch jedesmal, wenn dir die Erinnerung an diesen Augenblick kam.

Er hat euch aus den Flammen gerettet.

Du siehst ihn zum Haus zurückeilen, die Arme zum Schutz gegen die Hitze vors Gesicht heben und wieder in die Flammen hineinstürmen.

Jetzt kommt der schlimmste Teil. Das Warten. Die Angst wächst. Du siehst den Widerschein der tanzenden Flammen auf den tränenüberströmten Gesichtern von Sammi und Julie. Wo ist Daddy? Warum bringt er Mommy nicht her? Dann das Erschrecken. Daddy! Mommy! Laßt uns nicht allein!

Plötzlich schreien beide Mädchen entsetzt auf. Warum nur? Es hat sich doch gar nichts verändert – außer beiden ist im gleichen Moment klargeworden, daß ihr Daddy und ihre Mommy nicht mehr aus dem Feuer herauskommen werden.

Niemand antwortet auf ihr Schreien. Niemand kommt sie trösten. Nur der Vollmond sieht ihre Not, der dumme, grinsende, erbarmungslose Mond.

Plötzlich ist alles schwarz – kein Haus mehr, kein Feuer, kein Mond. Totale Finsternis, absolute Stille.

Für einen Moment droht Panik aufzukommen, dann hörst du – du *spürst* es – das Rascheln von Laub unter Schuhen. Von oben fällt Licht. Du schaust noch. Es ist Tag. Durch die Bäume fallen Sonnenstrahlen. Du blickst dich um, siehst neben dir deine Schwester, Sammi, sie weint auch nicht mehr – ihr seid beide leergeweint. Aber euch friert. Und ihr habt furchtbar Hunger.

Plötzlich ist vorn bei den Bäumen ein Mann in Flanellhemd und dreckigen Jeans, bleibt wie angewurzelt stehn, fixiert euch. Kommt näher.

»Habt keine Angst, Kinder«, sagt er mit heiserer Stimme und streckt die Hände aus, als ob er sich einer verschüchterten Welpe oder kleinen Katze näherte. »Ich tu' euch nichts.«

Du legst beide Arme um deine Schwester, und sie hält sich mit beiden Armen an dir fest. Mommy hatte euch immer gesagt, euch vor Fremden zu hüten und zu schreien und wegzurennen, wenn einer versucht, euch anzufassen; zum Weglaufen seid ihr aber zu müde und schwach. Zitternd haltet ihr euch aneinander fest und hofft nur, daß er keiner von der Sorte ist, vor der Mommy euch gewarnt hat.

»Seid ihr die beiden Gordonmädchen?« fragt er.

Ihr habt viel zuviel Angst, um zu sprechen. Ihr könnt nur mit dem Kopf nicken.

»Gott sei Dank«, sagt er, dreht sich um und ruft in den Wald hinein: »He! Leute! Ich habe sie gefunden! Sie sind hier!« In seiner Stimme schwingt ein halber Schluchzer mit. »Und sie sind okay!« Er wendet sich wieder an euch und sinkt vor euch in die Knie. Du siehst Tränen in seinen Augen. »Jetzt seid ihr sicher, Kinder. Es wird wieder alles gut.«

Dann löst der Mann vor deinen Augen sich auf, und die kleine Sammi und Julie lösen sich auf, doch der Wald bleibt. Und die Kälte und der Hunger auch. Du ahnst, daß es Stunden dauern könnte, bis du wieder aus diesen Wäldern herausfindest. Dazu fehlt die aber die Zeit.

Du drückst auf das EXIT-Feld.

31. Kapitel

T. S. Eliot:

Schritte hallen in der Erinnerung
Am Wege, den wir nicht gegangen sind.
Aus den Notaten Julie Gordons

1

Julie rieb sich die Augen, als sie sich im Sessel zurücklehnte und hoffte, daß ihre aufgeregten Gedanken sich wieder beruhigten.

All die vielen Fragen – es waren *zu viele* Fragen.

Julie stand auf, schaltete den Videorecorder aus und nahm Sam den Datenhelm ab. Sie hielt inne; beim Anblick der bleichen, entspannten Züge wurde sie fast übermannt von Empfindungen zärtlicher Zuneigung.

»Wir haben eine Menge durchgemacht, nicht war, Schwesterchen? Ja, es war die Hölle.« Sie ließ ihre Fingerrücken auf Sams Wange ruhen. »Liebe, liebe Sam. Wenn ich damals nur gewußt hätte, was ich heute weiß…, wenn Eathan es uns doch nur erzählt hätte… Dann wäre alles anders gekommen. Und vielleicht…«

Es schnürte ihr die Kehle zusammen.

Ich glaube, ich muß weinen.

Welch merkwürdiges Gefühl. War das ein Schluchzen, das in ihrer Brust aufstieg? Und waren das Tränen, die hinter den Lidern drückten?

Sie schluckte, und das Gefühl ging vorbei. *Kann doch nicht plötzlich mein Wesen ändern.* Nein, sie wollte nicht weinen. Sie weinte doch nie.

Aber es machte sie wundern. Übernahm sie während jeder memoskopischen Sitzung etwa Elemente von Sam in die eigene Psyche? Der Gedanke schien verrückt…, falls es nun aber doch so wäre: Ob sie dann wohl auch etwas von sich in Sammi zurückließe?

Eine faszinierende Möglichkeit. Falls das zuträfe, könnten sich Nathans Einmischungen vielleicht zum Teil wiederaufheben. Dazu würde es allerdings *lange* Zeit brauchen. Und viel Zeit hatten sie nicht.

Julie rief die Krankenschwester ins Zimmer und vertrat sich auf dem Gang die Beine, während drinnen die Zuleitungen für Sams intravenöse Medikamente und künstliche Ernährung kontrolliert wurden.

Sie konnte sich der vielen Fragen nicht erwehren – wegen Nathan, wegen Eathan, wegen Sams Erinnerung an die schreckliche Brandnacht.

Erstens, Nathan. Seit sie seine Arbeitsjournale gelesen hatte, war er Julie von ganzem Herzen verhaßt. Nach der Vergegenwärtigung der Brandnacht in Sams Gedächtnislandschaft war sie sich jedoch ihrer ablehnenden Haltung gegenüber Nathan Gordon nicht mehr so sicher.

Aus einem gewissen Abstand betrachtet schien es ihr unbestreitbar, daß seine Frau und sein Bruder ihm furchtbar mitgespielt hatten. Selbst wenn ihre Affäre noch so kurz und Lucy ihm anschließend treu geblieben war – sie versuchte sich vorzustellen, wie Nathan jedesmal zumute gewesen sein mußte, wenn er die Zwillingstöchter vor sich sah und sich eingestand, daß sein Bruder der Vater der Mädchen war.

Vielleicht hatte ihn das aus der Bahn geworfen. Es würde sein Verhalten gegenüber den zwei kleinen Mädchen zwar nicht entschuldigen, aber zumindest eine Erklärung liefern. Und was immer er in seinem Leben an Ungeheuerlichkeiten verbrochen hatte – die Tatsache blieb bestehen, daß er als Held in den Tod gegangen war. Das war keine Frage.

Er hätte sich allein in Sicherheit bringen können, als sein Haus abbrannte, er hätte das Geld aus der Lebensversicherung für seine untreue Frau einsacken und sein Leben als Millionär beschließen können. Doch er hatte die Kinder aus dem brennenden Haus gebracht und war gestorben, als er diese untreue Frau zu retten versuchte.

War es ein Gefühl von Schuld, das ihn dazu trieb? Ein Versuch der Sühne für den Mißbrauch der Zwillinge? Vielleicht hoffte er ja, daß Lucy ihm vergeben würde, wenn er deren Leben rettete.

Was eine andere Frage aufwarf. Sie betraf Sams verschüttete Erinnerung, wonach Lucy von Nathans Experimenten erfahren hatte und ihn mit den Kindern verlassen wollte. Wann war das gewesen? Die Erinnerung endete damit, daß Eathan, Lucy und die Zwillinge auf die Tür zusteuerten. Doch die nächste Erinnerung betraf den Brand.

Wie lang war der Zeitraum zwischen dem Weg aus der Tür und dem Brand gewesen? Hatte es irgendeine Art von Versöhnung gegeben?

Und es gab noch mehr Unstimmigkeiten.

Es war erst ein paar Stunden her, daß Eathan in seinem Schlafzimmer gesessen und ihr erzählt hatte, daß er Nathans Arbeitsjournale *nach* dem Brand entdeckt hätte. Das war seine Darstellung der Dinge; wenn Sams Erinnerung aber im wesentlichen stimmte, dann hatte Eathan *vorher* davon gewußt – dann hatte *er* nämlich die Journale an dem Abend ihrer großen Auseinandersetzung in Nathans Haus gebracht.

Offenbar hatte er da – noch – nicht gewußt, daß er der Vater der Kinder war; doch die Journale mußte er gekannt haben. Warum hatte er Julie dann aber angelogen? Warum nur?

Es sei denn …

Es war ein Gedanke, der Julie umwarf. Sie mußte sich auf den Endpfosten der Treppe stützen, bis das plötzliche Gefühl von Übelkeit verging.

Es sei denn, daß Eathan etwas mit dem Brand zu tun hatte.

Nein. Das war unmöglich. Doch nicht Eathan. Er ganz bestimmt nicht.

Hinsichtlich der Journale hatte er allerdings gelogen. Das konnte sie nicht übersehen. Eathan würde aber nie ohne Grund lügen.

Mußte dieser Grund aber unbedingt etwas mit dem Brand zu tun haben?

Und *überhaupt*, dieser Brand …

Was sie besonders beunruhigend fand, war die Tatsache, daß

Sams Erinnerung von jener Nacht genau die gleiche Lücke aufwies wie ihre eigene.

Laut Eathans Erzählungen aus späteren Jahren war zunächst angenommen worden, daß der Schrecken des Feuers die beiden Mädchen in einen Schockzustand versetzt hatte, so daß sie ziellos durch die Wälder gewandert waren.

Doch was war in der Zeit nach dem Brand geschehen, bis sie im Wald gefunden wurden?

Und was war während des Zeitraums zwischen Lucys Verlassen des Hauses und dem Brand vorgefallen?

Auch wenn ihr der Gedanke widerwärtig war, sie mußte sich die Frage stellen: Wenn Mom Eathan nun gestanden hätte, daß er der Vater der Zwillinge war und Eathan im Wissen um Nathans Experimente durchgedreht wäre?

Damit waren die Fragen keineswegs beantwortet – ganz und gar nicht. Eathan würde seine eigenen Kinder nie in Gefahr gebracht haben. Unvorstellbar, daß er den Brand gelegt haben sollte.

Und wenn Nathan und Lucy sich auszusöhnen versucht hätten? Wenn sie mit den Zwillingen wieder zu ihm gezogen wäre? Hätte das Eathans Verzweiflung nicht noch weiter angeheizt?

Und für den Fall, daß sie alle ums Leben kämen, hätte er die zwei Millionen Dollar ganz für sich allein gehabt.

So etwas würde Eathan aber nie getan haben. Er war der letzte, dem sie so etwas zutrauen würde.

Wirklich *wissen* würde sie es allerdings nie, oder? Außer...

Ich muß noch einmal zurück.

Sie warf einen Blick auf ihre Armbanduhr. In New York war es noch zu früh am Tag, um mit Dr. S. Verbindung aufzunehmen.

Verdammt! Mit jeder verlorenen Stunde nahmen die Chancen auf Entdeckungen in Sams Gedächtnislandschaft weiter ab.

Sie wollte sie aber nicht wieder allein betreten. Das Ausmaß der Sinneswahrnehmungen dort wurde ihr allmählich zuviel. Sie würde eine Rettungsleine zur Außenwelt benötigen.

Sie seufzte ergeben. So würde die Krankenschwester wenigstens Zeit haben, sich um die verschiedenen Lebenserhaltungssysteme für Sam zu kümmern; und die Physiotherapeuten für die tägliche Routine mit Quickwert, sensorische Stimulierung, Gelenkdehnung, Massage und passive Übungen.

Sie arbeiteten wie verrückt, um Sams Körper äußerlich in gutem Zustand zu erhalten; innerlich war Sam jedoch bereits so gut wie tot.

2

»Was wissen Sie über diesen Tunnel?« sagte Dr. S.

Sein Gesicht füllte den Bildschirm; sein Ausdruck war das personifizierte Mißtrauen.

Am besten, ich sag's ihm – aber nur die Soloaktion von heute morgen.

»Ich habe einen Alleingang gemacht.«

»Verflixt! Julie, ich habe Ihnen aber doch gesagt ...«

»Es war keine Zeit, auf Sie zu warten, und ich habe jetzt auch keine Zeit, mich mit Ihnen deshalb zu streiten. Sams Gedächtnislandschaft kann jede Minute dichtmachen. Ich ging hinein, ich bin wieder herausgekommen, ich bin okay. Ich werde erneut eintreten, und diesmal begleiten Sie mich. Wir wollen doch kein Drama draus machen.«

Der Ton gefiel ihr selbst nicht; aber sie war müde, unter Druck und hatte keine Lust, Dr. S. endlos über die in Sams Gedächtnislandschaft lauernden Gefahren dozieren zu hören.

Weil er die Gefahren nicht einmal zur Hälfte kannte.

Sie schaute zu seinem Gesicht auf, als er nicht reagierte. Statt mißtrauisch zu sein, war er nun beleidigt. Mist!

»Entschuldigung«, sagte sie. »Ich habe in letzter Zeit nicht viel Schlaf bekommen. Aber ich darf jetzt nicht aufhören. Ich bin ganz nah an der Sache dran und ...«

»Welcher Sache?«

»Alles. Die letzten Geheimnisse. Ich bin überzeugt, daß der zweite, kleinere Tunnel, den ich bemerkt habe, ins Zentrum des Vulkans führt, und ich habe die Vermutung, daß ich dort die Antwort auf all meine Fragen finde.«

Daß es bei diesen Fragen strenggenommen nicht um Sam

ging, durfte sie ihm nicht sagen. Die Fragen betrafen auch sie selbst – weil sie und ihre Schwester in jener Zeit damals so etwas wie siamesische Zwillinge gewesen waren und alles, was der kleinen Sammi zustieß, auch der kleinen Julie zustieß.

Hier geht es nicht mehr nur um Sam. Hier geht es auch um mich.

Das durfte sie Dr. S. aber nicht wissen lassen.

»Wieso der Vulkan?« fragte er. »Das, was Sie suchen, könnte doch genausogut woanders verschüttet sein, oder?«

»Kann sein. Wir vergessen nur allzu leicht – das weiß ich zumindest von mir –, daß die Memoskopie eine symbolische Landschaft zeigt. Wir müssen uns also zunächst fragen, was ein Vulkan in der realen Welt darstellt. Ein Vulkan ist der Punkt für die Entladung eines unaufhaltsamen Drucks, der sich innerhalb der Erdkruste aufbaut. Und was symbolisiert er in der Memoskopie? Etwas sehr Ähnliches, wie ich meine. Warum könnte er nicht die Ausbruchstelle für eine kataklystische Erinnerung sein, die zu dicht an die Oberfläche kam und zu heftig war, als daß man sie hätte unterm Deckel halten können? Sie ist explodiert und hat alles in Reichweite verwüstet.«

»Ich weiß nicht, Julie... Wie sollte eine Erinnerung, und mag sie noch so furchtbar sein, eine solche Verwüstung verursachen, die wir im Gedächtnis Ihrer Schwester beobachtet haben?«

»Ich habe Ihnen ja erzählt, was uns angetan worden ist.«

Sie hatte Dr. S. einige Details beschrieben, das Durcheinander bezüglich der Vaterschaft aber übergangen.

»Ja, aber trotzdem...«

»Es muß sie in irgendeiner Weise sehr verwundbar gemacht haben.«

»Gut. Aber macht das nicht auch Sie verwundbar?«

Verdammt! Ihr war sofort klargewesen, daß sie den Satz besser nicht gesagt hätte. Dr. S. merkte einfach alles.

»Nein«, erwiderte sie und improvisierte: »Weil bei mir auf ganz natürliche Weise die linke Gehirnhälfte dominiert, bin ich da sogar *weniger* gefährdet.«

Hoffentlich.

»Ich verstehe nicht, wie Sie das wissen wollen, ich kann nur hoffen, daß Sie recht haben. Sie begeben sich da in einem sehr realen Sinne in den Bauch des Ungeheuers. Eines Ungeheuers, das Sie erwartet. Sind Sie gewappnet?«

Nein, dachte sie. Laut sagte sie jedoch. »Ja. Und ich möchte, daß Sie mitkommen.«

»Ich werde da sein und Ihnen über die Schulter schauen. Mir liegt alles daran, daß Sie zurückkehren.«

»Warum?« neckte sie ihn. »Wegen der Fördermittel der Bruchmeyer-Stiftung?«

Verflixt, die hatte sie ja völlig vergessen. Und es war ihr, wie sie merkwürdigerweise fand, sogar völlig egal.

»Sie wissen sehr wohl, was ich meine«, sagte er.

Sie holte tief Luft. »Ja, ich weiß.«

Und es war das erstemal, daß ihr der Gedanke, bei jedem Schritt von jemand überwacht zu werden, nicht unangenehm war. Sie hatte da so ein Gefühl, daß es diesmal haarig werden könnte.

Es könnte mich das Leben kosten, dachte sie. Es mußte sein.

»In Ordnung«, sagte sie. »Auf geht's.«

32. Kapitel

Es ist leicht zu verstehen, wie einer empfänglichen Person »falsche Erinnerungen« eingepflanzt werden können, wenn man begreift, daß der Akt, sich das Erscheinungsbild eines Gegenstandes vorzustellen, die gleiche Zone der Großhirnrinde beansprucht wie die wirkliche Wahrnehmung eines Objekts; der Akt des Sicheinbildens einer Berührung beansprucht die gleiche Zone der Großhirnrinde, die mit dem realen Empfinden einer Berührung zu tun hat.

Aus den Notaten Julie Gordons

Jetzt ist sogar die Galerie fort. Unter dem zertrümmerten Mond biegst du unverzüglich zur rechten Flanke des ruhenden Vulkans.

Du betrittst den tiefen Spalt, trittst durch den Riß und erreichst auf dem Weg durch den Tunnel die Sternennachtgrotte.

Doch statt der rauchenden Ruinen unter den Bäumen siehst du das intakte, nicht verbrannte Haus in Milburn. Du wartest auf die Wiederholung der Auseinandersetzung und des Brandes?

Nein, danke. Diesmal verzichtest du auf den Anblick.

Du entdeckst den kleineren, seitlichen Tunnel, gehst hinein und folgst ihm bis tief ins Innere des Hügels. Während du auf dem dunklen, gewundenen Weg vorankommst, spürst du die zunehmende Hitze, es ist ein klares Zeichen, daß du dich deinem Ziel näherst. Das darfst du aber gegenüber Dr. S. nicht erwähnen – eigentlich dürftest du hier gar nichts empfinden.

Und dann siehst du das rote Glühen vorn. Du bist fast angekommen. Bald wirst du die Antwort auf all deine Fragen erfahren.

Dir zieht sich der Magen zusammen. Willst du diese Antworten überhaupt erfahren? Wirst du mit ihnen umgehen können? Sie doch nur, was mit Sam passiert ist.

Aber du bist ein ganz anderer Mensch als Sam.

Du hast die Dinge nie so schwer genommen wie sie. Du hast dich immer mit dem Verstand durchgeboxt, und du kannst gar nicht verstehen, warum das hier nun anders sein soll.

Du hoffst wenigstens, daß das zutrifft.

Nein, du wirst okay sein. Du bist gerüstet. Du bist auf das Schlimmste gefaßt. Du kannst mit allem umgehen, was dich in der Gedächtnislandschaft anspringt.

Du hoffst wenigstens, daß das zutrifft.

Du machst voran. Bald siehst du vor dir Flammen. Die Hitze steigt, als du auf sie zugehst. Es ist heiß, doch nicht unerträglich. Jawohl, du bist hier körperlich präsent, aber nicht vollständig. Du bist wie ein hauchdünner Vorhang; der größte Teil der Hitze geht hindurch.

Dann hast du den Mund des Tunnels erreicht und blickst in das Herz des Vulkans. Der Kamin ist ein flammender Brunnen mit einem Magmateich, der zehn Meter unter dir brodelt und aufstößt, und die schmalen Brunnenwände lösen sich in einen roten Schleier auf, als sie sich der Nacht entgegenstrecken.

Und dort, eine Brücke – vielleicht acht bis zehn Meter über dir. Oder wenigstens die Reste einer früheren Brücke. Ein schmaler Bogen von höchstens einem Meter Durchmesser, der über diese Kluft geführt haben muß, als er noch ganz war.

Jetzt ist er fort, weggeblasen durch den Stoß des Ausbruchs. Geblieben sind nur zwei abgestumpfte Vorwölbungen der Kaminwand, wie zwei Liebende sehen sie aus, die sich über das Feuer entgegenreichen, keine drei Meter voneinander getrennt, und werden sich doch nie wieder berühren.

Du schaust dich um nach dem Ereignis, das diese Katastrophe auslöste, siehst aber nichts, was eventuell eine Erinnerung gewesen sein könnte.

Das WINDOWS-Feld blinkt auf. Du drückst auf das Feld. Im sich öffnenden Monitor erscheint das Gesicht von Dr. S.

»Das ist erschreckend, Julie«, sagt er. *»Sie haben den Sitz des Gedächtnisses gefunden, aber es ist nichts mehr da. Was immer da früher mal war – es ist total zerstört. Die Erinnerungen sind verschwunden.«*

»Sieht ganz so aus«, sagst du, hast aber Mühe, es zu akzeptieren. »Nur: Wie könnte denn eine Erinnerung so flüchtig sein, daß sie nicht nur sich selbst, sondern auch die gesamte Gedächtnislandschaft vernichtet?«

»Keine Ahnung. Die immense Verwüstung dieser Gedächtnislandschaft beunruhigt mich, seit Sie sie zum erstenmal betreten haben. Diese Szene ist jedoch noch besorgniserregender. Hier gibt es eine zentrale Tiefenstörung.«

»Das scheint mir offensichtlich.«

»Nein-nein. Ich spreche nicht von dem, was uns vor Augen steht. Ich glaube, das Problem liegt tiefer.«

»Erläutern Sie.«

»Wenn ich doch nur könnte.« Sein Gesicht wirkt besorgt, fast so, als ob ihm die Sache peinlich wäre. *»Ich reagiere auf das altehrwürdige wissenschaftliche Instrumentarium, zu dem sich niemand bekennt: Intuition.«*

»Die Intuition sollte man nie mißachten«, sagst du. »Ich werde jetzt mal erkunden, was von der Brücke übriggeblieben ist.«

Du schließt das WINDOW-Feld, gleitest dann zur entzweigebrochenen Brücke hoch. Bei einem der Bogenstümpfe machst du halt. Die Hitze ist erbarmungslos. Dir wird klar, daß du ja eigentlich in der Kühle von Sams Schlafzimmer sitzt und dein Körper wahrscheinlich trotzdem schweißgebadet ist. Du schwebst über der kochenden Lava und versuchst, diese Szene zu verstehen.

Wieso ist hier eine Brücke? Hat das letzte, das fürchterliche Ereignis, das Sams Gedächtnis aufnahm, auf einer Brücke stattgefunden? Ist jemand von der Brücke gestoßen worden? Wohin denn? In die Seine? Die Themse? Den Hudson? Du brauchst ein Stichwort, verdammt. Nur einen einzigen Hinweis!

In dem Moment fällt dir eine Unregelmäßigkeit an der Oberfläche des gegenüberliegenden Stumpfes auf. Es ist mehr als nur eine Unregelmäßigkeit – das stumpfe Ende ist mit unzähligen Auswüchsen in Fingerspitzengröße übersät. Außer in der Mitte, wo eine weichere, annähernd ovale Kuppe hervorsteht.

Du gleitest darauf zu. Ganz aus der Nähe betrachtet scheint

die Kuppe geschrumpelt, hier und da faltig – als ob sie durch die Hitze entstellt worden wäre. Aus unmittelbarer Nähe siehst du, daß die Tausenden Ausbuchtungen in Fingerkuppengröße sich bewegen, winden, strecken, und zwar in Richtung…

Du drehst dich um, näherst dich dem anderen Stumpf, wo du dann genau das gleiche Phänomen beobachtest: eine niedrige, schrumpelige zentrale Kuppe, umrandet von Tausenden fingerkuppenartiger Wärzchen, die hier noch aktiver sind und sich zuckend zubewegen auf…

Es wird dir plötzlich klar: Sie bewegen sich aufeinander zu, versuchen das Gegenstück zu erreichen, das abgetrennte Teil auf der anderen Seite der Kluft.

Das WINDOWS-Feld blinkt wieder. Du klickst Dr. S. ins Bild. Er wirkt ganz aufgeregt.

»Herrje, Julie, mir ist gerade etwas eingefallen. Sie sind ja abwärts, in die Tiefe gegangen, nachdem Sie den breiten Spalt an der Vulkanflanke betreten haben!«

»Korrekt. Ganz tief nach unten.«

»Dann ist das, was Sie da vor sich haben, gar keine Brücke. Überlegen Sie doch mal. Wenn unser beider Orientierungssinn nicht völlig danebenliegt, dann lag dieses Konstrukt unter der Erde – unter der virtuellen Oberfläche des Gedächtnisses –, als der Vulkanausbruch stattfand.«

Du vollziehst deinen Weg bis zu dieser Stelle noch einmal vor deinem geistigen Auge nach.

»Sie haben recht. Natürlich. Wie habe ich das nur übersehen können?«

»Ah-ha! Nun begreifen Sie endlich den Vorzug eines externen Beobachters. Was haben Sie auf Ihrer Solo-Exkursion wohl noch alles übersehen? He?«

Du könntest ihm sagen, das sei ja nicht dein einziger Alleingang gewesen, aber warum Öl ins Feuer gießen? Es ist dir hier sowieso schon heiß genug.

Und seine Bemerkung hilft dir leider überhaupt nicht weiter. Im Gegenteil, sie macht das Rätsel nur noch größer.

»Was ist es dann gewesen?« fragst du. »Eine unterirdische Konstruktion, gewiß… aber was für eine?«

Während du sprichst, musterst du die verschrumpelte Kuppe auf dem Stumpf ein wenig gründlicher. Sie erinnert dich an etwas. Du faßt sie an…

Und reißt die Handschuhe zurück, weil die Kuppenoberfläche sich plötzlich kräuselt und bauscht. Als du sie erneut berührst, bildet die Aufblähung sich sofort wieder. Diesmal ist die Reaktion heftiger. Die Kuppe wellt sich, dann zieht sie sich in großen Falten zusammen, die Oberfläche öffnet sich und enthüllt…

Ein Auge.

Dir stockt der Atem. Du schrickst zurück. Du starrst in die riesige blaue Iris inmitten der feuchtglänzenden weißen Lederhaut des Auges. Und mitten im Zentrum der Pupille. Sie ist so tief und dunkel wie der interstellare Raum.

»Mein Gott! Sehen Sie nur!«

»Ich sehe«, erwidert Dr. S. Seine Stimme klingt gedämpft, ehrfürchtig. *»Ob aber dieses Auge dort sieht?«*

»Ich weiß nicht…«

Du bewegst dich nach links. Das Auge folgt deiner Bewegung. Du kehrst zum Ausgangspunkt zurück. Das Auge geht mit.

»Es kann sehen. Aber was hat das alles zu bedeuten?«

Ein leises Piepen vom Anzeigeband am unteren Rand deines Gesichtsfelds informiert dich über eine Veränderung in einem der Parameter.

Sams Puls im Ruhezustand – gewöhnlich eine gleichmäßige Frequenz von 70 bis 72 Schlägen – ist auf 86 gestiegen. Durchaus noch im Normalbereich. Kein Problem.

Du drehst dich um und näherst dich dem gegenüberliegenden Stumpf der Brücke – der Wurzel oder Leitung oder was immer es ist, nein: war. Du berührst die entsprechende Kuppe. Die Oberfläche kräuselt sich, aber nur ganz schwach. Eine zweite Berührung: die gleiche Reaktion. Mehr nicht. Was du auch versuchst, dieses Lid will sich nicht öffnen. Du kehrst um und siehst, wie das andere Auge dich im Blick behält und jede Bewegung deinerseits wahrnimmt. Es ist unheimlich.

»Mir kommt eine Idee«, sagt Dr. S. *»Es klingt ein bißchen ver-*

rückt, aber mir schwant, daß die kaputten Gebilde eigentlich die Großhirnrinde mit dem aktivitätsregulierenden System verknüpft.«

Du widersprichst. »Ausgeschlossen. Das ARAS ist kein anatomisches Gebilde. Es ist eine Funktionseinheit. Eher ein Netzwerk. Zwischen ihm und dem Gehirn besteht keine direkte Hauptlinie.«

»Wir haben es hier aber nicht mit einem Gehirn zu tun, Julie. Wir sind in einer Memoskopie. Und die ist, wie Sie vorhin ganz richtig bemerkten, symbolisch.«

»Und diese symbolische Kette ist... gebrochen?«

»Ja ... genau ... gebrochen. Und das heißt: Hier genau war die verdrängte, flüchtige Erinnerung verschüttet, genau unter der ARAS-GROSSHIRNRINDEN- HAUPTLINIE.«

»So ein verdammtes Pech.«

»Muß es denn nur Pech sein?«

»Was denn sonst?«

»Es könnte doch einen Grund haben, daß sie hier verschüttet wurde.«

»Welchen? Die ARAS-Großhirnrinden-Hauptlinie bei Nutzung zu zerstören? Das wäre so gut wie selbstmörderisch. So etwas würde das Gehirn nie tun. Das ergibt keinen...«

Du brichst ab. Sam hatte Selbstmordneigungen. Wahrscheinlich mehr als nur das eine Mal. Gewiß. Aber das hier? Wie hätte sie das überhaupt hinkriegen sollen?

»Sie meinen also«, sagst du, »daß diese Erinnerungen so furchtbar waren, daß Sam lieber sterben als sie im Gedächtnis behalten wollte?«

»Es könnte ja auch sein, daß es einer anderen Person lieber wäre, daß sie stirbt, als daß sie es im Gedächtnis behält.«

Die Bemerkung trifft dich wie ein Schlag. »Eine andere Person?« Der Gedanke schockiert dich so, daß du einen Moment lang nicht mehr klar denken kannst. »Aber wer? Warum? Und wie denn?«

»Keine Ahnung. Ich ziehe lediglich alle Möglichkeiten in Betracht. Die strategische Position dieser Erinnerung – oder vielleicht sollte ich sagen, dieser früheren Erinnerung – läßt mir keine Ruh.«

»Was mir keine Ruhe läßt«, entgegnest du, »ist die Endgültigkeit der Zerstörung. Diese zwei Enden werden nie wieder zusammengeführt werden. Es ist hoffnungslos. Wenn diese symbolische Darstellung eine korrekte Spiegelung von Sams neurophysiologischen Zustand bedeutet, dann…« Schon wieder der Klumpen im Hals. Du vermagst kaum zu sprechen. »Dann wird Sam das Bewußtsein nie wiedererlangen.«

Du hättest nie geglaubt, daß dir einmal etwas so weh tun könnte wie diese Erkenntnis.

Sie wird sterben. Verflixt, sie ist ja schon so gut wie tot. Und du kannst ihr nicht helfen. Du hast sie im Stich gelassen.

Ein weiteres Mal.

Du fühlst das Schluchzen, das in dir aufsteigt. Aber du darfst jetzt nicht zusammenbrechen. Du schließt die Augen, schluckst, nimmst dich zusammen.

»Julie? Alles in Ordnung?«

»Nein«, sagst du mit fast erstickter Stimme. »Nein, überhaupt nicht.«

»Dann sollten Sie besser aussteigen. Im übrigen ist hier alles zerstört, was von Interesse sein könnte. Und ihr Puls – die Pulsfrequenz ist auf über 90 angestiegen.«

Du wirfst einen Blick auf das Anzeigeband. Der Puls erhöht auf 94, die Atemfrequenz von 6 auf 8.

Du bist genauso nervös wie Dr. S. Und dir ist heiß. Am liebsten würdest du dich jetzt irgendwo in den Schatten legen, wo du dir nicht so verdammt inkompetent und ohnmächtig vorkommen würdest.

Aber du reißt dich zusammen. Du gibst dich ungern geschlagen.

»Die Sache macht mich neugierig«, sagst du, während du dem riesigen Auge ins Auge siehst. »Was ist hier Anfang, was Ende – was meinen Sie? Wo befindet sich das Auge? In der Großhirnrinde oder im ARAS?«

»Falls der Zustand der Memoskopie irgend etwas mit dem Zustand der Großhirnrinde zu tun hat, würde ich meinen, daß das Auge Sie vom aktivitätsregulierenden System her beobachtet.«

»Genau, was ich selbst auch dachte. Das mittlere Gehirn ist in Ordnung. Es ist die Großhirnrinde, die Probleme hat.«

»Und bis zur Wiederherstellung des Kontakts wird das auch so bleiben. Und ich wüßte nicht, wie es zu solcher Wiederherstellung kommen sollte. Es ist wie bei einer zertrennten Sehne, wie bei einem abgetrennten Nerv – er wird nicht heilen, die Enden werden nicht zusammenkommen, bis sie einander wieder näher gebracht werden.«

Du weißt auch keinen Weg, wie die beiden Enden wieder zusammengebracht werden könnten, aber …

»Vielleicht gäbe es ja eine Möglichkeit, um die Kluft zu überbrücken.«

»Wie denn? Mit welcher Methode? Was sich in diesem Bogen befand, hat sich in Luft aufgelöst.«

Plötzlich schießt dir ein verrückter Gedanke durch den Kopf.

»Vielleicht durch mich?«

»Wie bitte!?« Die weit aufgerissenen Augen von Dr. S. im Fenster sind fast so groß wie das Riesenauge direkt vor dir. *»Geben Sie sofort auf* EXIT, *Julie. Sie beginnen zu spinnen!«*

»Nein, ich meine es völlig ernst. Sam und ich, wir sind vom gleichen Material. Eineiige Zwillinge. Sie erinnern sich? Warum da nicht mich zur Überbrückung der Lücke einsetzen?«

»Aber das ist unmöglich. Sie verfügen doch bei der Memoskopie gar nicht über physische Präsenz. Da sind Sie immateriell, ein Geist. Und wie wollen Sie ohne physische Substanz etwas überbrücken?«

Jetzt kannst du es ihm einfach nicht mehr verheimlichen. Du streifst den Datenhandschuh ab und hältst deine virtuelle Hand so, daß er sie sehen kann.

»Was ist das?« fragt er. *»Haben Sie Ihr Bild über Scanner in das Programm eingegeben?«*

»Nein. Das bin ich selbst.«

Es verschlägt ihm die Sprache, bis seine Stimme – zitternd, kaum vernehmbar jetzt – dir einige Augenblicke später wieder ins Ohr dringt. *»O mein Gott! Julie … wann …?«*

»Ich habe es erstmals auf der zweiten Ebene bemerkt.« Die Prellung, welche ihr der Krake zugefügt hatte.

»Dort sind Sie ebenfalls allein eingestiegen?«

»Ja. Es mußte sein.«

»Mein Gott, Julie, ich hatte Sie gewarnt. Ich wußte doch, daß die genetische Verbindung zwischen Ihnen und Ihrer Zwillingsschwester zu eng war. Und nun ist's passiert. Sie wissen, was das bedeutet?«

»Ja. Es bedeutet, daß ich tatsächlich in der Lage bin, hier etwas auszurichten.«

»Es bedeutet, daß Ihnen dort etwas zustoßen kann, verdammt!« So zornig hatte sie Dr. S. noch nie erlebt. Auch nicht in solcher Angst. *»Steigen Sie aus, Julie. Ich befehle es Ihnen. Gehen Sie unverzüglich auf* EXIT.«

»Jetzt noch nicht. Ich muß etwas ausprobieren. Ich kann noch nicht aufgeben.«

»Sie drücken jetzt sofort auf das EXIT-*Feld, oder ich schalte die Satellitenverbindung ab.«*

Mit dieser Drohung hast du gerechnet. Du bist gewappnet.

»Damit würden Sie den Stecker für uns beide herausziehen. Ich bin Sams einzige Hoffnung. Wollen Sie sie der einzigen Chance berauben, das Bewußtsein wiederzufinden? Wollen Sie das wirklich?«

»Nein, selbstverständlich nicht.«

»Dann geben Sie mir eine Chance. Bitte!«

Langes Schweigen. *»Es gefällt mir nicht. Mir gefällt die ganze Sache nicht.«* Erneutes Schweigen. Dann: *»Machen Sie weiter.«*

Du schließt sein Fenster und näherst dich dem weit geöffneten Auge. Du fährst mit beiden Händen über den Lidrand mit den fingerkuppenartigen Auswüchsen. In Reaktion auf deine Berührung wogen ihre Kuppen hin und her wie die Ranken einer Seeanemone. Es kitzelt. Du schwebst auf die andere Seite, wo das Auge noch immer verschlossen ist und die Pupillen viel schwächer reagieren. Was dich in deinen schlimmsten Befürchtungen bestätigt.

Sams Großhirnrinde versagt ... sie ist beinah schon tot.

Du legst die Arme um den Stamm und willst ihn bewegen, ihn weiter aus dem Vulkan herausziehen. Du könntest ebensogut versuchen, eine Eiche zu entwurzeln.

Den Versuch, die beiden Enden zusammenzubringen, kannst du aufgeben. Nicht, daß du da je große Hoffnungen gehegt hättest. Falls du die Zwischenlücke aber mit deinem virtuellen Leib zu füllen vermöchtest, könntest du vielleicht Leiter sein. Vielleicht kannst du ja einen Weckruf zu Sams Großhirnrinde schicken.

Oder vielleicht auch nicht. Du mußt es jedenfalls probieren.

Du legst die Hände gegen die Papillen zu beiden Seiten des geschlossenen Auges, reckst die Arme lang und streckst dich mit den Füßen zum anderen Stumpf hin.

Du erreichst ihn nicht. Du reckst dich von den Fingerspitzen bis zu den Zehen und kannst die andere Seite noch immer nicht erreichen.

Verdammt!

Du bist so frustriert, daß du am Ende vor lauter Erregung aufrecht zwischen den beiden Stümpfen schwebst.

Du brauchst Hilfe. Hier gibt es nur einen Menschen, der dir helfen kann.

»Sam?«

Du rufst ihren Namen, er hallt im Vulkanschlot wider. Dir ist bewußt, daß deine Stimme jenseits deiner Kopfhörer, in der realen Welt, das Zimmer erfüllt. Deine Worte erreichen Sam auf zweierlei Weise, über ihre Ohren und über das Memoskop. Sie *muß* es einfach hören.

»Sam! Sam, hörst du mich? Ich bin's, Julie. Ich weiß nicht, ob du mich schon bemerkt hast, aber ich habe dein Bewußtsein erkundet. Ich versuche, dir das Bewußtsein wiederzubringen.«

Du fragst dich, wie Sam wohl reagieren wird, falls sie deine Worte hört.

»Ist das nicht ein Witz ..., daß ich etwas für dich tun will? Es ist aber die Wahrheit. Ich bin hier, um dir zu helfen. Ich versuch's schon seit Wochen, ich habe aber erst jetzt eine Möglichkeit gefunden, dir zu helfen. Das Dumme ist, daß ich's allein nicht schaffe. Du mußt mit mir kooperieren. Nur ein kleines bißchen. Hörst du mich, Sam? Bitte – gib mir ein Zeichen, wenn du mich hören kannst.«

Du beobachtest das geschlossene Lid. Nicht einmal ein

Zucken. Und auf der anderen Seite… das unveränderte Starren.

»Sam! Hör zu! Kannst du mich wirklich nicht hören, oder ignorierst du mich nur? Ich weiß, daß ich kein Recht habe zu erwarten, daß du mir vertraust. Ich weiß, daß ich dir immer wieder weh getan habe, und ich weiß, daß ich alle Liebesbeweise mit Füßen getreten habe, die du mir entgegengebracht hast, bis keine Liebe mehr übrigblieb. Aber jetzt ist es anders. Ich bin hier als deine Freundin, Sam. Als deine Schwester. Es ist das erstemal in unserm Leben, daß ich mich als Schwester verhalte.«

Ein Piepser von der physiologischen Anzeige. Sams Puls ist auf 118 gestiegen, die Atemfrequenz auf 10. Mist…

Oder ist gerade das ein Zeichen? Nein, kann nicht sein. Ihr Puls nahm bereits zu, bevor du mit ihr zu sprechen begonnen hast. Aber wieso steigt er weiter, warum so hoch? So lang hältst du dich doch noch gar nicht in der Gedächtnislandschaft auf. Oder hat es damit zu tun, *wo* du dich befindest?

Was immer der Grund sein mag – gut ist es nicht. Wenn ihr Puls auf 130 steigt, wird das Programm dich automatisch hinauswerfen.

Du hörst ein Grollen. Die Vulkanwände erbeben. Was war das?

Ist es jetzt wirklich heißer? Oder kommt es dir nur so vor?

»Hör mir zu, Sam. Wir haben nicht viel Zeit. Du mußt diese Worte einfach irgendwie zu dir durchlassen. Von uns beiden bist immer du es gewesen, die lieben konnte, und ich weiß, daß du mich liebhattest, und ich weiß auch, daß ich diese Liebe im Laufe der Jahre abgetötet habe. Du hättest alles Recht dazu, mich zu hassen, Sam. Das war aber eine andere Julie als die Julie, die jetzt zu dir spricht. Es ist das erstemal im Leben, Sam, daß ich für dich da bin. Als Schwester. Als dein fehlender Teil. Ich…«

Erneutes Piepsen. Puls 125.

Und ein lauteres Grollen. Die Lava brodelt heftiger, sie scheint höher zu steigen…, mag sein, daß sie nur ganz langsam ansteigt, jedenfalls ist ihre aufgewühlte Oberfläche dir jetzt näher. Gar keine Frage – es ist wirklich heißer.

Und dir bleibt fast keine Zeit mehr. Du mußt dich sputen.

»Wir wurden verraten, Sam. Wir sind von einem Verrückten manipuliert worden. Mit dem Ergebnis, daß keine von uns beiden vollständig ist. Du hast eine Hälfte von mir, Sam. Und ich habe eine Hälfte von dir. Wir können dagegen ankommen, Sam, aber allein kann es keine von uns schaffen.«

Das WINDOWS-Feld blinkt. Ein Klick, und das besorgte Gesicht von Dr. S. kommt ins Bild.

»Geben Sie's auf, Julie. Da ist irgendeine Reaktion im Gang. Steigen Sie aus, bevor Sie ihr und sich selbst schaden.«

»Nein. Noch nicht. Ich habe den Eindruck, daß ich diese Chance nie wieder bekommen kann. Bitte, noch nicht.«

»Es liegt nicht in meiner Hand, Julie. Das Programm wird ...«

»Setzen Sie die Automatik außer Kraft.«

»Ich kann nicht. Das ist technisch unmöglich. Und selbst wenn ich dazu in der Lage wäre ...«

»Geben Sie folgende Buchstaben ein: P-H-Y-S-O-R-V-D-dot-E-X-E.«

»Was?«

»Sofort. Tun Sie's, jetzt gleich. Es ist der Code für ein Programm, das ich im vergangenen Juli entwickelt habe. Nur für alle Fälle. Und dies ist ein Notfall. Bitte. Ich flehe Sie an.«

»Also gut.« Und einige Sekunden später: *»Es verlangt ein Paßwort von mir.«*

»E-I-L-U-J.«

»Was? O ich hab's.« Schweigen. *»Geschafft. Es sagt: ›Override ausgeführt‹.«*

»Danke.«

»Hoffentlich wissen Sie, was Sie da tun.«

Ich weiß es nicht im mindesten, was ich da tue. Aber zum Denken ist es hier jetzt sowieso viel zu heiß.

»Ich habe hier viel gelernt, Sam.« Du schreist es heraus jetzt, in der Hoffnung, daß es etwas bringt. »Ich habe eine Menge über dich erfahren, und auch über mich selbst. Was ich über mich erfahren habe, gefällt mir größtenteils überhaupt nicht. Aber ich habe mich verändert, Sam. Deinetwegen. Dafür bist du verantwortlich. Laß mich also jetzt nicht hängen. Hilf mir, damit ich dir helfen kann, Sam. Ich brauche gar nicht viel. Streck dich ein bißchen, Sam. Siehst du diese zwei Stummel, auf jeder Seite von mir einen? Rück sie bloß ein bißchen dichter zusammen, damit ich die Lücke zwischen ihnen füllen kann. Nun mach schon, Sam. Nur ein ganz kleines bißchen.«

»Geben Sie's auf, Julie«, sagte Dr. S. leise. *»Ihr Puls steht bei 140. Sie haben getan, was Sie konnten. Verdammt, sie ist zu weit fortgeschritten.«*

Er hat recht. Es ist zwecklos. Das Auge auf der Seite zur Großhirnrinde hin bleibt geschlossen. Nicht mal ein Zucken. Die Hitze sengt dich. Und das Grollen und Beben beginnt dich zu nerven. Es wird nicht klappen. Du mußt hier weg.

Dir schnürt sich die Kehle zusammen. Du spürst einen wachsenden Druck in der Brust. Und diesmal kämpfst du nicht dagegen an. Diesmal läßt du deinem Schluchzen freien Lauf.

Du preßt die Augen zusammen gegen die Tränen, die unter dem Sichtvisier hervorbrechen; deine Arme sind zu beiden Seiten ausgestreckt wie bei einem gekreuzigten Märtyrer, der auf den Einschlag des letzten Nagels wartet, so schluchzt du hemmungslos in die Hitze und in den Lärm hinein. Weil sie sehen können muß, was du empfindest; möglicherweise ist es die letzte Chance.

»Ich liebe dich, Sam… Hoffentlich kannst du mich hören. Und es tut mir leid wegen all des Leids, das ich dir in unserer Kindheit und Jugend angetan habe, es war nur…, ich hatte es nicht besser gewußt. Ich habe nicht begriffen. Konnte es nicht verstehen. Aber jetzt weiß ich's, und ich habe dich wirklich lieb, Sam. Ich möchte, daß du es weißt, und ich möchte, daß dieses Wissen dich begleitet, wohin du auch gehst. Vielleicht *willst* du uns ja verlassen, und wenn das der Fall ist, dann möchte ich dich bitten, es dir noch einmal zu überlegen. Du hast mir ein Geschenk gemacht, Sam. Du hast mir etwas zurückgegeben von dem Teil von mir, den ich verloren hatte. Nun verlangt mich nach mehr. Und ich kann dir etwas von dem wiedergeben, was dir gefehlt hat. Wir sind beide Krüppel, Sam. Wenn wir zusammen sind, können wir uns jedoch gegenseitig helfen und restaurieren. Ich habe die Werkzeuge hier bei mir. Also komm zu mir zurück, Sam. Laß mich alles wiedergutmachen. Ich bin kein Ungeheuer…, nein, wirklich nicht. Laß mich nicht im Stich, Sam. Ich habe doch gerade erst gelernt, meine Schwester zu lieben. Bitte, laß mich jetzt nicht allein.«

Mehr bringst du nicht heraus. Inzwischen schluchzt du völlig hemmungslos. Ein Teil von dir kommt sich vor wie eine verdammte Närrin; doch ein anderer Teil von dir, ein neuerer Teil, nimmt es einfach hin. Wenn doch nur…

Da schließt sich etwas um deinen linken Zeigefinger. Du schaust hin, und durch den Tränenschleier, glaubst du, da siehst du…

Nein. Unmöglich. Du blinzelst. Und du blinzelst noch einmal und siehst, daß es doch stimmt.

Eine Papille an dem geöffneten Auge hat sich vom Stumpf ausgestreckt, *sie hat dich erreicht.* Ihre Kuppe hat die Form einer winzigen Kinderhand angenommen… und deren stummlige, dickliche Finger klammern sich an dich, als ginge es um ihr Leben. Andere Papillen strecken sich ebenfalls aus, winden sich in der Hitze, recken sich…

»Ja!« rufst du. Deine Stimme klingt erstickt, und du hast schon Angst, daß du wieder in Schluchzen ausbrichst, weil die Gefühle, die dich jetzt erfassen, dich fast überwältigen, und du darfst dich jetzt nicht von Gefühlen übermannen lassen, weil du hier jetzt einen klaren Kopf bewahren mußt, du mußt ganz konzentriert bleiben, damit du Sam helfen kannst, die Verbindung herzustellen.

Was ist mit der anderen, mit der Großhirnrindenseite?

Du drehst dich um und siehst eine Papille, eine stumpfe Papille, die sich unterhalb des geschlossenen Auges zu dir hin ausstreckt, nur eben nicht sehr weit – höchstens vierzig Zentimeter. Ist so schwach, und scheint unter der Hitze bereits wieder in sich zusammenzufallen.

Du streckt ihr den Arm entgegen, es fehlen aber noch immer gut fünfzehn Zentimeter.

»Komm, Sam! Du kannst es schaffen. Mach schon!«

Doch die Papille fällt weiter in sich zusammen. Du umklammerst ganz verzweifelt die winzigen Finger des Händchens von der andern Seite und ziehst sie zu dir herüber, so daß du die dahinterliegende Ranke dehnst. Mit der Dehnung beginnt sie im mittleren Teil auszudünnen.

»Nicht reißen!« flüsterst du. »Bitte, zerreiß mir jetzt nicht!«

Du gibst ihr eine Minute Ruhe, und sie scheint wieder dicker zu werden oder jedenfalls ihre Masse umzuverteilen, ist aber nach wie vor gefährlich dünn.

Länger darfst du nicht mehr warten. Du dehnst sie weiter, während du deinen Arm zur anderen Seite unentwegt dem geschlossenen Auge entgegenstreckst, das nur mehr wenige Zentimeter entfernt ist.

»Komm schon … nur noch ein ganz kleines bißchen mehr …«

Und dann ist es, als ob die Papille deine Anwesenheit spüren würde – sie hebt sich, reckt sich und …

Der Kontakt ist wie ein elektrischer Schock, ein Stoß, der an den Nerven reißt, bei dem sich die Zähne zusammenbeißen und die Muskel krampfen, ein Stoß, der den linken Arm hochfährt und am linken Arm wieder herunterfährt. Du schreist vor Schmerz, läßt aber nicht locker, willst nicht nachgeben. Du mußt dranbleiben.

Dann läßt der Schmerz nach, wird zu einem Prickeln. Du entspannst dich und machst die Augen auf. Das Gehirnrindenauge ist noch immer geschlossen, die Papillen ringsum jedoch sind lebendig geworden, bewegen sich mit neuer Kraft, einige schießen dir entgegen. Auf der anderen Seite, weiter entfernt, geschieht ein gleiches: Hunderte Ranken schlängeln auf dich zu.

Es funktioniert! Du hast die Lücke überbrückt und leitest die Impulse. Sie fließen durch dich hindurch zu Sams Großhirnrinde.

Hoffentlich reicht's.

Du vernimmst ein lautes, erschütterndes Schluchzen – und merkst: Das Schluchzen kommt aus dir selbst. Nicht schon wieder! Wo bleibt deine legendäre Selbstbeherrschung? Seit du ein Baby warst, hast du nicht mehr geweint. Willst du das Versäumte eines ganzen Lebens vielleicht an einem einzigen Tag nachholen?

Die neuen Ranken von beiden Seiten erreichen dich nun, ihre Spitzen verwandeln sich in Hände, sobald sie Kontakt bekommen – Babyhände, Kleinmädchenhände, Teenagerhände, Erwachsenenhände, alle Hände aus Sams ganzem Leben –, und sie erfassen dich und kriechen dir an den Armen hoch, sie grapschen nach dir, erreichen deine Schultern und dann den Brustkorb, die Brüste; die von links gießen ihre Impulse in dich hinein und die auf der rechten trinken sie aus, und, mein Gott, du schreist wie ein Baby und du fühlst dich wie eine Mutter, die ihr Erstgeborenes stillt, und neue Hände tasten nach deinem Gesicht, um die Tränen wegzuwischen, während andere dein Haar streicheln, bevor sie an dir vorbeigleiten, um sich mit den Gliedern der andern Seite zu vereinen, und plötzlich vermehren sie sich wie wild, du bist eingehüllt in Ranken, du erstickst beinahe im Leiten von Fasern, die dich nicht mehr benötigen, und du strampelst dich frei aus dem wilden Gewirr, windest dich nach unten, löst dich aus der verwickelten Masse. Und einen Moment, bevor du dich löst, schaust du auf das Großhirnrinden-Auge, merkst, es hat sich geöffnet, seine Iris ist so blau wie die Iris des anderen Auges, so blau wie Sams Augen, und es beobachtet dich.

Du lächelst und weißt, was für ein zittriges Lächeln du lächelst, du vermagst kaum zu sprechen inmitten des Sturzbachs von Empfindungen, die dich durchtosen.

»Willkommen daheim, Schwesterchen.«

Und dann bleibst du zwei Meter entfernt und siehst, wie die Verbindungsleitungen dicker und zahlreicher werden. Du kannst sie fast spüren, die Impulse, die durch Sams ausgehungerte Gehirnrinde strömen. Ihre EEG-Anzeige schlägt geradezu wild aus.

Du hast es geschafft! Welch ein *herrliches* Gefühl!

Doch dann… ein neues Grummeln – das lauteste bisher. Es macht deinem kleinen Jubelfest ein Ende. Ein andersartiges Grollen, tiefer, anhaltender als vorher. Das vorherige kam anscheinend aus dem Vulkam. Dieses rührt anderswo her. Und plötzlich wird alles vom Beben erfaßt.

Du überprüfst den Stand und siehst, daß Sams Puls auf 162 steht. Ist das die Ursache des Bebens? Bist du schon zu lange hier…

Zu deiner Linken schießt etwas vorüber und klatscht in die

Lava. Du blickst hoch und siehst weitere Stücke von Lavagestein aus dem Vulkanschlot herabstürzen, während das Grollen andauert.

»Nein!«

Dein Ruf hallt in deinen Kopfhörern wider. Doch nicht in diesem Moment! Das darf nicht sein. Da erhält Sam gerade die Chance, zu den Lebenden zurückzukehren, und nun stürzt das ganze Gebirge über ihr zusammen. Du mußt dem Einhalt gebieten, eine Möglichkeit finden, um…

Ein Schmerz fährt durch deinen Arm, als du von einem herabfallenden Lavastein getroffen wirst. Du betrachtest deinen virtuellen Arm. Die Haut ist aufgerissen und blutet. Es tut *weh*.

Das WINDOWS-Feld blinkt und piept. Du weißt schon, was Dr. S. sagen wird. Und er hat recht. Du mußt diesen Ort verlassen. Sofort. Oder ihr werdet beide dafür büßen müssen.

Verdammt! Verdammt noch mal! Du möchtest losschreien.

Statt dessen drückst du auf das EXIT-Feld.

33. Kapitel

Man hat gefragt, ob die Memoskopie-Programme zur Behandlung oder Diagnose des Syndroms der Pseudoerinnerung brauchbar sein könnten. Ich habe bisher noch keinen Patienten mit diesem Syndrom memoskopiert, betrachte das jedoch als eine faszinierende Herausforderung. Für den Patienten sind Pseudoerinnerungen von wahren Erinnerungen nicht unterscheidbar; da könnte die Memoskopie möglicherweise Lösungsmöglichkeiten bieten.

Aus den Notaten Julie Gordons

1

Julie riß sich den Datenhelm vom Kopf. Keuchend, schweißgebadet lag sie da. Und der Arm tat mörderisch weh. Als ihr fliegender Atem sich wieder verlangsamte, nahm sie von irgendwoher im Raum ein konstantes Pochen wahr. Sie setzte sich auf und sah um sich. Regenwolken hatten die Nachmittagssonne geschluckt, so daß es dämmrig-duster im Zimmer war. Rechts von ihr piepste der Monitor, dessen blinkendes Bild ihr mitteilte, daß Dr. S. sie sprechen wollte. In Ordnung, aber woher kam dieses gräßliche Klopfen… wo…?

Es war die Tür. Jemand hämmerte gegen die Tür.

Julie sprang auf, wischte sich die Tränen aus dem Gesicht, lief durchs Zimmer und machte auf.

Im Flur stand die Krankenschwester, hinter ihr Köchin und Hausmädchen. Alle starrten Julie entgeistert an.

»Großer Himmel, Miss! Was ist drinnen passiert?«

»Wieso… Nichts. Es war nur…«

»Wir haben schreckliches Rufen und Schreie gehört. Wir dachten, daß sie mit jemand kämpfen und…« Sie erstarrte, als ihr Blick auf Julies rechten Arm fiel. »Oh, sehn Sie mal, Ihr Arm! Was ist Ihnen passiert?«

Julie blickte auf den Ärmel hinab. Der Stoff war heil. Aber blutig. Sie krempelte den Ärmel hoch und musterte die aufgerissene Haut. Der Riß war keine drei Zentimeter lang, viel kleiner als die Wunde ihres virtuellen Arms in der Memoskopie, aber trotzdem... eine Wunde.

Sie schluckte. »Es ist gar nichts. Kein Problem.«

Die Krankenschwester drängte an ihr vorbei in das Schlafzimmer.

»Ich werde Ihre Wunde gleich versorgen. Ich muß nur erst nach meiner Patientin sehen. Sie müßte jetzt – o mein Gott! Gütiger Himmel! Was ist mit ihr geschehn?«

Julie trat neben das Bett. »Stimmt was nicht?«

»Sie ist ja völlig durchgeschwitzt!«

In der Tat. Sams Flanellnachthemd war völlig durchnäßt und klebte an der Haut.

Julie nahm Sam den Datenhelm ab, hob Sams Handgelenk und fühlte ihr den Puls. 140. Niedriger als noch wenige Augenblicke zuvor. Ihr Gesicht aber war unverändert schlaff und ausdruckslos.

»Sam?« Julie packte sie an der Schulter und schüttelte sie. »Kannst du mich hören, Sam?«

Keine Reaktion. Nicht einmal ein Zucken mit der Wimper.

Julie zog ein Augenlid hoch. Das darunterliegende blaue Auge war ohne Blick.

Tief enttäuscht sank Julie auf die Bettkante.

»Sam?« rief sie flehentlich. »Willst du nicht wieder zu mir zurückkommen? Nach alldem, was vorhin geschehen ist?«

Was *ist* denn vorhin geschehen? überlegte sie. Ich dachte, ich hätte dir das Bewußtsein zurückgegeben, Sam. Warum bist du nicht wieder bei Bewußtsein?

»Sie muß Fieber bekommen haben«, meinte die Krankenschwester.

»Nein..., kein Fieber.«

»Aber *irgendwas* muß doch passiert sein.«

»Nein«, sagte Julie, deren Blick noch immer auf Sams Gesicht ruhte. »Leider ist eben nichts passiert..., überhaupt nichts.«

Der Monitor piepste erneut.

»Ich muß sie sofort umziehen, sonst holt sie sich eine Erkältung«, sagte die Krankenschwester.

»Gewiß.« Julie erhob sich von dem Bett. »Machen Sie nur. Ich setz' mich drüben hin.«

Sie ließ sich auf den Holzstuhl am Bildschirm fallen – dort hatte immer Alma gesessen, und innerlich kam sie sich jetzt ebenfalls tot vor. Körperlich war's die Hölle, sie war naß, total erschöpft, mit rasenden Schmerzen im Arm. Sie betrachtete das Blut am Arm. Dr. S. hatte recht gehabt. Sie war in Gefahr gewesen, in realer, körperlicher Gefahr. Und wozu? Es war doch alles umsonst gewesen. Sie hatte überhaupt nichts erreicht.

Du hast sie wieder einmal im Stich gelassen, verdammt.

Sie drückte einige Tasten, und das Gesicht von Dr. Mordecai Siegal füllte den Bildschirm.

»Endlich!« rief er. »Ich machte mir schon Sorgen, daß Ihnen etwas zugestoßen sein könnte.«

In einer reinen Reflexhandlung versteckte Julie ihren blutigen Arm hinter ihrem Rücken, bevor ihr einfiel, daß er sie gar nicht sehen konnte.

»Alles in Ordnung. Ich hatte nur Sams Werte überprüft.«

»Wie geht's ihr? Irgendwelche Anzeichen, daß sie wieder zu Be...«

»Keine«, unterbrach ihn Julie. »Keinerlei Veränderung. Außer daß sie schwitzt.«

»Sie schwitzt?«

»Ja. Sie war absolut durchnäßt.«

»Hmmm.« Dr. S. trommelte sich mit den Fingerspitzen gegen die Lippen. »Der Ausbruch einer selbstgesteuerten Körperfunktion. Das *könnte* etwas bedeuten. Was sagt Sams EEG? Immerhin hat ihre Gehirnrinde eine phantastische Reaktion gezeigt, als Sie vorhin die Lücke überbrückt haben. Was, wie ich voll anerkennen muß, eine heroische Anstrengung Ihrerseits gewesen ist. Sie haben sich verändert, Julie. Ich weiß nicht, ob es Ihnen selbst schon aufgefallen ist...«

»Doch, aber nun... scheint alles reine Zeitverschwendung gewesen zu sein. Sie hatte wieder die üblichen 11 bis 12 Hertz, als ich ihr den Datenhelm abnahm. Was soviel heißt wie...«

Sie brachte den Satz nicht zu Ende. Sie wurde erneut von ihren Gefühlen übermannt.

»Nur gemach, Julie. Sie haben das Menschenmögliche getan.«

»Es hat aber nicht gereicht!« Jetzt schrie sie. »Was ist in der Memoskopie eigentlich geschehen, Dr. S.? Ich habe herausgefunden, wo das Problem liegt, ich habe die Hauptlinie wiederhergestellt, und damit hätte das Problem doch gelöst sein müssen. Da hätte Sam eigentlich doch ihr Bewußtsein wiedergewinnen müssen. Warum ist dann zum Schluß alles in die Brüche gegangen? Erst dachte ich, daß der Vulkan von neuem ausbrechen würde, statt dessen kam dann jedoch das Erdbeben, oder was immer sonst es war… Die Verbindung muß wohl wieder zerstört sein.« Sie atmete lang und tief aus. »Ich muß wohl etwas übersehen haben.«

Julie schloß die Augen, als sie sich an die wunderbare Berührung durch die Ranken, an diese winzigen Hände und die Impulse erinnerte, die durch ihren Körper geflossen waren.

»Wir hatten sie geheilt! Und jetzt ist alles wieder wie vorher. Nein, wir sind *schlimmer* dran als zu Beginn. Weil der Vulkanschlot nach diesem Einsturz ja vollständig mit Geröll verstopft sein muß. Wir werden keine Chance mehr kriegen, die inneren Leitungen wieder miteinander zu verbinden. Es ist aus mit Sam.«

»Nun mal langsam«, sagte er. »Sie wissen doch überhaupt nicht, ob die wiederhergestellte Hauptlinie erneut aufgebrochen ist. Das Beben könnte ebensogut von Sam selbst ausgelöst worden sein, um den Vulkanschacht abzublocken und die Linie gegen außen zu schützen. Bedenken Sie doch, daß die Hauptlinie unterirdisch einsetzte; vielleicht will ihre Schwester sie wieder unter der Erde haben.«

Julie musterte ihre regungslos, matt daliegende Schwester.

»Wenn die Hauptlinie aber noch steht – warum reagiert sie dann nicht? Warum ist dann so gar kein Zeichen einer Besserung festzustellen? Ich erwarte ja nicht, daß sie prompt aufsteht und sofort wieder mit dem Malen anfängt. Ich hatte nur gehofft, daß sie vielleicht mit einer Zehe wackelt, mit einem Finger zuckt oder mit einem Auge blinzeln könnte. Mein Gott, ich wäre ja über alles froh. Nur gibt es eben keinerlei Veränderung. Nichts.«

Julie merkte den zornigen Klang der eigenen Stimme. Sie war ja auch zornig. Aufgebracht. Wütend, weil sie trotz totalen Engagements all ihres Wissen am Ende mit leeren Händen dastand.

Gut. Weiter so. Das ist besser als die niederschmetternde Verzweiflung vorher.

»Vielleicht ist selbst ein Zucken zu diesem Zeitpunkt noch eine zu große Erwartung. Wer weiß? Möglich, daß es ein Weilchen dauert, bis die Großhirnrinde sich selbst heilt und Sams Bewußtsein sich – nach einem solch katastrophalen Angriff – wieder ordnet.«

Julie stieß ein harsches Lachen aus. »Gewöhnlich bin ich die Optimistin und Sie sind der Neinsager. Wieso ist das auf einmal umgekehrt?«

»Weil ich Sie noch nie so niedergeschlagen erlebt habe. Das sieht Ihnen gar nicht ähnlich.«

»Sie haben doch vorhin selbst gesagt, ich hätte mich verändert.«

»Sie wollen also aufgeben? Soll ich die Satellitenverbindung kappen und Schluß machen?«

»Nein.« Sie seufzte. »Noch nicht.« Ich werde morgen noch eine memoskopische Sitzung angehen. Wenn es Anzeichen von Heilung gibt, werden wir dranbleiben. Wenn es keinerlei Besserung gibt, werde ich noch einmal in den Vulkan hineinzukommen versuchen. Wenn mir das mißlingt, werden wir ... verflixt, Mordecai, ich kann den Gedanken, sie alleinzulassen, sie aufzugeben, nicht ertragen!«

»Sie haben alles getan, was im Rahmen des Möglichen liegt.«

»Ich habe sie aber nicht geheilt. Und ich habe die Ursache ihres Zustands noch immer nicht herausgefunden. Was mag nur der Inhalt von Sams letzter Erinnerung gewesen sein?«

»Wir werden es nie erfahren. Die Erinnerung hat sich anscheinend selbst zerstört, als Ihre Schwester sie aufrufen wollte. Die Erinnerung ist, leider, wohl für immer verloren.«

Julie kam etwas in den Sinn, ein Gedanke, der sie mit der Wucht eines Schlages traf.

»Warten Sie. Aus Sams Gedächtnis ist die Erinnerung verschwunden ... Was ist mit meinem Gedächtnis?«

»Was wollen Sie damit sagen?«

»So sehr wir uns auch gestritten haben mögen, sind wir beide, Sam und ich, während unserer ganzen Kindheit doch nie außer Rufweite voneinander, nie getrennt gewesen.«

»Ja...«, sagte er langsam. »Möglich wäre es schon. Allerdings kaum wahrscheinlich. Selbst wenn ihr beiden den gleichen entsetzlichen Vorfall gleichzeitig erlebt habt, halte ich die Wahrscheinlichkeit, daß ihr beide die Erinnerung des Vorfalls vollständig unterdrückt habt, praktisch gleich Null.«

»Bedenken Sie – wir sind eineiige Zwillinge.«

»Ihr seid euch aber wesensmäßig *nicht* ähnlich. Sie würden darauf völlig anders reagiert haben als Sam. Sam würde die Erinnerung vielleicht verdrängen oder in ihrer Kunst verarbeiten. Sie dagegen würden einen verstandesmäßigen Weg finden, um damit fertig zu werden. Nein. Ausgeschlossen.«

Da war etwas dran. Trotzdem...

»Da bleibt uns vermutlich nur eine Möglichkeit, uns in diesem Punkt Klarheit zu verschaffen – mittels der Memoskopie. Wie schade, daß ich nicht meine eigene Gedächtnislandschaft erkunden kann.«

»Daran sollten Sie nicht einmal denken! Das könnte katastrophale Folgen haben! Sie könnten möglicherweise in einer Rückkoppelungsschleife steckenbleiben und genauso enden wie Ihre Schwester, falls Sie die Schleife zerbrächen. Oder für immer in der eigenen Gedächtnislandschaft gefangensitzen. Gott sei Dank, daß es nicht möglich ist – weil ich Sie für tollkühn genug halte, um solche Möglichkeiten auszuprobieren.«

»Richtig«, sagte Julie. »Ich würde es wohl versuchen. Vielleicht werde ich, nach meiner Rückkehr in die Staaten, an dieser Möglichkeit arbeiten.«

»Das werden Sie auf keinen Fall tun! Und das ist in dieser Angelegenheit mein letztes, endgültiges Wort.«

»War doch nur ein Scherz.« Sie seufzte. »Hören Sie, ich muß mich jetzt ein Weilchen schlafen legen. Ich werde Sie morgen früh gleich anrufen – um 8.00 Uhr New Yorker Zeit –, dann werden wir noch einen Blick in Sams Gedächtnis tun.«

»In Ordnung. Aber bis dahin keine Solo-Exkursionen mehr.«

»Versprochen: Bis morgen früh keine memoskopischen Exkursionen in Sams Gedächtnis.«

»Gut so. Bis dann.«

Nein. Keine weiteren Erkundungsreisen in Sams Gedächtnislandschaft.

Was aber keineswegs bedeutet, daß ich nicht einen Blick in meine eigene Gedächtnislandschaft zu werfen versuche.

Sie stand auf und begab sich ins Badezimmer. Eine Dusche – nicht nur, daß sie wirklich dringend eine Dusche brauchte. Es war auch so, daß ihr die besten Gedanken immer beim Duschen kamen.

Und es gab eine ganze Menge, worüber sie nachzudenken hatte.

2

Den Nachmittag verbrachte Julie in Sams Zimmer, in inniger Beschäftigung mit dem Computer.

Die Dusche hatte den gewohnten Zauber erbracht. Während des Einseifens war die Lösung des Problems langsam aufgeschienen: Wenn sie den Datenfluß von ihrem Datenhelm durch Sams leeren Datenhelm leitete, müßte sie das Programm dahingehend täuschen können, daß es die Gedächtnislandschaft einer fremden Person zu lesen glaubte und ihr den Feedback zuleiten würde.

Auf diese Weise würde sie die Memoskopie an sich selbst vornehmen können.

Klang eigentlich logisch. Zumindest hatte sie noch keinen Grund gefunden, warum die Sache nicht funktionieren sollte.

Blieb nur noch die Frage: Würde es klappen, ohne das restliche Programm zu destabilisieren?

Das ließ sich nur auf einem Wege herausfinden.

Julie wußte, daß das Experiment selbst unter optimalen Umständen höllisch riskant war. Es völlig allein durchzuführen war schlichtweg tollkühn. Eine Dummheit, wie manche behaupten würden. Aber der einzige Mensch, mit dem sie es gemeinsam hätte durchführen können, war Dr. S., und dazu hätte er seine Zustimmung mit Sicherheit *nicht* gegeben. Sie könnte ihm androhen, zu kündigen oder vom Turm des World Trade Center herunterzuspringen, sich mitten auf dem Washington Square als Opfer darzubringen – er würde trotzdem nicht einwilligen.

Und das mit gutem Grund…

Sie würde es also im Alleingang wagen… *falls* ihr die dazu nötige Abänderung des Programms gelänge. Und falls sie die Exkursion vor Eathans Heimkehr abschließen könnte. Bei seiner letzten Fahrt nach London war er nicht vor 19.00 Uhr zurückgekommen. Sie konnte nur hoffen, daß er sich diesmal an den gleichen Fahrplan hielt.

Weil sie bis dahin die Antwort auf die letzte Frage gefunden zu haben hoffte: Welches furchtbare Geheimnis lag in Sams und ihrem eigenen Bewußtsein verschüttet?

Ihr Finger glitt über die Felder; sie traf das ENTER-Feld wie ein Pianist bei einem Klavierkonzert den Schlußakkord.

So. Mit dem letzten Block des abgeänderten Codes hatte sie die Videoüberspielung nach New York gesperrt. Sie mußte die Möglichkeit ausschließen, daß Dr. S. beim zufälligen Betrachten des Monitors Julies Memoskopie auf dem Bildschirm sah.

Nach dieser Eingabe konnte der Versuch starten.

Eigentlich müßte ich mich zu Tode fürchten, dachte sie. Stattdessen spürte sie jedoch eine merkwürdige Hochstimmung.

Auf die Bemerkung, sie müsse aber nicht draußen auf dem Flur bleiben, warf die Krankenschwester Julie einen komischen Blick zu. Um 16.00 Uhr hatte üblicherweise ein Schichtwechsel stattgefunden; die Tagesschwester hatte ihrer Kollegin aber bestimmt einen haargenauen Bericht über die seltsamen Vorgänge hinter der verschlossenen Tür und die rätselhafte Wunde am Arm von der Schwester der Patientin geliefert.

»Es geht lediglich um ein Durchtesten der Geräte«, erklärte Julie im beruhigendsten Ton, dessen sie fähig war. »Samantha wird bei diesem Test nicht einmal berührt. Es gibt also gar keinen Anlaß zur Besorgnis. ’s wird allerhöchstens zwanzig Minuten beanspruchen. Dann haben Sie meine Schwester die ganze Nacht über für sich.«

Die Krankenschwester machte einen verunsicherten Eindruck. Sie würde sich nach Eathans Rückkehr vermutlich bei ihm beschweren.

Und doch entsprach Julies Aussage Wort für Wort der Wahrheit. Für diesen Test brauchte sie Sam überhaupt nicht. Im Grunde hätte sie nicht einmal Sams Zimmer gebraucht – sie benutzte es lediglich, weil sich dort die gesamte Hardware befand.

Sie schloß die Tür hinter der Krankenschwester. Dann drückte sie die Taste AUFNAHME beim Videorecorder. Von diesem Gang mußte sie unbedingt eine Videokassette haben.

Wenige Minuten später hatte sie Datenhandschuh, Datenhelm und Kopfhörer aufgesetzt. Alles bereit.

Sie zögerte.

Okay ... ich *habe* Angst, gestand sie sich.

Ja, so sehr hatte sie sich in ihrem ganzen Leben noch nie gefürchtet. Nicht einmal am Küstenrand, als sie von den Felsklippen beinahe ins Meer hinabgestürzt wäre. Dies war eine völlig andere Art von Angst. Keine Urangst ... es war fast eine geistige Form von Angst.

Es war eine Sache, sich ins Unbewußte eines anderen Menschen hineinzuwagen. Aber die eigene Gedächtnislandschaft zu betreten ... Das kam fast einer Prüfung der eigenen Seele, des eigenen Karma gleich.

Es könnte sich als der ultimative Horror erweisen.

Denn was könnte gefährlicher sein als das Umgraben des eigenen Gedächtnisses, das Ausbuddeln von verschütteten Geheimnissen, von Geheimnissen, die mit gutem Grund verdrängt worden waren: wegen ihrer Gefährlichkeit.

Nur ein Narr stochert in einer Giftmülldeponie herum.

Falls sie die Gifte aber nicht jetzt ausräumen würde, könnten sie am Ende eventuell die ganze Landschaft verseuchen.

Denk doch, was passierte, als Sams Deponie ein Leck bekam.

Gewiß, solch ein Herumstochern könnte auch ein Leck *verursachen*. Es wäre durchaus möglich, daß sie damit auch eine Katastrophe auslöste.

Doch sie mußte die Wahrheit finden. Sie konnte nicht mit dem Gedanken durchs weitere Leben gehen, daß in ihrem Bewußtsein eventuell eine Zeitbombe tickte. Falls es dort eine Zeitbombe gäbe, so wollte sie die Bombe finden und entschärfen.

Falls möglich.

Julie biß sich auf die Unterlippe und klappte das Sichtvisier herunter. Auf zur Tat.

34. Kapitel

Faszinierende Resultate an der Universitätsklinik in Irvine. Man hatte einer Gruppe Probanden einen Film über eine Reihe von traumatischen Ereignissen gezeigt. Vor der Vorführung des Films war die Hälfte dieser Leute mit Propranolol versorgt worden, um die Wirkung des Adrenalins auf das Gehirn abzublocken; die andere Hälfte hatte nichts erhalten. Eine Woche später erinnerte die Gruppe, die die Dosis Betablocker eingenommen hatte, signifikant weniger Details der traumatischen Vorfälle der Filme, sie zeigte jedoch ein hervorragendes Erinnerungsvermögen, was die nichttraumatischen Ereignisse anging. Dies könnte einen Weg zur Verhütung des posttraumatischen Streßsyndroms weisen.

Aus den Notaten Julie Gordons

Du bist inzwischen so an Sams finstere Gedächtnislandschaft gewohnt, daß der Anblick des klarblauen Himmels deiner eigenen Gedächtnislandschaft wie ein Schock kommt. Du steigst auf und schwebst über dem friedlichen Panorama deines Bewußtseins.

Auf den ersten Blick erinnert es dich an die Landschaften Lorraines oder jener Landschaften, durch die du gewandert bist. Überall ringsum liegen Städte und Dörfer im Land verstreut; direkt unter dir eine Inselstadt mit Wolkenkratzern – dein persönliches Manhattan.

Welches jedoch ganz anders ist als alle Manhattans, die du kennst. Diese Stadt ist sauber und ganz nach Plan, ihre Anlage entspricht einem ordentlichen Raster; da ist selbst die untere Stadt, wo Greenwich Village und Wall Street liegen würden, total gerastert.

Du gleitest über die perfekt entworfenen Vorstädte hinweg und dann weiter über Land, wo jeder Bauernhof ein vollkommenes Rechteck bildet und von absolut geraden Alleen erreicht wird.

O mein Gott, denkst du. Ist das peinlich. Bin ich wirklich solch ein zwanghaft methodischer Eierkopf?

Weiter zur Linken, weiter ins Land hinein siehst du aus einer Baumgruppe Rauch hochsteigen. Du willst gleich hin, hältst dich dann aber doch zurück. Du ahnst, was in der Waldung dort brennt. Auf ein neuerliches Abspielen *der* Szene kannst du echt verzichten.

Du schaust an dir herunter und stellst fest, daß du hier einen Körper hast, und zwar einen wesentlich massiveren als in Sams Gedächtnislandschaft. Und das ist ja auch verständlich – schließlich ist dies hier *dein* Terrain. Eine so starke physische Präsenz wie hier wirst du bei keiner anderen Memoskopie haben.

Du drehst zurück zur Stadt.

So weit, so gut, ja? Eigentlich gar nicht schlecht. Natürlich, noch bist du nicht in Bodenhöhe gewesen, hast du die Sache nicht im Detail gesehen; aber dafür hast du jetzt keine Zeit. Du mußt die verschüttete Erinnerung finden – sofern sie hier tatsächlich existiert.

Wenn du doch nur Sams Gedächtnislandschaft vor der Katastrophe hättest studieren können, um zu sehen, ob es dort irgendwelche Hinweise auf die Lage ihrer mörderischen Erinnerung gab. Ganz egal, wie tief sie vergraben ist – eine so giftige Erinnerung muß doch auf der Oberfläche einfach Spuren hinterlassen.

Du beginnst über dem Zentrum deiner Stadt und bewegst dich dann in einer sich stetig weitenden Schleife auswärts auf der Suche nach irgendeinem wie immer ungewöhnlichen Merkmal auf dem Boden unter dir. Ein positiver Aspekt dieser analrückhaltenden Gestaltung besteht darin, daß selbst der kleinste Störeffekt wie sprichwörtlicher Dreck deutlich hervorsticht.

Das Stadtbild bleibt jedoch ideal: saubere Straßen, ein gleichmäßig fließender Verkehr, nach allen zehn Straßenlängen die nächste U-Bahn-Station, ein grüner Central Park ohne Kriminelle, die Passanten überfallen. Selbst die South Bronx ist aufgeräumt.

Deine konzentrischen Kreise führen dich über die Vororte.

Du stellst mit Befriedigung fest, daß die U-Bahn-Stationen hier draußen ebenerdig sind. Wie angenehm. Die neunmalkluge Julie hat aber auch gar nichts vergessen. Und auch hier, die gleiche Geschichte wie in der Innenstadt: nichts Außergewöhnliches.

Du befindest dich hier in einer perfekt mathematisch geordneten Welt.

Was nicht unbedingt schlecht wäre, denkst du. Wenn du keine Störung entdeckst, wirst du zwar nie herauskriegen, wovor Sam sich versteckt hat, aber dann brauchst du dir wenigstens wegen einer tickenden Zeitbombe im eigenen Bewußtsein keine Sorgen machen.

Als du die dichtbesiedelten Viertel hinter dir zurückläßt und das offene Land erreichst, legst du Tempo zu. Dir fällt auf, daß die Schienen der oberirdischen U-Bahn in den Außenrandgebieten der Vorstadtsiedlungen wieder verschwinden. Enden die Linien hier? Oder laufen sie in der schönen Landschaft unterirdisch weiter? Unter dir liegen Farmen und Felder in wechselnden Tönen von Grün und Gold, ein Acker mit Mais, Weizen oder Sojabohnen nach dem andern. Dir wird schon allmählich langweilig. Du beginnst dich sicher zu fühlen.

Und dann siehst du, weiter vorn, doch etwas, das ein ganz klein wenig außerhalb der Normalität scheint. Der Farbton stimmt nicht; es hat auch nicht die genau rechteckigen Winkel wie alles übrige in deiner Gedächtnislandschaft.

Dir zieht sich der Magen zusammen, als du auf den Punkt losschießt; als du erkennst, was es ist, spürst du eine Verkrampfung in der Magengegend.

Ein leerer Fleck.

Nach allen Seiten hin umgeben dich ordentliche Anlagen von Kornfeldern und Obstplantagen, doch an dieser annähernd runden Stelle mit einem Durchmesser von rund siebzig Metern wächst nichts.

Rein gar nichts. Nicht mal Unkraut. Diesen trockenen, aufgesprungenen, unfruchtbaren Boden markiert nicht mal ein Schatten von Grün.

Gift, denkst du, der Boden ist von unten verseucht. Ein schlechter Boden. Schlechte Erde. Schlechtes Fundament.

Da ist unter der Oberfläche etwas faul.

Du kämpfst gegen das Übelkeits- und Schwächegefühl an, das dich zu überwältigen droht. Hier ist sie, die Stelle, nach der du gesucht hast. Die *nicht* zu finden du dir inständig erhofftest. Hier liegt das Geheimnisvolle, dessentwegen dir zustoßen kann, was Sam zugestoßen ist. Und nachdem du es nun gefunden hast, kannst du nicht einfach davongehen, als ob nichts gewesen wäre.

Du mußt einen Weg finden, damit zurechtzukommen.

Nur wie denn? Wie da herankommen? Es ausgraben? Und womit? Du besitzt keine virtuellen Werkzeuge. Und du wirst Obacht geben müssen – sehr, sehr vorsichtig wirst du sein müssen. Eine falsche Bewegung, und du wirst nur noch dahinvegetieren. Es muß aber doch einen Weg geben.

Du drehst dich herum und siehst die Wolkenkratzerspitzen deiner Stadt. Dort vielleicht…

Im Hinweggleiten über die äußeren Vorstädte bemerkst du wieder die Bahnlinien. Eine Linie läuft genau in Richtung des leeren Flecks. Kann das sein?

Weil du meinst, daß es eine Überprüfung wert ist, gehst du an der Station vor Tunnelbeginn auf den Bahnsteig Fahrtrichtung Nord nieder und studierst die Karte des Bahnliniennetzes. Jawohl, die Schienen laufen meilenweit, mit vielen Haltestationen, unterirdisch durchs Land. Aber nicht endlos. Sie enden an einem Punkt, der sinnigerweise tatsächlich den Namen Endstation hat.

Der Name behagt dir ganz und gar nicht.

Als du dich umschaust, erschrickst du – du siehst einen wartenden Zug. Die Türen stehen offen. Als du im vordersten Wagen einsteigst, schließen gleich darauf die Türen, und der Zug setzt sich in Bewegung. Und fährt in den Tunnel ein.

Der gutbeleuchtete, saubere – klar doch – Zug rast mit einem Minimum an Lärm und Geschaukel durch die unterirdische Finsternis. Von Zeit zu Zeit huscht eine leere Untergrundstation vorüber. Der Zug hält nie. Warum sollte er auch? Schließlich bist du der einzige Fahrgast.

Endlich, er läuft in einer Station ein und hält. Die Türen gleiten zischend auf. Eine Stimme verkündet: *»Zug endet hier. Bitte alles aussteigen.«*

Der Zug mag ja hier enden, aber das hier ist nicht dein Ziel. Du schaust durch das vordere Fenster und siehst, daß der Tunnel weitergeht. Eine Reihe von Lampen in weiten Abständen biegt ins Dunkel weg. Du pochst an die Tür der Fahrerkabine.

»Hallo? Ist dort jemand?«

Die Tür geht auf, und dir steht der Mund offen – dort, an den Schalthebeln, sitzt Eathan.

»Der Zug endet hier, Miss«, erklärt er in amtlichem Ton. »Hier enden alle Züge.«

Du schüttelst den Schock von dir ab, erinnerst dich, daß in einer Memoskopie, auch in deiner eigenen, immerhin alles möglich ist.

»Könnten Sie mich nicht weiterfahren? Ich muß nach …«

»Der Zug endet hier, Miss«, wiederholt er. Plötzlich werden seine Züge weicher, und er schaut dich an. »Ich habe dich so weit gebracht, wie ich kann, Julie. Von hier an mußt du deine Reise allein und aus eigener Kraft fortsetzen.«

Du nickst. Aus eigener Kraft, allein … Eigentlich hättest du wissen müssen, daß es so ausgehen würde.

Du steigst aus und bleibst auf dem Bahnsteig zögernd einen Moment stehen, musterst den dunklen Tunnelschlund und gleitest ihm dann entgegen. Du beginnst das letzte Stück deiner Reise.

Du folgst den Tunnellampen, eilst von einem Lichthof zum nächsten, die kühle Feuchtigkeit geht durch die Haut, und dich fröstelt. Bei dem Gedanken, daß du einem dir unbekannten Schrecken entgegeneilst, fröstelt dich noch mehr.

Du kommst an einer verlassenen Zughaltestelle mit zugemauertem Ausgang vorbei, der Bahnsteig ist übersät mit Abfall, die Wände sind mit Graffiti verunziert.

Gar keine Frage – die Umwelt verschlechtert sich.

Weiter vorn verschwinden die Schienen, die Birnen hängen in größeren Abständen, sie werden schwächer, bald gibt es überhaupt keine Birnen mehr. Du bewegst dich in totaler Finsternis. Ein scheußlicher Gestank zieht in deine Nase, eine Mischung von Moder, Schimmel und Eiter.

Es riecht nach Tod.

Und nach Angst.

Wo bleiben Reinlichkeit und Ordnung? Das hier erinnert an Sams Gedächtnislandschaft. Du unterdrückst den Drang wegzurennen, rufst dich zur Besonnenheit, erinnerst dich an das wunderbare EXIT-Feld, du mußt draufdrücken, kannst dich jederzeit in Sicherheit bringen, wenn du dich bedroht fühlst. Also ziehst du weiter.

Plötzlich macht der Tunnel eine scharfe Biegung, und nach der Kurve ist eine schwache Lichtquelle zu erkennen. Das könnte es sein. Du holst tief Luft, folgst der Biegung…

Und siehst dich vor dem Ende des Tunnels. Sieben Meter vor dir steht eine glatte Granitwand. Und davor, in einem Lichtkegel sitzend, ein Mann an einem Schreibtisch, der wild in seinem Notizbuch kritzelt. Als du einen Schritt nach vorn tust, hört das Kritzeln auf. Er hebt den Kopf. Du bist wie versteinert.

Nathan.

Der Mann, den du bis zum gestrigen Tag für deinen Daddy gehalten hast – und er sieht genauso aus wie vor 23 Jahren, als er ins brennende Haus zurückrannte. Und auf einmal ist dir klar, daß hinter allem er steht. Nathan hat Sam und dir etwas angetan, das noch viel schlimmer ist als es die Neurohormone waren – etwas ganz Furchtbares.

Und da sitzt er nun und bewacht die Erinnerung an dieses Furchtbare.

»Hast es nicht lassen können, nicht wahr, Julie«, sagt er halb verächtlich, halb belustigt. »Hast nicht Ruhe geben können.« Er schnalzt mit der Zunge und schüttelt mißbilligend den Kopf. »Wie schade. Ich hatte ja solch hohe Erwartungen in dich gesetzt. Und nun endest du mit der geistigen Kapazität von Gemüse. Welch eine Verschwendung!«

Du beginnst zurückzuweichen, beginnst nach dem gebenedeiten EXIT-Feld zu tasten. Du wirst ein andermal wiederkommen, wirst dich dieser Situation ein andermal stellen. Zusammen mit Dr. S. Du bist dieser Situation jetzt einfach nicht gewachsen.

»Brauchst gar nicht erst versuchen wegzulaufen«, sagt er. »Es wird dir nichts nützen. Du hast den Mechanismus bereits in Gang gesetzt.« Er zeigt auf die Digitaluhr, die hinter ihm steht; sie beginnt mit dem Countdown von hundert Sekunden. »Mehr

Zeit steht dir nicht mehr zur Verfügung. Bleib also nur da und sieh zu, ob du sie verlängern kannst.«

Du bleibst stehen. Ob er lügt? Aber das ist ja nicht Nathan, sondern eine Kreation deines eigenen Bewußtseins, und du würdest dich doch nicht selbst belügen. Oder doch?

»Komm näher«, sagt er und winkt dich zu einem Holzstuhl mit geradem Rücken, der vor seinem Schreibtisch steht. »Nimm Platz. Dann woll'n wir mal eine Variante unseres alten Spielchens versuchen. Du kannst dich doch noch an unser Spielchen erinnern, nicht wahr?«

Zitternd, die Augen auf die Uhr gerichtet, näherst du dich dem Schreibtisch. Und mit jedem Schritt wirst du kleiner, du schrumpfst... oder wird er größer? Nein, du bist's, die sich verändert. Du bist wieder ein kleines Mädchen, vier oder fünf Jahre alt, und Daddy wird sein Rechenratespiel mit dir spielen. Du kletterst auf den Stuhl und schaust ihn einmal kurz an, bevor du die volle Aufmerksamkeit wieder auf die abnehmende Gesamtzeitangabe der Uhr richtest.

»Achte nicht auf die Uhr, Julie, Liebes. Es wird dich nur ablenken. Hör mir gut zu. Unser Spielchen geht so: Wenn ich eine Frage stelle, bleibt die Uhr stehen. Wenn ich die richtige Antwort zuerst gebe, setzt sie sich wieder in Bewegung und läuft weiter, bis ich die nächste Frage stelle. Wenn *du* als erste die richtige Antwort gibst, bleibt sie so lange stehen, bis ich wieder als erster die richtige Antwort gebe. Akzeptiert?«

Es gibt eine Frage, die du einfach stellen mußt: »Was geschieht, wenn die Uhr die Null erreicht?«

Nathan lächelte. »Dann verlierst du.«

»Was verliere ich denn?«

»Deinen Verstand.«

Eine Eiseshand greift nach deinem Herzen. Du weißt genau – das ist kein Spaß. Du hast ja gesehen, was Sam widerfahren ist.

Wieder ein Blick auf die Uhr. Du hast bereits 42 Sekunden verloren.

»Können wir anfangen? Jetzt gleich?«

»Selbstverständlich. Erste Frage: Multipliziere fünftausendsiebenhunderteinundzwanzig mit einundzwanzig.«

Die Uhr steht still. Dein Verstand ebenso.

Als Kind hast du bei diesen Spielen immer gut abgeschnitten, aber da ging's um einfaches Addieren und Subtrahieren. Und wer macht heute noch Kopfrechnen? Heutzutage würde man wahrscheinlich schon zum Zehenzählen den Taschenrechner benutzen.

Plötzlich beginnt Nathan Tasten zu drücken. Ein Summer ertönt. Der Countdown geht weiter.

»Die Lösung«, sagt er, »lautet einhundertzwanzigtausendeinhunderteinundvierzig.«

Die Zahl läuft in roten Ziffern über die Vorderseite des Schreibtisches. 120 141... 120 141... 120 141...

»Versuchen wir etwas anderes, okay?« sagt er. »Wie wär's mit, ach, ich weiß nicht: Multipliziere zweitausendeinhundertneunundachtzig mit vierzehn?«

Gott, du kannst gar nicht denken. Wenn du die Zahlen vor dir sehen könntest, hättest du ja vielleicht eine Chance, aber so...

»Ich hab's!« ruft Nathan und hämmert schon wieder auf sein Desktop.

Der Summer ertönt, die Ziffern der Uhr setzen ihre erbarmungslose Verringerung fort, während die Zahl 30 646 über die Schreibtischvorderseite flimmert.

»Meine liebe Julie«, sagt Nathan in einem besorgten Ton, bei dem du nur mit den Zähnen knirschen kannst. »Du mußt es schon besser machen, wenn du nicht als schleimige Hülse enden und nur mehr dahinvegetieren willst. Dann wollen wir es mal mit einer anderen Aufgabe probieren: Nun dividiere mal eine Millionelftausendsiebenhundertundzweiundfünfzig durch vierzehn.«

Und die Uhr bleibt wieder stehen, und du versuchst dir die Zahl vor deinem inneren Auge vorzustellen: Einhundertundeins durch vierzehn macht sieben... einunddreißig durch vierzehn macht zwei... siebenunddreißig durch vierzehn ergibt wieder zwei... Du hörst das Hämmern auf Nathans Tastatur – *Nein!*... Fünfundneunzig geteilt durch –

Wieder der Summer – dieser verdammte Summer –, und plötzlich läuft die Zahl 72 268 über die Vorderseite des Schreibtisches.

Und, o mein Gott, dir bleiben nur mehr 22 Sekunden. Dir bricht kalter Schweiß aus. Der Wettstreit ist ein Schwindel. Er ist getürkt. Der Kerl kennt die Antwort bereits, bevor er die Frage stellt. Das Spiel war immer ein Falschspiel. Du hattest nie eine Chance.

Wie kannst du hoffen, gegen ihn mitzuhalten? Du kannst doch überhaupt nicht gewinnen!

Und genau darum geht's.

»Für ein Spiel reicht die Zeit noch«, sagt Nathan. »Laß mal sehn...«

Ein Falschspiel... schon damals, als Kind, hast du das Spiel nicht durchschaut, hast du nicht gewußt, was eigentlich gespielt wurde, damals, als kleines Kind, hast dagesessen und warst das Dummchen...

Aber Moment mal. Du bist doch überhaupt kein kleines Kind mehr...

Neunzehn Sekunden. Achtzehn Sekunden.

Und dabei ist er nicht mal dein richtiger Vater...

»Moment mal«, sagst du. »Stopp! Wir befinden uns hier nicht in deinem Haus – das ist *mein* Haus, *mein* Grund und Boden. Ich bin nicht dein kleines Mädchen, ich muß dein gottverdammtes Spiel überhaupt nicht mitspielen.«

»Die Zeit läuft, Julie. Du kennst die Spielregeln.«

»Scheiß auf deine Regeln! Hier gelten deine Spielregeln nicht. In meinem Haus gelten meine eigenen Spielregeln, und im übrigen will ich gar nicht spielen.«

Du stehst auf, und als du dich vom Stuhl erhebst, wirst du immer größer, bis du schließlich wieder Erwachsenengröße erreichst. Du hast weiche Knie, sie können dich kaum tragen. Du blickst auf ihn herab. Und da merkst du, du merkst zum erstenmal, daß er Angst hat.

Seine Lippen bewegen sich, als ob er die letzte Frage stellen will, er bringt aber kein Wort heraus. Ein Gefühl des Triumphs erfaßt dich – du hattest recht. Hier hat er die Dinge nicht in der Hand – hier herrschst *du*.

In dem Augenblick bricht der Schreibtisch in Flammen aus. Der Hitzedruck drängt dich zurück. Als du wieder klar sehen kannst, erkennst du, daß Nathans Blazer in Flammen steht. Das Feuer breitet sich rasch aus, so daß er bald in Flammen eingehüllt ist. Du willst dich abwenden, kannst aber nicht. Mit entsetzter Faszination schaust du zu, wie sein Fleisch bruzzelt, raucht und zischt; seine Glieder beginnen sich zu winden und zusammenzuziehen.

Aus den Flammen heraus kreischt eine Stimme.

»Sei verflucht, Julie! Nun hast du's doch getan! Du hast es sehen wollen? Jetzt sei dein Wunsch erfüllt. Hoffentlich macht's dir Spaß. Verdammt, Julie. Geh... zur Hölle!«

Sekunden später brennt das Feuer aus, und du siehst vor dir eine geschwärzte, verkrümmte Leiche – eine genaue, dreidimensionale Kopie des Fotos, das du in den Unterlagen des Leichenbeschauers gefunden hast.

Du fühlst die Galle in dir hochkommen. Aber zum Schlechtwerden ist jetzt nicht der richtige Zeitpunkt. Das Feuer hat auf die Steinwand hinter ihm übergegriffen – der Felsen brennt.

Aber nein. Nicht der Felsen. Leinwand. Ein *Tromp l'œil*-Wandbild, das für einige wenige Momente auflodert, dann flakkert das Feuer, zurück bleibt Rauch und... eine offene Passage.

Du stehst am Eingang der Passage, willst fliehen und weißt doch, daß es dafür zu spät ist. Du hast das Untier aus dem Käfig befreit und mußt dich ihm jetzt stellen – ob hier oder in der realen Welt, ganz gleich, aber stellen mußt du dich ihm. Und zwar jetzt. Die Erinnerung ist freigelassen. Du hast gar keine Wahl.

Ein Luftzug berührt dich im Rücken und bauscht den Rauch vor dir auf. Er steigert sich im Nu zum Wind, dann zu einem heulenden Sturm, der dich vorwärts trägt, in den Rauch hinein, und dann...

...in die Eingangshalle des Hauses in Millburn.

In der Mitte der Diele steht deine Mutter, sie hält Sam und dich an der Hand. Dein Onkel Eathan stürzt die Treppe hoch. Du erkennst die Szene sofort wieder. Jawohl, hier bist du bereits heute morgen gewesen. Eathan und Nathan haben gerade ihren Streit ausgetragen, und Mommy hat erklärt, daß sie Nathan verlassen wird und die Mädchen mitnimmt, damit Nathan ihnen nie mehr nahe kommt.

Auf einmal bist du keine Beobachterin mehr – du bist Teil dieser Szene. Du bist wieder Klein-Julie, so wie vorhin.

Als Onkel Eathan die Treppe hochrennt, blickt die kleine Julie zu ihrer Mutter auf. »Mommy, machen wir eine Reise?«
»Ja. Eine lange Reise.«
»Und Daddy kommt nicht mit«, sagte Sammi, die darüber nicht unglücklich scheint. »Onkel Eathan und Daddy, die haben sich gar nicht mehr lieb. Ich habe sie gesehen... ich habe gesehen, wie sie sich geschlagen haben.«
»Warum denn?« fragt Julie.
Doch ehe Sammi darauf antworten kann, kommt Onkel Eathan wieder in den Blick, er müht sich auf der Treppe mit einem riesigen Koffer ab.
»Was ist bloß drin? Dein ganzes Hab und Gut?«
»So ungefähr.«
Während Onkel Eathan den Koffer zum Ausgang hievt, erstarren plötzlich alle, als Daddys Stimme ertönt.
»Halt!« schreit er und rennt von hinten zum Foyer.
Er hat einen Wahnsinnsblick. »Keinen Schritt weiter!«
Onkel Eathan wirft einen Blick über die Schulter, ohne jedoch innezuhalten oder sich auch nur die Mühe einer Antwort zu machen. Als er die Hand ausstreckt, um die Gittertür zu öffnen, stürzt Daddy an Julie, ihrer Mutter und ihrer Schwester vorbei.
»Nein, verdammt!«
Julie bemerkt, daß er etwas in der Hand hält. Einen Gegenstand mit einer Nadelspitze, so wie die Spritze, die ihr der Kinderarzt bei der letzten Untersuchung gegeben hat.
Daddy wirft sich auf Onkel Eathan und *sticht* ihm die Nadel ins Schulterblatt. Onkel Eathan stößt einen Schrei aus und läßt den Koffer fallen. Die beiden beginnen, miteinander zu ringen, sie schreien sich an, wie Tiere brüllen sie.
»Aufhören!« ruft Mommy. »Mein Gott, Nathan! Bitte! Das ändert doch nichts.«
Julie hat schreckliche Angst... Daddy benimmt sich wie ein Verrückter. Onkel Eathan scheint schwächer zu werden, er

ringt nach Luft. Julie kreischt, als ihre Mommy sich aus ihrem und Sammis klammernden Griff löst und nach vorn stürzt.
»Laß ihn los!« schreit sie und versucht Daddy von Onkel Eathan freizumachen.
Daddy bäumt sich auf, er schnappt sich Mommy und schüttelt sie wie ein Spielzeug. Mit seinen bleckenden Zähnen und blitzenden Augen scheint er mehr Tier als Mensch, als er Mommy mit roher Gewalt durch die Diele schleudert. Sie prallt von der Wand ab und torkelt gegen die Treppe.
Sie schlägt mit dem Hinterkopf gegen die Kante einer Holzstufe. Ein dumpfer Ton, sie sackt zusammen.
Sammi und Julie rufen wie aus einem Mund: »Mommy!« Sie eilen an ihre Seite. Julie wendet sich instinktiv an die andere wichtige Person in ihrem Leben und ruft: »Daddy. Bitte, komm und hilf ihr!«
Noch während sie ruft, weiß sie aber, daß Daddy ihr nicht helfen wird. Daddy der Beschützer steht keuchend über seinem Bruder, der inzwischen so leblos daliegt wie Mommy.
Julie wird plötzlich von einer Panik erfaßt. Die Fundamente ihres Heims, ihrer Familie, ihres Lebens bröckeln. Sie wendet sich mit einem hilfeheischenden Blick zur Schwester, doch Sammi liegt schluchzend mit dem Gesicht zwischen Mommys Brüsten. So hilflos, so bang, so allein hat Julie sich noch nie im Leben gefühlt…
Und Daddy kommt mit einem mörderischen Blick in den Augen auf sie zu.
Sie schreit entsetzt auf, als er ihren Arm packt und sie von Mommy losreißt, dann reißt er auch Sammi los und schiebt die beiden Kinder ins dunkle Wohnzimmer.
»Bleibt hier!« befiehlt er ihnen mit zusammengepreßten Zähnen. »Und rührt euch nicht, bis ich's euch sage!« Er zieht die Fenstertür von draußen hinter sich zu.
Stöhnend, schluchzend, zitternd klammern Sammi und Julie sich im Dunkeln aneinander. Durch die Fensterscheiben sehen sie Daddy im Foyer hin und her laufen.
Als er zurückkommt, packt er Julie am Kinn und schiebt ihr eine Tablette in den Mund.

»Kau und schluck das hinunter!« Als sie sich weigert, schlägt er zu und befiehlt noch einmal. »Kau und schluck das hinunter.«
Julie beißt auf die Tablette. Ein bitterer Geschmack füllt ihren Mund, während er sich Sammi zuwendet.
»Es schmeckt furchtbar!« schreit Sammi. Daddy gibt ihr einen Schlag auf den Po.
»Iß das jetzt!«
Als Julie und Sammi die Tabletten geschluckt haben, läßt er sie wieder allein. Sie kauern im Dunkeln. Es scheint eine Ewigkeit. Julie spürt plötzlich einen Brandgeruch. Ins Wohnzimmer dringt Rauch. Ein Geruch wie vom Kaminfeuer, nur stärker.
Sammi schreit: »Feuer!« und zeigt hinter die Fenstertür.
Das Wohnzimmer füllt sich mit Rauch. Julie rappelt sich hoch und zieht Sammi nach. Sie müssen hier heraus. Julie zerrt Sammi zur Fenstertür. Die ganze Diele steht in Flammen. Julie greift nach dem Türgriff.
Er ist heiß. Sie hält trotzdem fest und kann ihn herumdrehen. Ein Hitzestoß drückt die Tür auf und versengt ihr Haar. Die Flammen tosen ihr entgegen. Sie wendet sich weinend ab – Sie können dem Feuer nicht entkommen.
Plötzlich wird sie von einem starken Arm umfangen. Sammi und sie werden hochgehoben. Es ist Daddy! Daddy der Beschützer hat den bösen Zauber abgeworfen, der ihn besessen hatte, und ist gekommen, um seine kleinen Mädchen zu retten. Jetzt wird er alle retten.
Sie sieht Mommy, die noch immer an der Treppe zusammengesunken liegt, und Onkel Eathan liegt noch immer auf dem Boden. Daddy tritt über ihren reglosen Onkel hinweg und trägt sie in die kühle, klare Nachtluft.
Er trägt sie fort, sicher vor Hitze und Rauch, und setzt sie im feuchten Gras ab.
»Bleibt hier«, sagt er. »Ich geh' noch einmal zurück, eure Mutter holen.«
Und dann warten sie und beobachten die Flammen, die sich durch das Haus fressen, sie warten, daß Daddy ihre Mommy rettet und an ihre Seite bringt.
Und dann sehen sie ihn, wie er sich durch die Flammen im

Türeingang kämpft, er hat den Kopf mit einem nassen Handtuch umwickelt und trägt etwas in den Armen ... Doch, er trägt etwas ...

Aber Mommy ist das nicht. Es ist ein Matchbeutel. Und ein Armvoll Bücher. Dieselben Bücher, die er vorhin durch die Diele schleuderte. Wichtige Bücher, so wichtig wie seine Papiere. Er läuft auf die Zwillinge zu und legt die Bücher, nicht weit von den Kindern entfernt, auf den Boden. Dann dreht er sich um und schaut ins Feuer hinein.

»Wo ist Mommy?« fragt Julie. »Hast du sie nicht gerettet?«

Aber Daddy gibt keine Antwort, sieht sich nicht mal nach ihr um, ist wie gebannt vom Feuer. Er schreitet davon, näher zum lodernden Haus. Er stemmt die Hände in die Hüften und beobachtet die Flammen. Da sieht Julie in einem Seitenfenster ganz in Daddys Nähe plötzlich eine Bewegung. Eine Bewegung ... dort ist jemand und hämmert gegen das Fenstergitter. Eine Frau – ihr Kleid schwelt, ihr Haar steht in Flammen.

»Mommy!« schreit sie, und Sammi stimmt ein: *»Mommy!«* Schreiend erheben sie sich aus dem Gras, Mommy ist da, sie ist wohlauf, sie kommt heraus.

Daddy erblickt sie ebenfalls. Mit immer schwächer werdenden Anstrengungen gelingt es ihr noch, das Gitter aus dem Fensterrahmen zu schlagen. Es kippt ins Gras. Sie sackt gegen den Sims, halb im Hause, halb draußen streckt sie die Arme nach Daddy aus, fleht um Hilfe, um Rettung.

Daddy blickt rasch um sich, stürzt zum Ende des Gartens und kehrt zurück mit ... der Hacke. Er trotzt der Hitze und reicht Mommy die Hacke hoch.

Julie hält den Atem an. Daddy schafft es! Daddy kann Mommy retten!

Als Mommy dann aber nach der Hacke greift – da stößt Daddy ihr die Hacke in den Leib, und Mommy sinkt zurück in die Flammen.

Julie und Sammi wehklagen ihr Entsetzen in die Nacht. Kommt denn niemand das Feuer löschen? Warum kommt kein Feuerwehrmann, um ihre Mommy zu retten?

Doch nur das ungerührte Gesicht des Vollmonds ist Zeuge.

Daddy bleibt noch eine Weile wartend an dem Fenster stehen. Als Mommy nicht wieder erscheint, läuft er ihnen entgegen, ein schwarzer Schatten im Feuerschein, er kommt näher, wird immer größer und verdeckt das Haus und den Brand, bis nur noch die Bäume im Feuerschein und der Mond und sein Schatten zu sehen sind.
Das Feuer taucht alles in seinen Schein.
Selbst den Mond...

Nein. Das ergibt keinen Sinn. So ist es damals nicht gewesen.

Du reißt dich jetzt von der kleinen Julie los... und beobachtest, was dort geschieht.

Benommen, betäubt vom Schrecken und Entsetzen, erkennst du, wie Nathan sich die hysterisch schreienden Zwillinge schnappt und wie Gepäckstücke in den Fond von Eathans Auto wirft. Dann holt er seine Journale und den Matchbeutel und legt sie auf den Beifahrersitz.

Vom anschließenden Geschehen bekommst du nicht viel mit. Du siehst, wie er die Kinder in die Kelleräume von Eathans Haus bringt. Er zwingt ihnen, die sich weinend wehren, weitere Tabletten auf. Er hält ihnen Licht gegen die Augen und teilt ihnen immer und immer wieder mit, sich vorzustellen, wie ihr Vater ins brennende Haus zurückrennt und nicht mehr herauskommt... er rennt ins Haus zurück und kommt nicht mehr heraus... Er sagt ihnen, daß sie von dieser Nacht nichts im Gedächtnis behalten werden außer ihren Vater, der sie in Sicherheit brachte. Ihren Vater, der ihnen sagt, daß er ins Haus zurückgeht, um ihre Mutter zu retten, und dann in die Flammen zurückstürzt.

Aus irgendeinem Grund hören die Mädchen auf zu weinen.

Und dann taucht Nathan wieder auf, nur daß er diesmal einen Bart trägt, es ist der Bart seines Bruders, genau der gleiche, und er sagt den Kindern, daß sie ihn von nun an Onkel Eathan nennen werden, nur noch Onkel Eathan, und von dieser Nacht wird ihnen nichts in Erinnerung bleiben außer...

So geht das endlos weiter, schließlich bekommt die Botschaft dann aber eine neue Wendung:

Falls sie je etwas anderes erinnern sollten, als er ihnen gesagt hat, dann werden sie sterben.

Dann werden sie sterben. Die Erinnerung wird sie umbringen. Also: Wenn sie leben wollen, dürfen sie nie, niemals, erinnern, was in dieser Nacht geschehen ist.

Und dann fährt er sie in die Wälder und wandert mit ihnen unter die Bäume und läßt sie allein, und nur der Mann im Mond ist ihr Beschützer.

Sie kauern frierend und elend zusammen und wissen nicht, wie sie hergekommen sind...

Plötzlich ist das Bild weg. Leere. Mehr als Leere. Es ist dunkel. Kein blauer Bildschirm mehr, keine Menüleiste, kein Anzeigeband mehr. Alles tot. Systemversagen. Du greifst nach deinem Datenhelm und...

35. Kapitel

Quintilius: »Wer lügt, sollte ein gutes Gedächtnis haben.«
Aus den Notaten Julie Gordons

Julie machte ihren Kopf frei und blickte sich um. Es war Nacht geworden, im Zimmer war das Nachtlicht eingeschaltet worden – also mußte irgend jemand im Zimmer gewesen sein. Sie schaute zum Monitor hinüber. Tot. Der Videorecorder ebenso – ohne Strom. Sie glaubte schon, in sich selbst, im eigenen Bewußtsein gefangen zu sein, kein Problem, da müßte sie doch nur...

Sie wollte sich aus dem Liegesessel erheben, als sie an der Schulter gepackt wurde.

Sie erschrak und schaute hoch.

»Eathan!«

Aber nein – das war ja gar nicht Eathan. Inzwischen wußte sie ja, wer er in Wahrheit war.

Nathan.

Eine Woge des Zorns stieg in ihr empor, übermannte sie, trieb sie gegen ihn, sie krallte ihm ins Gesicht, stach mit den Finger nach seinen Augen.

Er drückte sie gewaltsam in den Sessel zurück.

»Bleib, wo du bist, Julie.«

Er mußte sie mit Gewalt zurückhalten – bis ihr klar wurde, daß er viel schwerer und kräftiger war als sie und sie aus seiner vorteilhaften Position endlos lang in Schach halten könnte.

Da gab sie den Widerstand auf. Keuchend lag sie da, mit zornerfülltem Blick beobachtete sie, wie er herumkam und sich auf der Armlehne des Sessel niederließ. Sein Blick war kalt, der Ausdruck seines Gesichts hinter dem Bart nicht zu entschlüsseln. Er wußte aber mit Sicherheit, wo sie gewesen war; er wußte, was sie gesehen hatte. Davon war sie fest überzeugt.

Ein Zeichen von Reue vermochte sie jedoch in seiner Miene nicht zu erkennen.

Sie spürte, wie alles in ihr hochkam. Sie schloß die Augen. Was hatte er ihnen angetan! Was er nicht alles verbrochen hatte! Ihre Mutter ermordet und ihren leiblichen Vater und sich all diese Jahre dann als der Bruder ausgegeben, den er ermordet hatte. Und über all diese Jahre hatte sie ihn geliebt, geachtet, bewundert.

Ihr wurde schlecht. Sie kämpfte dagegen an – nicht vor den Augen dieses Mannes! Sie schluckte, wartete, bis das Ekelgefühl nachließ, dann machte sie die Augen auf und fixierte ihn.

Gott, wie widerwärtig ihr sein Anblick war. Der Gedanke, hier mit ihm allein zu sein, jagte ihr heillose Angst ein.

»Hilfe!« schrie sie. »Krankenschwester! Hilfe! Hierher!«

»Das kannst du dir schenken«, sagte Nathan. »Köchin und Hausmädchen haben Ausgang, und der Krankenschwester habe ich gekündigt.«

»Du lügst.«

»Keineswegs. Bei meiner Rückkehr saß sie vor der Tür auf dem Flur, worauf ich ihr eine Riesenszene machte, weil sie ihre Patientin im Stich gelassen hätte. Ich habe sie fristlos gefeuert.« Die Augen erreichte das Lächeln auf seinen Zügen nicht. »Ich bin ein äußerst *betroffener* Onkel!«

»Ein Ungeheuer bist du.«

»*Das* Thema, scheint mir, haben wir bereits abgehakt. Es hat mich schon beim erstenmal gelangweilt.«

»Du solltest dich dran gewöhnen, Langeweile zu haben«, stieß sie mit zusammengebissenen Zähnen hervor. »Du wirst nämlich den Rest deines Lebens hinter Gittern verbringen. Ich wünschte mir nur, daß es in New York zur Zeit deiner Straftaten die Todesstrafe gegeben hätte. Ich würde nur zu gern gesehen haben, wie sie dich grillen.«

Nathan lachte. »Ich glaube nicht, daß es soweit kommen wird.«

»Ich habe Beweise. Ich kann mich wieder erinnern. Ich weiß, wer du bist. Ich weiß, was du angestellt hast. Mein Gott, ich habe es sogar auf Video!«

Nathan schüttelte ganz langsam den Kopf, und die Gelassenheit seiner Geste jagte Julie eisige Angst ein. Für einen Menschen, der gerade als Doppelmörder entlarvt worden war, schien er zu entspannt, zu selbstgewiß.

»Bedaure«, sagte er, »aber das Band wird bei Tagesende nicht mehr existieren und …«

»Es gibt eine weitere Videoaufnahme in New York«, stieß Julie in der verzweifelten Hoffnung hervor, daß er diese Lüge schlucken würde. »Dr. Siegal hat alles gesehen.«

»Julie, Julie.« Nathan seufzte. »Du bist eine hochintelligente junge Frau – und du solltest nie vergessen, wie sehr du deine geistige Brillanz mir verdankst –, aber ich bin dir in dieser Sache immer einen Schritt voraus gewesen. Wenn ich dich das Vogelnest von Drähten und Kabeln hinter dem Wandschrank durchwühlen ließe, würdest du einen kleinen RF-Videotransmitter entdecken. Der Empfänger steht im Keller, er ist an mein eigenes Videogerät angeschlossen.«

Es lief Julie erneut eiskalt über den Rücken. »Du hast also von Anfang an zugeschaut.«

»Nicht von Anfang an. Erst seit Anfang dieser Woche, kurz vor meiner Abreise nach London. Deine Behauptung, du hättest ›vergessen‹, eine Sitzung aufzunehmen, machte mich mißtrauisch. So etwas sieht dir gar nicht ähnlich, und deshalb beschloß ich, mich gegen weitere solche Gedächtnislücken durch eine eigene Installation abzusichern. Was sich heute ja als recht brauchbar erwiesen hat. Übrigens, ganz nebenbei – ich bin heute gar nicht bis London gekommen. Ich habe, es ist nicht lang her, die Köchin angerufen und ihr mitgeteilt, ich käme später und sie solle dir nichts zum Abend zubereiten – ich würde mit dir im Bay Hotel essen gehen. Ich bin dann sofort heimgekommen, sobald sie aus dem Haus war, und habe mir das Videoband angeschaut. Ich kann dir überhaupt nicht sagen, wie erleichtert ich war, als ich feststellte, daß die gesperrte Erinnerung vernichtet war – als du Samanthas Bewußtsein nicht wieder zusammenschließen konntest. Ich dachte schon, ich wäre alle Sorgen los. Ein Kompliment muß ich dir wirklich machen, Julie: Du bist ein verdammt hartnäckiger kleiner Teufel.«

»Der Teufel bin in diesem Fall nicht *ich*.«

»Sei's drum. Was das fehlende Videoband betrifft – dessen Inhalt habe ich schließlich von Alma erfahren. Wenn ich es doch nur früher gewußt hätte. Dann hätte ich uns diese unangenehme Szene nämlich ersparen können.«

»Alma hat es dir erzählt?«

»Richtig. Sie war eine außergewöhnlich gute Psychologin. Sie hatte einen Zugang zur Symbolsprache von Samanthas Gedächtnislandschaft gefunden und Dinge zu entschlüsseln verstanden, die ich selber gesehen, aber für unwichtig gehalten hatte. Sie war der Überzeugung, daß Samantha an der Wahnvorstellung litt, daß Nathan noch am Leben sei. Was mich maßlos beunruhigte, weil ich natürlich befürchten mußte, daß Alma das zur Sprache bringen könnte, und wenn ihr zwei da einmal eure Köpfe zusammengesteckt und dazu durch Sams Gedächtnislandschaft noch weitere Hinweise bekommen hättet – insbesondere mit den immer wiederkehrenden Bildern und Metaphern einer Auferstehung von den Toten –, sah ich Gefahr, daß du die Folgerung ziehen würdest, daß es sich da eben nicht um eine Wahnvorstellung handelt. Daß Nathan vielleicht wieder aus der Asche erstanden sei.«

»Du hast Alma *umgebracht*!«

Er zuckte mit den Achseln. »Zu meinem eigenen Bedauern. Ich machte ihr den Vorschlag, daß wir diesen Aspekt auf einem Spaziergang in der frischen Nachtluft durchdiskutieren könnten. Und du weißt doch, wie tückisch die Klippen an der Küste sein können.«

Eine neuerliche Woge des Ekels. *Drei* Morde. Und sie selbst hatte Liam für Almas Tod verantwortlich gemacht!

»Aber warum…

»Ich dachte, ich hätte es dir gerade erklärt…«

»Nein. Ich meine: Warum das Ganze? Warum die ganze, bis ins Kleinste ausgeheckte…«

»Farce? Sie ist eigentlich gar nicht so kompliziert. Sie erweckt nur den Eindruck. Es fing damit an, daß mir für meine Neurohormonen-Protokolle Versuche mit Menschen nicht genehmigt wurden und ich für die Tierversuche, die zur Qualifizierung für klinische Experimente erforderlich gewesen wäre, keine Forschungsmittel erhielt. Die sprichwörtliche Catch-22-Situation.

Ich befand mich in einem schrecklichen Zustand zwischen tiefster Depression und manischer Erregung. Dazu finanzielle Sorgen. Ich wußte nicht mehr ein noch aus.

Und dann ließ deine Mutter, meine Frau, die treue Lucy, mich auch noch wissen, sie sei schwanger. Also, das war mir ein Rätsel. Trotz jahrelanger Bemühungen war es uns nicht gelungen, Kinder zu haben. Wir hatten die Hoffnung fast schon aufgegeben und, ganz offen, bei dem Streß während des vorangegangenen Jahres war mein Geschlechstrieb versiegt – und zwar so sehr, daß ich mich nicht zu erinnern vermochte, wann ich zum letztenmal mit deiner Mutter geschlafen hatte. Im übrigen hatte mein lieber Bruder zuletzt auffällig viel bei uns herumgelungert. Mein Erstaunen schlug in Mißtrauen um; ich weigerte mich jedoch zu glauben, daß meine Frau und mein eigener Bruder – mein Zwillingsbruder – mich auf diese Weise verraten würden. Es hat fast die gesamte Dauer der Schwangerschaft gebraucht – die auf Grund der Tatsache, daß deine Mutter Zwillinge austrug, ein wenig kürzer ausfiel –, bis ich den Mut aufbrachte, eine Spermauntersuchung vornehmen zu lassen. Nun ja« – er setzte ein affektiertes Grinsen auf – »das Ergebnis ist dir ja bekannt.«

Julie nickte. »Du warst steril.«

»Ja. Ich raste insgeheim vor Wut und habe den Entschluß gefaßt, die beiden umzubringen. Bevor ich mir dazu einen Plan machen konnte, bekam deine Mutter aber die Wehen und brachte Zwillinge zur Welt. Eineiige Zwillinge.«

Julie hielt sich an den Armlehnen ihres Sessels fest. »Und damit hattest du auf einmal das Rohmaterial für deine Humanexperimente.«

»Und die allerschönste Rache. Ich glaube ja nicht an Gott – aber sag selbst: Siehst du da nicht beinahe die Hand einer ausgleichenden göttlichen Gerechtigkeit am Werk?«

»Nein«, sagte Julie. »Ganz und gar nicht.«

»Ja, also gut, vielleicht auch nicht. Ganz gleich. Ich ergriff die Gelegenheit beim Schopf und fing damit an, dir und Samantha eine Dosierung gemäß meines wissenschaftlichen Protokolls zu verabreichen.«

»Aber du konntest die Resultate doch nie publizieren.«

»Das war von geringerer Bedeutung als der Nachweis vor mir selbst, daß ich recht hatte. Falls ihr zwei euch plangemäß entwickeln würdet, wollte ich mich weiterhin um Forschungsmittel bewerben. Falls nicht, wußte ich, daß ich einer falschen Spur nachlief – dann würde ich wieder zur Grundlagenforschung zurückkehren.«

»Aber«, sagte sie grimmig, »du hattest Erfolge.«

»O ja. Und sie überstiegen meine kühnsten Träume.«

»Nur daß Eathan dahinterkam und du ihn deshalb umbringen mußtest.«

»Ach wo, ich hatte doch längst beschlossen, Lucy und ihn zu töten, und die Tat seit Jahren vorbereitet. Ich habe Versicherungspolicen auf uns beide abgeschlossen – das erregt weniger Mißtrauen, als wenn ich sie nur auf den Namen meiner Frau abgeschlossen hätte – und mein Testament gemacht und die Treuhandkontos eingerichtet. Die Frage betraf nur den Zeitpunkt. Meine heikle Finanzlage zwang mich zu rascherem Handeln. Sie verschlechterte sich ebenso rasch wie meine Ehe. Die Bank drohte mit Zwangsvollstreckung … eine furchtbare Sache. Ich verabscheute deine Mutter für das, was sie getan hatte. Ich habe die Ehe nur weitergeführt, um euch zwei Mädchen bei mir behalten zu können. Mir war jedoch klar, daß ich mit dem Verlust des Hauses auch Lucy und ihre Zwillinge verlieren würde.«

»Deine zwei Versuchskaninchen.«

»Genau. Den Plan – die Brandstiftung, der Rollentausch mit Eathan – hatte ich schon fertig ausgearbeitet. Alles war bereit. Es war der richtige Moment, nur fehlte mir der Mut. Ich malte mir all die vielen Dinge aus, die schiefgehen und mich verraten könnten … Ich habe es monatelang hinausgezögert. Vielleicht hätte ich den Plan nie umgesetzt, wenn Eathan nicht die Journale entdeckt und gelesen hätte. Als er es Lucy erzählte, hat er mich zum Handeln gezwungen. Weil ich sonst nicht nur die Zwillinge verlieren würde – ich riskierte Bloßstellung, Verhaftung, sogar Gefängnis. Also mußte ich unverzüglich handeln.«

Julie drehte sich der Kopf: Ihr Vater war ihr Onkel, der ihr Vater wurde, aber im Grunde ihr Onkel war. Eine Matroschka Puppe aus Fleisch und Blut.

»Aber das Gutachten des Coroner«, wandte sie ein. »Die Zahnunterlagen haben doch zweifelsfrei bewiesen…«

»Daß die Leiche Nathan war?« Diesmal war das Grinsen echt. Es schien ihm richtig Spaß zu machen, diese Geschichte zu erzählen. »Auf diesen Punkt bin ich ganz besonders stolz. Schau her – ich bin ganz bewußt zum gleichen Zahnarzt gegangen wie Eathan. Als ich fand, daß die Zeit zum Handeln reif war, habe ich mich unbemerkt in die Zahnarztpraxis geschlichen – das war eigentlich kein großes Problem, Millburn war damals, 1972, ein gemütliches kleines Städtchen, da hätte man den Gedanken an eine Alarmanlage absurd gefunden – und die Anfangsbuchstaben unserer Vornamen ausgetauscht. Bei gründlichem Hinschauen wäre die Änderung eventuell aufgefallen; der Coroner und die Versicherungsprüfer haben aber nur mit Fotokopien gearbeitet. Die hatten nicht mal eine Ahnung. Und ich hatte mit einem Schlag alle meine Familien- und finanziellen Probleme gelöst. Meine einzige Sorge betraf euch zwei Kleinen. Ich hatte euch mit Propranolol behandelt –«

»Ein Betablocker. Natürlich – um die gedächtnisfördernden Wirkungen des Adrenalins zu dämpfen.«

»Korrekt. Ich war meiner Zeit voraus. Ich habe euch hypnotisiert und eine falsche Erinnerung vom Brand eingegeben. Nur gibt es keinen idiotensicheren Plan. Wenn eine von euch beiden je das wahre Geschehen jener Nacht erinnern würde, könnte ich alles verlieren.«

»Deshalb hast du uns also außer Landes gebracht.«

»Ja. Der Umzug löste eine Reihe von Problemen. Eathan war ein praktizierender Arzt, Internist. Ich nicht. Ich hätte seine Praxis nicht übernehmen können, ich durfte auch nicht das Risiko eingehen, daß einer seiner Freunde die Farce entdeckte. Glücklicherweise war er, wie ich auch, ein ziemlicher Einzelgänger. Er trat nur kurz – eine verzweifelte Erscheinung – bei der Beerdigung öffentlich auf, mied die wenigen Freunde, die er gehabt hatte – er nahm eben alles sehr schwer. Bald wuchs mein eigener Bart nach. Ich war mir aber bewußt, daß ich die Rolle nicht auf immer durchhalten könnte. Ich mußte Millburn verlassen. Der Umzug hatte aber auch den Zweck, euch zwei Kinder aus der

Umgebung des Traumas zu schaffen. Wenn ich euch in der Umgebung von Millburn ließe, bestand fortwährend Gefahr, daß eine von euch beiden auf etwas stoßen könnte, das die wahre Erinnerung ausgelöst hätte. England schien eine vollkommene Wahl. Keine Sprachbarrieren, und der Dollar war dort damals viel mehr wert als heute – dieses Anwesen habe ich für 'n Appel und 'n Ei gekriegt. Und da ich euch zwei hier an der einsamen Küste von Yorkshire ganz für mich allein hatte, war es mir außerdem möglich, euch laufend in der falschen Erinnerung zu bestärken, dafür zu sorgen, daß ihr sie immer wieder durchlebt…«

»Deshalb also all diese ›Ventilierungs‹-Sitzungen!«

»Ja. Ich konnte die wahre Erinnerung ja nicht ausmerzen, weil die falsche Erinnerung ein Teil mit ihr gemeinsam hatte. Wenn ich die falsche Erinnerung bestärkte, habe ich jedesmal auch die wahre Erinnerung bewahrt. Aus diesem Grund mußte ich die gesteuerte Erinnerung so frisch und lebendig halten, daß es ausgeschlossen war, daß ihr die Wahrheit finden würdet.«

»Ausgeschlossen?« sagte Julie und deutete auf den Datenhelm des Memoskops.

Nathans Grinsen wurde breiter. »Ist das nicht eine köstliche Ironie? Bei Samantha habe ich eine einseitige, perfekte Entwicklung der rechten Hirnhälfte bewirkt – sie wurde ganz Künstlerin. Doch sie hat ihre Kunst dazu verwendet, um die Erinnerung von jener Nacht zu entsperren. Die arme Sammi erfaßte Momente der Wahrheit durch ihre Kunst. Sie ist der Wahrheit nahegekommen… zu nahe… und als sie die Wahrheit freisetzte, ist sie nicht gestorben, wie ich sie auf hypnotischem Wege angewiesen hatte – Samantha tat ja nie, was man ihr sagte. Es hat jedoch ihr gesamtes Gedächtnissystem aus den Angeln gehoben. Sie verfiel in einen Zustand, der einem Koma glich.«

»Du Mistkerl!«

»Die Ironie geht noch weiter. Dich habe ich mit einseitig entwickelter linker Hirnhälfte zur vollkommenen Wissenschaftlerin gemacht – und was machst du? Du entsperrst die Erinnerung mit dem Computer.« Er lachte, tatsächlich, und klatschte in die Hände. »Mit meinen eigenen Waffen habt ihr mich geschlagen!«

»Aber wieso hast du dann zugelassen, daß ich mich überhaupt in Sams Gedächtnis hineinbegab?«

»Hatte ich eine Wahl? Du warst verdammt hartnäckig. Und wie konnte ich es dir verweigern – als liebender, um Samantha besorgter Onkel –, wenigstens einen Blick hineinzuwerfen? Zuerst hatte ich ja auch furchtbare Angst; als ich dann aber sah, wie ihre Gedächtnislandschaft aussah, wurde ich ganz entspannt. Ich wußte, daß die wahre Erinnerung zerstört war und daß du nichts mehr entdecken konntest.« Erneutes Lachen. »Ich hätte nie vermutet, daß du eine Reise ins eigene Bewußtsein unternehmen würdest. Bravo, Julie.«

»Aber warum die Farce über all die Jahre weiterspielen? Warum die ganze Energie dafür verwenden, den verwaisten Nichten den liebenden Onkel vorzuspielen?«

»Das Experiment – du erinnerst dich? Ich wollte eine stabile Umwelt bieten, die euch tragen würde, ganz gleich, für welche Richtung ihr euch entscheiden würdet. Ich habe eure Verschiedenartigkeit gefördert. Ich wollte sehen, wie weit ihr euch in der jeweils entgegengesetzten Richtung entwickeln würdet. Je weiter ihr euch voneinander entfernen würdet, desto besser – als Beweis für den Erfolg meiner wissenschaftlichen These. Weil es sich nämlich um ein fortlaufendes Experiment handelt. »Er holte tief Luft und ließ ein Seufzen vernehmen. »Zumindest bis jetzt.«

Es schwang in seiner Stimme plötzlich etwas mit, daß ihr ganz mulmig wurde. Sie mußte alles tun, damit er weiterredete.

»Also ist das der Grund, warum du all deine Errungenschaften in dem Wandschrank aufbewahrst. Eine fortlaufende Dokumentation. Aber wozu?«

»Schlußendlich zur Veröffentlichung.«

Julie musterte Nathans Gesicht, suchte nach einem Indiz, daß er scherzte. Sie fand keines.

»Das kann nicht dein Ernst sein.«

»Ich spreche natürlich von posthumer Veröffentlichung.«

»Selbst dann – dieses ungeheuerliche Spiel mit dem Verstand von Kindern, das wird doch …, die ganze Welt wird dich …«

»Mich verunglimpfen? Damit rechne ich voll und ganz. Ich

rechne aber auch damit, daß man sich dann endlich meine Arbeit genau ansehen wird. Es funktioniert. Dafür habt ihr beiden den Beweis geliefert. Und neben der weitverbreiteten Mißachtung wird sich auch ein gewisser Respekt für meine Genialität einstellen. Ja, man wird mich schmähen, aber wenigstens gerate ich nicht in Vergessenheit.« Sein Blick ging plötzlich in weite Fernen. »Ich frage mich, was man wohl zu mir sagen wird.«

»Du wirst es nie erfahren.«

»Ach, sei dir da mal nicht so sicher. Ich habe daran gedacht, alle Einzelheiten aufzuschreiben und sie mit allem Beweismaterial zum Erfolg des Experiments zusammenzulegen, und dann ... einfach verschwinden. Welch ein Vergnügen, sich in der Sicherheit einer neuen Identität zurückzulehnen und dem Feuersturm der Kontroverse zuzuschauen, der sich über meinem Experiment entlädt. Ja ... ich könnte einen Weg finden, um ein zweites Mal zu sterben.« Er griff in seine Tasche hinein und zog eine Spritze hervor. »Was Samantha und dich betrifft – ihr zwei werdet leider nur einmal sterben.«

Julie drückte sich in den Sessel, wie wenn sie im Stoff verschwinden wollte.

»Was ist das?«

»Succinylcholin. Das habe ich auch bei eurem Onkel – entschuldige – bei eurem Vater angewandt.«

Julie wußte über das Mittel Bescheid. Das ultimative Muskelentspannungsmittel. Die richtige Dosis würde sie schlaff wie ein Spültuch machen. Eine Überdosis würde ihre Atmungsmuskeln lähmen, und sie würde ersticken. O Gott, was konnte sie jetzt nur machen? Denk nach! *Denke!*

»Und was dann? Noch ein Haus in Brand stecken? Du glaubst doch nicht wirklich, daß du damit noch mal durchkommen wirst?«

»Warum denn nicht? Der erste Brand ist lange her. Und ereignete sich in einem anderen Land. Ich wäre aber nie auf den Gedanken gekommen, wenn du nicht einen mutmaßlichen Brandstifter an Scotland Yard verraten hättest. Das hat die Sache für mich entschieden. O ich werde einen heroischen Kampf gegen das Feuer leisten, wenn die Feuerwehrleute von Bay eintreffen. Ich bin überzeugt, daß wir es auf diesen Flügel eindämmen können ... damit es mein Arbeitszimmer verschont.«

Julie war der Mund so trocken, daß sie kaum zu sprechen vermochte. »Die Polizei wird verstehen, daß du das Feuer gelegt hast.«

»Ihr sie liebender Onkel? Ich glaube, kaum. Nicht, nachdem du Liam O'Donnell ans Messer geliefert hast. Ach wie schrecklich, daß dieser berüchtigte Terrorist beschlossen hat, an dir und deiner Schwester ein Exempel zu statuieren, eine flammende Warnung für alle, die gleichfalls versucht sein könnten, mit der Polizei zu reden.« Sein Blick glitt über Julie hinweg zu Sam, die unter der Bettdecke lag. »Ich wäre froh, wenn es eine andere Möglichkeit gäbe. Da andererseits das Experiment zur Hälfte so gut wie beendet ist ...«

Die Spritze fing das bleiche Licht des Zimmers ein. Nathan führte sie dichter heran.

Julie trat mit dem rechten Bein aus und traf ihn an der Brust. *»Mistkerl!«*

Sie hatte die Gelegenheit erkannt und auf seine Kehle gezielt, ihren Fuß aber nicht hoch genug bekommen.

Nathan ließ ein Knurren hören und fiel von der Sessellehne. Julie glitt vor und wollte ihm einen zweiten Tritt ins Gesicht geben, doch er konnte schützend seinen Arm hochreißen – unheimlich schnell – und wehrte ihn ab.

Sie rollte sich auf die andere Seite vom Sessel und stieß gegen Sams Bett, als sie auf die Tür zustürzte.

Doch Nathan war schon auf den Beinen und reckte sich über den Sessel. Julie schrie auf, als er ihren Arm ergriff und sie auf Sams Bett zurückwarf. Ihr Hinterkopf schlug gegen Sams Knie.

Julie versuchte, sich wegzurollen, doch Nathan stürzte sich auf sie und drückte sie mit beiden Armen aufs Bett. Ihr linker Arm war zwischen ihnen beiden festgeklemmt. Sie holte mit dem rechten nach ihm aus. In der rechten Faust hielt er die Spritze, wie einen Dolch hielt er die Spritze, mit seinem Daumen am Drücker. In seinen Augen funkelte ein irres Leuchten.

Julie schlug fortwährend auf ihn ein, doch er schien es kaum zu spüren. Sie schloß die Augen und schrie vor Angst, Zorn,

Frust und Entsetzen, als er die Nadel über ihre Schulter in die Höhe hob.

Damit würde nun alles enden – daß die Geheimnisse zu ihrem eigenen Tod führten.

Dann hielt Nathan inne. Er sagte: »Ach!«

Julie öffnete die Augen und sah, wie Nathan mit weit aufgerissenen Augen auf die eigene Hand stierte. Ihr Herz tat einen Freudensprung, weil sie im ersten Moment annahm, daß er sich die Spritze versehentlich in die eigene Hand gestoßen hatte. Dann sah sie jedoch, was seine Aufmerksamkeit und Verblüffung erregte...

Eine Hand hielt sein Handgelenk umspannt. Sie dachte, daß ihr vor Freude das Herz zerspringen würde. Unmöglich. Wie wunderbar. »Sam!« schrie Julie auf.

Und hinter Nathan erklang Sams Stimme – heiser, trocken, rostig, weil sie so lange nicht gesprochen hatte. Eine Grabesflüsterstimme.

»Ju-lie.«

Durch Julies Glieder strömte neue Kraft. Sie schob Nathan weg. Es gelang ihr, sich von ihm freizumachen. Seine Linke tat einen ungeschickten Griff nach ihr. Er schien noch immer durch die Finger, die sich um sein Handgelenk spannten, abgelenkt und geschockt.

Julie kam torkelnd auf die Beine und drehte sich um.

Ihr Blick fiel auf das Gesicht von Sam, auf die blauen Augen, die Nathan fixierten. Nathan schaute hoch und war von ihrem anschuldigenden Blick gefangen. Für einen Moment erstarrte er, und in diesem einen Moment schlug Julie zu.

Sie packte den Stuhl mit dem geraden Rücken und hob ihn über den Kopf. *Tu's!*

Nathan löste sich von Sams Blick und riß sein Handgelenk aus ihrer Umklammerung. Er strampelte sich vom Bett hoch, verwirrt, desorientiert, als Julie den Stuhl niedersausen ließ. Sie brachte ihn von ganz oben, fast aus Deckenhöhe nieder und traf ihn mitten über den Rücken.

Ach, und tat das gut, mein Gott, das tat verdammt gut, es diesem verdammten Mistkerl zu geben.

Er schrie auf vor Schmerz und sackte zusammen, bevor er auf dem Boden in die Knie ging, wo er sich stöhnend aufzurichten versuchte. Julie zögerte keine Sekunde. Sie hob den Stuhl erneut...

»Du perverser« – sie legte all ihre Kraft in den Schlag – »Mistkerl!«

Und diesmal zielte sie auf seinen Kopf, und sie legte ihren ganzen Zorn über alles hinein, was er ihnen im Leben angetan hatte, über alles, was er ihnen genommen hatte, über all die Jahre des Zusammenseins, Einanderkennens und Liebens, die sie seinetwegen verloren hatten.

Ein Stuhlbein traf ihn voll am Schädel.

Dieser Schlag befriedigte sie noch mehr als der erste Treffer.

Er gab keinen Laut von sich, als er zu Boden sackte, und blieb still liegen.

Ihr war beinahe schwindelig, als sie den Stuhl ein drittesmal auf seinen Kopf niedersausen ließ, nur um sicherzugehen, daß er sich nicht verstellte.

Er war ja so verdammt gut darin, sich zu verstellen.

Sie behielt ihn im Blick, bereit, ihm einen vierten Schlag zu versetzen, sie hoffte fast, daß er sich bewegen würde, doch er hatte das Bewußtsein verloren. Sie ließ den Stuhl sinken. Sie schaute zum Bett hinüber.

Und sah Sam, die zu ihr herüberblickte.

Julie trat behutsam über den liegenden Nathan hinweg ans Bett.

Sam beobachtete sie aus ihren eingesunkenen, leuchtenden Augen. Sie hob die Hand – die Armmuskeln waren zu schwach –, und Julie ergriff die Hand und hielt sie zwischen ihren beiden Händen. Ihre Finger waren kühl, feucht.

»Sammi! Du bist wach. Du bist zu uns zurückgekehrt.«

»Julie«, sagte sie mit einer Stimme, die so trocken war wie das Heidekraut im Moor, und drückte ganz schwach Julies Hände. »Julie... ich hatte den seltsamsten Traum. Und in diesem Traum warst du bei mir.«

Julie spürte einen Druck in der Brust. Ihre Augen füllten sich mit Tränen. Ja, dachte sie, kommt nur.

»Ach, wirklich?«

»Ja, es war ein schrecklicher Traum, aber mittendrin hast du gesagt, daß du mich liebhast. Ist das nicht komisch?«

»Nein, das ist gar nicht komisch, Sam. Und es war kein Traum. Es stimmt. Ich habe dich lieb.«

Und dann konnte sie ihre Tränen nicht länger zurückhalten. Sie nahm die Zwillingsschwester in ihre Arme und drückte sie fest an sich. Sie vergrub ihr Gesicht an Sams Schulter und schluchzte. »Du bist meine Schwester, und ich habe dich lieb...«

»Du weinst ja, Julie«, sagte Sam. »Aber du weinst doch nie.«

Julie wollte ihr antworten, konnte aber nicht. Sie spürte Sams freie Hand, die ihr übers Haar streichelte. Wie diese anderen Hände...

»Heißt das, wir sind jetzt Freundinnen?«

Julie konnte nur mit dem Kopf an ihrer Schulter nicken. *O ja.*

»Gut. Ich wollte schon immer deine Freundin sein, nur...«, Sams Stimme wurde stärker, »du schienst nie zu wollen. Zwillinge sollten Freunde sein.«

Die schlichte Wahrheit des Satzes brachte Julie nur noch heftiger zum Weinen.

»Weine nicht, Julie. Wir werden es schon schaffen.«

Schließlich fand Julie ihre Stimme wieder.

»Ja, das werden wir, Sammi.« Sie setzte sich auf und wischte sich die Augen. »Und es wird alles wieder gut, und nicht nur das, wir werden die besten Freundinnen sein, wir beide. Dafür werde ich sorgen. Dafür werden wir sorgen. Doch zuerst...«

Sie drehte sich um und setzte sich auf die Bettkante, mit dem Blick auf die reglose Gestalt Nathans, der auf dem Bettvorleger ausgebreitet lag. Sie mußte sich jetzt zusammenreißen. Es mußte etwas unternommen werden. Sie mußte die Polizei benachrichtigen. In dem Zimmer war aber kein Telefon. Und wenn Nathan nun wieder zu sich käme, während sie drunten telefonierte?

Es gab nur eine Möglichkeit: Sie mußte ihn mitnehmen. Das Monster an den Knöcheln über den Flur hinter sich herschleifen.

Sie kniete neben ihn, schob die Hände unter ihn und drehte ihn auf den Rücken.

»O mein Gott!«

»Was ist los?« fragte Sam vom Bett her.

Julie blickte auf Nathans weißes Gesicht und die geöffneten, blicklosen Augen. Dann bemerkte sie die leere Spritze, die aus seiner Brustwand hervorstach. Nathan würde sich nie mehr rühren.

Sie war vor Erleichterung fast überwältigt.

»Was ist los, Julie?« fragte Sammi noch einmal.

»Nichts, Sammi«, sagte sie. »Gar nichts. Jetzt ist alles okay.«

Und sie setzten sich zusammen, hatten sich ja so viel zu erzählen, und doch – sie sagten kein einziges Wort.

Weil sie jetzt unendlich viel Zeit hatten.

Danksagung

An *Jo Fletcher*, dessen Howdale Farm gleich um die Ecke vom fiktiven Oakwood liegt. Was immer an unserer Darstellung der Küste und Landschaft von Yorkshire real erscheint, ist ihrer großzügigen Hilfe zu verdanken: den Augenzeugenschilderungen, Büchern, Landkarten und den Fotos aus ihrem Album. Jedwede Ungenauigkeit geht auf uns zurück.

An *Betsy Mitchell* für ihre Begeisterung, Unterstützung und ihr sicheres Gespür als Lektorin. Es gab kein Thema, das zu groß, keine Einschränkung, die zu klein gewesen wäre, um ihrem prüfenden Blick zu entgehen.

An *Al Zuckerman*, *Steven Spruill* und *Bill Massey* für ihre Anregungen und ihre großzügige Unterstützung.

Dank an jeden von euch.

GOLDMANN

Das Gesamtverzeichnis aller lieferbaren Titel erhalten Sie im Buchhandel oder direkt beim Verlag.

Taschenbuch-Bestseller zu Taschenbuchpreisen
– Monat für Monat interessante und fesselnde Titel –

*

Literatur deutschsprachiger und internationaler Autoren

*

Unterhaltung, Thriller, Historische Romane
und Anthologien

*

Aktuelle Sachbücher, Ratgeber, Handbücher
und Nachschlagewerke

*

Esoterik, Persönliches Wachstum und
Ganzheitliches Heilen

*

Krimis, Science-Fiction und Fantasy-Literatur

*

Klassiker mit Anmerkungen, Autoreneditionen
und Werkausgaben

*

Kalender, Kriminalhörspielkassetten und
Popbiographien

Die ganze Welt des Taschenbuchs

Goldmann Verlag · Neumarkter Str. 18 · 81673 München

Bitte senden Sie mir das neue kostenlose Gesamtverzeichnis

Name: ____________________

Straße: ____________________

PLZ / Ort: ____________________